원자력, 우리의 미래인가?

일러두기

- atomic power를 원자력이라 번역한다면 nuclear power는 핵력으로, atom bomb을 원자폭탄이라 번역한다면 nuclear bomb은 핵폭탄으로 번역하는 것이 올바를 것입니다. 더구나 원자분열이 아닌 핵분열을 통해 주로 에너지를 생성한다는 측면에서 더욱 그러합니다. 그렇다면 nuclear power plant는 핵 발전소 nuclear reactor도 원자로 대신 핵반응로로 번역해야 할 것입니다. 그러나 한국에서 핵 발전소라는 용어는 주로 시민환경단체에서 사용하고 정부와 학계에서는 원자력 발전소(줄여서 원전)라는 용어를 사용하고 있습니다. 이 책에서는 편파적이라는 논란을 없애기 위해 두 가지 번역을 다 사용했습니다. 다만 책 제목에서는 편의상 원자력이라 번역했습니다.
- 본문에서 괄호로 표시된 부분은 원서에 있는 내용 출처와 지은이의 첨언이고, 괄호 없이 작은 글씨로 병기된 것은 옮긴이의 주석 및 독자의 이해를 돕기 위해 첫 등장 시에만 표기한 주요 기관명이나 인명 등의 원어입니다. 여타의 고유명사는 국립국어원의 외래어표기법을 최대한 존중해 옮겼습니다.
- 이 책의 번역은 《Nuclear or Not?- Does Nuclear Power Have a Place in a Sustainable Energy Future?》(Palgrave Macmillan, 2007)을 저본으로 삼았고 2010년에 출간된 같은 출판사의 페이퍼백을 참조했습니다.

First published in English under the title NUCLEAR OR NOT? Does Nuclear Power Have a Place in a Sustainable Energy Future? by D. Elliott by Palgrave Macmillan, a division of Macmillan Publishers Limited

원자력, 우리의 미래인가?

에너지 전환의 시대, 원자력을 논하다

데이비드 엘리엇 엮음 | 이지민 옮김
에너지경제연구원 감수

교보문고

| 차례 |

제4부 원자력 관련 주요 이슈

제5부 세계 원전 현황

제6부 결론

표 목록 —

그림 목록

단위 설명

- 일률power과 에너지energy는 상식적으로는 동일한 의미로 사용되곤 한다. 예를 들어 풍력 에너지를 wind energy 또는 wind power로 표현하는 것이다. 그러나 과학적으로는 이 둘을 구분한다. 일률은 한 형태의 에너지가 다른 형태의 에너지로 변환 혹은 에너지 이동의 비율을 의미한다. 전기에서 일률의 단위는 와트W이고, 에너지의 단위는 킬로와트시kWh로 측정한다-옮긴이
- 일률 단위: 전력 기기와 발전기는 와트, 통상적으로는 킬로와트1kW=1,000W 단위로 측정된다. 이보다 큰 단위로는 메가와트1MW=1,000kW, 기가와트1GW=1,000MW, 테라와트1TW=1,000GW가 있다.
- 에너지 단위: 킬로와트시는 전력이 판매될 때의 기준 단위. 즉, 1킬로와트시란 1킬로와트의 발전기나 에너지 소비 기기가 한 시간 동안 가동될 때 생산 또는 소비되는 에너지다. 1메가와트시는 1,000킬로와트시, 1기가와트시는 1,000메가와트시다.
- 한편으로 '일work'을 표현하는 기본 물리단위인 줄J, joule이 사용되기도 한다. 1줄은 운동에너지에서는 1뉴턴의 힘으로 물체를 1m 움직일 때 하는 일의 양이며, 전기에너지에서는 1볼트, 1암페어의 전력이 1초 동안 흘렀을 때의 에너지양을 뜻한다. 1와트는 1초당 1줄을 의미하므로, 1킬로와트시는 360만 줄이다. 따라서 줄은 매우 작은 단위이고 실제로는 페타줄1페타줄=1,000테라줄, 엑사줄1엑사줄=1,000페타줄 같은 큰 단위가 주로 사용된다.

서문

앤드루 블로워스

Andrew Blowers

오늘날 영국의 에너지 정책은 연료와 전기의 주요 에너지원이 석탄에서 북해 석유와 가스로 대체되었던 사반세기 전처럼 크나큰 전환을 겪고 있다. 지금 영국은 북해 석유와 가스 공급도 줄어들기 시작하면서 또 다른 에너지 문제에 직면해 있다. 노후화된 석탄 및 원자력 발전소들이 폐쇄되어 전력 생산 용량도 부족해지고, 해외 공급 의존도가 증가하면서 에너지 안정성 문제도 대두되고 있다. 이와 더불어 영국이 지구 온난화에 책임이 있다는 등(전 세계 총량의 2%) 환경 문제도 있다. 이 같은 문제점들로 인해 에너지 비용 및 공급의 불안정성과 불확실성이 커지면서, 에너지 정책은 중요한 정치적 의제가 되었다. 그간 비교적 조용히 합의가 이루어졌던 에너지 시대를 지나, 이제는 에너지 안정성과 경제 및 환경비용을 둘러싼 불안과 갈등이 넘쳐나는 전환기가 도래했다.

이제까지 거의 강조된 적이 없지만 분명한 점은 이 문제들을 해결하기 위해서는 에너지 효율 향상 및 에너지 절약에 대한 훨씬 더 열정적인 관심이 필요하다는 점이다. 물론 에너지 효율의 향상은 언제나 모든 에너지 전략에서 달성해야 할 기본요소다. 실제로 1997년부터 2005년까지 GDP가 21% 상승할 때 에너지 수요 증가율은 단지 2%에 그치는 등, 효율성은 상당 부분 상승했고, 2006년 발표된 정부의 〈에너지 정책 검토 보고서〉에는 수많은 에너지 절약 방안이 설명되어 있다. 하지만 영국 하원 환경감사위원회가 내놓은 보고서는 에너지 수요 절감이 달성되려면 "더 강력한 정치적 리더십이 필요하며 에너지 효율이 더욱 우선적인 정책이 되어야 한다"고 언급하고 있다(2006, p. 20).

지금까지 정치적 관심의 중심은 에너지 수요보다는 에너지 공급이었다. 그중 핵심 쟁점은 특히 에너지 부족이라는 새로운 문제를 해결하기 위해 단기간 내 석유와 가스의 지속적이고 충분한 공급을 확보할 수 있는가다. 나아가 향후 10년 안에 쟁점은 에너지 안정성 및 저탄소 경제 실현을 위해 화석연료를 대체 에너지원이나 토착 에너지원으로 대체 가능한지, 가능하다면 어느 정도 대체 가능한지가 될 것이다. 만일 충분한 정치 및 재정적 노력이 이루어진다면 현재 실현 가능한 기술들은 충분히 존재한다(석탄가스화 복합화력 발전소, 패시브하우스, 좀 더 안전한 원자로, 탄소 포집 및 격리 분산형 에너지 시스템). 좀 더 장기적으로 보면 20년 이후에는 수소연료에 기반을 둔 운송, 대규모 태양광 발전(독일에서는 이미 실현된 기술), 원자력 고속 증식로, 핵융합로 등 좀 더 많은 기술들이 현재 "시야에는 들어오나 아직 쉽게 실현 가능하지 않아서"(Fells et al., 2005, p. 28), 상당한 수준의 연구개발 투자가 필요해 보인다.

당장의 관심사는 두 가지의 실현 가능한 대안인 재생에너지와 원자력이 지닌 상대적 장점의 비교다. 그리고 이 논쟁은 현재 폐쇄 중인 원자력 발전소를 대체하기 위해 새로운 원전 건설에 착수할 것인가의 여부를 중심으로 전개되고 있다(2006년 기준). 이 논쟁은 심오한 기술, 윤리, 정치적 측면을 가진다. 원자력 에너지를 선호하는 이들은 원자력을 저탄소 에너지 공급을 보장하는 '에너지 믹스'에서 보완적 요소로 본다. 원자력을 반대하는 이들은 원자력을 지속 가능 에너지인 재생에너지와 경쟁관계에 있는 위험한 기술로 간주한다. 이렇듯 에너지 정책과 관련된 갈등은 영국의 미래 에너지 공급에서 원자력의 역할 유무를 둘러싸고 극단적으로 양분되어왔다.

비교적 잠잠했던 시기를 거친 원자력 문제는 환경과 에너지를 둘러싸고 다시 화두로 떠오르고 있다. 원자력 갈등은 소프Thermal Oxide Reprocessing Plant, THORP 핵연료 재처리 공장과 관련한 논쟁 이후 진정세를 보이다가, 1997년 셀라필드에 있는 지하암반저장소 계획의 허가가 거부되면서 핵폐기물에 대한 갈등으로 최고조에 이르렀다. 그 이후부터 원전업계는 핵폐기물 해법을 찾기 위해 환경주의자들과 조심스럽게 협상해오고 있다. 한때 매우 중요한 주제였던 원자력 문제가 이제는 환경 의제들 속에 묻힌 것처럼 보였다. 하지만 이 평화로운 시기와 추정상 합의는 일부가 들떠서 명명한 소위 '원자력 르네상스'에 의해 중단되거나 파괴당했다. 이는 산업적 관심, 정부 및 왕립학회의 저명한 과학자, 일부 유력한 정치가들의 지원을 기반으로 갱생하면서 자부심에 넘치게 된 원전업계의 작품이었다. 원자력 산업은 여전히 중대한 경제적 문제에 처해 있음에도 불구하고(예를 들면 브리티시에너지는 국민의 세금으로 구제 금융을 받았으며, 최근까지 700억 파운드가 소요된 원전 폐로비용은 앞으로도 계속 증가할 것으로 예상된다), 일부 호의적 여론에 의해 새로운 자신감이 퍼지고 있다. 원자력 반대 여론은 수년 동안 압도적으로 많았다. 하지만 여론조사기관인 국제시장및여론연구소Market and Opinion Research International, MORI에 따르면 2001년부터 2004년까지 최근 3년 동안 원자력 반대율은 34%에 그친 반면 원전 프로그램의 지속을 선호하는 인구 비율은 19%에서 30%로 증가했다. 2005년 유로바로미터 Eurobarometer 설문조사에 따르면, 영국에서 원자력 찬성론자는 44%에 달한다(유럽연합 평균 37%). 2005년 틴달 기후변화센터Tyndall Centre for Climate Change의 설문조사는 원전업계에 더욱 희망적인 결과를 내놨는데, 재생에너지와 함께 개발된다면 원전 지속을 지지한다는 응답자가 61%를 넘었다. 다만 재생에너지에 대한 지원이 78%, 생활 습관의 변화 및 에너지 효율 향상이 76%에 이르는 등, 원자력 이외의 대안 에너지에 대한 선호도도 높게 나왔다.

원자력을 둘러싼 정치 환경이 갑자기 우호적으로 변한 이유는 무엇일까? 분명히 말할 수 있는 점은 앞서 언급했듯이 안전에 대한 원전업계의 자신감은 상승했지만 원자력 안전에 대한 대중의 우려는 감소했다는 점이다. 원전을 둘러싼 대규모의 갈등은 10년 전 이야기이며, 체르노빌은 이제 오래전 잊힌 기억이 되었다이 책은 2007년 출간되었기 때문에 2011년 후쿠시마 사고는 다루지 못했다-옮긴이. 그렇지만 원자력의 재등장에는 명분과 기회가 필요했다. 명분은 원자력이 점점 더 우리의 에너지와 환경문제에 대한 해법으로 여겨질 수 있다는 점에서 찾았다. 북해 석유와 가스의 감소로 중동과 러시아 자원에 대한 의존도가 증가되면 에너지 공급이 불안정해질 수 있다. 에너지 공급의 중단과 비교한다면 원자력의 위험은 매우 작아 보인다. 2002년부터 2006년까지 지속적으로 출간된 〈에너지 정책 검토 보고서〉, 〈2003년 에너지 백서〉에서 조성된 친원전의 정치적 환경과 포럼에서 기회를 얻을 수 있었다(Cabinet Office 2002; Department of Trade and Industry, DTI, 2003, 2006).

원자력 문제는 안전성, 공급의 안정성, 비용 및 보전 등 네 가지 측면에서 논의된다. 첫째, 일상적 방사능 누출과 사고의 관점에서 보면 원자력의 안전성은 불가능한 개념처럼 들린다. 그러나 원전업계는 원전의 뛰어난 안전성을 지적하며(예컨대 석탄 산업과 비교) 일상적 누출도 강화된 규제 기준에 따라 일관되게 감소되었다고 주장한다. 영국의 지속가능개발위원회 Sustainable Development Commission, SDC는 원전의 추가적 개발에는 반대하지만 "영국의 원자력 발전소가 매우 훌륭한 안전 기록을 가지고 있다"는 점은 인정한다. 그러면서 비록 "원전 사고는 비록 발생률이 매우 낮더라도 대중적 우려의 가장 큰 부분"이라고 경고한다(2006, p. 14). 둘째, 공급의 안정성은 원자력이 주는 중대한 편익으로 간주된다. 왜냐하면 원자력은 국내에서 공급되는 에너지원이기 때문이다. 셋째, 비용의 관점에서 원전업계는 건설, 운영 및 해체 등을 고려했을 때 검증된 기술을 사용하는 원전 시설은 "향후 60년간 예측 가능하고 안정된 비용으로 전기를 공급할 수 있다"고 강력히 주장한다(WNA, p. 21). 넷째, 무엇보다도 환경 보전의 관점에서 원자력은 기후변화에 대한 해법으로 논의되고 있다. 2003년 〈에너지 백서〉에서 제시된 2050년까지 60% 수준의 감축은 논외로 하더라도, 2010년까지 1990년 수준의 20%를 줄이는 국가 탄소 배출 목표를 달성하려면 영국은 저탄소 에너지 기술에 의존할 수밖에 없다. 이러한 기술들 중 하나가 원자력 에너지다.

이렇듯 새로운 자산으로 떠오르는 원자력은 변화된 정책 환경에서도 반영되고 있다. 2002년 〈에너지 정책 검토 보고서〉에서는 원자력을 배제하지도, 특별히 권장하지도 않았다. "만일 다른 저탄소 대안들이 개발되기 어려운 것으로 판명되면, 원자력을 대안으로 선택할 가능성은 높아질 것이다."(Cabinet Office, 2002, p. 123) 어쨌든 원자력이 대안이 될 가능성은 열려 있어야 한다. 그런데 그 이후 백서(DTI, 2003)는 원자력의 미래에 대해 오히려 부정적 입장이었다. "원자력이 이산화탄소를 배출하지는 않지만, 새로운 원전 건설은 경제적으로 매력적인 선택이 아니며 핵폐기물이라는 해결해야 할 중요한 이슈가 있다. 이러한 배경에 따라 우리는 에너지 효율 향상과 재생에너지에 우리의 노력을 집중하는 것이 옳다고 결론지었다"(p. 122). 이와는 대조적으로 불과 3년 후인 2006년 출간된 〈에너지 정책 검토 보고서〉에서는 원자력에 대해 "정부는 영국의 에너지 믹스에서 다른 저탄소 기술들과 함께 원자력이 해야 할 역할이 있다고 본다"(DTI, 2006, p. 113)고 좀 더 낙관적으로 표현했다. 그 3년 사이에 경제는 원전에 분명 호의적으로 변했으며 핵폐기물 문제는 해결되는 중이었고 안정적 공급에 대한 자신감이 커졌으며 안전기준은 국내외 규제 체제에 의해 강화되었다.

원전의 신규 건설이 정치적으로 매우 중요한 이슈가 되었지만 이는 단지 새로운 에너지 믹스의 일부일 뿐이었다. 재생에너지에는 세 가지 중대한 이점이 있다. 첫째, 국내 생산이 가능하므로 수입할 필요가 없다. 둘째, 지속적으로 재생산되므로 자원 고갈을 피할 수 있다. 셋째, 일반적으로 탄소 배출이 거의 없다. 2002년 보고서에서는 비용은 약 5%가 높지만 전력 공급의 20%까지 충당하는 목표가 제시되는 등 재생에너지가 중대하게 다뤄졌다. 백서에서도 이 목표치가 공인되었는데, 2050년까지 탄소 배출의 60% 감축을 달성하려면 재생에너지는 전력 생산의 30~40%를 담당해야 할 것이다. 현재 3%라는 소소한 비중을 고려할 때, 이러한 염원을 달성하려면 영국 전력 공급에서 근본적 전환이 필요하다. 재생에너지에는 다양한 에너지원이 있다. 아주 가까운 미래에는 풍력이 가장 큰 재생에너지원이 될 것이며, 현재 비중이 높은 육상 풍력에서 해상 풍력으로 점차 이동할 전망이다. 좀 더 장기적으로 보면 바이오매스, 파력 발전, 조력 발전 프로그램(세번강 댐 같은 야심 찬 프로젝트를 포함) 등의 비중이 증가할 것이다. 이들 목표를 달성하려면 "실행의 면에서 지금까지 보여준 규모보다 훨씬 더 큰 수준의 노력이 필요하다(House of Commons, 2006, p. 24).”

재생에너지도 여러 가지 문제는 있다. 화석연료 체계와 비교할 때 재생에너지가 반드시 저렴한 것은 아니다. 재생에너지원 전력 공급자는 일정비율 이상을 재생에너지로 제공해야 한다는 ‘재생에너지 의무공급제도’의 지원을 받고 있다(2006년 〈에너지 정책 검토 보고서〉에서는 그 비중을 20%까지 인상하도록 제안했다). 비용의 상호 비교는 매우 어려운 일이며, 비용의 변동 가능성도 상당히 크다. 하지만 확실히 말할 수 있는 것은 재생에너지의 비용은 규모의 경제가 달성되면서 장기적으로 하락할 가능성이 높다는 것이다. 재생에너지, 특히 풍력 발전의 간헐적 출력이라는 문제는 매우 과장되어 부각되는 경향이 있다. 전력 공급에서 그 비중이 증가함에 따라 재생에너지도 대기발전이 필요해진다. 원리상 이 대기발전은 화력 발전과 원자력 발전 시스템의 정기점검과 정전 대비에 필요한 대기발전 용량과는 약간 다르다. 사람들은 생활편의성의 하락, 환경적 피해 등을 이유로 재생에너지를 반대하기도 한다. 이 때문에 경관 가치가 높은 곳에 풍력단지를 설치하는 데 많은 시간이 걸리기도 한다.

미래의 에너지 믹스에서는 대규모 발전 및 장거리 송전(전력 및 가스 그리드)에서 분산형 에너지 시스템으로 중심이 이동할 것이다. 포괄적으로 이야기하자면 분산형 에너지 시스템은 다양한 종류의 기술들을 포함한다. 즉, 지역 배전망에 연계된 소규모 발전, 열병합 시스템 등이 이에 포함된다(건물이나 지역공동체에 제공하는 소규모 시설). 2006년 〈에너지 정책 검토 보고서〉에 따르면 “분산형 시스템은 우리의 에너지 수요를 충족하는 방법을 근본적으로 변화시키면서 배출 감축에 기여하고 에너지 공급의 신뢰성을 향상시키며 에너지 시장을 좀 더 경쟁력 있게 만들 수 있다”(DTI, 2006, p. 62).

미래에는 전통적 기술의 재탄생도 볼 수 있을 전망이다. 그 예로 '청정 석탄'이 상상 속 개념에서 급속히 실현되고 있다. 석탄은 여전히 전력 생산의 3분의 1을 담당하고 있는데(2005~2006년 겨울에는 거의 2분의 1까지 상승), 향후 수년 안에 원전과 함께 낙후된 발전소들이 폐쇄되면서 이 비율은 감소할 것이다. 그러나 석탄화력 발전소는 주요 탄소 배출원이다. 탄소 배출량은 좀 더 효율적인 연소 기술, 바이오매스와 혼합한 석탄 연소, 그리고 탄소 포집 및 격리기술(문자 그대로 탄소를 지하에 묻는 기술, 예를 들면 사용 후 비어 있는 북해 유전 등에 묻는 것) 등을 통해 감소시킬 수 있다. 청정 석탄 기술은 탄소 배출량을 80%에서 90%까지 감축할 수 있다.

좀 더 먼 미래에는 수소 생산 및 저장 같은 새로운 에너지 기술이 운송 등 여러 분야에서 사용될 수 있겠지만 현재로서는 요원한 이야기다. 예측 가능한 15~20년 이후의 미래에는 국내 재생에너지 개발과 함께 석유 및 가스(총사용량의 약 90%)의 수입 의존도 불가피하게 증가될 것이다. 여기에서 청정 석탄과 원자력은 에너지 믹스에서 어떤 역할을 할 것인가라는 질문이 제기된다.

이는 미래 에너지 공급과 관련된 정치적 논쟁의 조건을 지속적으로 설정하는 원자력 에너지의 문제다. 하지만 좀 더 넓은 관점에서 본다면, 원전의 역할은 기껏해야 제한적인 것으로 보인다. 그러나 원자력을 둘러싼 찬반 논쟁은 에너지의 여러 측면을 고민하게 만든다. 특히 이러한 측면들 중 가장 중요한 것은 탄소 감축, 에너지 다양성 그리고 시스템 유연성이다.

원자력 찬성 측은 부분적으로나마 탄소 배출 감축에 원전이 기여할 수 있다는 점을 강조한다. 가스는 1기가와트시당 97톤, 석탄은 243톤의 탄소를 배출하는 데 반해 원자력의 탄소 배출량은 4.4톤에 불과하다. 다만 일부 비판적 학자들은 우라늄 광물로부터 연료를 농축하는 과정에 사용되는 에너지를 고려하면 원자력의 탄소 배출량은 이보다 증가한다고 주장한다. 게다가 원자력은 2차 에너지인 전력만을 생산하기 때문에 결과적으로 원자력의 탄소 감축에 대한 기여는 발전 부문(2000년에 43메가톤의 탄소를 배출)에만 한정된다는 한계가 있다. 원자력은 탄소 배출량의 5분의 1을 차지하는 운송 부문에서의 감축에는 직접적 영향이 거의 없으며, 배출량의 절반을 차지하는 산업 및 가정 그리고 상업 부문에 미치는 영향도 적다. 만일 현존하는 원자력 발전소를 신규로 교체하면 2030년까지 약 8메가톤의 탄소 배출량이 감축될 것으로 추정되는데, 이는 500메가와트급 가스화력 발전소 22곳의 배출량과 동일하다(DTI, 2006, p. 17). 2020년의 전체 배출량이 144메가톤 또는 148메가톤으로 예측된다는 점을 고려한다면 대단하지는 않지만 결코 무의미한 수치는 아니다. 주목할 점은 이러한 절감을 에너지 효율 증대나 원자력을 대체하는 재생에너지의 보급으로 달성할 수 있느냐 하는 점이다.

배출 감축에 기여하는 역할과는 별도로, 원자력은 미래에 에너지 믹스의 다양성을 유지하는 역할을 할 것으로 기대된다(DTI, 2006, p. 8). 여기서는 원자력이 전력 시장의 경쟁을 강화할 뿐 아니라 에너지 수입 의존도를 낮춤으로써 에너지 안정성에 기여한다고 가정한다. 우라늄도 수입연료이지만 그 비중은 전체의 11%에 그치고 장기적으로는 공급처도 비교적 안정적이다. 폐로 및 방사성 폐기물 처리 능력 그리고 원자력의 경쟁력에 대해 낙관론이 확산되더라도, 미래의 원전 추가 개발은 민간 부문의 재원 마련 여부에 달려 있다. 정부가 규제 장벽을 낮추어 원자력을 지원하려 하더라도 원전에 필요한 장기 투자를 장려하기 위해 안정된 시장 환경을 제공할 만큼 열정적이지는 않다. "정부는 폐로와 폐기물 관리비용을 줄이려는 업계 및 전문가의 노력에 동참할 것이다"라는 모호한 약속만 했을 뿐이다

(DTI, 2006, p. 125). 원자력에 대한 열정을 표현하고는 있지만 재정적 지원이 수반되지 않는 수사에 그치고 있다.

유연성 측면을 고려한다면 원자력은 전력 생산에서 유연성이 낮은 에너지임에 틀림없다. 원자력 발전소 설립을 위한 시간은 오래 걸린다. 따라서 기획, 사전 허가를 위한 평가를 신속화하고, 표준화된 원자로 설계를 사용함으로써 긴 소요 시간을 줄이거나 초기 원전 프로그램과 관련된 '평가 낙관주의'를 감소시킬 수 있다. 하지만 2006년 현재 당장 교체 프로그램을 시작한다고 해도 2020년 이전에 신규 원전에서 전력을 생산하는 것은 불가능해 보인다. 일단 원자력 발전소가 가동되면 보통 50년 또는 그 이상 운영된다. 현재 원전들이 수명이 다하고 새로운 원전 시설이 운영될 때까지 저렴하고 유연성은 높은 대안적 전력 공급 시스템이 수립될 가능성도 있다. 지속가능개발위원회의 보고서에서 지적하듯이, 저탄소 경제로 가는 긴 여정에서 단 하나의 만능 해결책에 대한 정치 경제적 관심은 상당히 감소하는 반면 광범위한 소규모 해결책들이 주목을 받을 것이다(2006, p. 12).

신규 원전 수립에 대한 노력은 대규모 중앙집중적 공급 시스템의 우세를 유지하는 데 도움을 준다. 새로운 발전소들은 현존 발전소 부지 또는 그 근처에 건설될 가능성이 큰데, 이미 기간 시설 및 송전선로가 부설되어 있고 대중 수용성이 다른 곳보다 높기 때문이다. 중앙집중적 공급 시스템은 기술 및 사회적으로 두 가지 결과를 낳을 수 있다. 기술적으로는, 재생에너지 및 분산 전원에 대응하는 데 필요한 전력 네트워크의 보강을 어렵게 할 것이다. 사회적으로 보자면 원자력 에너지를 포함한 중앙집중화된 시스템이란, 대중으로부터 떨어진 비밀스럽고 권위적인 구조의 제도 내에 통제 권한을 두려는 경향이 있다. 이는 분산형 전원이 좀 더 지역분권화되고 민주적 구조와 친화적이라는 점과 대조된다. 물론 재생에너지도 대형 전력회사들에 의해 주도되는 경향이 있지만 원론적으로는 다른 국가의 사례에서 보듯이 지방분권적 또는 협동조합적 소유 방식에 의해 운영될 수 있다.

원자력은 윤리적 문제도 발생시킨다. 원자력은 무기, 확산, 테러 및 체르노빌 사고 등과의 연관성으로 엄청난 우려를 불러일으켜 왔다. 또한 방사능 폐기물의 발생은 세대 간 문제도 야기시킨다. 일부 방사능 폐기물은 수만 년 동안 상상 이상의 고준위 방사능을 배출하며 그와 관련된 비용, 노력 및 위험은 여러 세대를 거쳐 부담을 지운다. 현존 폐기물의 문제도 반드시 다루어야 한다. 그러나 이 논의는 신규 원전에서 나오는 새로운 폐기물을 다루는 문제와는 별개다. 방사성폐기물관리위원회Committee on Radioactive Waste Management, CoRWM는 가능하면 빨리 현존 폐기물은 깊은 지질학적 저장소에 보관할 것을 제안하면서, 최소한 두 세대를 버틸 임시저장소도 필요하다고 지적했다. 이와 함께 위원회는 새로운 폐기물의 발생으로 제기되는 정치 및 윤리적 이슈는 이미 발생했고, 그래서 불가피한 현존 폐기물 처리 문제와는 매우 다른 것이라는 점도 분명히 강조했다(CoRWM, 2006, p. 13). 다른 무엇보다도 신규 방사성 폐기물은 현재로서는 알 수 없는 먼 미래의 시기까지 이행 기간을 확대시킬 것이다.

원자력은 일정 정도는 확실히 탄소 배출 감축과 에너지 수입 의존도 감소를 위한 해결책이 될 수 있다. 그러나 원자력의 기여분은 신규 원전 건설 프로그램의 기회비용과 그것이 야기시킬 윤리적 문제를 고려해 설정할 필요가 있다. 이러한 맥락에서 좀 더 유연성 있고 윤리적으로 수용 가능한 대체에너지를 고려해야만 한다. 원자력으로의 회귀는 위험이 상존하는 중앙집중형 에너지 공급을 강조하는 노후화된 기술로의 회귀를 의미한다. 게

다가 원자력은 생산 및 소비와 관련된 근본적 변화 없이 지구 온난화 및 에너지 안정성을 해결할 수 있다는 환상을 줄 수 있다. 이렇게 평상시와 다를 바 없는 측면이야말로 원자력이 가진 가장 음험한 특성이다. 펠즈 등에 따르면(Fells et al., 2005), 2025년이 넘으면 수확체감의 법칙에 따라 2050년까지 60% 규모의 탄소 배출 감축률 달성이 점점 더 어려워질 것이다. "이를 달성하려면 엄청난 규모의 추가적 투자가 필요하다. 게다가 항공 등의 운송 부문에서 급증하는 탄소 배출량을 고려하면, 먼 미래 상황은 매우 비관적이다. 60% 감축을 달성할 가능성은 매우 희박하다."(p. 32) 위험한 면은 원자력에 집중할 경우 우리가 직면한 도전의 규모를 인식하지 못할뿐더러 이를 해결해야 할 책무를 태만히 할 수도 있다는 점이다.

총서 편집자 서문

에너지, 기후와 환경

데이비드 엘리엇
David Elliott

기후변화의 환경 및 사회, 경제적 영향에 대한 우려가 증가하면서 온실가스 저감을 위해 무엇을 할 수 있고, 무엇을 해야 하는가에 대해 국제적 논의가 지속적으로 이루어지고 있다. 기후변화의 규모나 인류 활동과 기후 시스템 간 복잡한 상호 작용은 여전히 과학적 논란거리다. 하지만 지구의 평균 기온이 상승하고 있는 것은 사실이며, 그 직접적 원인은 대기권에서 관측된 온실가스의 축적이다. 미국 캘리포니아 전 주지사인 아널드 슈워제네거가 말했듯이 "논쟁은 끝났다. 우리는 과학을 알고, 위협을 보았다. 그리고 이제는 행동이 필요하다."

우리는 적극적 사회, 경제적 조치를 통해 홍수의 증가를 포함한 여러 기후 문제에 대비해야 한다. 하지만 더 근본적 조치는 기후변화를 야기하는 인류 활동을 줄이거나 회피하려고 노력하는 것이다. 구체적으로 화석연료의 연소에서 나오는 온실가스의 배출을 감소시키거나 제거하려고 노력해야 한다는 의미다. 현재 세계에서 사용하는 에너지의 약 80%가 화석연료에서 나온다는 사실을 고려하면, 우리는 과감한 기술·경제·정치적 조치를 취해야 한다. 이 조치는 에너지 수요 감소(생활 습관의 변화와 이 변화를 가능하게 하는 정책을 통해), 에너지의 효율적 생산 및 소비(더 적은 자원으로 더 많은 에너지를 얻음으로써), 화석연료가 아닌 대체에너지 자원을 통한 에너지 공급(재생에너지나 원자력으로 전환)으로 요약될 수 있다.

이러한 대안들은 사회경제 전반에 걸쳐 여러 도전장을 던지게 될 것이다. 현재의 산업화된 사회와 소비문화는 끝없이 팽창하는 화석연료의 사용을 기반으로 해왔기 때문에, 변화의 과정은 매우 어려울 수밖에 없다. 여러 대안의 장단점과 그 대안을 추구하는 전략과 정책을 둘러싸고 다툼과 갈등도 분명히 존재할 것이다. 이러한 갈등과 논쟁들은 기술적 문제와 관련되는 경우도 있지만 표면으로 드러난 기술적 논쟁에 영향을 주는 것은 정치·이념적 내용들이다. 특히 일부 기술에 대한 주장은 특정 정책의 결함을 정당화하기 위해 이용되는 경우도 있다.

이 총서의 목적은 기후변화에 대응하기 위해 제안된 다양한 정책과 관련한 기술, 환경 및 정치적 이슈들을 통찰하고자 하는 데 있다. 다양한 대안의 실현 가능성을 평가하는 데 도움을 줄 수 있도록 최신 기술을 설명하고 있지만, 기후변화의 과학이나 기술적 내용이 아니라 추구할 전략을 둘러싼 정책 갈등에 중심을 두고 있다. 이 총서에서는 새롭게 등장하고 있는 정책, 제안 및 주장이 지닌 결점을 파악하기 위해 비판적 접근 방법을 취하고 있으며 특히 반직관적 평가, 결론 및 새로운 관점을 조망하고자 했다. 나아가 논쟁의 현황만이 아닌 논쟁의 구조와 그 저변에 깔린 가정과 한계를 상세히 고찰했다. 이 총서에서는 다양한 관점을 명확히 설명하고 그 각각의 단점을 밝히고 있다. 그리고 개괄적인 설명에만 그치는 것이 아니라 정책 처방까지 제시하고자 했다.

이 책은 원자력과 관련한 찬반 견해와 관점의 광범위한 논거들을 살펴보고 있다. 어떤 견해는 데이터에 대한 다른 해석에 기초를 두기도 하고, 기저에 이념적 약속과 처방을 보이면서 서로 갈등하는 전략적 선호를 담은 견해도 있다. 일부 원자력 찬성론자는 자신들이 제시하는 대안의 실현 가능성에 대한 믿음이 너무 강해서 원자력 논쟁에서 사실과 가치를 구분하기가 어려운 경우도 있다. 이 책에서 원래의 목적을 완벽히 달성했다고 말할 수는 없지만 독자가 주요 주장들을 개괄적으로 통찰하면서 그 실현 가능성을 상세히 검토할 수 있도록 노력했다.

서론

데이비드 엘리엇
David Elliott

기후변화의 사회경제적 예상비용이 점점 더 심각하게 여겨지면서, 원전 이익단체들은 기후변화의 주범인 이산화탄소를 배출하지 않는 원자력이 어느 정도 이 문제를 풀 수 있다고 주장한다.

원자력에 대한 선호는 높은 비용, 원전 안전성, 방사능 폐기물 처리장에 대한 우려로 인해 점점 하락해왔다. 더욱이 최근에는 보안 문제가 표면화되고 있다. 그러나 기후 시스템에 미치는 영향을 줄이기 위해 화석연료의 사용을 단계적으로 줄여야 한다면, 원자력 찬성론자들이 말하듯 다른 에너지 대안이 있는가? 재생에너지를 찬성하는 측은 답이 있다고 주장한다. 이들은 탄소를 전혀 배출하지 않고 우리가 필요한 모든 에너지를 제공할 수 있는 새로운 '녹색' 에너지가 존재하고, 특히 원전에서 손을 떼기로 한 국가에서 녹색 에너지가 급속히 발전하고 있다고 주장한다. 원자력을 포기하기로 결정한 국가들에서 실제로 증가 중이다. 더불어 에너지 효율성 증가를 위한 노력과 에너지 낭비의 방지를 통해 재생에너지로부터 그런 요구를 좀 더 쉽게 충족할 수 있다고 주장한다.

이렇게 다양한 대안들 간의 논쟁을 보면 각자가 인식한 문제와 상대편에서 제기한 문제를 함께 분석하는 경우가 많다. 직접비를 예로 들어보자. 최소 초기 단계에서 에너지 절감은 비교적 값싼 대안으로 인식된다. 하지만 일단 쉽고 값싼 에너지 절감 방안들이 달성되면 추후 더 많은 절감을 하기 위해 비용이 증가한다. 수요 측 대안인 이러한 에너지 절약과 비교할 경우, 초기 자본비용이 비교적 비싼 공급 측면의 대안들이 실제로는 그리 비싼 것이 아니라고 판명될 수도 있다. 지금은 값비싼 원자력과 일부 재생에너지도 미래에는 가격이 내려갈 수도 있다.

기술적 측면의 논쟁을 보자. 원자력은 오직 전기만 생산하는데, 전기는 우리가 요구하는 에너지 총량의 약 30%에 그치는 반면, 재생에너지는 열, 운송 연료 그리고 전기까지 제공한다는 장점이 있다. 이에 반해 일부 재생에너지는 출력이 간헐적이므로 전력원으로서 신뢰성이 낮고, 운송 분야에서 성장 중인 바이오 연료는 매우 많은 토지 공간을 필요로 한다는 단점이 있다. 따라서 기술적 측면도 논쟁의 여지가 많다.

나아가 두 에너지 유형의 수급 기술이 가진 다른 중요한 차이점을 비교하면, 재생에너지가 좀 더 선호되는 것으로 나타난다. 원전은 우라늄을 연료로 하고 오랜 기간 제거 불가능한 위험한 폐기물을 만들어내지만, 대부분의 재생에너지는 연료가 필요 없으며 폐기물도 없어 연료비용 중 '후처리' 비용이 없다. 게다가 수명이 다한 원전의 해체비용은 매우 높으며 많은 폐기물이 생성된다. 원자력 시설은 테러리스트들의 잠재적 공격 대상이 되기도 한다. 하지만 대부분의 재생에너지 시설들은 이들의 관심 밖이다.

많은 사람들이 원자력에 반대해왔다는 사실은 놀라운 일이 아닐 것이다. 지난 수년 동안 이뤄진 여론조사에서 원자력 프로그램의 확대에 반대한 이들은 70~80%에 달했고, 이들 대부분은 풍력과 같은 재생에너지에 찬성했다.

그러나 상황은 변하고 있는 듯하다. 최근 영국에서는 기후변화에 대한 우려가 증폭되면서, 원자력 '대체' 프로그램(수명이 다한 발전소를 원자력으로 대체하는)에 대한 반대 비율이 줄어들고 있다. 2001년 모리Mori 여론조사에 따르면 19%가 대체 프로그램에 찬성했고 57%가 반대했다. 하지만 2004년에는 찬성 30%, 반대 34%로 바뀌었다. 재생에너지 찬성 측에 따르면, 기후변화가 그토록 중요하다면 오히려 재생에너지에 대한 지원을 강화하는 쪽이 더 논리적이다. 장기적으로 지속 가능한 에너지의 미래를 위해서 재생에너지가 가장 적합하기 때문이다. 원자력으로 돌아간다는 것은 재생에너지 개발에 사용될 자원의 분산을 의미한다. 게다가 원자력으로 하나의 환경 문제(기후변화)를 해결하면 다른 문제(방사능 오염)가 발생하는 위험도 있다. 전 세계적으로 이용 가능한 우라늄의 양도 제한되어 있다. 그리고 장기적으로는 재생에너지로 전환할 수밖에 없다.

그래서 논쟁은 계속된다. 한편에서 재생에너지 지지자들은 2050년까지 전 세계 에너지 총량의 50%를 재생에너지로 공급할 수 있다고 주장한다(현재 원자력은 7%를 공급한다). 다른 한편에서는 원자력 지지자들이 원자력이 더 값싸고 깨끗하고 안전한 에너지원임을 주장하며, 모든 상황에서 기후변화의 비용과 위험이 원자력이 가진 문제보다 더 심각하다고 말한다. 둘 다 선택한다는 대안을 주장하는 이들도 있다. 여기에 우리는 둘 모두를 선택하기 위한 자원이 충분하지 않으며, 둘 다 성공하지 못할 위험이 있다고 말한다.

각자의 입장에 따라 다양한 주장이 존재하지만, 최소한 영국에서는 두 의견이 어느 정도 대략적인 합의에 이른 것 같은 움직임도 보인다. 이에 대해서는 왕립환경오염위원회Royal Commission on Environmental Pollution의 2000년 연구보고서인 <에너지-변화하는 기후>에 잘 정리되어 있으며, 이후 통상산업부의 <저탄소 미래를 향한 대안>(DTI Economics Paper No 4, 2003) 및 관련 미래 에너지 시스템 자료인 <1단계 및 2단계 저탄소 미래를 향한 대안>에서는 이에 대한 진전된 내용을 담고 있다. 이 내용들은 이 책의 13장에서 일부 기술했다.

요약하자면, 재생에너지 기술이 에너지 효율성 향상 정책, 탄소 포집 및 저장carbon capture and storage, CCS 기술과 함께 사용된다면, 2050년까지 탄소 배출을 60%까지 줄이면서도 영국의 에너지 수요를 충족할 충분한 에너지를 공급할 수 있다는 주장이 꽤 널리 채택되고 있다. 지속가능개발위원회가 지적해왔듯이, 이 대안을 통해 2024년까지 원자력의 비중이 3% 이하로 줄고, 마지막 원전인 사이즈웰 BSizewell B가 폐쇄되는 2036년경에는 원자력 비중이 0%가 될 것이다. 또한 고갈된 유전과 가스전, 그리고 염류 대수층을 사용해 이산화탄소를 지질학적으로 격리(보관)할 경우, 추가적인 탄소 배출 없이 영국 전기 사용량의 50%를 화석연료로 공급할 수 있으며, 그 나머지도 재생에너지가 추가적 탄소 배출 없이 공급할 수 있을 것이다. 열병합 발전소combined heat and power, CHP가 제공하는 저탄소 에너지도 나머지를 보완할 수 있을 것이다. 아무도 이 대안이 쉽다고 말할 수는 없다. 이는 재생에너지의 급증과 효율성 상승, 열병합, 청정 석탄, 탄소 포집 및 저장의 실행을 필요로 한다. 그렇지만 이는 신뢰할 만한 대안이다.

다른 한편으로는 원자력을 40%까지 늘리고, 재생에너지의 이용을 낮추면서 에너지 효율 프로그램을 동시에 수행하면, 탄소 포집 및 저장 과정이 없어도 유사한 효과를 가져올 수 있다는 주장이 있다. 이 두 가지 극단적인 대안을 다양하게 조합하는 방안들도 있다. 예를 들면, 원자력 비중을 줄이고 CCS를 늘리거나 에너지 절약 및 효율성을 증대하는 것이다. 근본적으로 논쟁은 어떠한 조합을 선택할 것인가에 대한 것이며, 구체적 조합의 실행 가능성 및 전략적 가능성에 관한 것이다.

이 책은 이러한 논쟁들을 탐구하려고 한다. 그러나 기술적 논문의 집필을 의도한 것은 아니며, 주요 주창자들의 견해를 전달하고 검토하는 것이 목적이다. 이 책은 원자력을 확대하려고 애쓰는 이들의 관점 및 처해 있는 난제들, 그리고 대안적 접근을 추진하고자 하는 이들의 관점 및 한계를 검토할 것이다. 이 책은 《원자력, 우리의 미래인가?Nuclear or Not?》라는 제목으로 오픈 대학교Open University 에너지 및 환경대의 지리학부가 2005년 3월에 공동 주관한 컨퍼런스에서 발표된 일부 논문들을 토대로 집필되었다. 나머지 다른 논문들도 이 컨퍼런스에 참여한 사람들이 집필한 것이다.

오픈 대학교 컨퍼런스는 영국에서 원전 확대를 둘러싸고 일어난 이슈들을 비판적으로 다루었지만, 원자력 관련 찬반 논쟁을 그저 반복한 것이 아니라 기후변화와 관련해 가장 적절한 에너지 공급과 수요 정책은 무엇인가 대해 좀 더 넓은 맥락에서 논쟁을 정립하려는 시도였다. 이 책도 그와 유사한 접근 방법을 취한다.

원자력 논쟁

1998년 원자력 산업 잡지인 〈뉴클레오닉스 위크Nucleonics Week, 22 October 1998〉는 "원자력은 기후변화가 원자력을 필요로 하는 것 이상으로 기후변화를 더 희망한다"고 조롱하듯이 표현했는데, 아직도 원자력은 여전히 논쟁의 중심에 있다. 원자력 찬성론자들은 이산화탄소를 생성하지 않는 원전이야말로 기후변화에 대응하는 데 적합하다고 주장한다. 반면 지난 수십 년간의 원자력 논쟁에 익숙해진 원자력 반대론자들은 전면적인 반대 의견을 제시하고 있다. 하지만 찬성론자들은 기후변화의 위협이 이러한 반대 의견에 새로운 시각을 주었을지도 모르며, 따라서 원자력의 장단점에 대한 새로운 객관적 분석이 필요하다고 주장한다.

이 책의 1장에서 3장까지는 현재의 상황을 정리해 보여주는데, 스컬록Scurlock과 허링Herring은 원자력 기술과 이에 대한 대응을 역사적으로 개괄한다. 현재의 논쟁으로 이동해, 버틀러Butler 및 맥글린McGlynn(4장)과 앨런Allen(5장)은 두 진영의 관점과 이슈를 설명하고 각각의 평가 방법을 통찰하며, 두 입장이 합의할 수 있는 공통분모가 있는지 살펴본다. 원자력 반대론자들은 이제 원자력과 재생에너지의 상대적 장점을 논하는 것으로 나아가고, 원자력 찬성론자들도 재생에너지에 대한 공격을 자제하는 듯 보이지만, 두 입장 사이의 과정을 '연결하는 다리'에 여전히 간극이 남아 있다는 사실이 놀랄 만한 일은 아닐 것이다 실제로, 키드Kidd가 원전에 대한 새로운 접근 방법(6장)에서 보여주었듯이, 원자력 이익단체들은 재생에너지를 하나의 동맹으로 보려고 점점 더 애쓰는 것처럼 보이기는 한다. 그러나 내가 서술한 것처럼(7장), 이러한 노력에 대해 지금까지 재생에너지 측의 보답은 없었다. 재생에너지 지지자의 대부분은 원자력으로의 회귀는 지속 가능 에너지로 향하는 진보의 발걸음을 늦추는 것이라고 우려한다.

이것이 원자력의 안전성, 공급 안정성, 비용에 관한 '전통적' 반대가 이제는 효력이 없다는 것은 아니다. 페어리Fairlie, 로리Lowry, 그리고 미첼Mitchell과 우드먼Woodman은 이어지는 글에서(8~11장) 사례들을 통해 이러한 주장들이 어떻게 전개되어왔는지 보여준다. 실제로 이 주장들은 원자력 찬성론자들이 풀어야 할 중요하고 실질적인 난제들이다.

그다음 장들에서는 전략적 수준으로 돌아가서 몇 가지 국가 사례를 살펴본다. 프로갓Froggatt(12장)은 유럽의 상황을 개괄하고, 보일(13장)은 독일과 영국을 비교한다. 프랑스와 핀란드는 신규 원전 건설에 앞장서면서 서유럽 국가들과는 다른 행보를 보이는 듯하고, 구소련의 일부 국가들은 여전히 원전에 호의적이다. 미국 정부도 원전 프로그램의 복귀를 추진하고 있으며, 영국에서도 원자력이 주요 의제로 다시 떠오르고 있다. 이와 동시에 중국, 인도 그리고 일부 아시아 국가들은 원자력 확대를 미래를 위한 또 하나의 대안으로 여기고 있다. 실제로 14장에서 키드도 원자력의 미래가 이와 같이 전개될 것이라고 주장한다.

마지막 부분에서는 이 논쟁의 과정과 구조, 더 광범위한 전략적 이슈, 미래를 위한 제언 등을 살펴보면서 이슈와 과정을 함께 검토한다. 15장에서 스컬록은 원자력이 '녹색' 에너지로 여겨질 수 있을지 묻고, 그렇지 않을 것이라고 결론을 내린다. 이와 대조적으로, 16장에서 너톨Nuttall은 새로운 인식이 등장할 수도 있으며, 실제 원자력이 확대되려면 이러한 인식이 필요하다고 주장한다. 내가 마지막 장에서 주장하듯이, 기술적인 이슈만큼 이념적 이슈들 간에 의견의 불합치가 분명 존재한다.

원자력 찬성론자들은 중앙집중화된 자본주의 소비 사회의 핵심에 해당한다는 이유로 원자력에 반대하는 것은 '이념적'이라 비판한다. 그러나 이러한 사회, 정치적 근거를 가지고 원자력을 찬성하는 것 또한 똑같이 이념적이라고 비판할 수 있다. 원자력 기술이 현대 산업사회를 형성하는 유일한 기술은 분명 아니지만, 산업사회 및 산업사회의 발전 방식이 지니는 많은 결점을 상징하고 있기 때문이다.

6장에서 키드는 "특정 에너지를 이념적으로 배제하는 것은 적절하지 않다"고 말하지만, 사실 우리는 정치가나 정치 체제가 어느 정도 그렇게 하기를 기대하고 있다. 이는 단순한 기술관료주의적 이슈만은 아니다. 오히려 기술은 사회를 형성하고 사회는 기술을 형성하려고 노력해야 한다.

우리는 '모든 에너지 대안들'을 가질 수 있다는 단순한 가정을 버리고, 불가피하게 선택을 해야 한다. 그리고 그 선택이 좀 더 현명한 방식으로 이루어지는 데 이 책의 논의들이 기여할 수 있기를 희망한다.

이 책에서는 다양한 견해를 집대성하려고 노력했지만, 원자력 논쟁의 한쪽으로만 치우친 견해를 가진 저자도 있다. 때문에 편집자로서 나는 여러 의견들을 합리적으로 균형 있게 맞추려고 노력했음에도 불가피하게 모든 이를 만족시키지 못할 수도 있다. 예컨대, 원자력 찬성 관점을 좀 더 많이 포함시킬 것을 기대하는 독자도 있는 반면, 지구의 벗Friends of the Earth, FoE이나 그린피스Greenpeace 같은 원자력 반대 환경단체를 특별히 더 실어줄 것을 기대하는 독자도 있을 것이다. 그렇지만 나는 여러 압력단체들의 '지도를 단순히 그리기'보다는, 비판적 접근법을 강조하면서, 실천가, 이론가, 정책 전문가들의 광범위한 견해를 피력하고자 노력했다. 이는 기존 입장을 단순히 되풀이하는 것과는 다르다.

이 책의 저술은 원자력을 주요 이슈로 다룬 2006년 영국 정부의 1단계 <에너지 정책 검토 보고서>와 동시에 진행되었다. 이 책의 몇몇 저자는 <에너지 정책 검토 보고서>의 자문 단계에 제출된 여러 자료를 설명하는 데 참여했는데, 2006년 7월에 출간될 이 책이 검토 보고서의 권고와 관련된 논의, 그리고 추후의 정책 개발에도 반영될 수 있기를 바란다.

2006년 <에너지 정책 검토 보고서>는 2007년에 발간된 <에너지 백서>로 연결되었는데, 여기서는 원자력이 경제적 관점에서 "매력적이지 못한 대안이며 방사성 폐기물 문제도 해결해야 한다"고 언급한 2003년 <에너지 백서>와는 상반된 결론을 내리고 있다. 즉 2007년 <에너지 백서>는 "신규 원전은 우리 에너지 정책의 목표를 달성하는 데 중요한 기여를 할 수 있다"는 결론을 내렸다.

이렇게 변화된 견해는 에너지 공급(명백하게 가스)의 안정성에 대한 우려와 기후변화의 위협에 대한 인식의 증가를 반영한 것으로 보인다. 2050년까지 온실가스 배출 60% 감축이라는 영국의 공약도 불충분하며, 80%까지 감축이 필요하다는 의견까지 나오는 상황이었다. 2007년 〈에너지 백서〉에 뒤이어, 2008년 〈에너지 백서〉에서는 원자력이 최소의 비용으로 감축에 일부 기여할 수 있다고 주장했다. "화석연료와 신규 원전을 대안으로 사용하는 80% 감축 시나리오는 2050년까지 GDP를 1.6% 감소시킬 것이다. 신규 원전에 제한을 두면 2050년까지 비용은 GDP의 1.7%까지 증가할 것이다."

이와 동시에 정부는 새로운 유럽연합 집행위원회의 재생에너지에 대한 지침을 따라야 한다. 그 지침은 2020년까지 유럽연합 전체 에너지의 20%를 재생에너지원으로 충당할 것을 요구하는 것으로, 각국 정부가 지금까지 달성한 수준과 향후 확대 달성 가능성을 고려해 정해졌다. 현재까지 국내 에너지의 약 2% 수준에 머무르고 있는 재생에너지 비율을 고려해, 영국은 15% 목표에 합의했다. 하지만 난방과 운송 분야에서의 재생에너지 확대가 어렵기 때문에 주로 전력 분야에서 이 목표를 달성해야 하며 2020년까지 영국 전력의 30~40%를 재생에너지로부터 공급해야 할 것이다.

그래서 우리는 다시 한번 원자력과 재생에너지를 무탄소, 또는 최소한 저탄소를 보장하는 에너지 수급원 후보에 올렸다. 정부는 이 둘의 관계는 경쟁관계가 아니라고 단호히 주장한다. 이 둘을 동시에 추진할 수 있고 또 그래야 한다고 주장한다. 하지만 재생에너지 찬성 단체나 규모가 더 큰 환경 단체 모두가 이에 동의하지는 않으며, 지속 가능한 에너지의 미래를 위해 어떤 방안이 최선인지, 그 속에서 원자력의 역할은 무엇인지에 대해 논쟁을 진행하고 있다. 이 책이 제작되는 동안, 영국에서는 민간 기업에 의한 신규 원전 프로젝트 계획이 수립되고, 부지 선정이 진행되었다. 그 속에서 관련 단체들은 현명한 정책과 다양한 접근 방법에 대한 논쟁을 더욱 치열하게 벌이고 있다. 이 책이 이러한 논쟁에 기여하기를 바란다.

- 제1부 -

상황 설정

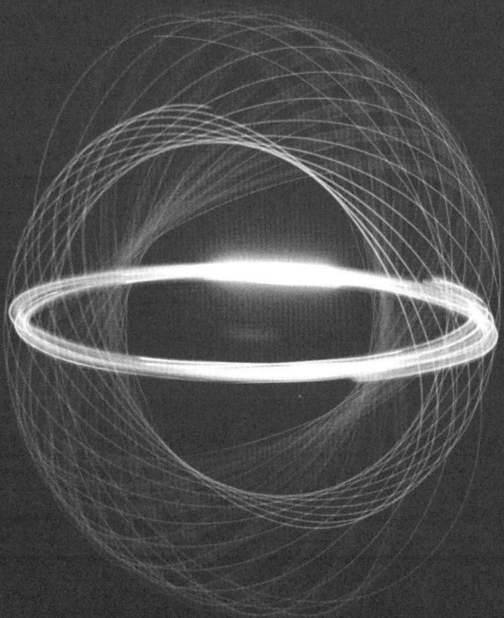

1장

원자력 에너지: 입문서

조너선 스컬록 Jonathan Scurlock

들어가는 글

원자력 핵분열 과정(원자의 분열, 좀 더 정확히 원자핵의 분열)에서는 엄청난 양의 에너지가 방출된다. 원자로 내의 통제 상황에서 이 과정은 연소 등의 다른 어떤 화학 반응보다 원자당 100만 배나 더 많은 에너지를 방출할 수 있다. 더불어 이 과정에서는 질소산화물, 황화산화물, 탄소산화물 등, 연소와 관련된 오염물질이 배출되지 않는다. 따라서 지난 60여 년간 이 지구의 자원을 이론상으로나마 효율적으로 사용하기 위한 엄청난 노력이 이루어졌다고 해도 과언이 아니다.

이 장에서는 전문가가 아닌 독자들이 기본 개념을 파악해 원자력과 다른 에너지 대안을 비교할 수 있도록, 원자력의 토대가 되는 기술과 과학에 대해 간결하게 설명한다. 원자력의 환경적 의미는 다른 장에서 자세히 설명하기 때문에 이 장과 다음 장(세계 원자력 산업의 역사)에서는 간단히 다룬다. 하지만 일반적으로 많이 제기되는 질문, 예컨대 원자로 유형, 경제학, 군과 민간의 관계, 재처리 근거 등에 대해서는 답변(또는 답에 이르는 단서)을 제시한다.

핵물리학

원자는 그리스 철학자인 데모크리토스가 더는 쪼갤 수 없는 물질의 가장 작은 단위라고 정의했다. 즉, 원자는 속성의 변화 없이 쪼갤 수 있는 최소 단위라고 말할 수 있다. 원자 그 자체는 전기가 없는 중성자와 양전기를 띤 양성자의 집합체인 원자핵과 그 주변을 돌고 있는 음전기를 띤 전자의 여러 껍질로 표현된다. 양성자는 동일한 전기적 성질 때문에 서로가 밀어내려는 힘이 작용하지만 모든 양성자와 중성자 사이에 작용하는 '강한 핵력'이 거리가 짧을수록 더 강하게 작용하므로 모든 양성자와 중성자는 원자핵에 뭉쳐 있게 된다(그림 1-1).

원소 주기율표는 자연 상태에서 발견되는 92개의 원소, 가장 가벼운 원소(수소: 원소기호 1, 헬륨: 원소기호 2 등)로부터 가장 무거운 원소(프로탁티늄: 원소기호 91, 우라늄: 원소기호 92)까지를 나타낸다. 원소기호는 원자핵에 있는 양성자의 숫자에 상응하며, 동일한 숫자의 전자에 의해 전기적 균형을 이루고 이로 인해 각 원소의 물리, 화학적 특성이 결정된다. 자연 상태에서 가장 무거운 원소인 우라늄(원소기호 U)의 원자핵은 양성자 92개와 중성자 146개로 구성되어 있다. 각 원소의 원자량은 양성자와 중성자 개수의 합인데, 전자는 질량이 극히 작기 때문이다. 우라늄의 원자량은 92 + 146으로 238에 해당한다. 이러한 원자량을 가진 우라늄은 우라늄-238 또는

^{238}U로 표시한다.

원자핵의 안정성은 인력(양성자와 중성자 사이)과 척력(양성자와 양성자 사이)의 균형을 통해 이루어지는데, 중성자 대 양성자의 비율(N:P)은 특정 한계 내에서 달라진다. 탄소나 산소 같은 가벼운 원소의 원자핵은 N:P 비율이 대략 1.0인 데 반해 가장 무거운 원소들의 N:P 비율은 1.5 정도까지 상승한다.

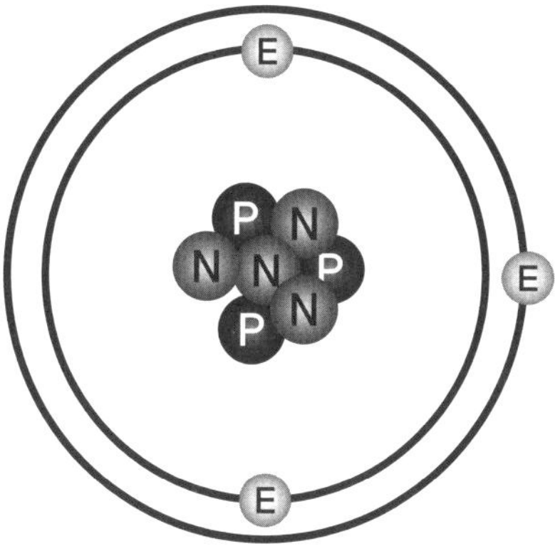

[그림 1-1] 원자의 구성요소를 나타내는 일반적인 그림. 정확히 말하면 비교적 가벼운 원소(리튬, 원소기호 3번으로 원자량은 7). N: 중성자, P: 양성자, E: 전자. 우라늄-235와 같이 더 무거운 방사성 원소는 매우 많은 양성자와 중성자를 가지고 있다.

많은 숫자의 양성자와 중성자가 섞여 있는 우라늄의 원자핵은 질량이 꽤 높기 때문에 인력과 척력 간 균형의 변화에 특별히 민감하다. 끊임없는 긴장 상태에서 몰려드는 많은 소립자들이 원자핵 내에서 들끓고 있는 상황을 상상해보라! 우라늄 원자핵 관련 물리학은 자연 상태로 존재하는 두 가지 동위원소 덕분에 좀 더 복잡해지는데, 동위원소는 원소기호는 동일하지만 원자량이 약간 다르다. 거의 대부분(약 99%)의 우라늄은 ^{238}U인데, 0.7%의 우라늄은 우라늄-235로 알려진 동위원소다. ^{235}U는 ^{238}U과 같은 숫자인 92개의 양성자를 가지고 있지만, 중성자의 개수는 146개가 아니라 143개다. 이렇게 N : P 비율이 약간 낮아짐으로 인해 ^{235}U는 ^{238}U보다 원자핵이 불안정하다 즉, 중성자의 충격에 쉽게 핵분열이 발생한다-옮긴이.

방사성 붕괴 및 핵분열

불안정한 원자핵은 소립자나 에너지를 방출하면서(방사성 붕괴) 더 심하게는 쪼개지면서(핵분열) 중성자와 양성자 간의 균형을 복원하려는 경향이 있다. 방사성 붕괴는 다음의 세 가지 형태를 띨 수 있다.

- 알파(α): 헬륨핵의 방출로, 다시 말하면 두 개의 양성자와 두 개의 중성자의 방출이다. 상대적으로 무거운 α-입자는 한 장의 종이나 사람 피부의 표피층도 뚫지 못할 정도로 도달 범위는 짧으나 일단 인체의 세포에 영향을 미치면 위해 가능성이 매우 높다. 그러므로 α-배출 핵은 인체 밖에서는 해롭지 않으나, 흡입 등으로 인체 안으로 들어가면 매우 위험하다.
- 베타(β): 중성자가 양성자로 변하면서 전자가 방출되거나, 양성자가 중성자로 변하면서 양전자(전자와 같이 가벼운 소립자이나 양전기를 띰)가 방출된다. β-입자(β- 및 β+)는 작고 가벼우므로 이들이 물질을 통과하는 동안 다른 원자핵과 충돌할 가능성은 낮다. 그러므로 β-방사선은 α-방사선보다 도달 범위가 길지만 얇은 금속막을 뚫지는 못한다.
- 감마(γ): 원자핵의 초과 에너지를 제거하기 위해 배출되는 고준위 광

량자. 엑스레이보다 에너지가 크고 위해 가능성이 높으며, γ-방사선은 도달 범위가 길고, 오직 2m 두께의 콘크리트 등의 거대한 보호장치에 의해서만 효과적으로 차단될 수 있다.

세 가지 방사성의 붕괴는 모두 생물학적 해악을 일으킬 수 있어, 불안정한 원자핵의 방사능 부산물뿐 아니라 우라늄과 그 복합물 같은 자연 상태의 방사능 물질도 매우 신중하게 다뤄야 한다. 원자력 방사능에 의한 강한 피폭은 살아 있는 세포를 죽일 수 있지만, 피폭 수준이 낮더라도 유전 물질에 손상을 입히거나 세포 분열에 악영향을 줄 수 있다(암 발병 등). 방사성 붕괴 계열, 동위원소 반감기 그리고 원자력 방사능의 생물학적 영향과 관련된 자세한 내용은 수많은 교과서에 수록되어 있는데, 그 가운데 독립 비판의 '고전'으로 여겨지는 영국 왕립환경오염위원회UK Royal Commission on Environmental Pollution, RCEP의 보고서가 비교적 잘 정리했다(RCEP, 1976).

불안정한 원자핵은 핵분열 과정에서 더욱 심각하게 변형될 수 있는데, 여기서 원자핵은 두 가지 중요한 물질로 나누어진다(대체로 3:2 비율, 드물게 1:1 비율). 핵분열 생성물 또한 불안정한 경향이 있고, 양자보다 많은 중성자를 보유하고 있으며, 보통 β 및 γ를 방출한다. 스트론튬-90과 세슘-137은 우라늄 핵분열의 전형적인 생성물로, 각각 28년 및 30년의 반감기를 갖는다.

나머지 중성자들은 핵분열 과정의 결과로 발생한다. 중성자 방사선은 투과력이 높은데, 이러한 전기적 중립 소립자는 오직 다른 원자핵과 충돌할 때만 속도가 감소하기 때문이다. 수소, 탄소, 산소 같은 가벼운 원자핵은 방황하는 중성자들(미주 중성자)의 속도를 낮추는 데 매우 효과적이므로(감속재의 원리, 아래 참조), 이러한 원자핵이 중성자를 쉽게 흡수하도록

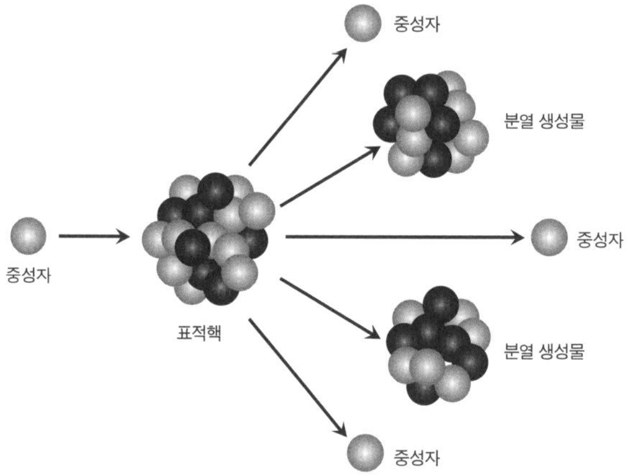

[그림 1-2] 중성자 포획 및 유도 분열, 2의 승수형태로 연쇄 반응에 이름. 각 핵분열은 두 개의 분열 생성물과 두 개 이상의 중성자를 생성하는데, 이로 인해 두 개 이상의 핵분열이 유도된다.

해준다. 그러나 이러한 가벼운 원자핵은 인체나 생물체에서 흔히 발생하므로, 중성자로부터 인체를 보호하는 것이 매우 중요하다.

불안정한 동위원소 우라늄-235의 원자핵 하나가 분열하면 두 개 또는 세 개(평균 2.5개)의 미주 중성자가 방출되는데 이들은 다른 우라늄-235의 원자핵에 의해 포획된다. 중성자를 포획한 이들은 즉시 매우 불안정한 상태가 되며, 결국 더 많은 중성자와 열 형태의 에너지를 방출하면서 추가적 유도 분열이 일어난다. 그리해 초기 핵분열은 2개의 유도 분열을 생성하고, 그다음 4개, 8개, 16개, 32개(2의 승수 형태) 등의 연쇄 반응이 일어나게 된다(그림 1-2). 분열이 80개 또는 그 이후를 넘어서면 연쇄 반응은 엄청난 양의 에너지를 방출하는데, 이것이 핵폭발이다. 그러므로 원자폭탄의 원리는 연쇄 반응을 어떻게 한꺼번에 일으키는가에 관한 것으로, 생성된 중성자의 집약, 유도 분열을 일으키는 비율, 핵분열성 물질의 표면에서 손실률을 조정하는 문제다. 두 개의 작은 핵분열성 물질 덩어리를 빠르게 하나로 합쳐 임계질량을 넘겨 연쇄 반응이 지속되도록 하면 바로 핵무기가 된다. 한편, 원자력을 이용한 발전은 이보다는 좀 더 통제된 연쇄 반응을 필요로 하는데, 폭발 가능성 없이 열원의 수준에 머무르게 해야 한다.

매우 복잡한 증기 발생기

반응로 노심에 있는 우라늄-235를 포함한 대부분의 연료봉은 유도 분열의 확률을 높인 것으로, 미주 중성자의 속도를 늦추는 감속재물질(흑연 또는 물)에 둘러싸여 있다 감속재는 높은 에너지 수준의 고속 중성자를 낮은 에너지 수준의 열중성자로 감속시켜 핵분열이 더 잘 일어나도록 한다. 왜냐하면 우라늄-235가 핵분열하면 고속중성자가 발생하는데, 우라늄-235는 고속중성자보다는 열중성자에 잘 반응하기 때문이다-옮긴이. 중성자 흡수 물질(보통 붕소가 포함된 붕소강)을 포함한 제어봉은 연쇄 반응을 제어 가능한 수준으로 낮추는 데 필수적이며, 긴급 상황이나 정기 정비 시에는 원자로 전체를 정지시킨다. 냉각재는 원자로 노심에서 열을 밖으로 전달하기 위해 필요하다. 여기에는 이산화탄소나 헬륨 같은 기체 방식도 있고, 경수나 중수(냉각재와 감속재의 두 가지 역할 수행) 같은 액체 방식, 나트륨 같은 용융 금속 방식도 있다. 이후 뜨거운 냉각재는 증기를 생성하는데, 이는 여타 화석연료 발전소와 같은 방식으로 증기 발전기 터빈을 돌리는 데 사용된다(그림1-3).

그러므로 원자력 발전소는 전통적인 화력 발전소 기술과 결합된 매우 복잡한 증기 발생기라고 생각할 수 있다. 핵연료를 최소한으로 다뤄야 하기에 원자로는 최초 연료 장전 이후 가능한 한 오래 연속적으로 운영되어

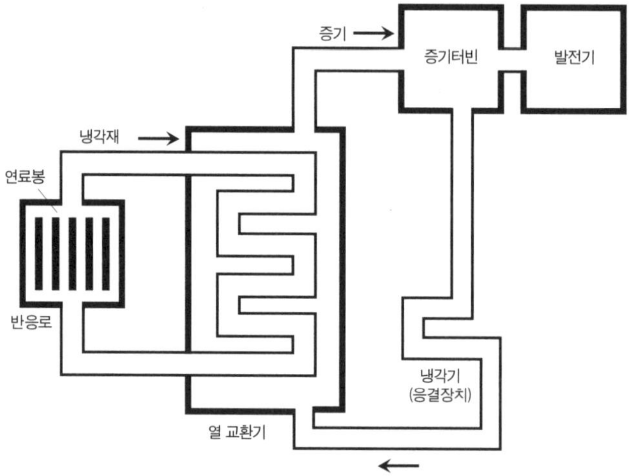

[그림 1-3] 원자력 발전소를 단순화한 계통도

야 한다. 하지만 핵분열 생성물이 축적되면 중성자가 이에 흡수되어 원자로의 작동에 간섭하기 시작하면서 통제 불가능한 부작용을 일으킬 수 있다. 이 단계에 이르면 핵연료가 교체되어야 하는데, 통상적으로 우라늄-235는 1~2%만 소비된 상황이다. 일부 원자로는 출력을 낮추고 운영하면서 연료를 재장전할 수 있지만, 대부분의 원자로들은 연료 교체를 위해서는 두 달 전부터 완전히 정지시켜야 한다. 사용 후 핵연료의 방사능 수준은 매우 높아서 이를 안전하게 다루고 영구 처분하는 방법이 개발되어야 한다.

우라늄 농축의 필요

앞에서 설명한 것처럼 자연 상태의 우라늄은 99.3%의 ^{238}U 및 0.7%의 ^{235}U라는 두 개의 동위원소로 구성되어 있다. 이런 형태의 자연 우라늄은 특별한 중성자 감속재를 사용하지 않으면 연쇄 반응이 일어나지 않는다. 중수(D_2O, 수소의 동위원소인 무거운 중수소를 포함하는 물)는 이러한 목적에 적합한데, 오직 0.02%의 물분자만이 중수소를 포함하고 있기에 통상의 물에서 이를 추출하는 과정은 매우 복잡하고 비용이 많이 든다. 캐나다를 비롯한 다른 국가에서 중수로는 경제성이 매우 낮은 것으로 드러났는데, 그 이유는 중수 추출비용을 애초에 잘못 계산했기 때문이기도 하다.

일반적 방법은 우라늄 농축으로 핵연료 내 ^{235}U의 비율을 0.7%에서 3~4%까지 올리는 방안이다. 이는 대부분 원전의 핵연료로 사용하기에 충분한 수준으로서, 히로시마에 사용된 최초 원자폭탄처럼 93%까지도 농축이 가능하다.

^{235}U 핵은 중성자를 포획한 후 쪼개지는 반면, ^{238}U에 의해 포획된 중성자는 두 개의 β-소립자를 빠르게 방출하고 새로운 인공핵물질을 생성한다. 이것이 원자번호 94의 플루토늄(원소 기호 Pu)이다. ^{239}Pu는 ^{235}U보다 연쇄 반응을 잘 유지하기 때문에 핵무기에 이상적인 물질이다. 플루토늄은 원자력 발전용 연료로도 사용될 수 있는데, 이는 뒤에서 논의한다.

우라늄 공급

우라늄은 여러 광물에서 발견된다. 피치블렌드 같은 금속에 비교적 많이 포함되어 있지만 매우 희소하기 때문에 수요가 공급을 엄청나게 초과할 때만 추출할 가치가 있다. 채굴, 광물 처리, 농축은 종종 원자력 연료 주기의 전단(선행)으로 언급된다.

광물 채굴 후, 우라늄을 용해해 추출하면 고운 모래 형태로 우라늄찌꺼기가 남는다. 이 물질은 채굴된 광물과 거의 동일한 양으로, 극소량의 우라늄뿐만 아니라 라돈-222(붕괴 생성물을 포함하는 먼지와 함께 흡입할 수 있는) 및 라듐-226(칼슘을 대체해 뼈조직에 침투할 수 있는 α선 배출입자)과 같은 자연 방사선 붕괴 생성물도 포함한다.

유감스럽게도 수억 톤의 우라늄 찌꺼기가 미국 서부, 캐나다, 나미비아, 동부 유럽 등지의 광산 주변에 쌓여 있는데, 이중에서 상당량이 바람과 비에 노출되어 무분별하게 확산될 가능성이 크다. 일부 비판가들은 우라늄 찌꺼기가 사용 후 핵연료 처분보다 먼저 해결해야 할, 세계 원전업계의 가장 큰 폐기물 처분 문제라고 지적한다. 잘 알려진 사례 하나를 살펴보자. 1950년대에 콜로라도주 그랜드 정션에 있는 우라늄 정련 공장의 찌꺼기가 부주의로 건축물에 사용되게끔 허용되었다. 이러한 실수는 1966년까지는 알려지지 않았는데, 뒤따르는 법적 조치에 따라 1974년부터 1988년까지 결국 폐기물은 제거되었고 600곳 이상의 건축물이 교체되었다.

또한 경쟁관계에 있는 토륨에 대해서도 언급할 필요가 있는데 이는 우라늄보다 매장량이 풍부하지만 직접 핵분열이 발생하지 않으므로 아직까지는 사용되지 않는다. 다만 우라늄이 고갈되면 고속중성자로 같은 곳에서 사용할 수도 있다.

농축 기술

^{235}U와 ^{238}U은 화학적 속성이 동일하기 때문에 우라늄 농축은 필연적으로 물리적 속성에 기반을 두고 이루어진다.

기체확산법calutron은 전자기장을 통해 우라늄 증기에 빛을 발사하는 방법을 이용한 초기 기술이다. 빛의 굴절은 동위원소의 무게에 따라 달라서, 분리된 정도를 알려준다. 이는 무기 제조용으로는 적합한 방법이지만, 농축우라늄 연료를 만드는 방법으로는 매우 에너지 소모적인 것으로 (따라서 무의미한 것으로) 나타났다.

가스확산법gaseous diffusion은 맨해튼 프로젝트에서 서서히 개발된 방법이다. 이 방법은 우라늄 증기 중 하나의 동위원소^{235}U가 다른 동위원소^{238}U에 비해, 진공 상태에서 소공이 있는 주석 위주의 격막을 더 빠르게 통과하는 성질을 이용한 방법이다(McKay, 1984). 그렇지만 한 번 확산될 때 이루어지는 분리의 정도가 너무 적어(1.004:1), 아주 오랜 기간의 계단식(수천 번의 확산) 확산 공정이 필요하며, 엄청난 양의 에너지를 소모한다는 특징이 있다(테네시주 오크리지에 있는 K-25 공장은 2,000메가와트까지 사용). 가스확산 공장은 20세기 지구상 가장 거대한 산업 시설물 중 하나여서 우주에 있는 감시 위성에서도 볼 수 있다.

원심분리법high-speed centrifugation은 육불화우라늄UF_6을 사용해 최상의 에너지 균형(에너지 산출: 에너지 투입)을 달성하는 최신 농축기술이다. 가스확산법처럼 수많은 계단식 단계를 거쳐 ^{235}U를 집약하지만 원심분리법이 좀 더 간결한 기술이다(따라서 이른바 관계가 좋지 않은 상대 정부나 테러리스트가 이용하기 쉽다).

레이저법laser isotope separation은 레이저 자극 우라늄 동위원소 간 전기장을 통해 분리하는 방법으로, 현재까지는 연구소 수준에서만 시연되어왔다. 한 번의 농축과정을 특징으로 하기에 저렴하고 에너지 효율적이라는 장점이 있지만, 위험한 수준으로 확산될 가능성이 있어 상당한 주의가 필요하다.

사용 후 핵연료: 고온의 재

핵연료 주기의 후단(후행)은 사용 후 핵연료의 처리, 저장 또는 재처리로 이루어진다. 원자로에서 인출된 연료는 온도가 매우 높아서(열차원에서) 지속적인 냉각이 필요하다. 또한 사용 후 핵연료는 여러 핵분열 생성물이 축적되어서 매우 강한 방사능을 띠는데, 차폐 시설이 없으면 10m 내에서 20분만 노출되어도 생명을 빼앗길 수 있다. 대부분의 핵분열 생성물은 경제적으로 쓸모가 없고 상대적으로 긴 반감기를 가지므로 보관소에 장기간 저장해야만 한다. 그러나 고속 증식로에서 연료로 사용할 수 있는 플루토늄(약 1%)과 미사용 우라늄(총량의 97%)을 분리하는 경우도 있다. 이들을 전환 과정을 거쳐 혼합산화물연료mixed-oxide fuel, MOX로 변환할 수 있고, 전통적 원자로에서 사용할 수 있다. 이는 무기 제조를 위해 플루토늄을 추출하는 방식이기도 하다. 사용 후 핵연료를 재처리하는 것이 경제적, 환경적, 원전 운영의 관점에서 바람직한지 아니면 연료주기를 종결하는 것이 바람직한지를 둘러싼 논쟁은 아직도 계속되고 있다. 재처리 중인 정부나 산업계도 있는 반면, 사용 후 핵연료를 장기 건식 보관하는 경우도 있다.

폐로

핵연료 주기의 최적화를 둘러싼 논쟁은 원전 산업이 해결해야 할 최대 규모의 고비용 문제, 즉 수명이 다한 노후 원전의 처리 문제를 간과하는 경향이 있다. 2010년까지 세계적으로 상당수의 현존 원전이 폐쇄될 것이라는 전망이 있었음에도 불구하고(Pollock, 1986), 통상 40년인 운영 허가기간을 60년으로 연장해달라는 업계의 요구로 인해, 수많은 원전이 연장 운영 허가를 얻을 전망이다. 그러나 거의 100기의 상업용 원자로와 수많은 연구용 소형 원자로가 이미 운영을 영구정지했다. 2006년까지 이들 중 여덟 기는 완전히 해체되었고 17기는 부분적으로 해체되었다.

21세기 초에는 수많은 국가의 원전 산업에서 신규 원전 건설보다는 원전 폐로가 주요 성장요소가 될 수도 있다. 원전 폐로는 원전의 최종 단계로서, 원자로 노심과 냉각기 및 열교환기 연관 부분 등 매우 큰 방사능 물질이 처리되는 과정이다. 콘크리트 절단 과정의 냉각수, 먼지, 세척 용매 등이 모두 방사능 확산의 잠재적 요인이므로 주의 깊게 보관되어야 한다. 전체 폐로 과정은 원래 세 단계로 이루어진다.

1. 핵연료 제거 및 발전소 '제염', 대부분 원 상태로 '유지와 보수'만을 한다.
2. 원자로 및 주변의 주요 시설을 제외한 모든 구조물의 해체 및 제거.
3. 잔여 시설을 해체 및 제거해 궁극적으로 부지를 제한 없이 사용할 수 있도록 전환. 이 단계는 방사능 제거를 위해 대부분의 경우 최대 100년까지 연기된다. 이로써 비용 문제, 최종 해체 단계의 복잡함이 줄어들 것으로 예상된다.

실질적으로도 원자로 종료 방안은 다양하게 검토되어왔다. 예컨대 국제원자력기구International Atomic Energy Agency, IAEA는 세 가지의 폐로 전략, 즉시해체(De-con, 즉시 분해 및 제거), 지연해체(Safestore, 시설을 장기간 '유지보수' 하다가 이후 해체), 영구밀봉(Entombment, 이후 구체적 해체 계획 없이, 콘크리트 언덕을 조경해 대부분의 방사성 물질을 덮는 것)을 인정하고 있다.

2005년 원자력폐로청Nuclear Decommissioning Authority, NDA 설립 이전까지 영국은 지연 해체 전략을 선호했는데, 핵연료 제거가 완료(보통 가동 정지 후 수년이 걸림)되는 초기 단계 이후 유지보수 기간의 연장에 중점을 두고 있었다. 지연 해체의 두 번째 단계는 운영 중, 제염 중, 연료 냉각 수조의 해체 중, 그리고 발전기 터빈홀같이 방사능이 없는 건축물의 제거 중에 생성된 방사능 폐기물을 포장하고 회수하는 단계다. 최근 원자력폐로청의 폐로 정책은 완전 해체 및 부지 복원을 가능하면 가동 정지 후 25년 이내 마무리하는 전략으로 되돌아가고 있다.

지연 해체와 영구밀봉 방안이 매력적인 이유는 대규모 핵폐기물 처분장이 지니는 여러 문제들과 그 해결비용을 미래 세대가 부담하도록 미룰 수 있다는 점에 있다. 더불어 이 방안은 잔여 방사능의 감소(금속성 구조물에서 방출된 짧은 반감기의 동위원소들의 붕괴에 따라)로 인해 최종 해체 기간 동안 인체 및 안전에 대한 위험을 줄일 수 있고, 이를 과학기술이 진보된 미래에서 더 잘 처리할 것이라는 점도 있다. 하지만 미래 세대에게 부담을 지우는 것은 명백한 책임 전가다. 원전 운영 인력들의 숙련된 기술과 경험이 사라지는 것도 문제다.

통상적인 상업적 운영 기간(30년 또는 그 이상) 이후 완전히 해체되는 대형 원자로의 사례는 거의 없다. 현재까지는 초기 원형로원자로는 실험로, 원형로, 실증로, 상업로 순으로 개발 단계에 따라 규모가 늘어난다-옮긴이를 해체한 경우가 많은데, 이러한 비용은 매우 적고 이는 예외적인 것이다. 예를 들면 영국 최초의 원자로인 33메가와트 윈드스케일을 완전히 해체하는 데 최소한 8,000만 파운드(1억 3,000만 달러)가 소요되었다. 미국 펜실베이니아주 시핑포트에 있는 초기 원전의 해체 시연비용은 전체 공개되지는 않았고, 미국의 다른 사례(거의 사용하지 않은 뉴욕주 쇼램 소재의 발전소)도 있지만, 대표성이 없다. 따라서 전체 상업적 해체비용은 기껏해야 추정치로 봐야 한다. 이전의 조사에서는 해체비용을 원자로 건설비용의 10~100%로 추정했는데(Pollock, 1986), 대형 상업용 원자로의 경우 최소 1억 달러(6,000만 파운드)가 소요된다는 의미다. 발전소의 운영 기간 동안 폐로는 전력비용의 5%만을 상승시키리라 예측되는데, 이 비용의 대부분이 미래 최대 100년 후까지 할인될 수 있기 때문이다.

그러나 초기 유형의 원자로와 그 폐기물 관리 시설비용은 좀 더 높아질 수 있다. 원자력폐로청이 설립될 당시 그 비용은 560억 파운드로 추정되었는데, 그중 상당 부분이 남겨진 유산을 해체하고 그 폐기물을 관리하는 데 드는 비용이었다. 2006년 원자력폐로청은 그 비용을 720억 파운드로 상향했다. 원전업계는 전 세계적으로 군사용 원전 프로그램에서 생성된 상대적으로 크고 처리 곤란한 폐기물은 특별한 사례이며, 전적으로 현대적 원자력 발전비용에서 기인하는 것은 아니라고 주장한다.

영국의 버클리와 헌터스톤 A는 둘 다 충분한 규모의 공랭식 원자력 발전소였는데, 2006년 현재 유지 및 보수 단계까지 해체가 진행되었으므로 향후 해체 관련 의사결정이 빨리 이루어져야 한다. 어떤 해체 전략이 선택되더라도, 사용 후 핵연료의 저장과 해체된 폐기물의 보관을 위한 할 장소를 찾아야 한다는 압력이 곧 크게 증가할 것이다.

방사성 폐기물 관리

다른 에너지 분야(및 산업 일반)로부터의 폐기물이나 오염문제와 비교해 원자력으로부터 나오는 폐기물의 양이 상대적으로 적다는 것은 원래 원자력의 핵심 장점의 하나로 간주되었다. 초기부터 1960년대까지는 저준위 폐기물low-level wastes, LLW은 바다에 투척하고 고준위 폐기물 처분은 과학기술이 해결할 것이라는 기대로, 이들은 큰 관심거리가 아니었다. 그러다가 1970년 중반부터 현재까지 대중의 우려가 급증하고 원자력 산업에 대한 비판이 증가하면서, 방사성 폐기물 문제가 원자력의 아킬레스건임이 밝혀졌다. 매우 위험한 방사성 폐기물(예를 들어 사용 후 핵연료 등), 이 세계 곳곳에서 여전히 임시보관 중이며, 대부분은 원자력 발전소 안에 그대로 남아 있다. 많은 국가에서 고방사능, 장수명 폐기물을 분리보관하는 가장 좋은 방법으로서 심지층처분deep geologic disposal을 연구하거나 지원하고 있지만, 아직 어떤 나라도 이 보관소를 만들지 못했으며, 일부만이 사용 후 핵연료와 고준위 폐기물higher-level wastes, HLW을 위한 임시보관센터를 열었을 뿐이다. 이 계획에서 앞선 국가라고 스스로를 칭하는 스웨덴과 핀란드는 '2010년 이후 언젠가' 보관소를 운영하겠다고 했지만 그 외 다른 국가 대부분은 2020년, 심지어 2030년 이후로 보관소 설립을 미루거나 명확한 시기를 내놓지 않고 있다.

미국 정부는 네바다주 유카산(멀지만 지층이 불안정한 곳)에 2010년 목표로 100억 달러 상당의 저장소 설립을 계획했지만 법적 문제로 인해 최소 2015년까지 실행이 연기되었다. 〈플라워즈 보고서〉(RCEP, 1976) 이후 설립된 방사성 폐기물 운영 회사인 영국 니렉스Nirex는 처음에는 2010년을 목표로 셀라필드에 지하저장소를 지어 고준위 폐기물을 저장하려 했지만,

이후 중준위 폐기물(예를 들면 반응로 부품, 핵연료 케이스)과 저준위 폐기물(오염된 의복, 필터 등)만 저장하는 것으로 계획을 축소했다. 저장 방법을 실험하기 위해 셀라필드에 지하암반저장소를 건설하려 했던 니렉스의 계획은 공개 조사에 의해 중단되었다. 1999년부터 2002년까지 방사성 폐기물 정책에 대한 일련의 정부보고서 작성과 자문을 거친 후 영국의 원자력 폐기물 책임은 2005년에 독립형 공공기관으로 설립된 원자력폐로청으로 최종적으로 넘어갔다. 2006년까지 영국은 고준위 또는 중준위 폐기물 관리와 관련한 장기 계획을 수립하지 않았다. 이들 폐기물은 '가능한 수십 년 동안 원자력폐로청에서 관리하는 저장소에 임시로 보관될' 것이다. 9장에서 상세히 다루겠지만, 2003년 이후 영국 방사성 폐기물 관리위원회는 장기 관리 방안에 대해 검토 중이며 권고 전략에 대해서는 2006년 이후에 보고할 예정이다.

1983년 저준위 폐기물 바다 투척에 대한 국제적 중단 선언 이후 일부 국가들은 이 폐기물을 얕은 콘크리트 참호에 묻어왔다. 영국에서는 두 개의 저준위 시설이 셀라필드 주변 지역인 드리그와 다운리(규모가 좀 더 작음)에 위치하고 있는데 1980년대에 이 외의 저준위 처분장 설립을 계획하려다 강력한 지역 반대로 무산되었다. 전 세계적으로 관련 규제가 엄격해지면서 거의 모든 방사성 폐기물의 임시 저층보관소는 발전소 주변에 위치하게 되었고 심지층 보관소는 장기 계획으로 연기되는 경향이 나타나고 있다.

플루토늄 및 고속 반응로

고속 중성자로, 고속 증식로 또는 단순히 고속로는 전력을 생산하면서 더 많은 연료를 생성하도록 설계한 원자로다. 고속로 노심은 높은 수준의 고농축우라늄 연료를 필요로 하는데, 그 이유는 고속 중성자만을 이용해서 연쇄 반응을 유지해야 하기 때문이다. 고속로 노심은 비농축우라늄의 '외곽'층으로 둘러싸였는데, 이 비농축우라늄은 중성자를 포획해 플루토늄으로 변환된다. 그 후 플루토늄은 재처리에 의해 추출되고, 다른 고속로에서 연료로 사용되며, 더 많은 플루토늄이 생성된다. 이 때문에 '증식로'라고 명명되었다. 이 과정을 통해 값비싼 우라늄 농축 필요성이 없어지고, 현존 우라늄 잔존량의 사용 기간은 수백 년으로 증가될 수 있다(전통적 핵분열 반응로에 사용하는 경제적으로 추출가능한 우라늄-235의 채굴 가능 연도는 대략 60~100년).

그러나 고속로는 원전 산업의 성장 예측과 함께 우라늄 광물 부족이 야기된 1970년대 중반에 등장했던 개념이다. 1980년대나 1990년대에는 전 세계적인 원자로 수주 감소로 우라늄 가격은 킬로그램당 50달러 아래로 떨어졌다. 최근 가격 회복세에도 불구하고 최소 2020년까지는 우라늄 가격이 1kg당 50~100달러선에 머물 것으로 예상되는데, 고속로의 높은 투자 비용과 연료주기 비용을 감당하기 위한 가격선인 1kg당 300달러에 비해서는 터무니없이 낮다.

재처리는 우라늄 농축보다 더 어렵고 더 비싼 것으로 판명되었고, 향후 수십 년 동안 우라늄 부족 현상이 발생할 가능성은 낮은 것으로 보인다. 특히 고속로 자체는 고온의 노심이 엄청난 열과 중성자를 주변 물질에 방출하는 등 기술적으로 매우 복잡하다. 즉, 1차 냉각재인 용융 나트륨은 대류뿐만 아니라 전도에 의해서도 열을 제거하는데, 나트륨 금속은 수소를 발생시키고 물과 접촉하면 폭발하므로 2차 냉각재인 물의 존재로 인해 엄격한 안전 조치가 필요하다. 대규모 원형로 수준의 고속로가 전 세계적으로 여러 기가 건설되었으나, 가까운 미래에 상업적으로 전력을 생산할 전망은 별로 없다.

영국은 실험로 수준의 14메가와트 다운리 고속로(1955년에 시작)와 이의 계승자인 원형로 수준의 250메가와트 고속로(1966년 시작)를 일부러 스코틀랜드의 먼 북쪽 해안가에 건설했는데, 그 이유는 고속로의 작동과 관련한 불확실성 때문이었다. 최대 용량 1,300메가와트 상업용 고속로 건설 계획이 매우 지연되었지만(만일 건설되었다면 영국의 최북단 도시인 인버니스에서도 70마일 떨어진 다운리 원전은 매우 이상한 선택이 되었을 것이다) 영국의 고속로 프로그램은 1989년이 되서야 축소되기 시작했다. 이때까지 350억 파운드(560억 달러) 이상이 연구 및 개발에 사용되었는데(Flood, 1988), 원형 고속로는 1974년부터 1994년까지 간헐적으로만 운영되었다. 독일은 1991년 50억 달러 칼카르 고속로 프로젝트에서 손을 떼었고, 문제가 많고 신뢰할 수 없는 프랑스의 1,240메가와트 수퍼피닉스 고속로는 100억 달러 정도의 비용을 치른 후 1998년에야 중단되었다. 유럽의 합동고속로 연구 프로그램과 이와 유사한 일본의 상업용 고속로 계획은 모두 반복 연기되었다.

불행히도 원전업계에는 민간용 및 군용 플루토늄 재고량 사이에 부정할 수 없는 관계가 있다. 수십 년 동안 정부와 원전업계는 민간용과 군용은 기능적으로 분리할 수 있다는 입장을 견지해왔지만, 1990년대 탈냉전 이후에는 사실상 이러한 구별이 매우 어려워졌다. 주먹 크기의 플루토늄 덩어리는 테러리스트가 폭탄을 만들기에 충분한 양으로(나가사키에 투하된 원자폭탄은 단지 10kg), 50톤의 재고가 세계를 떠돌아다닌다는 전망은 재고 파악과 보안 측면에서 상당한 문제를 야기하면서, 미래의 성장 전망도 제한시킬 수 있다(Patterson, 1984; Beck, 1994). 사용 연료에서 발견되는 플루토늄-240 및 플루토늄-241(더 많은 중성자 포획에 의해)은 무기 등급인 플루토늄-239만큼의 폭발성은 없을 수도 있지만, 폭발의 규모를 정확히 예측하기도 어렵고, 테러리스트나 불량 정부에는 문젯거리가 되지 않을 것이다. 어쩌면 폭탄 제작에 필요한 분량의 플루토늄이 필요하지 않을 수도 있다. 재래식 폭발물을 이용해 플루토늄 산화물의 1kg만 대기 중에 확산시켜도 한 도시 전체를 오래 사라지지 않는 독성 방사능으로 오염시킬 수 있다(Miller, 1992). 이 분야의 고전인 〈플라워즈 보고서〉가 경고하듯, "세계적으로 핵 불안이 고조되고 있는 상황에서 플루토늄의 대량 생성은 심각한 위협이다. 합리적 대안이 있는 한, 우리는 플루토늄 같은 위험한 물질을 생성하는 과정에 에너지 공급을 의존해서는 안 된다(RCEP, 1976)."

핵융합

상업용 발전소와 관련된 이야기를 하는 것이 본질에서 벗어나 보일 수 있기 때문에, 여기서는 일반적 지식의 수준에서 핵융합을 간단히 언급하려 한다. 핵분열처럼 작고 가벼운 원자핵의 핵융합은 엄청난 양의 에너지를 방출한다. 수소폭탄이 이를 토대로 제작된다. 그러나 통제된 핵융합을 활용한 전력 생산은 여전히 꿈같은 일이며 30년 또는 40년 후라는 먼 미래의 일이 될지도 모른다. 1960년대 초부터 영국이 최소 5억 파운드(8억 달러)Flood, 1988, 전 세계적으로는 200억 달러를 지출했음에도 불구하고(Beck, 1994), 상업용 규모의 발전소는 최소한 2040년까지 건설되지 못할 전망이다. 그리고 2100년 이전에 핵융합이 의미 있는 에너지원이 될 가능성은 희박하다.

고속로와 마찬가지로 기술적 문제도 상당하다. 특히 무거운 수소 동위원소인 중수소 및 삼중수소를 환상형(타이어 모양) 자기장 용기에 섭씨 수백만 도의 온도에 가두는 과정이 문제다. 고속로와는 달리 핵융합은 방사성 폐기물의 양과 강도가 매우 축소될 것으로 전망되는데, 주로 가둠 장치에서 중성자 방사능에 노출된 부분을 정기적으로 교체하는 것으로만 제한될 것이다. 또한 핵융합 연료는 (이론적으로는) 싸고 풍부하며, 연료 주기의 모든 단계에서 환경적 영향이 감소할 것이다. 핵융합은 값비싼 연구 주제임에도 불구하고 공상가의 호기심을 자극했고 냉융합을 포함해 다양한 새로운 접근 방법이 탐구되어왔다. 결국 핵융합은 우주선 등에 유용한 에너지원이 될 수도 있으나, 가까운 미래에 지상용으로는 태양이 좀 더 실현 가능한 핵융합 에너지원이 될 것으로 보인다.

2장

세계 원자력 산업의 역사

조너선 스컬록 Jonathan Scurlock

2006년 초 현재, 전 세계에서 441기의 원자로가 운영 중이고 전력 생산량은 370기가와트로 매년 2,600테라와트가 생산되며, 전 세계 전기 수요의 약 16%를 담당하고 있다 이 비중은 꾸준히 감소해서 약 10%까지 떨어졌다. 이러한 퇴조는 한편으로는 세계 전력 공급의 증가에, 다른 한편으로는 후쿠시마 사고 이후 특히 2011년과 2012년에 원자력 발전의 급감에 기인한다. 하지만 2012년부터 원자력 발전이 다시 증가하기 시작함에 따라 전 세계 전력 공급에서 원전이 차지하는 비중은 안정화되었다. 2015년 말 전 세계에서 가동 중인 원자로는 441기, 2016년 말 기준으로 448기다.-옮긴이, 출처: World Nuclear Performance Report 2017. 전체 생산량의 약 3분의 1은 북미, 3분의 1은 유럽에서 나온다. 앞장에서는 원자력과 관련한 기초 과학적 내용을 다루었는데, 여기서는 현재 세계적으로 전개되는 민간 원전 프로그램을 간략히 고찰하며, 전력 공급원으로서 원전의 확대 필요성과 관련한 논의의 배경을 검토한다.

초기-전쟁과 평화

2차 세계대전 중반에 시작된 맨해튼 프로젝트는 20세기의 최대의 과학적 과업 중 하나였다. 미국에서는 국제 전문가팀이 군사 및 산업 기술자들과 협력해 독일의 나치보다 먼저 원자폭탄을 개발하고자 했다. 중성자의 외부 충격 없이 임계에 이르는 최초의 실험 원자로는 1942년 말 시카고에 설치되었는데, 1946년 미국인들은 군사기밀의 장막 뒤로 후퇴하고 국제적 협력은 국가별 프로그램으로 계승되었다.

미국, 영국, 소련 및 중국에 설치된 초기 대형 원자로들은 모두 원자폭탄을 위한 무기용 플루토늄을 생산하도록 설계되었다. 이러한 원자로는 흑연 블록을 여러 개 묶은 더미에 지나지 않았는데, 흑연 블록 안에는 플루토늄으로 변환될 우라늄 원료가 장전되어 있었고 수냉식(워싱턴주의 핸포드)이거나 공랭식(테네시주의 오크리지, 그 후 영국의 윈드스케일) 방식이었다. 그런데 고온의 흑연을 냉각시키는 데 공기를 부적절하게 사용해 세계 최초의 대형 원자로 사고가 발생하는데, 바로 1957년 발생한 윈드스케일 화재다 국제원자력기구 사고 등급에 따르면 5등급 사고로 방사성 물질이 제한적으로 방출되어 넓은 영역에 영향을 미치는 사고-옮긴이.

1951년 세계 최초로 미국 아이다호에 있는 EBR-1이라는 소규모 증식로에서 전기가 생산되었다. 그러나 미 원자력 연구 프로그램은 전력 생산보다는 잠수함 추진 동력을 확보하는 데 좀 더 무게를 두었고, 이를 전략적으로 중요한 원자력의 용도로 여겼다. 원자력 잠수함은 엔진용 공기가 없어도 한 번에 수개월 동안 잠수가 가능했다. 1954년부터는 농축우라늄의 소형 노심, 감속재 및 냉각재 두 개의 역할을 하는 가압수로 구성된 새로운 소형 원자로를 이용해 핵잠수함 노틸러스가 제작, 가동되었다.

그러는 동안 민간 원자력 발전소 설계가 초기 플루토늄 생산용 원자로에 기초하고 있던 영국과 프랑스에서는 1956년 영국이 처음으로 원형로 수준의 원자력 발전소를 가동했다. 이후 콜더홀에는 50메가와트 원자로 네 기가 들어섰다. 근처의 윈드스케일 플루토늄 생산 원자로처럼, 콜더홀도 흑연 블록을 감속재로 사용했으나, 냉각재로는 공기 대신 이산화탄소를 사용했다. 전기와 플루토늄을 같이 생산하려 한다는 점은 공공연하게 알려져 있는데, 마그녹스 원자로의 발전비용 추정치는 이후 영국 원자력에너지 기구가 플루토늄 생산을 위한 신용을 포함해 수정되었다(Flood, 1988). 같은 해에 프랑스 마쿨에서도 플루토늄과 전기를 같이 생산하는 공랭식 흑연감속 40메가와트 원자로가 가동을 시작했다.

미국 최초의 대형 원자로는 1957년부터 펜실베이니아주 시핑포트에서 가동을 시작했다. 이는 미국 군용 잠수함 설계를 60메가와트 규모로 급히 수정한 것인데, 원래는 원자력 항공모함을 목적으로 한 것이었다. 잠수함 내 제한된 공간을 고려해 설계된 미국형 소형 원자로는 오늘날 가장 많이 사용되는 원자로 형태로 진화해갔다. 이들이 가압형 경수로Pressurised Water Reactor, PWR 및 비등형 경수로Boiling Water Reactor, BWR다. 원자로 운영 온도인 300°C에서 물의 끓는점을 유지하기 위해 높은 압력을 가하기 때문에, 노심은 매우 강한 압력 용기로 둘러싸여 있다(그림 2-1-a). 가압형 경수로의 경우 대기 압력의 150배까지 견딜 수 있어야 하며, 물이 끓어도 되는 비등형 경수로의 경우는 이보다 압력이 약간 낮아도 가능하다. 가압형 경수로 및 비등형 경수로는 함께 경수로light water reactor, LWR로 언급되기도 하는데, 중수를 감속재로 사용하는 중수로와 구별된다. 이러한 경수로 설계는 1차 경수회로인 안전격납이 고압 아래 있어서 환경 위험을 야기한다는 단점이 있다. 경수가 증기에 누출되는 작은 실수로도 방사능 오염이 광

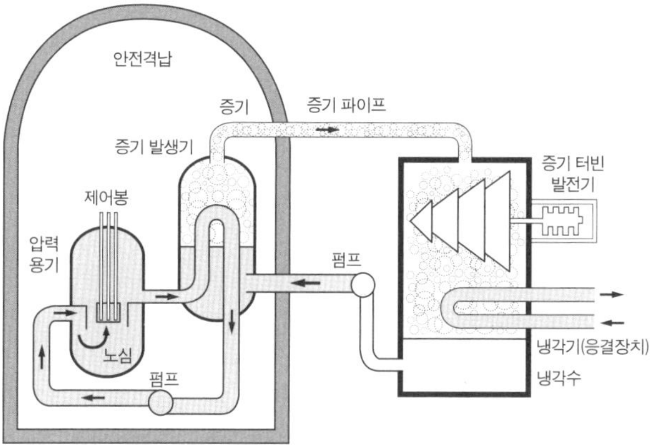

(a)

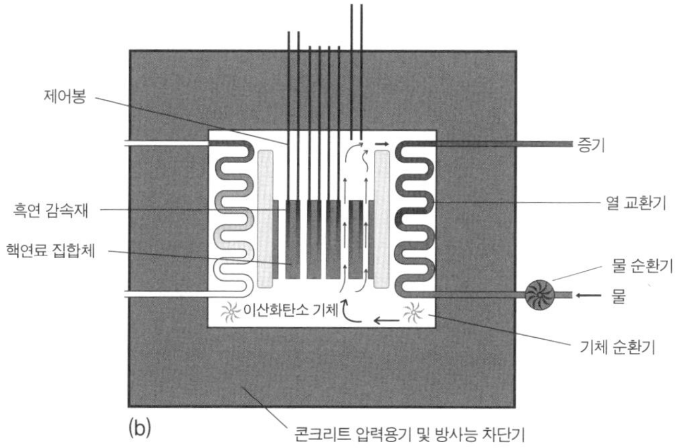

(b)

[그림 2-1] 원자력 발전소의 두 가지 기본 유형

a. 일반화한 가압형 경수로PWR(예컨대 미국의 웨스팅하우스 디자인, 영국의 사이즈웰 B에서 수정된 웨스팅하우스 원자로, 프랑스의 프라마톰 변형 등)

b. 첨단 공랭식 원자로AGR, 영국에서 개발되고 영국만 사용. 마그녹스 원자로와 유사하나, 마그녹스보다는 노심 규모가 큼. PWR의 매우 콤팩트한 노심에 주목하기 바란다. 이는 원래 잠수함용으로 시작되었는데, 노심을 직접 감싸는 1차 안전격납(압력용기)과 전체 원자로를 감싸는 2차 안전격납이 구분된다. 두 개를 비교하면, 첨단 공랭식 원자로가 노심이 훨씬 크나, 압력 용기와 안전 격납은 전체 시스템 구조에 하나로 합쳐져 있다. PWR, AGR 두 경우 모두, 1차 및 2차 냉각회로 간 열 교환기의 역할이 중요하며, 1차 냉각기의 활발한 작동이 원전 운영에 필수적임에 주목해야 한다.

범위한 지역으로 확산될 수 있다. 또한 가압형 경수로는 1차 경수 및 2차 냉각수 간 열교환기에서의 기술적 문제를 내포한다. 경수로의 안전, 실제 냉각재 손실 가정하의 성능, 노심 냉각 시스템 비상사태 등에 대해서는 상당한 양의 논문이 발표되었다(Patterson, 1976).

규모의 확대 - 1960년대

정부가 원자력에 의한 발전 산업을 지원함에 따라 원자로의 규모도 커졌다. 그 당시는 에너지 가격이 낮아서, 정부의 과감한 보조가 없다면 산업계가 굳이 원자력 기술에 투자할 이유가 없었다. 값싼 석유와 풍부한 석탄을 이용할 수 있었고 그 비용과 위험도 낮았기 때문에, 초기 미국 전력회사들은 원전에 참여하기를 거부했다. 미국 정부는 다양한 기술을 이용한 일련의 실증용 원자로 건설부터 시작했다. 하지만 대부분의 성과가 미미한 가운데, 오직 가압형 경수로와 비등형 경수로가 경쟁력이 있는 원자로로 선두에 등장했다.

1963년 뉴저지 주 오이스터 크릭에서 500메가와트 비등형 경수로가 발전을 시작했는데, 경쟁사인 제너럴일렉트릭과 웨스팅하우스가 일련의 정액 상업계약(그리고 종종 손실을 보는)으로 원자력 발전소를 임대 운영했다. 각 발전소당 손실이 10억 달러에 이르렀지만 시장을 만들겠다고 결심한 제조업체에 의해 유지되었다(Bupp and Derian, 1978). 결국 미국 전력회사들로부터 생산 주문은 '대유행'이 되어, 1966~1967년에만 약 40기가와트(44개 발전소) 규모의 수주가 이루어졌다.

한편 초기 콜더홀과 차펠크로스 원자로 설계에 기반을 둔 영국 최초의 상업용 원자로는 전기와 플루토늄 두 가지 모두 생산하는 것이 목적이었다. 마그녹스 계통은 연료심 주변의 합금 피복에서 이름을 따온 것이다. 영국 원전 건설 프로그램은 1957년 수에즈 위기 이후 전략적 에너지 우려를 반영해 확장되었다. 최초의 마그녹스 원전은 글루세스터셔의 버클리에서 1962년 가동을 시작했다. 그 이후 나중에 중앙전력생산위원회Central Electricity Generating Board, CEGB로 바뀌는 중앙전력기구와 영국 정부 그리고 영국원자력청UK Atomic Energy Authority, UKAEA에 끊임없이 자문을 구하는데, 영국원자력청은 아홉 곳의 발전소의 프로그램을 이끌었으나 불행히도 이후의 수주는 다른 기술컨소시엄으로 들어가고 만다(Patterson, 1985).

영국의 두 번째 원전 물결은 원자로 유형에 대한 논쟁으로 촉발되었다. 중앙전력생산위원회는 영국원자력청의 유형보다는 북미형 설계를 선호했는데 정부는 마그녹스 디자인을 개선하는 방향, 다시 말해 좀 더 규모가 작고, 작동 온도는 더 높으며 농축 산화 우라늄 연료를 사용하는 첨단 공랭식 원자로advanced gas-cooled reactor, AGR를 택했다. 던지니스 B 발전소의 예상비용 평가 이후 1965년 영국 동력부 장관은 첨단 공랭식 원자로 프로그램을 발표했지만 던지니스 B의 출발은 불길했다. 이를 완성하는 데만 17년이 걸렸고 그 이후 성과도 빈약했으며 산출량은 현저히 낮았다(Patterson, 1985)(그림 2-1-b).

전략적 성장 - 1970년대 초기

1973년 OPEC의 1차 오일 쇼크로 인해 에너지 수급의 상대적 독립이라는 개념이 급부상했고, 산업 선진국에서는 원자력 산업에 대한 요구가 급증했다. 세계 우라늄 자원은 석유보다 좀 더 넓게 분포하고 있으며(특히 캐나다나 오스트레일리아에도 존재), 석탄과 비교하면 필요한 우라늄의 양이 적어서 국제 거래에도 용이했고 '파업에도 크게 영향을 받지 않았다'(오늘날과 비교하면 1970년대 국제적으로 거래되던 석탄의 양은 미미하다).

프랑스 원자력 산업의 경우, 1960년대 말 영국형 공랭식 흑연감속 원자로에서 미국형 가압형 경수로로 전환하면서 전력 생산에서 차지하는 수입 석유 및 가스의 비중이 낮아졌다. 국영회사인 프랑스전력공사Electricite de France, EdF는 오일 쇼크에 대비해 1970년대 내내 원자력 발전을 대대적으로 확장했는데, 이는 일련의 웨스팅하우스형 가압 경수로에 기반을 두고 이루어졌다. 900메가와트 규모의 34기, 1,300메가와트 규모의 22기 경수로가 건설된 후, 전력 생산에서 원자력이 차지하는 비중은 1973년 7%에서 1980년 20%, 1994년에는 78%로 급상승했다. 표준형 원자력 발전소의 건설 기간은 짧으면 5년이 걸렸는데, 전체적으로 프랑스 원전 프로그램은 다른 나라의 원자력 옹호자들로부터 찬사를 받았다. 물론 프랑스도 다른 곳과 마찬가지로 의사결정 과정에 대중의 참여는 매우 제한적이었고 강력한 국가 통제 아래에서 이루어졌다.

벨기에, 독일 및 스웨덴은 경수로를 중심으로 원전 프로그램을 진행했다. 캐나다는 비농축우라늄(캐나다에 풍부함)과 중수를 감속재로 사용하는 새로운 CANDUCANada Deuterium Uranium 원자로를 개발했다. 이는 상업용으로는 최초의 원자로로 토론토 근처 피커링에서 가동되었다. 이 원자로는 최초로 전력 생산에 특화되었다 점(군사용도 아니고 전략적 함의가 있는 것도 아니다), 수많은 수동적 안전장치를 포함시킨 점에 그 의미가 있다. 불행히도 CANDU 원자로는 신뢰성과 대용량 가능성에도 불구하고, 중수 생산에 드는 엄청난 초과비용으로 인해 수익성이 현저히 떨어지면서 평판도 나빠졌다. 하지만 역설적으로 CANDU는 운영 중 연료를 재장전할 수 있기 때문에, 무기급 플루토늄 생산이 가능했다. 1974년 인도가 CANDU형 시험 원자로에서 추출한 플루토늄을 포함한 기기를 폭발시켰을 때인도는 이것을 일반적인 폭발 실험이라고 하나, 대부분 핵실험으로 판단-옮긴이 위 사실을 알고 난 캐나다인들의 놀라움은 이루 말할 수 없었다(Patterson, 1984).

전반적으로 1970년대 중반까지 최소 20종류의 원자로 설계 개념이 진지한 연구와 관심의 대상이 되었으나, 이 가운데 오직 네 가지 설계 형태만 상업용 전력 생산으로 사용되었다용융 나트륨 냉각 고속 증식로를 포함시킨다면 다섯 가지이나, 아직 이를 상업용으로 운용하는 곳은 없음-옮긴이. (1) 경수로(가압형 경수로, 비등형 경수로), (2) 중수로(CANDU), (3) 증기냉각 흑연로(러시아 RBMK), (4) 공랭식

[표 2-1] 주요 원자로 형태 및 설치 용량(여러 출처, 2005~2006)

	전체 GW	경수로	CANDU	증기 흑연로	공랭식 흑연로
북미	110	98	12	-	-
남미(브라질/아르헨티나)	3	2	1	-	-
유럽	139	128	-	-	11
구소련	44	33	-	11	-
아프리카(남아프리카)	2	2	-	-	-
중동/남아시아(인도/파키스탄)	3	-	3	-	-
극동, 동남아시아 및 태평양	67	64	3	-	-
	368	327	19	11	11

수치는 기가와트로 표현되었으며, 작동하고 있는 원자로의 대략적 용량을 나타낸다(다양한 출처 내 '운영가능한' 원자로, 발전 중인 원자로 및 건설 중인 원자로가 서로 다름을 유의해야 하는데, '설계' 및 '유효하게' 설치된 용량도 마찬가지다). 경수로(LWR=light water reactors, 가압형 경수로, 비등형 경수로), CANDU(캐나다형 중수 감속 원자로), 증기 흑연로(증기 냉각, 흑연 감속 원자로, 러시아 RBMK 형), 공랭식 흑연로(공기냉각, 흑연 감속 원자로, 영국 마그녹스 및 첨단 공랭식 원자로)

흑연로(영국 마그녹스, 첨단 공랭식 원자로). 이중에서 오늘날 세계적으로 80% 이상의 원전이 채택하는 형태는 경수로다(표 2-1).

전환점에 봉착

1970년대 초기 원자력의 열광은 오래가지 않았다. '오일 쇼크'에 뒤따른 전 세계적 경기 침체로 인해 자본 집약적인 원전 건설 프로젝트의 비용은 증가했고, 다른 한편으로는 현재와 미래의 에너지 수요 전망이 어두웠기 때문이다. 미국에서 1973년 및 1974년 각각 약 40기의 원전이 수주되었으나, 그 이후로는 수주된 단 한 기의 원전도 완공되지 못했으며 1978년 이후에는 아예 새로운 수주가 없었다. 건설이 90% 이상 진척된 상태에서 완공을 포기한 원전도 있었다.

과거 원전업계는 야심차게, 확신을 가지고 미래를 장밋빛으로 전망했으나(Patterson, 1985), 이제 그 전망은 수축될 수밖에 없었다. 1970년대 초 미국은 2000년까지 1,000여 기의 원전을 운영할 것이라고 예측했지만 실제로는 100기 정도를 운영하는 데 그쳤다. 전 세계적으로는 20세기 말까지 발전용량이 약 4,000기가와트에 이를 것으로 예측했는데(약 4,000기의 대규모 원자력 발전소가 운영될 것으로 전망), 실제로는 예측치의 10%인 400기가와트에도 못 미쳤다.

1973년, 원자력 열기에 합세한 영국 중앙전력생산위원회는 10년 내 대규모(1,200~1,300메가와트) 경수로 32기의 수주 계획을 의회 과학기술위원회에 제출했다(이 계획의 배경에는 오일 쇼크와 영국 석탄 광부들의 준법 투쟁이 있었다). 그러나 중앙전력생산위원회의 경수로에 대한 선호가 증기생성 중수로Steam Generating Heavy Water Reactor의 낭패를 미리 막지는 못했다. 1974년에 영국 에너지부가 중수로 여섯 기를 주문했으나 1978년 심각한 경기 침체 때문에 이를 포기할 수밖에 없었다. 그때까지 지출된 금액은 1억 4,500만 파운드에 달했다(Patterson, 1985). 한편 영국원자력청은 영국의 원자력 발전용량을 1975년 5기가와트에서 세기말까지 104기가와트(대규모 원전 100기 이상)로 확대하는 기본 프로그램을 왕립환경오염위원회에 제출했다고 1975년 발표했다. 이 계획 중에는 플루토늄을 연료로 사용하는 용융 나트륨 냉각재 사용 고속 증식로도 33기가와트를 차지하고 있었다(Patterson, 1985). 하지만 영국 원자력 산업의 현실은 원대한 계획과 비교하면 아주 초라했는데, 2000년에 설치된 발전용량은 약 13기가와트에 그쳤고 1970년대 중반 이후 겨우 두 개의 첨단 공랭식 원자로만이 완공되었으며(Torness & Heysham), 여기에 한 기의 경수로(사이즈웰 B)를 추가하는 데 그쳤다.

경제성과 안전 문제

1970년대 후반, 하버드 경영대학원에서 연구하던 두 명의 학자가 실제 원전 발전비용의 일부를 발표했다(Bupp and Derain, 1978). 이 연구 이전에는 높은 자산비용 및 낮은 유지보수비용이라는 가정하에 직관으로 원전의 경제성을 추정할 뿐이었고, 이는 미국의 발전소 건설업체가 작성한 고정가격(전력 회사들은 손실을 보는)에 기반을 둔 계약으로 이어졌다. 그 이후 당시 원전 건설수주가 소비자인 전력회사 입장에서는 값비싼 실수였음이 밝혀졌다. 예컨대 워싱턴 공공전력 공급 시스템은 네 기의 원전을 취소한 후 20억 달러(13억 파운드)가 넘는 채권을 상환하지 못했다. 뉴욕 주 쇼램과 뉴햄프셔 주 시브룩 등의 다른 원전들도 건설기간 및 허가의 반복된 지연으로 각각 50억 달러(30억 파운드)의 비용을 지불해야 했으며 실제 쇼램은 아예 전기를 생산하지도 못했다Morone and Woodhouse, 1989. 1980년대 말 프랑스는 프랑스전력공사의 원전 건설 프로그램과 낮은 전기료로 인해 290억 파운드의 누적 부채를 부담하게 되었다(Miller, 1992). 결국 프랑스의 원자력에 대한 열광은 경제성보다는 전략적 판단에 의한 것이었다.

1980년 후반 영국 정부의 전력 산업 민영화 계획 대상에는 중앙전력생산위원회가 소유한 경수로뿐만 아니라 마그녹스 및 첨단 공랭식 원전의 주식도 포함되었다. 그러나 영국 원전의 저조한 성과와 불확실한 미래 폐로비용을 고려할 때 노후한 마그녹스도, 첨단 공랭식 원자로도 재무적으로 성공하기 어렵다는 점이 경제성 분석으로 적나라하게 드러났다(Parker and Surrey, 1995). 원전은 1989년 민영화 대상에서 갑자기 제외되었고 정부 소유 기업인 원자력전기(잉글랜드와 웨일스)와 스코티시원자력(스코틀랜드)이 상업 원전의 주식을 보유하게 되었다. 원전에서 생산된 전기는 1989년 이후 비화석연료 의무제Non-Fossil Fuel Obligation, NFFO를 통한 우대요금 지급으로 보조를 받았는데, 초기에는 11%로 설정된 전기요금 부과금에서 재원이 조달되었다. 다양한 에너지 공급원과 이산화탄소 배출 통제를 권장하는 제도인 비화석연료 의무제는 1990년대 초반에 매년 12억 파운드(19억 달러)의 수입을 거둬들였는데, 이 가운데 92~98%가 원자력 전기에 지급되었다(나머지는 여러 상업적 재생에너지 프로젝트에 지원되었다). 1994~1995년에 수행된 공식 원자력 정책 보고서는 좀 더 현대적이며 운영 방식이 개선된 원전이 민영화에 적합한 후보라는 결론을 내렸다(DTI, 1995). 이와 더불어 경제성, 배출 감축, 다양성 또는 더 광범위한 경제적 편익에 근거한다고 해 새로운 발전소 건설에 공적 자금이 반드시 투입되는 것은 아니라는 점도 명확히 했다. 결국 이 결정으로 영국 원전 건설의 원대한 계획을 수립하던 시대는 마감되었다.

영국 왕립환경오염위원회 보고서(RCEP, 1976)와 다른 보고서에서 제기한 우려에도 불구하고, 원자력 발전의 안전성은 1979년까지 실제로 논란거리가 아니었다. 그 이전에는 부품의 실패(각각은 가능성이 낮음) 통계 분석에 기반해 이러한 우려가 묵살되곤 했다. 그러나 1979년 3월, 펜실베이니아주 해리스버그 근처의 스리마일섬 소재의 경수로 두 기 중 한 기의 노심이 부분적으로 녹아내리고 냉각재가 누출된 사고는 압력 용기의 붕괴나 직접적 인명 손실이 없었음에도 전 세계적으로 원전 가동에 엄청난 차질을 가져왔고 이탈리아, 벨기에, 스웨덴 등지에서는 원전 건설이 중단되었다. 이 사고의 피해액은 40억 달러(25억 파운드)까지 상승했고, 언론의 부채질로 10만 명 이상 자발적 피난자(강제 대피는 일어나지 않았다)가 생기자 미국의 원전 프로그램은 결국 정지되었다. 물론 이미 수년 전부터 경제적 이유로 원전 수주는 감소하는 추세였다.

1986년 즈음 유가가 하락하고, 석탄은 국제거래가 가능하게 되었으며 천연가스의 예측 매장량은 상승했다. 1986년 4월 스웨덴의 대기에서 대규모 방사능 누출이 측정되었을 당시, 원전의 경제 전망은 점점 나빠지고 있던 상태였다. 우크라이나 키예프 근처 체르노빌 복합 발전소에 있는 증기냉각 흑연 감속 RBMK 원자로 1,000메가와트 규모 네 기 중 한 기에서 이틀 전부터 증기 폭발, 흑연 화재, 노심 용융이 발견되었으나, 소련 정부는 이를 비밀리에 덮으려 했다. 이렇게 발생한 체르노빌 참사로 최소 50명이 즉시 사망하고 그 여파로 수천 명이 사망했으며 13만 5,000명의 이재민이 생겼다. 이의 2배가 넘는 사람들이 이주해야 했고 이로 인한 직접 재무적 손실만 최소 30억 달러(20억 파운드)에 이른다. 이 사고가 국가경제에 끼친 최종비용(농업용지의 상실과 사고 장소 영구 격납 시설의 건설비용을 포함)은 수천억 달러에 달할 것으로 추정되었다(Miller, 1992).

체르노빌 사고가 1989년 베를린 장벽의 붕괴와 1991년 소련의 해체에도 일부 기여했다는 데는 의심의 여지가 거의 없다. 체르노빌 사고는 경제학자, 투자자, 대중이 세계 원자력 산업을 신중하게 재점검하는 상징적인 시발점이 되었다. 그 이후 미국, 일본, 서유럽 원자력 기술 전문가들은 동유럽 및 아시아 국가를 방문하고 자문을 제공해왔는데, 이는 다른 국가에서 원자로 붕괴나 방사능 누출 사고가 또 한 번 발생하면 원자력 산업은 종말을 맞을 수밖에 없다는 인식에 이르렀기 때문이다.

세계의 원자력 발전용량은 최근 심각하게 성장 정체를 겪고 있다. 1999년부터 2004년까지 원자력 발전용량의 순증가량은 14기가와트에 그쳤고, 대규모 발전소가 소규모 발전소를 대체했기 때문에 운영 중 원전의 개수는 거의 변함이 없다(WNA, 2006). 정부보조가 사라지면서 민영화된 OECD 에너지 시장에서 신규 원전 건설은 침체되었다. 세계 신규 발전소의 약 1~2%만이 원전이며, 건설 중이거나 수주 또는 계획 중인 대부분의 원전은 중국과 인도 같은 아시아 국가에서 이루어지고 있다(일본에서 일부). 하지만 다시 미국과 유럽에서 원전의 재검토 필요성이 부상하고 있는데, 그 이유 중 하나는 원자력이 기후변화에 대응하는 잠재력이 있기 때문이다. 아시아에서의 원전 성장 전망은 14장에서 논의한다. 세계 어느 곳에서 원자력 확대가 고려되는지 간에, 여기서 논의했듯이 원전업계가 극복해야 할 기술 및 재정적 난관들이 많이 있다. 이중에서 전략적 안정성과 관련된 난관은 이 책의 후반부에서 다룬다. 어떠한 원전 르네상스가 오더라도 해결해야 할 가장 분명한 문제는 전 세계 곳곳에서 일어나는 광범위한 대중의 반대라는 점이다. 이에 대해서는 다음 장에서 다룬다.

3장

원전 반대의 역사

호리스 허링Horace Herring

20세기 원전 전망

핵물리학자이자 유명 저술가인 프레더릭 소디Frederick Soddy는 《라듐의 이해The Interpretation of Radium》(1909)를 출간하면서 원자력 에너지에 대한 신화화를 시작했다. 그는 원자력을 소진 없이 에너지를 공급할 수 있는 것처럼 표현했고, 이 무한한 에너지를 사회 변화에 사용할 수 있음을 주장하며 이를 통한 원자력 낙원의 가능성을 예고했다. 원자력에 대한 그의 생각은 대중에게 엄청난 영향을 주었고, 이에 영감을 받은 허버트 조지 웰스도 1914년 그 유명한 과학소설 《해방된 세계The World Set Free》를 출간했다. 여기서 웰스는 세계 최초로 이른바 원자폭탄에 대한 개념을 보여주었다. 그는 수백 여 곳에 이르는 도시들이 핵전쟁으로 파괴된 공포스럽고 암울한 상황을 보여주다가, 이후 평화적 목적에 사용된 원자력이 문화적 르네상스를 창출한다는 내용으로 끝을 맺는다. 이 소설은 원자력의 상반된 이미지를 제공했고, 그 이미지들은 이후 과학소설 작가들에 의해 활용될 만큼 엄청난 영향을 주었다(Herring, 2005).

원자력 도취(및 모호함)의 뿌리는 실제로는 이보다 더 과거인 1896년 라듐의 X선 방출에 따른 방사능 현상을 발견한 시기까지 거슬러 올라간다. 이로 인해 '라듐 광신자'까지 생기는데, 이들은 방사능을 건강에 여러 긍정적 효과가 있는 과학적 기적으로 여겼다. 언론도 라듐에 노출 시 화상 또는 사망까지 이른다는 점을 인식했으면서도 20세기 초반까지는 매우 긍정적인 논조로 라듐을 논평했다. 라듐 때문에 죽은 과학자들은 '과학을 위한 순교자'로 여겨졌고 언론, 과학자, 산업 모두가 라듐의 혜택을 옹호했으며, 특히 모든 위험을 넘어서 암을 '치료한다'는 점이 압도적인 관심을 끌었다.

1938년 우라늄-235에 의해 생성된 핵융합의 발견에도 이와 유사한 반응이 뒤따랐다. 원자력 비행기와 자동차가 우리를 지구 어느 곳이든 쉽게 데려다주고 원자력 전기가 지하 도시, 농장, 공장에 무제한으로 제공될 것처럼 그려졌다. 그러나 1945년 일본에 두 개의 원자폭탄이 투하되자 미국을 비롯한 여러 국가에서 핵무기 사용의 도덕성과 핵전쟁 결과에 대한 공포 및 우려에 대해 심각한 대중적 논쟁이 일어났다. 하지만 이러한 대중적 우려는 전후 원자력에 대한 도취와 '거의 무제한의 편익을 주는 원자력'의 가능성을 낙관하는 정부에 의해 불과 1~2년 만에 퇴색되었다. 하지만 대중의 열광도 잠시, 1950년대 초부터 원자력에 대한 꿈은 정체되었다. 일부 경제학자들은 원자력의 경제적 가능성과 실행 여부에 대해 공공연히 의심을 표현했으며, 상업용 원전 건설 계획에 대한 상당한 의견 불일치로 빠른 미래에 원전 건설이 실행될 가능성은 거의 없었다.

평화를 위한 원자력

원자력의 꿈을 부활시키고 상업적 원전 프로그램을 착수케 한 계기는 1953년 12월 8일 '평화를 위한 원자력Atoms for Peace'을 제목으로 한 미국 아이젠하워 대통령의 유엔 연설이었다. 이 연설은 원자력 정책에 대한 미국 정부의 중대한 전환점이 되었다. 이로 인해 정부의 원자력 독점이 종식되고, 원자력 낙원이라는 아이디어가 다시 불붙기 시작했다. 그는 원자력을 평화적 목적에 사용해야 하며, 전력이 부족한 곳에 전기 에너지가 풍부하게 공급되어야 함을 촉구했다. 원자력 공상가들은 다시 한번 별 새로운 내용 없이, 원자력 비행기, 원자력 기차, 원자력 선박, 원자력 로켓 등 1940년대에 나왔던 예견들을 앞다투어 반복했다. 원자력은 작물의 유전자를 변형할 수 있으며, 곡물과 어류를 보존할 수 있고 전기를 매우 싸게 생산할 수 있다고 선전되었다.

이 시대에 원전과 관련된 가장 유명한 표현은 미국 원자력위원회US Atomic Energy Commission, AEC의 새로운 의장이 된 루이스 스트라우스Lewis Strauss의 1954년 9월 16일 연설에서 등장했는데, 그 이후 원자력 산업계에는 이 문제가 계속 따라다녔다. 그가 말하길, 원자에서 나온 전기 에너지는 5년에서 15년 동안 사용 가능하다면서 그는 원자력 낙원에 대한 자신의 비전을 다음과 같이 설명했다. "우리 아이들은 엄청나게 저렴한 전기 에너지를 늘 집에서 사용할 것이며, 전 세계 대기근은 과거 역사로만 남게 될 것이다. 우리는 항공기와 선박으로 최소한의 위험과 최대한의 속도로 쉽게 여행하게 될 것이며, 전보다 훨씬 긴 수명을 누릴 것이라고 충분히 기대할 수 있다. … 이것은 평화의 시대에 대한 예측이다." 이러한 원자력 낙관론은 사실상 아무런 도전을 받지 않았다. 언론 매체로부터는 의심 없는 지지를 받았으며, 의회와 행정부로부터는 무조건적인 승인을 받았다.

아이젠하워의 연설 이후, 원자력의 상업적 개발 속도가 빨라졌다. 1954년 9월에 시핑포트에 최초의 원전 건설이 시작되었으나, 전력은 1957년 12월이 되어서야 비로소 생산되었다. 미국 최초의 상업용 원전에서의 전력 생산은 1955년 7월 18일 뉴욕주의 웨스트 밀턴 소재의 시험용 발전소에서 이루어졌다. 이는 엄청난 대중적 환호를 받았는데 과학 잡지도 환영사설을 실을 정도였다.

상업용 원전 개발의 행보는 1963년 12월 제너럴일렉트릭이 오이스터 크릭 발전소 건설에 고정가격(턴키) 계약을 제안하면서부터 더욱 빨라졌다. 1966년 말까지 또 다른 턴키 계약이 11건, 이와 함께 다른 계약도 16건이 체결되었다. 원자력 역사학자인 스티븐 콘Steven Cohn의 책 《너무 싸서 계산할 필요도 없다Too Cheap to Meter》에 따르면, 1960년대 미국에서 원자력의 급속한 확산은 원전 사업에 대한 대중적 신념, 사회·경제 문제를 원전이 해결할 것이라는 과학기술계의 신념에 부분적으로 기인했다. 1960년대 중반까지는 대규모 원전 프로그램들이 진행되면서 모든 것을 전기화하는 원전 에너지의 꿈이 즉시 실현될 것처럼 느껴졌다.

1960년대 후반과 1970년대 초 원전의 안전문제를 핵심 필두로 해 미국에서 반핵운동이 가속화됨에도 불구하고, 원전 옹호자들의 원자력에 대한 비전은 빛을 잃지 않았다. 1961년부터 1971년까지 미국 원자력위원회의 회장이었던 글렌 시보그Glenn Seaborg와 윌리엄 코리스William Corliss는 《인류와 원자력Man and the Atom》이라는 책을 발간했다. 이 책은 2000년에 대한 예언으로, 엄청난 성공을 거둔 원자력은 인류의 많은 부문에 상상하지 못한 혜택을 가져다줄 것이라고 예측했다. 시보그는 원자력 기술로 새로운 세계를 건설할 과학자들의 손에 인류문명의 미래가 달려 있다고 믿었다.

영국에서 원자력 에너지

영국에서는 1955년 〈원자력 에너지 프로그램A Programme of Nuclear Energy〉이라는 제목의 원전 프로그램에 관한 최초의 백서가 출간되어 언론의 찬사를 받았다. 그다음 호는 1956년 10월 여왕이 참석한 콜더홀 개막식을 홍보하는 보고서들로 채워졌다. 미국의 시핑포트 발전소가 가동을 시작하기 1년 전이었다. 1956년 수에즈 위기 이후 정부는 이 기회를 이용해 원전 산업 규모를 3배로 확대했다. 1970년대 초반까지는 원전에 대한 비판이 거의 없었고, 있다고 해도 전문지나 〈타임스〉 같은 엘리트 신문, 의회 및 업계 포럼에서만 한정되었다. 그러나 의회에서는 일부 평의원이 원자로 안전, 핵폐기물 처분 계획의 적절성, 저준위 방사능의 위험, 통합된 에너지 정책의 부재와 같은 문제 제기를 했다.

공개 조사

1956년부터 1961년까지 마그녹스 발전소 건설 제안을 대상으로 일곱 차례의 공개조사가 이뤄졌다. 1955년 버클리의 첫 번째(상업용) 마그녹스 발전소는 조사 없이 승인되었지만, 1960년의 사이즈웰 A만 제외하고, 그 이후 모든 마그녹스 발전소는, 이틀에서 닷새가량 조사를 받아야만 했다. 이는 1960년대에 첨단 공랭식 원자력 발전소 다섯 기가 모두 조사 없이 건설된 것과 비교된다. 1961~1971년 10년간은 사실상 조사가 없었다가 1970년대 들어서 다시 원자력 조사가 시작된다. 1971년에 두 차례의 조사가 이뤄졌는데 첫 번째는 28일 동안 코나스 퀘이에 대해, 두 번째는 사흘간 포트

스키웨트를 대상으로 시행되었다. 1974년에는 8일 동안 토니스Torness에 대한 조사가, 뒤이어 1977년에는 무려 100일 동안 윈드스케일 소프 계획에 대해 조사가 이뤄졌다. 그 후에도 사이즈웰 B 가압형 경수로(통과함)와 힝클리 포인트 C 가압형 경수로(통과했으나 건설되지는 못함)를 대상으로 중요한 조사가 이뤄졌다.

중앙 언론들은 초기 조사들에 대해서는 극히 제한적으로 짧은 기사만 내보냈지만, 지방 언론들은 원자력 반대 그룹 취재에 더 많은 지면을 할애했고, 대부분 야생동식물에 대한 영향이나 혐오 시설에 대한 민원 등을 내용으로 했다. 혐오 시설에 대한 민원 문제가 원자력 반대론자들의 중심 내용이었고, 언론에서도 이를 중점으로 다루는 등, 당시 원자력 반대의 단골 이유는 혐오 시설이었다는 사실을 알 수 있다. 1950년대 혐오 시설이라는 용어는 최근의 님비Not in my back yard, NIMBY 현상과 유사한 의미를 가지고 있었다. 시골 지역에 대단지 산업 시설이 들어서는 것은 하원, 언론 및 조사의 표현을 빌리자면, 영국의 "푸르고 쾌적한 땅에 대한 위협"으로 간주되었다. 혐오 시설 민원 문제는 스노도니아 국립공원의 트로스피니드와 던지니스에서 특히 심각하게 제기되었는데, 이곳의 수려한 경관을 해치는 개발에 반대하는 자연주의자들이 그 주체가 되었다.

국가 석탄위원회 캠페인

1960년대 비판의 대부분은 원전 프로젝트 자체에 대한 것이 아니라, 원전 프로그램의 속도, 규모, 원자로 설계 방식을 둘러싼 결정을 향한 것이었다. 1960년대 초반 영국원자력청의 예측은 과도한 낙관주의에 치우쳤음이 여러 측면에서 곧 입증되었다. 마그녹스 원자로의 건설 기간은 예상보다 더 많이 걸렸고 비용도 더 많이 소요되었지만, 석탄의 발전비용은 하락했다. 1960년 국가 석탄위원회National Coal Board, NCB 의장인 앨프 로벤스Alf Robens의 공약은 영국 최초의 전국적 원자력 반대운동을 촉발시켰다. 그의 운동은 10년간 국가 석탄위원회의 경제 분야 책임자였던 프리츠 슈마허Fritz Schumacher도 지지를 보냈다. 전체적으로 로벤스와 위원회가 반대한 것은 원전 건설이 아니라 석탄 발전소의 조기 폐쇄였으며, 석탄 산업을 보호하려는 의도에서 이루어졌다. 이와 대조적으로 슈마허는 모든 원전 건설에 반대했고 재생 가능하지 않은 에너지 자원들의 유한한 속성, 그리고 단지 어떤 자원이 단기적으로 저렴하다는 이유만으로 다른 중요한 자원을 포기하는 어리석음을 지속적으로 지적했다.

1965년 및 1967년에 연료정책에 대한 두 개의 백서가 발간된 1965~1968년에는 석탄과 원자력 산업 간 내부 논쟁이 심각하게 벌어졌다. 언론에서는 석탄의 (암울한) 미래와 원자력의 (장밋빛) 전망을 대대적으로 다루었다. 석탄 산업을 보호하고 원자력에 대한 보조금 정책을 폭로하는 로벤스의 운동은 수많은 노동당 의원들, 특히 광부가 많은 선거구 의원들의 지지를 받았다. 그러나 해럴드 윌슨Harold Wilson이 이끄는 노동당 정부는 원전에 매우 적극적이었고, 석탄 산업은 미래가 없으며 축소되어야 한다는 견해를 가지고 있었다. 뉴캐슬 남쪽 하틀풀 근처에 첨단 공랭식 원자로 건설이 제안된 1967~1968년에는 이러한 반대운동이 절정에 달했다. 로벤스는 더램 석탄 채굴장 끝에 이 원전이 건설되면, 전력 공급처로서의 석탄 산업의 미래는 암울해진다는 점을 알고 있었다.

로벤스는 과학및기술선정위원회와 함께 원자력의 경제성을 판단하는 독립적 재정 조사를 반복적으로 요구했다. 그는 원자력이 석탄보다 저렴하다는 중앙전력생산위원회의 주장을 믿지 않았고 원자력 비용에 대한 비밀주의 정책에 매우 비판적이었다. 그럼에도 불구하고 영국 정부는 1964년 보고서에서 첨단 공랭식 원자로 형태의 원전이 미래의 바람직한 발전소라고 판단했다. 결과는 처음부터 정해진 것이었다. 대중매체와 토니 벤Tony Benn과 같은 많은 하원의원은 확고한 원전 찬성론자들이었고, 당시 영국에 원자력 반대론자는 거의 없었다. 1967년 백서(원자력의 역할을 확대하고 석탄의 역할을 축소하는 내용)가 발간되고 1968년에 하틀풀 원전이 승인되면서 로벤스는 석탄 산업이 심각한 어려움을 겪을 것을 알게 되었지만 그의 원자력 반대운동은 결국 헛되이 끝났다. 그 후 그와 슈마허는 곧 국가 석탄위원회를 떠났다. 1970년대에 슈마허는 반핵운동의 강력한 대변인이 되었고 저서 《작은 것이 아름답다Small is Beautiful》(1973)를 발간한 후 세계적 명성을 얻게 되었다.

1970년대 반핵운동

1970년은 구 자연보존단체와 신 환경보호단체의 분화가 이루어진 해이다. 이 해에 영국에서는 지구의 벗 지부가 설립되었고, 원전 건설에 대해 지방 차원의 반대운동이 최초로 일어나 이후 10년간 지속되었다. 미국에서는 점점 더 많은 대중매체(환경신문 등)가 원자력 반대에 관심을 보이고 있었다. 1970년까지 미국에서 출간한 영향력 있는 두 권의 반핵 도서가 영국에서도 출간되었는데, 커티스Curtis와 호건Hogan의 《평화적 원자력의 위험Perils of the Peaceful Atom》(1969), 그리고 고프먼Gofman과 탬플린Tamplin의 《원자력 오염을 통한 인구 통제Population control through nuclear pollution》(1970)다.

중앙 일간지들은 저준위 방사능의 위험과 관련해 지속적으로 기사를 씀으로써 환경 작가들에게 깊은 영감을 주었다. 1970년 여름, 원전과 관련한 많은 글을 써온 저명인사 월트 패터슨Walt Patterson과 피터 버나드Peter Bunyard는 새로 창단된 환경 언론에 처음으로 반원전 기사를 실었다.

이들 친환경 언론들은 초기에는 미국의 경수로를 집중적으로 비판했지만 영국의 첨단 공랭식 원자로에 대해서는 상대적으로 호의를 보였다. 그러나 대대적인 반핵 주장이 점차적으로 (미국에서) 펼쳐졌고, 저준위 방사능의 위험, 민간용과 군용 원전의 연계, 원자력 테러의 위험성 등을 집중 비판했다. 미국과 달리, 프랑스나 독일에서는 대중적 반대운동이 없었다. 이는 부분적으로는 신규 원전 건설이 제안되지 않아서이기도 했지만, 다른 한편으로는 원전을 둘러싼 대중적 토론이 부재했기 때문이기도 했다. 구환경주의자들과 신좌파는 일반적으로 원자력에 호의적이었고, 대부분의 환경주의자들은 성장의 한계 및 생존의 청사진 등 지구의 운명에 더 많은 관심을 기울였고, 원자력 문제를 고민하는 이들은 거의 없었다.

초기 반핵운동은 주로 중산층에서 이뤄졌는데, 당시 중년층인 자연보존 그룹의 성향과 전술에서 영향을 받았다. 브래드웰Bradwell 같은 최초 반대자들은 편지쓰기 운동 및 전통적인 정치 로비에 관여하는 식이었다. 원전과 관련한 유일한 시위는 트로스피니드에서 있었지만, 그나마도 원전에 호의적인 지역 주민들에 의해서 이루어졌다. 초기 원자력 반대 목소리는 작았고 시위는 산발적이었다. 그러나 이후 컨섹Conservation Society, ConSoc 및 지구의 벗이 반핵시위를 이끌면서 점점 더 많은 단체들이 여기에 동참하게 되었다.

최초의 전국적 원자력 반대운동은 1974년 컨섹이 시작했다. 그러나 전통적 접근 방식을 취함으로써, 젊은 환경운동가 집단의 공감을 이끌어내지 못했다. 1975년 말 이 운동을 조직했던 베릴 켐프Beryl Kemp는 거의 진전이 없는 '합헌적' 접근 방식에 환멸을 느끼면서 새로운 형태의 운동을 주창했는데, 바로 '비폭력 저항운동'으로서, 이 운동은 해외에서는 매우 성공적인 것으로 보였다. 그러나 컨센에 의해 주도되는 반핵운동은 전술이 아닌, 그 무기력함에 문제가 있었다. 1975년 〈저류Undercurrents〉라는 원자력 문제를 다룬 선도적 환경잡지가 등장한 이후에서야 많은 이들이 반핵운동에 동참하게 되었다. 이렇게 반핵운동에 대중적 관심이 고조되자, 1975년 5월 지구의 벗도 반핵운동을 시작했다. 그로부터 5개월 후 영국 일간지인 〈데일리미러〉는 원자력 문제, 특히 소프에 대해 전국적 관심을 모으는 데 앞장섰다.

소프, 그리고 재처리의 대 서사시

1장에서 지적했듯이, 초기 윈드스케일(이후 셀라필드로 알려짐)에서의 사용 후 핵연료 재처리의 1차적 이유는 플루토늄을 추출해 핵무기를 제조하기 위해서였으며, 고속 증식로에 사용할 예정이었다는 것은 오히려 부차적인 이유였다. 1960년대 영국 마그녹스와 AGR 원자료가 수출 수주에 실패함으로써, 재처리 노력이 더욱 강화되었다. 유일하게 남은 상업화 기회는 재처리 시장에 있었다. 영국은 확대된 재처리 서비스 시장에 주요 참가자가 되려면 재처리 전용 발전소의 건설이 필요하다는 것을 깨달았다. 따라서 브리티시핵연료British Nuclear Fuel Limited, BNFL는 1970년대 초에 소프를 윈드스케일에 건설하기로 결정했다. 소프에 대해 영국 정부가 지원하고 언론이 초기에 열광했던 이유는, 재처리로 큰 위험 없이 수익을 쉽게 올릴 수 있고 외국에서 큰 소득을 얻을 수 있다고 인식했기 때문이다. 소프를 추진하는 지역의 계획 과정은 공개조사나 대중 여론의 영향 없이 쉽게 승인될 것이라고 당연히 여기고 있었다.

그러나 1973년부터 발생한 일련의 사고들로 인해 대규모의 방사능이 아일랜드해로 방류되었으며, 이로 인해 윈드스케일의 운영에 대한 대중적 거부감이 확산됐다. 이후 1975년 10월 〈데일리미러〉의 1면에서 소프를 영국의 '원자력 쓰레기통'이라 칭했고, 이로 인해 소프는 더욱 유명해졌다. 대중의 우려 속에서도 영국 정부는 소프를 계속 진행하고자 했으며, 공개조사 요구도 무시하려 했다. 그러나 1976년 12월 말, 브리티시핵연료가 추가 방사능 누출을 정부에 알리지 않으면서, 국면은 변화했다. 이 사건 발생 후 정부는 공개조사 요구를 받아들일 수밖에 없었다. 소프 공개조사는 파커 판사의 주도로 1977년 6월부터 10월까지 열렸다. 이 조사는 전투의 장이 되었을 뿐 아니라 초보 단계였던 영국 반핵운동 활동가를 양산한 계기가 되었다. 이뿐만 아니라, 이 조사를 통해 환경운동은 전환점을 맞이했는데 1960년대 일반적으로 친원전 입장에 있었던 구 환경보존주의자들이 지구의 벗이나 그린피스로 대표되는 현대적 환경운동단체의 반핵 입장으로 변화한 계기가 되었다.

소프의 건설

1978년 초 파커 판사의 윈드스케일 보고서는 소프의 손을 들어주었고, 재처리 발전소 건설에 반대한 환경주의자들의 주장은 전반적으로 거부당했다. 그리고 의회에서도 압도적 표차로 이 보고서를 승인했다. 소프 건설은 대규모 프로젝트로 1985년에 시작되었고, 1992년에 완공되었다. 하지만 에너지 업계 상황은 소프가 승인된 이래 엄청나게 변했다. 1970년대 소프의 주요 전략적 이유였던 고속 증식로 연료로 플루토늄을 공급하는 일은 이제 무의미해졌다. 고속 증식로가 더는 상업적 가능성이 없다고 판명났기 때문이다. 이에 플루토늄에 대한 수요가 사라지고 재처리가 불필요해지자 소프는 단지 핵폐기물 처분 및 원자력 확산 문제를 악화시킬 뿐이었다. 소프는 영국을 위해 위험 없이 '쉽게 돈을 벌어'주기는커녕, 엄청난 부채만을 양산했다. 1990년 초에는 소프의 재무적 위험에 대한 우려가 증폭되었다.

소프의 운영을 시작하기 전, 브리시티핵연료는 여러 규제기관으로부터 방사능 방류 허가를 받아야 했다. 정부는 1993년 6월 이 문제에 대해 공개 자문을 받고 의회에서 논의했는데 의회에서는 이를 투표로 찬성했다. 12월 브리티시핵연료의 신청이 공식승인되자 그린피스는 즉각 사법 조사를 신청했으나 모든 관련 사항에 대한 정부의 조치는 문제가 없는 것으로 판명 났다. 그리하여 1994년 3월 말 브리티시핵연료는 2년간 신청했던 모든 허가를 취득했고, 소프의 방사능 시운전은 시작되었다.

1990년대 반소프 움직임은 1970년대의 반핵운동과 유사한 양상을 보였다. 소리는 컸으나 효과는 없었다. 이번에는 지구의 벗 대신 그린피스가 주도했고, 코어Cumbrians Opposed to a Radioactive Environment, CORE 같은 지역단체의 지원을 받았다. 그린피스는 이른바 소비자 보이콧 같은 효과적인 전술을 사용할 수 없었기 때문에 운동 효과는 미미했다(1995년 쉘의 브렌트 스파, 북해 유전 원유 탱크 등에 대해서는 그린피스의 반대운동이 매우 효과를 발휘했다). 이 기간 동안 의회의 관심을 받지 못한 소프는 정치적 이슈가 되지 못했다. 실제로 보수당 정부는 노동당의 지지율에 대해 늘 자신하고 있었다. 소프가 직전 노동당 정부에 의해 승인되었기 때문이다. 그리고 셀라필드 지역은 노조 조직율이 높았으며 소프에 대한 노조의 지지도 강했다. 브리티시핵연료는 노조를 통해 노동당에 영향을 주는 데 아주 익숙했다. 결론적으로 소프는 특정 지역의 국소적이고 이해하기 힘든 복잡한 이슈였으므로 전체 유권자가 흔들리지는 않았다. 암과 소아 백혈병에 대한 공포에 관해 엄청나게 많은 기사가 쏟아졌음에도 불구하고, 보수당과 노동당은 소프가 선거에 미치는 영향이 미미하다고 느꼈다.

소프의 진행 상황

소프는 가동을 시작한 이래 간헐적으로 운영되었으며 종종 중단되는 경우도 있었다. 소프는 22톤의 용해 우라늄 및 플루토늄을 포함한 질산이 누출된 후 2005년 4월 폐쇄되었는데, 2004년 7월에 시작된 누출 사실은 다음해 4월까지 파악되지 않았다. 그러므로 재처리는 지연되고, 불규칙적이었다. 미래도 더 나아 보일 것은 없었는데, 브리티시핵연료는 2010년경 소프를 폐쇄할 계획을 세웠다2018년에 폐쇄될 예정이다-옮긴이. 재처리의 최종 모습은 상업적 풍요의 상징이 결코 될 수 없었다. 오히려 75톤의 플루토늄과 3,336톤의 우라늄이(현재까지) 축적되어 명백한 사용처 없이 모두 보관될 수밖에 없었다. 현재 이들은 면밀히 감시되고 있다.

반대론자들이 중점적으로 제기했던 이슈 모두가 다 유효한 것으로 판명된 것은 아니었지만 이 가운데서 제기된 몇몇 이슈와 반소프 저항운동은 이후 강력한 반핵운동을 만들어내는 데 일조하고, 뒤 이은 에너지 정책 논쟁에 큰 영향을 미쳤다. 새로운 원전 프로젝트가 출현할 때마다 전보다 더욱 탄탄하게 조직된 반대론자들이 강력한 반대운동에 나섰으며, 근거가 되는 기술적 논리들을 광범위하게 축적하기도 했다. 사이즈웰(1983~1985)과 힝클리(1988)의 경수로 제안에 대한 공개 조사가 그 예다. 소프와 마찬가지로, 이 두 경우에서도 핵 반대론자들이 성공하지는 못했지만, 이제 논쟁의 분위기는 바뀌었고 원전업계는 훨씬 더 수세적이 되었다.

전 세계적 반핵운동

다른 서구 국가에서도 비슷한 양상이 일어났다. 1974년 석유 위기 이후 원자력을 확대하려는 움직임은 점점 더 급진적인 국민적 저항을 불러 일으켰다. 미국에서는 원전 앞에서 대규모 시위가 일어났는데 1977년 5월 뉴햄프셔주 시브룩의 원전 부지에서 발생한 비폭력 시위로 1,400명이 체포되었다. 유럽에서는 더 많은 사람들이 모였고 더 강력한 시위가 일어났다. 1976년 11월 독일 브록도르프 원전 부지에서는 3만 명이 모여 평화 시위를 했다. 이 가운데 일부인 3,000명은 부지를 점거했고 질서 회복을 명목으로 물대포, 최루탄, 곤봉을 휘두르는 경찰과 폭력적으로 충돌했다. 이와 유사한 폭력 시위가 1977년 3월 독일 하멜른 인근의 그론데에서도 발생했다. 1977년 7월 프랑스 말빌의 고속 증식 시험로에 대한 반대 시위에는 6만 명 이상이 참가했고, 한 명의 사망자가 발생하기도 했다.

그럼에도 불구하고 시위는 지속되었다. 1977년 9월 독일 칼카르 고속 증식로 부지에서는 6만 명이 항의 데모를 일으켰고, 같은 달 스페인에서는 10만 명이 사라고사 시위에 참가했으며 60만 명이 레모니츠 원전 계획에 반대하는 집회에 참가했다(Elliott, 1978). 이러한 저항은 결국 강력한 국내,

국제적 네트워크를 만들어냈다. 이중에서 독일 반핵운동은 특히 급진적으로 진행되었고, 그 영향력도 매우 컸다.

1979년 미국 스리마일섬 원자력 사고와 1986년 구 소련 체르노빌의 재앙 이후에는 이들의 영향력이 더 강력해졌다. 이 대형 사고들로 인해 결정적으로 수많은 사람이 원자력은 더이상 안전한 대안이 아니라고 생각하게 되었다. 20세기 말 현재 전 세계는 언론이 가세하면서 반원전 분위기가 가속화되는 추세다 2011년 일본 후쿠시마 사고는 전 세계적 탈원전 추세를 가속화시켰다-옮긴이.

반핵의 이유

체르노빌 사고의 발생 이전 1970년대에는 원자력에 대한 강한 열정이 있었다. 예를 들어, 1960년대 영국 자연보호주의자들은 일반적으로 원전이 석탄 채굴이나 댐 건설보다는 더 친환경적이라고 인식하고 있었다. 과감한 신기술 세계에서의 빛나는 희망이라고 칭송되었던 원전 산업, 영국의 급진적 노조부터 보수적인 기업가까지 모두의 지지를 받았던 원전 산업, '진보적' 꿈의 최종 목적지였던 원전 산업에 대한 지지가 왜 이렇게 사라지게 되었을까?

1970년대 영국에서 반핵운동의 출현 이유는 매우 복잡하다. 대중이 수행한 다른 모든 과학기술적 평가와 마찬가지로, 위험과 편익을 저울질해 내린 과학자들의 '합리적 평가'는 반원전 이유 중 극히 일부에 지나지 않는다. 물론 이 외에도 수많은 '기술적' 이유가 있었지만, 반핵운동은 20세기 초부터 이어져온 불행하고 암울한 원전의 미래와 '원자력 공포'에 대해 마음속으로부터 우러나오는 감성적 대응이었다. 1970년대 초 등장했던 운동은 어떤 측면에서는 우발적이었다. 원전 건설 과정에서 내부 반대 의견이 있었을 뿐만 아니라 정부에 대한 대중의 신뢰도 무너진 상황이었기 때문이다. 1970년대 원자력 찬성론자들은 원자력 반대론자들을 단순히, 그리고 집요하게 '감성적'으로 치부했다.

비록 공개조사원들은 묵살했지만, 대중은 원자로 안전과 방사능 위험에 대해 의문을 제기하는 등 원자력에 대한 우려를 분명히 표현했다. 게다가, '원전이 안전하다면 왜 멀리 떨어진 지방에 건설하는가?'라고 번번이 제기되던 질문(최소한 1956년 브라드웰 원자력 조사 때부터 시작한다)에 정부기관은 설득력 있는 답변을 내놓지 못하고 있었다. 방사능 누출이 발생한 경우 응급 조치사항들이 그토록 구체적으로 정해져 있는가에 대한 질문에도 답변을 하지 못했다. 1970년 워세스트셔 스타우포트의 신규 원전 반대주의자들은 1957년 윈드스케일 사고를 언급하며 원자력 안전 문제를 제기했다. 지방 의회의 전문가들이 안전을 확신했음에도 불구하고, 원자력 안전성에 대한 공포는 반핵운동의 중요한 근거가 되었다.

원자력에 대한 공포

반핵운동의 근원과 동력이 감성적이었는지 모르지만 그렇다고 비이성적이었던 것은 아니다. 스펜서 위어트Spencer Weart는 그의 책 《원자력 공포Nuclear Fear》에서 사람들이 원자력을 생각하는 방식에 영향을 준 네 가지 요인을 다음과 같이 기술했다(Weart, 1988, pp. 373-374).

• 과학자들은 원자로의 기술적 측면들을 경제적 기회임과 동시에 위험

으로 인식했고, 이러한 인식은 대중에게도 전파되었다. 이 가운데 특정 '사실', 예컨대 사고 시 저준위 방사능의 영향 등이 특히 강조되었다.
- 현대 문명과 권위를 바람직한 것으로 여겼던 원자력 관련 사회, 정치 단체들은 원전과 함께 현대 산업 사회 내 모든 악의 상징이 되었다.

원자력은 다음 둘의 결과로 인해 이러한 악의 상징적 역할을 하게 되었다.

- 오염, 우주 탄생의 비밀, 정신 나간 과학자들, 역사적으로 원자력 및 방사능과 관련된 세계의 종말 등에 대한 오래된 이야기로, 깊은 심리적 공감이 가는 불멸의 신화 같은 이야기.
- 결코 한순간도 잊을 수 없는 핵전쟁 위협.

따라서 프리츠 슈마허에게는 금단의 영역에 무단 침입하는 과학자들의 오랜 신화가 여전히 유효했다. 1955년에 '불교 국가의 경제학'이라는 기사를 통해 그는 원자력의 미래를 "원자폭탄 또는 수소폭탄보다 더 끔찍하다. 전혀 회개하지 않는 사람이 모든 이들의 눈에는 '출입 금지'라는 경고가 보이는 영토에 들어가고 있다"라고 묘사했다.

반핵의 이유

반핵운동가들이 원자력에 반대하는 정확한 이유는 무엇일까? 그 동기는 지역주의부터 반자본주의까지 다양하다. 원자력 반대의 동기는 다음 네 개의 범주로 정리된다.

- 님비(지역주의): 자신이 사는 지역 인근에 대규모 시설의 설치를 반대.
- 기득권: 직업의 상실을 우려하는 광부들의 반대.
- 지식인: 미적(자연경관), 환경생태적, 윤리적, 경제적 이유로 인한 반대.
- 정치적 이유: 정부 정책을 공격할 기회로 삼는 정치 집단에 의한 반대.

님비 현상을 이해하거나 확인하기 쉬우며, 원전 계획을 반대하는 대부분의 지역주의 운동에서 탄탄한 근거가 되어왔다. 초기에 님비는 훼손되지 않은 농촌의 개발에 반대하는 '시설 문제'로 간주되었다. 도시의 지식인들은 미적 관점에서 뛰어난 자연 경관을 보존하고자 했고, 지역 특권층이나 중산층은 자신들의 자산가치 등 권리를 보호하고자 했다. 모든 종류의 대규모 지역개발 사업은 사회의 여러 부문에 편익과 비용을 모두 유발하는데, 원전도 예외는 아니었다. 지역사회는 원전에 대한 찬반으로 갈렸다. 좀 더 목소리가 크고 조직화가 잘된 중산층은 임시조직까지 만들어 자신들의 의견을 잘 전달했지만, 조직력이 약한 노동 계층의 목소리는 제대로 전달되지 않았다. 실제 1956년 브라드웰 및 헌터스톤 원전 건설 과정에서 이러한 현상이 일어났다.

1970년대 후반 원전 건설 제안에 대한 지역적 반대가 확대되면서 지역 이기주의에 대한 비난이 일었다. '이러한 지역 이기주의에 동참한 사람들은 아마도 같은 장소에 석력 발전소나 공항이 들어와도 반대했을 것이다. 이들 중 대다수는 엄격한 의미에서 반핵주의자가 아니다'(Weightman, 1979, p. 311)라는 의견도 등장했다. 1980년대 초 지역 중산층의 반원전 운동도 다시 지역 이기주의로 비난 받았는데, 언론은 이들을 '편협한 지역주의에 기반을 둔 단편적이고 비합리적인 대응'이라고 묘사했다. 만일 이들 지역 단체들이 전국적 원자력 반대운동을 펼치거나 반핵운동이나 스크램

SCRAM 같은 반핵단체 네트워크에 참여했다면, 지역 이기주의라는 비난을 막아낼 수도 있었을 것이다. 지역 반핵운동은 지역 이기주의로 치부될 수도 있지만, 전국적 반핵운동 네트 워크의 일원이 되고자 했다면 이를 만회할 수도 있을지도 모른다. 그렇지만 냉소주의자들은 이를 단순히 '녹색 덧칠greenwash'이라고 본다. 즉, 자기 이익의 달성을 위해 환경적 입장을 채택한 것이라고 비판한다.

기득권

석탄 산업 퇴조에 따른 일자리 손실을 막는다는 차원에서 광부들은 원자력 반대에 대한 뚜렷한 경제적 이유 또는 기득권을 가지고 있다. 대부분의 반핵운동 역사학자들은 1960년대 중반 석탄 산업을 희생해 원전 산업을 확장하는 움직임에 대해 광부, 광부노조, 노동당 지지자들, 국가 석탄위원회가 반대한 사실을 간과하고 있었다. 앞에서 말했듯이 1968년 앨프 로벤스와 프리츠 슈마허가 주도한 반대운동은 실패로 끝났다. 그러나 1970년대 광부노조의 원자력 반대는 지속되었고, 노조 대표인 아서 스카길Arthur Scargill은 '에너지 2000'의 설립에 참여했고, 이 단체는 1977년 윈드스케일 청문회에서 원자력 반대를 외쳤다.

지식인의 반핵

미적, 생태환경적, 윤리적, 경제적 이유에 근거한 원전 정책 반대 움직임은 1970년대 중반까지는 대부분 학술저널이나 소규모 운동에서 제한적으로 펼쳐졌다. 초기에는 급속히 팽창하는 원전 산업의 실현 가능성에 의문을 품는 업계 내부에서 비판이 나왔고, 그 이후 원전의 경제성에 회의적이거나 첨단 공랭식 원자로 채택에 비판적인 학자들이 그 뒤를 이었다. 이와 관련한 공개 토론은 1967년 슈마허가 방사능과 원전의 안전 이슈를 제기하는 연설을 계기로 시작되었다. 그러나 그의 연설이 상당한 논란을 일으켰음에도 불구하고, 논란은 금세 수그러들었다. 핵무기와 원전 사이의 관계를 아는 사람은 거의 없었으며, 원자폭탄 시험이 일으킨 방사능 낙진의 위험에 대해서는 잘 아는 사람들도, 원전으로부터 누출되는 방사능에 대해서는 잘 몰랐다.

상황은 1970년대 초기 미국에서 원전 방사능 유출의 위험과 안전 문제를 다룬 책들이 발간되면서 변화되었다. 미국의 원자력 반대운동가들은 바로 이러한 안전 문제를 원자력 반대의 논거로 채택했다. '열폐수 오염'에 대한 생태적 주장, 주변 지역 피해, 자연경관에 대한 미적 훼손 등을 근거로 내세운 예전에 비해 발전된 논거였다. 미국 물리학자인 스턴글라스Sternglass가 저준위 방사능 위험에 대해 우려를 표하자, 이는 영국 신문에 대서특필되었다. 환경운동단체들은 방사능 노출 안전 기준, 방사성 폐기물의 저장 문제 등을 과학적으로 제기하며, 대중의 반원전 움직임을 이끌었다.

기회주의적 반대

반원전 지식인은 원전과 관련해 민주주의와 평등 문제도 제기하면서, 원자력 기구가 시민의 자유를 위협하고 있으며, 재갈을 물려야 할 뻣뻣하고 고압적인 관료제의 표본이라고 비판했다. 이러한 원자력 국가에 대한 비판은 시어도어 로작Theodore Roszak 및 루이스 멈퍼드Lewis Mumford의 현대 전문관료제 국가 및 기업의 권력이라는 비판에 근거하고 있다. 이렇게 진행된 미국에서의 원자력 반대운동은 급진 세력과 사회 비판적 학생들을 결집시키는 계기가 되었고, 특히 1970년대 초 베트남 전쟁 반대 시위와 '캠퍼스 전쟁'이 끝난 후에는 반핵운동이 더욱 강력하게 전개되었다. 이전에는 신좌파(그리고 구좌파)는 환경이나 원자력 이슈에는 별 관심이 없었고, 오히려 다른 심각한 사회 이슈에 대한 관심을 분산시킨다는 이유로 반핵운동을 비난하기까지 했다. 미국에서 반핵시위는 (환경운동과 마찬가지로) 님비 문제를 중심으로 한 중산층의 지역주의 운동으로 치부되었다. 이와 달리 유럽의 반핵시위는 농부와 학생이 연대하고 여러 사회 비판주의자가 하나로 결집되는 강력한 계기 중의 하나로 여겨졌다. 1976년 영국의 사회주의 노동자당이 출범하면서, 신좌파는 점차적으로 반핵운동 입장을 채택해갔다. 이와 더불어 핵무기에 대해 오랫동안 우려해온 종교단체, 평화주의자, 여성운동가도 반핵운동에 관심을 가지기 시작했다.

원자력 꿈의 종말

원자력 위신의 추락은 기술적 실패보다 원자력 관료제 폐해에서 더 기인한다. 미국원자력위원회US Atomic Energy Commissio, AEC, 영국원자력청은 다른 관료기관들과 크게 다르지 않았지만, 문제는 수십 년간 과장된 선전 때문에 원자력에 대한 대중의 기대가 매우 높아졌다는 점이었다. 1973년 전력 부족, 주유소 줄서기 등으로 대표된 '에너지 위기'라는 암울한 현실에 직면했을 때, 원자력 낙원주의를 선전하던 이들이 아무런 해결을 못하자, 원자력에 대한 환상은 급격히 깨지기 시작했다. 1950년대 중반에 회복되었던 기업 및 정부에 대한 신뢰와 사회, 경제 문제를 해결할 과학기술의 능력에 대한 신뢰가 다시 무너졌다. 원자력에는 늘 문제가 있어왔으나, 이번에는 이 문제를 해결할 정부, 업계, 과학기술계의 능력에 대한 대중의 신뢰가 상실된 것이다. 설상가상으로 스리마일섬과 체르노빌 대형 사고를 목격한 대중은 원자력의 기술적 위험성을 확신하게 되었고 원전업계와 정부를 더는 믿지 않게 되었다.

그렇다면 상상을 뛰어넘는 혜택을 인류에게 가져다준다는 원자력의 꿈은 무엇이었나? 힐가트너Hilgartner는 그의 책 《핵무기 이야기Nukespeak》에서 원자력의 실패를 책임져야 할 원자력 옹호자들이 가졌던 '원자력 사고방식'에 대해 논한다.

> 몇 번이고 계속해서, 원자력 개발자들은 희망과 현실을 혼동했고, 공개적으로 기대와 가정을 사실로 공표했으며, 해로운 정보는 은폐하고, 자신들의 정책에 동의하지 않은 과학자는 괴롭히고 해고했으며, 문제의 존재를 인정하길 거부했고, 비평가들을 정신병자라 불렀으며, 자신들의 주장을 뒷받침하기 위해 거짓 또는 잘못된 통계를 만들었고, 실수로부터 배우는 것에 실패했다. 그리고 자신들의 정책을 따라야 한다고 주장했다(Hilgartner et al., 1982, p. xiv).

스티븐 콘의 반응은 이보다 더 심각해서 원자력은 이상적 모험을 뛰어넘는 비극이라 간주하며, 자신의 저서 《너무 싸서 계산할 필요도 없다》에서 다음과 같은 결론을 내린다.

> 내 관점에서 슬픈 결론은 원자력 꿈은 이루어질 수 없다는 것이다. 원자력 기술은 실패했고 다른 에너지 대안이 고갈될 때까지는 보류해야 하며, 최초 원자력 시대를 부양했던 산업문화는 사라졌다. 나는 이러한 결론에서 슬픔을 느꼈는데, 왜냐하면 원자력 꿈은 매우 강렬했고 원자력 관련 상상은 아주 유용한 것이었으며 원자력을 추구하는 데 동원된 인류의 에너지와 부는 어마어마한 것이었기 때문이다(Cohn, 1997, p. 318).

환경주의자들은 소프와 다른 원전 프로젝트를 막는 데는 실패했지만, 원전 문제와 관련된 대중의 참여와 좀 더 나은 의사결정을 위한 초석을 깔았다(Pearce, 1979). 이들의 기여가 기후변화에 관한 현 논쟁과 원자력의 부활 제안에 반영될 것인지는 앞으로 지켜볼 일이다.

- 제2부 -

논쟁의 구성

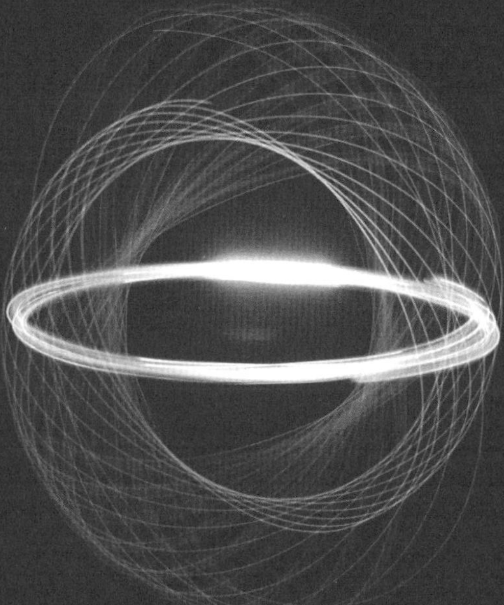

4장

지속 가능 에너지 정책과 연결? 혹은 단절?

그렉 버틀러Gregg Butler, 그레이스 맥글린Grace McGlynn

영국 에너지와 환경 정책에 관심 있는 이들에게는 최근 몇 해는 '휴전 상태'였다. 2003년 <에너지 정책 검토 보고서>에서 원전을 하나의 대안으로 제시하면서도 아직은 아니라고 언급했던 정부는 현 국회 임기 내에서 신규 원전 건설 여부에 대해 결정할 것이라고 말했다. 2005년 9월 브라이튼에서 열린 노동당 대회에서 총리는 유가가 상승하고 중국이 화석연료의 세 번째 소비국으로 등장하며, 허리케인 카트리나부터 프랑스의 샴페인 생산 중단까지 기후변화가 큰 영향을 미치는 이 시기에, 에너지 수급을 보장할 수 있는 잠재적 수단이 바로 'n으로 시작되는 단어'원자력-옮긴이임을 천명했다. 그 이후 엄청난 환호와 우려의 뒤섞임 속에서 영국 〈에너지 정책 검토 보고서〉가 발표되었는데, 사실 그 내용은 맥 빠질 정도로 예전 내용과 다를 게 없었다.

원자력 논쟁은 이전의 논쟁에서와 마찬가지로, 극단주의자들이 우세를 점하고 있다. 원자력의 혜택을 종교적 신앙 수준으로 받아들이는 원전업계와, 원자력은 어떤 혜택도 줄 수 없는 공포 그 자체로 여기는 녹색주의자 양측은 언론을 통해 계속 투쟁해왔다. 절대적으로 맞다는 주장과 절대적으로 틀리다는 주장에 직면한 대중이 이 둘 사이의 중간 지대를 찾기란 어려워 보인다. 하지만 언론에는 오히려 아주 좋은 기사감이다. 그린피스와 원전업계가 〈투데이 프로그램〉(BBC 라디오 프로그램)에 출연해 결판날 때까지 중재자 없이 논쟁을 벌인 일은 '괜찮은 싸움이었다.'

녹색주의자들은 원자력과 핵무기의 관련성, 심각한 사고 가능성, 핵폐기물의 위험성, 거대 조직에 의한 원전 확산, 중앙집중적 사회에 대한 기본적 불신 등 여러 측면에서 원자력에 찬성하지 않는다. 영국의 경우, 이들의 우려는 지속적 전력 생산을 위해 재처리 과정을 통해 플루토늄을 생산했던 마그녹스 원전 발전소를 중심으로 발생했다.

그러나 지구 온난화와 에너지 안정성은 원자력 문제보다 더 심각하며 더 많은 심각한 논쟁을 필요로 한다. 지구 온난화가 실제로 진행되고 있고, 화석연료 사용이 기후변화의 주요 요인이라면 우리가 스스로의 행동을 바꾸지 않을 경우 다가올 기후변화는 전 세계적으로 심각한 영향을 주고 인류문명까지도 위협할 것이다. 지구 온난화가 실제로 진행되고 있다면 대중이나 정치 지도자들에게 '찬반'의 극단적 의견을 절충한 중간을 선택하라며 방치하기보다는 이를 타결할 공공정책을 명확히 정의하는 등 건설적인 대책을 내놓아야 한다.

그렇다면 이렇게 거대한 주제를 어떻게 의미 있게 논의할 수 있을까? 이를 위한 하나의 방법은, 어떤 분야에서 합의점 도출이 가능한가, 모든 참여자가 동의할 수 있는 사실은 무엇인가, 서로 다른 가치체계가 어떠한 부분에서 사실에 대한 인식을 바꾸거나 사실에 대한 합의를 막고 있는가를 파악하는 것이다. 한정된 합의라도 그것이 가진 가치는, 다음의 원자력 논의에서 잘 요약되어 있다.

> 다른 의견의 참여자들과 공통분모를 찾았을 때, 합의된 제안은 각기 홀로 달성했을 때보다 훨씬 많은 가능성을 담고 있다. 이해관계자들의 대화에서 논의된 내용 전체는, 각 부분의 총합보다 훨씬 중요하다(Michael Meacher 하원의원, 전 영국 환경부 장관, 2000년 4월 12일).

이 글의 저자들은 이제 자백한다. 우리 둘 모두는 오랫동안 영국 원자력 산업을 위해 일해왔다. 하지만 이제 원자력을 열렬히 전파하려는 단계는 이미 벗어났고, 브리티시핵연료의 영국 이해관계자대화과정(National Stakeholder Dialogue process, BNFL, 2006)에 6년간 참여하면서 원자력에 대한 확신은 다른 관점을 이해하려는 자세로 변했다. 어쨌든 우리는 과학을 확신하며 의사결정 과정이 시작되기 전에 합의 가능하고 입증 가능한 사실들을 가능한 한 많이 모아야 하고, 의사결정 과정은 적극적이고 협력적인 이해관계자의 참여에 기반을 두고 이뤄져야 한다고 확신한다.

이해관계자 대화

이해관계자 대화의 참여자 대부분은 자신들이 어떤 진영에 속해 있든, 다음과 같이 의사결정을 돕는 여러 단계가 있다는 것을 인정했다.

- 검증된 시나리오에 동의하는 단계.

• 수용 가능한 해법의 속성 및 어느 방향이 나은가에 동의하는 단계.
• '사실들'에 동의하는 단계(여기서는 주로 공동으로 사실 찾기가 매우 중요).
• 각 시나리오들의 장단점을 정의하는 절차에 착수하는 단계(만일 합의점에 도달하지 못하면, 왜 못했는가를 알아내는 것).

여기서 공동으로 사실 찾기는 시나리오에 합의하기 위한 전제조건이 되기도 한다. 사실을 사실로 인정하거나 동의하려는 영역에서 아주 다른 관점을 가진 사람들이 참여하는 경우에 그렇다. 그러나 이 단계적 절차가 결론에 이르려면, 의사결정 분야에서 합의된 요소들, 미합의의 영역들, 그 이유들에 대해 명확히 이해해야 한다. 그렇게 해야, 의사결정에 필요한 배경을 제공할 문제 보유자가 누구인지 알게 될 것이다. 이러한 과정은 필연적으로 [그림 4-1]에서 표현한 연속적 관계 위에 있다.

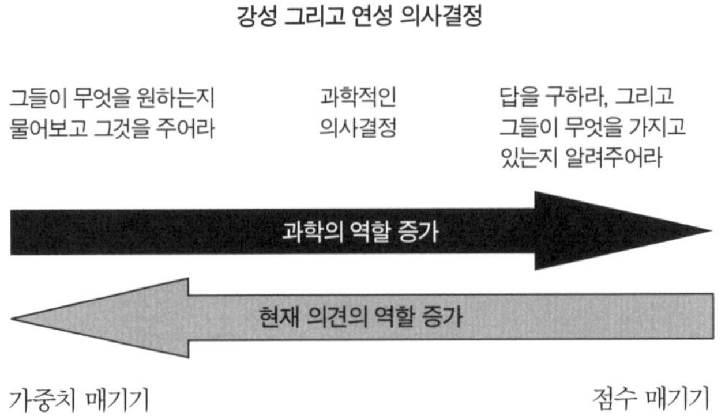

[그림 4-1] 의사결정 접근 방법

공감대?

어떠한 논쟁에서도 완벽한 공감대 형성은 불가능하다. 양쪽 모두 자신의 진실 대신 다른 편의 진실은 받아들이기 어려운 신념을 가지고 있기 때문이다. 그렇지만 만일 기초적 사실에 대다수가 동의한다면 서로 다른 가치관에 따른 실질적 차이에 기반을 두고 여러 주장들을 정리해나갈 수 있다. 모든 당사자가 솔직하게 자신의 관점을 전부 공유할 수는 없을지라도, 최소한 서로의 관점을 존중할 수 있는데, 이러한 상호 존중이 우리가 함께 살기 위한 유일한 출발점이다.

체로 걸러내기

체로 걸러내기란 채택 불가능한 단일 기준에 따라 특정 대안이나 시나리오를 배제하는 것을 의미한다. 즉, 체를 통과하지 못한 대안은 버린다. 하지만 만일 다양한 가치관과 의견을 가지고 있는 여러 집단이 합의된 사실 기반이 없이 이를 적용한다면, 결국 아무것도 남지 않게 될 가능성이 크다. 예를 들면 다음과 같다.

- 육상 풍력은 시끄럽고 조류를 위협하며, 풍광을 해친다. 배제!
- 해상 풍력은 비싸고 풍력 에너지가 전기로 전환되는 부하율이 낮아 성공하기 어렵다. 배제!
- 원자력은 위험하고 끔찍한 폐기물 문제도 있다. 배제!
- 바이오매스는 영국의 기후에서는 거론할 가치도 없다. 배제!

서로 동의한 사실이 없는 상황에서 체로 걸러내기를 하면 극단적인 상황에 이를 수밖에 없으며, 의미 있는 토론이 불가능해진다.

지구 온난화

만일 지구 온난화가 진정한 문제라는 데 동의한다면,

- 이제는 변화가 필요하다. 더 정확하게 말하면 그 당시에 '이미 변화가 필요했다.'
- 우리는 배가 가라앉을 위험이 있다고 믿는다.
- 이를 진짜 믿는다면, 날개 각도를 맞추거나 세세한 것에 의문을 제기하지 말고, 우리를 구할 수 있는 펌프를 찾는 편이 낫다.
- 전국 대부분의 주유소에서 온종일 줄을 서야 하는 상황이라면 우리가 실제 할 수 있는 게 무엇인가?

이들은 확실히 에너지 난제에서 핵심적인 문제다. 무엇을 해야 하든지 간에 열망 또는 현실성 둘 중 하나는 희생해야 한다. 민주주의 입장에서 보면, 미래 에너지에 관한 모든 시나리오는 자살 행위와 결부된다. 정치가의 관점에서 보면 미래의 모든 시나리오는 늘 모든 이를 만족시킬 수 없다는 불안한 요소를 갖고 있다.

과학적 관점의 선택에는 광범위한 이해관계의 세력들이 합의할 여지가 있어야 한다. 어떤 경우에는 2+4=5이길 희망하는 것이 굉장히 괜찮아 보일 수도 있지만, 결국 거짓임이 드러나기 때문에 이는 아주 중요한 문제다.

이러한 연구 작업은 자연과학에만 국한해서는 안 되며 시작부터 인문학 및 경제학과 함께 논의되어야 한다. 이와 같이 전반적 연구 작업은 에너지 정책의 기초를 점검하는 데 유용하며, 다음 내용을 포함하는 것이 좋다.

- 재생에너지로만 전기를 생산하는 경우 간혹 전력 공급이 중단될 위험이 있다는 데 동의하는가? 설비용량이나 사용방식에 대해 이상적 가정을 할 때만 재생에너지 단독으로 탄소 배출 문제를 해결할 수 있다는 데 동의하는가? 단기나 중기의 재생에너지 시나리오는 다른 전력 에너지원의 지원이 있어야 한다는 데 동의하는가?
- 현재 원전의 설계는 기본적으로 기저부하의 역할에 적합하며, 여기서도 다른 지원 에너지원이 있어야 한다는 데 동의하는가?
- 수소에너지는 운송 분야에서 오직 탄소 배출 해결을 위한 중단기 대책일 뿐이며, 수소를 어떻게 생산할지가 검토해야 할 핵심요소라는 데 동의하는가?
- 영국인 전체가 장기적 이득으로서 수용할 수 있는 에너지 사용 및(또는) 비용에서의 변화 속도에 대해 광범위한 동의를 얻을 수 있는가?

미래에 실현 가능한 시나리오가 무엇인지 파악하기 위해서는 다양한 분야의 학자, 다양한 범위의 이해관계자들이 이러한 질문들을 동시에 검토할 필요가 있다. 즉, 이러한 질문들은 연구 결과가 그 연구를 조직한 기관에 의해 좌우되지 않는 분위기에서 검토되어야 한다.

이렇게 접근했을 때, 해당 기관의 견해와는 완전히 다른 극단적 이익이 도출될 수 있다. 지구 온난화를 중시하는 입장에는 과학자 제임스 러브록James Lovelock과 몬테피오레Montefiore 주교처럼 원전을 지지하는 고위층 인사들이 이미 동참했다. 만일 기후변화를 타개할 수 있을 가능성이 가장 높은 시나리오에 원전이 결부된다면, 더 많은 녹색주의자들이 지구 온난화를 최우선 순위에 놓을 것인가? 마그녹스와 산화물 연료 재처리 중단으로 재처리 연관성이 제거된다면, 원자력에 대한 영국 녹색당의 반대는 완화될 수 있는가?

여러 시나리오와 사실들을 둘러싸고 수많은 연구가 진행된 바 있다. 틴달센터의 예(Tyndall, 2005)를 보아도, 지구 온난화와 싸우는 여러 방법을 알려주는 다양한 시나리오가 존재한다. 그중 원전을 포함한 시나리오도, 포함하지 않는 시나리오도 있지만, 대부분의 시나리오는 개인의 생활 방식이나 국가 정책을 철저히 바꾸도록 요구하고 있다. 이러한 견해들과 이와 유사한 다른 견해는 정부에 전달되고 있다. 일부 시나리오에서 제기된 중대한 변화를 제안하는 경우 논쟁을 불러일으킬 수 있기 때문에, 찬성 아니면 반대를 요하는 대중문화를 고려할 때 실제로 포괄적인 대중논쟁을 시작하기에는 엄청난 정치적 부담이 있다.

에너지 문제에 대해 광범위한 기반의 초당파적 자문 그룹이 없다는 사실도 현재의 상태에 도움이 되지 않는다. 실제로 지속가능개발위원회(SDC, 2006)도 자신들의 견해를 가지고 있고 그 의견을 발표해왔으며 원자력에 관해 객관적으로 기술하고 있다고 보기 어렵다. 원자력 문제처럼 양측 의견이 첨예하게 대립되는 주제에 대해 16명 모두 '지금은 아니다' 또는 '앞으로도 안 된다'고 말한다면, 이들은 국민을 대표하지도 못하고, 국민을 부정하는 인식을 가지고 있다고 해석할 수밖에 없다. 지속가능개발위원회의 보고서나 이를 지지하는 논문을 보면 새로운 사실이 거의 없다. 앞에서 나온 [그림 4-1]에 비추어본다면, 지속가능개발위원회는 사실보다는 의견이 주도하는 단체다.

그러나 이 장에서는 이와 같이 극단적이고 이미 규정된 의견을 바꾸려는 것은 아니다. 이 장은 화려한 이상이 아닌, 가능한 것을 중심으로 한 논쟁을 통해 미래의 에너지를 맞이할 수 있는가를 가늠하는 내용이며 과학적, 경제적, 사회적으로 의미 있는 미래에 도달하기 위해 중간 지대를 만들고자 하는 시도다. 지속 가능 에너지 미래의 관점에서, 이러한 시도는 반드시 이루어져야 한다. 그렇지만 이를 위한 징후가 그리 좋은 것만은 아니다.

5장

미래 지속 가능 에너지에 대한 기준

폴 앨런Paul Allen

미래 에너지를 위한 전략 수립에서 우리의 생존이 걸려 있는 문제는 세 가지 위협으로 요약될 수 있다. 첫째, 세계적 기후학자들에 의하면 세계의 온실가스 배출량이 지구의 '한계점'을 초과하면, 기후변화의 속도는 갑자기 빨라지고 통제 불가능한 상태에 이를 것이다. 기후변화와 관련한 과학 논문들을 광범하게 검토하면, 대부분의 저명한 기후학자들은 지구 표면의 평균 온도가 산업혁명 이전 수준보다 2°C 오르는 '한계점'을 넘는 데 10년이 채 걸리지 않는다고 경고하고 있다.

지구의 한계점을 초과하면 기후변화의 속도는 갑자기 빨라지고 통제가 어려워질 것이다. 기후변화가 제어하기 어려운 수준에 이르면 농업 부문과 전반적 경제의 붕괴, 전 세계적 물 부족, 해수면 상승, 멕시코 만류의 소멸, 최대 규모의 난민 문제 등이 발생할 것이며, 2005년 뉴올리언즈 사례와는 비교도 안 되는 복합적 재난이 수만 년 동안 지속될 것이다.

현재까지 알려진 바에 따르면, 이러한 지구 한계점 이하로 지구 표면의 평균 온도를 유지하려면 온실가스, 즉 이산화탄소의 대기 집약도를 400ppmparts per million, 백만분율 아래로 유지해야 한다. 산업화 시기 이전 280ppm 수준이었던 이산화탄소는 현재 370ppm이며 계속 상승하는 추세다. 이러한 상승 속도라면 수십 년 안에 한계점을 넘게 될 것이다. 서방 선진국들은 이산화탄소 배출을 60~80% 줄이기 위해서는 값싼 화석연료에 대한 편중을 개선해야 하며, 대기로부터 이산화탄소를 흡수하도록 숲과 토양을 보호하고 확대해야 한다고 주장한다.

둘째, 석유에 대한 끊임없는 수요는 지질학적 요인에 의해 제동이 걸리는 추세다. 피크 오일peak oil: 석유생산 정점, 석유의 최대 생산시점을 말하며, 석유 공급이 바닥나는 석유 고갈과는 다름 전문가들은 석유가 언제 바닥 날 것인지를 전망하는 대신, 계속 증가하는 수요에도 불구하고 세계 석유 생산은 정점에 달했거나 정점에 거의 다가왔다는 진단을 한다. 산업계, 정치계, 학계 전문가들의 연구단체인 세계피크오일연구회Association for the Study of Peak Oil and Gas, ASPO는 2004년 조용히 출범했지만, 이제는 더는 비주류가 아니며 다방면에서 이들의 목소리가 진지하게 받아들여지고 있다. 세계는 이제까지 발견된 양보다 더 많은 석유를 사용하고 있다. 유전의 발견은 1960년대에 절정을 이루었지만, 이후 기술의 진보에도 불구하고 새롭게 발견된 유전은 많지 않았다. 이로 인해 수요와 공급 사이의 완충지대는 부족하게 되었고 그 결과 고유가 시대가 도래했다. APSO의 예 이 맞다면, 결과는 재앙적일 것이다(ASPO, 2006).

인도, 중국, 아시아의 경제 성장은 모든 업계의 예상을 뛰어넘었다. 중국 내 자동차 판매는 2010년 이후 매년 1,000만 대가 넘을 것으로 예상된다실제 2010년 1,800만 대, 2016년 2,800만 대 판매-옮긴이. 베이징에서만 매일 1,000대 이상의 신차가 거리로 나오고 있다. 수십 년간 세계 경제의 원동력이었던

싸고 풍부한 석유를 즐기는 시대는 곧 끝날 것으로 전문가들은 예측하고 있다. 지난 100년간 급격히 성장해온 세계 석유 생산량은 올해 아니면 내년, 적어도 10년 안에는 거의 확실하게 정점을 찍고, 그 이후 감소할 것이라고 예측하는 전문가도 있다. 또한 석유 가격의 급등, 변동성의 확대와 함께 초과 생산 시설이 거의 없으므로 멕시코 만 허리케인 같은 공급 차질요인이 발생하면 세계 석유시장은 대혼란이 일어날 것이며, 정유업체와 산유국에서 인정하듯이 석유 보유량이 과대평가되었다고 경고하는 학자도 있다. 이런 경고에 대해 잘 알고 있는가?

세 번째 요소는 전 세계적 평등 문제다. 선진국들이 전 세계 에너지의 대부분을 사용하고 있으며, 나머지도 마찬가지다. 예를 들어 방글라데시에서는 한 사람이 1년에 평균적으로 석유 200kg도 안 되는 에너지를 사용하는 데 반해, 영국에서는 한 사람이 거의 석유 4,000kg을 사용한다. 영국 한 사람당 순 이산화탄소 배출량이 방글라데시나 탄자니아보다 50~100배 많다. 세계 경제활동 관련 수치는 증가하고 있지만, 빈익빈 부익부는 더 심해지고 있다. 소위 제3세계의 발전은 작동하지 않고 있다. 세계 대다수 국가들은 제3세계가 무역을 통해 식민지 이후 가난에서 벗어나 자신들에게 값싼 외국 상품을 제공해주길 바라고 있다.

요약하면 첫째, 기후변화로 초래되는 문제의 규모가 인류가 수용할 수 있는 수준 이상이라는 것이고, 둘째, 장기 해결책의 관점에서 더는 값싼 석유가 남지 않았다는 것이다. 평상시 하던 대로 그대로 가는 것은 기후 관점에서 문제가 있고, 에너지 자원 보유고 관점에서도 문제가 있으며, 세계적 공평, 세계적 평등의 측면에서 분명 문제 발생이 예측된다.

중독

이 세 가지 위협은 개별적으로는 점점 더 널리 알려지고 있지만, 전문가들은 이 문제의 해결책을 종합적으로 고려하는 대신 여전히 분리해서 연구한다. 피크 오일의 해결책이 기후변화를 가속화할 수도 있고, 세계적 평등 문제의 해결책이 피크 오일을 악화시키기도 한다. 하나의 문제 해결을 위해 다른 문제를 희생하는 조치는 세 위협에 대한 진정한 해결책이 될 수 없다. 미래의 생존을 보장하는 핵심 방안은 이 세 가지 위협을 동시에 해결할 수 있어야 하며, 개인의 복지도 함께 포괄해서 해결해야 한다. 일단 관심을 갖고 더 큰 그림을 그리다 보면 세 가지 문제의 공통점을 많이 발견할 수 있다. 사실 석유에 대한 중독에 맞서면서 음식, 건축물, 에너지, 물, 작업, 난방, 휴일, 의료보험 등을 고려하면 기후변화를 완화할 수도 있으며 석유 자원을 긴급히 필요한 곳에만 사용한다면 피크 오일을 예방할 수 있다.

우리는 위기를 보았고 해법을 알아냈다. 그러나 이를 실행까지 하지 못하는 이유는 우리의 문화, 문명 전체가 화석연료 중독인 현실을 인정하기를 거부하기 때문이다. 현실에 대한 인정 거부는 중독에 따른 1차 심리적 징후다. 이는 자동적이며 무의식적이다. 중독자들은 자신의 중독을 끝까지 인정하려 하지 않으며, 제정신이 아닌 상태까지 가곤 한다. 그동안 그들의 세계는 붕괴한다. 현실에 대한 인정 거부는 받아들일 수 없는 진실을 개인이나 집단이 인식하지 못하도록 막는데, 현실을 알게 되면 감당할 수 없는 공포, 창피, 혼란을 느끼기 때문이다. 우리가 기후변화, 피크 오일, 세계 곳곳에 고통을 주는 불공평한 현실에 대한 인정을 거부하는 한, 우리는 고통을 느끼지 못하고 풍요 속에 스스로를 잃을 수 있다.

중독의 징후가 현실에 대한 인정 거부에서만 나타나는 것이 아니다. 중독된 물건의 공급이 제한되거나 불확실해질 때, 흔히 집단이나 개인적 차원에서 반사회적 행동이 등장한다. 일단 중독이 시작되면, 중독된 물건 그 자체보다 더 중요한 것은 없게 된다. 모든 것이 중독된 물건을 구하기 위한 방향으로 집중되며, 중독이 심해질수록 점점 더 이기적이 된다. 아주 심한 경우에는 중독된 물질의 공급을 보장하기 위해 국내법이나 국제법을 위반할 수도 있다. 결과적으로 중독자들은 자신들의 행동을 남들에게 숨기고 자신들의 반사회적 행동을 정당화하는 핑곗거리를 만들어낸다. 2007년 미국 연두교서에서는 미국과 다른 선진국들이 석유에 중독되어 있음을 마침내 인정했다. 우리는 이러한 인정 단계를 거쳐 다음 단계로 나아가야만 중독에서 벗어날 수 있다. 즉, 에너지를 우리 복지에 적합하도록 어떻게 사용해야 하는가를 다시 생각해야 하고 에너지 사용율을 낮추어서 반사회적 행동에 재갈을 물려야 한다.

왜 화석연료 중독은 벗어나기 어려운가?

화석연료는 아주 오랜 시간과 복잡한 과정을 통해 형성되었다. 약 4억 년 전 지구 대기권에는 이산화탄소가 풍부했다. 푸릇푸릇한 식물군락이 대지를 덮어 태양 에너지를 흡수하고, 바다에서는 단세포 조류들이 태양 에너지를 흡수했다. 이 과정은 수백만 년에 걸쳐 이루어졌다. 지구의 광대한 표피에서 태양 에너지가 식물과 동물성 물질로 바뀌었고, 이들은 탄소가 풍부한 석탄, 석유, 가스 형태로 축적되었다.

고대의 태양 에너지는 이러한 형태로 7000만 년 동안 보존되고 있었다.

그러다가 영국 산업혁명 이후 석탄을 대량 사용하기 시작하고, 1859년 미국 펜실베이니아에서 석유가 발견되면서 상황은 급격히 바뀐다. 석탄과 석유의 등장은 경작 토지에 내리쬐는 태양 에너지에만 매년 의존하면서 살아온 인류 역사에서 아주 중요한 전환점이 되었다. 처음에는 석탄, 그다음에는 석유와 가스의 도래로, 인류는 지구가 가진 햇빛과 같은 보유고를 전례 없는 규모로 사용하면서 살게 되었다. 우리는 엄청난 에너지가 축적된 은행계좌를 발견한 것이다. 이렇게 풍부하고 값싼 화석연료라는 노다지에 기반을 두고, 인류는 산업, 무역, 식량 생산, 재무, 거주 형태 등의 국제적 모델을 구축해왔다.

우리의 전형적인 일상을 생각해보자. 우리는 어디서 왔는지 모르는 자재를 이용해 누가 만들었는지도 모르는 집에서 매일 아침 일어난다. 집의 난방은 미국 국적의 에너지 회사가 만든 화석연료에 의해 우리가 잘 모르는 방식으로 공급된다. 대부분의 집은 독일 은행이 거의 소유한 토지 위에 이웃이 누구인지도 모르는 곳에서 지어진다. 우리가 먹는 아침 재료는 하늘만이 아는 곳에서 자라났다. 누구의 손에 의해 경작되었는지, 어떤 방식으로 요리되었는지 우리는 모른다. 연료가 떨어져 물품 공급이 안 되면 사흘 만에 텅 비어버릴 가게에서 우리는 점심거리를 사온다. 우리의 쓰레기는 미지의 장소로 향하며, 우리가 만날 수 없는 사람들이 우리가 이해할 수 없는 방식으로 처리한다. 이 모든 것의 사용료를 우리는 일본 은행을 통해 지불한다. 이에 대한 우리의 통제권은 없다. 우리는 스스로의 존재를 먼 곳에 있는 공급자들에게 더욱더 의존하며, 이는 글로벌 시스템의 확장을 통해 이루어진다. 이 시스템에 대한 통제권은 우리에게 없으며, 실제 통제권을 가질 수도 없다.

지구에 매장된 석유 및 가스 자원은 수억 년에 걸쳐 생성되어왔는데, 인류는 산업혁명 이후 겨우 150년 만에 그 부존량의 절반 정도를 사용해버렸다. 석유와 가스는 지금까지 사용해왔고 앞으로도 사용할 에너지 중 가장 집약도가 높고, 운송이 쉬우며, 사용하기 간편한 연료다. 최근 국내외적 상황들을 볼 때, 세계화나 다국적 기업의 영향력 증대에 대해 우리는 의문을 가질 수밖에 없다. 세계화가 가져온 변화는 농부와 소비자들에 혜택을 주는 대신 오히려 국제적 기업들의 수익성을 확대하는 데 기여했다. 지금까지 우리는 경제, 산업, 식품 공급, 운송, 주거 형태를 풍부하고 값싼 석유 및 화학제품의 끊임없는 공급에 중독되면서 만들어왔다. 이제 우리는 우리 삶의 어떤 부분을 다국적 공급망에 의존해야 하는지 어떤 부분을 지역 안에서 해결해야 하는지 고민해야 한다.

그렇다면 무엇을 해야 하나?

세계적 언론들은 기후변화를 알리기 위해 '세상의 종말'과 관련된 기사를 꾸준히 내고 있다. 그러나 이렇게 파멸을 예고하는 내용들이 실질적으로는 오히려 독자들을 위협에 대해 무관심하게 만든다. 친환경 커뮤니케이션 기업 퓨테라Futerra의 최근 연구에 따르면, 전국 언론매체에 실린 기후변화에 관한 기사의 60%는 부정적 내용이거나, 해결책을 내지 못하고 있다고 한다. 기후변화와 싸우려면 무엇을 할 수 있는지, 무엇을 하고 있는지, 무엇을 해왔는지에 대해 언급하는 기사는 4분의 1에 불과하다. 대안 없이 경고만 할 경우 현실 부정, 우울, 심지어 자포자기식 쾌락에 빠지게 할 수 있다. 이렇게 되면 우리는 공포에 질리거나, 해법을 제시하는 주체를 완전히 부정하거나, 참호에 갇힌 근본주의자가 될 수도 있다. 이런 방식으로는 어떠한 성과도 있을 수 없다.

불행하게도 이러한 상황은 원자력 찬성론자와 재생에너지 옹호자 사이에 벌어지고 있다. 지난 수십 년간 여러 차례의 대규모 사고와 핵폐기물 증가 및 비용 상승으로 인해 원자력 산업은 대중의 호감으로부터 멀어졌다. 그러다가 지금 원전 옹호자들은 기후변화라는 편승효과에 올라타 막판의 재기를 기대하고 있다. 다른 한편으로, 원자력과 수십 년간 별 관계가 없었던 재생에너지 산업도 오랫동안 고대해온 각별한 관심과 연구개발 지원을 받을 절호의 기회를 놓치지 않으려 하고 있다. 그러므로 한정된 긴요한 에너지 연구개발 자금을 원자력과 재생에너지 둘 중 어디에 지원할지는 매우 중요한 논쟁이다.

그러나 에너지 소비 감축을 빨리 실행하지 못한다면, 원자력도 재생에너지도 필요한 만큼의 영향력을 주기 힘들 것이다. 우리는 너무나 오랫동안 너무 값싼 에너지를 불필요하게 많이 사용하는 데 익숙해져 있다. 대부분의 발전소는 투입한 에너지의 3분의 1만을 전기로 전환하고 있다. 나머지 3분의 2는 주변 지역 주택 난방에 사용되기보다는 냉각탑을 통해 사라지고 있다. 이는 전기만의 문제가 아니다. 이 외에도 우리는 고체나 액체 연료의 낭비도 해결해야 한다. 요즘 매우 증가한 1인 자동차 운행자는 도로 혼잡의 주범이다. 보조금을 받는 값싼 항공편은 기하급수적으로 증가하고 있으며, 형편없이 에너지 비효율적으로 설계된 수천 채의 집들이 여전히 건설 중이다.

파워다운: 탄소 감축 경로 만들기

우리는 에너지 비만에 걸렸다. 우리는 적정 수준을 훨씬 넘어 에너지를 사용하고 있다. 리처드 하인버그Richard Heinberg가 제시한 개념인 '파워다운powerdown'은 이렇게 점점 심각해지는 인류의 상황에 대한 분별 있는 대응이며, 이 개념은 더 많이 활용해야 한다(Heinberg, 2004). 에너지 필요성을 줄여나갈수록 재생에너지로 충족시킬 가능성이 커지며, 석유가격이 급등하면 재생에너지의 비용 경쟁력이 상승하고 화석연료의 공급이 불안정해지면 재생에너지의 신뢰성이 증가한다.

음식, 의복, 주거를 제공하는 데 필요한 수준을 넘어서 추가적인 에너지를 사용한다고 해서 반드시 우리가 더 많은 행복을 누리는 것은 아니다. 1970년대 이래 영국의 GDP는 2배가 되었지만 우리가 감지하는 삶의 만족도는 거의 변화하지 않았다. 우리에게 복지를 제공하는 데 필요한 것 이상으로 에너지를 사용해오면서 우리는 에너지 비만에 걸렸다.

파워다운은 에너지 효율성과는 다르며, 오히려 그 이상을 성취한다. 우리는 땅을 갈거나 씨를 뿌리는 데 석유로 작동하는 여러 기계를 사용한다. 그리고 석유 제품인 비료와 살충제를 뿌리고, 석유로 움직이는 펌프로 물을 뿌린다. 작물은 트랙터로 수확하고 화석연료로 발전하는 기계로 이를 가공 처리한다. 마지막으로 비닐봉투로 포장한 다음 상상한 이상의 먼 거리로 제품을 보낸다. 핵심은 우리가 섭취한 음식 1칼로리마다 10칼로리의 화석연료가 소비된다는 것이다.

우리가 섭취하는 음식과 관련해서만 다시 생각해보아도 달성할 수 있는 파워다운의 잠재적 규모는 엄청나다. 예를 들어 우리는 유럽 대륙으로 수천 톤의 양고기를 수출하기도 하고 수입도 한다. 이와 유사한 역설이 대부분의 다른 상품에도 존재하는데, 이는 신경제학재단New Economics Foundation이 2006년 발간한 〈영국 상호의존성 보고서〉에 잘 요약되어 있다(NEF, 2006). 토종, 유기농, 저가공, 육식 회피 식품으로의 변화는 우리의 건강과 복지를 증진시킬 뿐만 아니라, 우리의 음식 습관을 유지하는 데 사용되는 화석연료의 양을 상당히 줄여주고 좀 더 신뢰할 수 있는 식품 공급 시스템을 창출할 수 있다.

그런데 만일 석유 중독에서 벗어나는 경우, 실제 우리의 식품 공급에 문제는 없을까? 일단 우리가 섭취하는 식품의 종류는 변화할 것이다. 현재 슈퍼마켓이나 쇼핑몰에서는 채소의 형태, 색깔, 크기가 잘못되었다는 이유만으로 공급분의 약 30% 정도를 거부하고 있다. 게다가 가공된 즉석식품은 더 많은 쓰레기를 유발한다. 소비자도 자신이 구매한 식품의 30%는 우리가 이러한 낭비적 요소들을 줄인다면, 새로운 시스템에 필요한 석유를 상당히 줄일 수 있으며 동시에 좀 더 신뢰할 수 있는 음식을 먹을 수 있다.

파워다운 접근법은 절대적으로 필요한 요소이며, 모든 미래 대안의 초석이 되어야 한다는 것은 자명하다. 에너지의 생산 증가가 아닌 에너지 절약을 통해 돈과 비용이 상당히 절약된다. 환경 악화 같은 외부 비용 전체를 고려할 경우, 감소되는 비용은 더 크다.

화석연료 연소 시 배출되는 탄소를 포획해 분리 저장하는 기술이 해결책이 될 수도 있지만, 이 기술은 아직 개발 초기 단계에 있으며, 이들이 저탄소 에너지 세대를 형성하는 역할을 할 것이라는 예측은 너무 섣부른 감이 있다. 그러나 이 기술을 면밀히 조사하고 연구할 가치가 있다는 것은 분명하고, 우리의 미래를 위한 깜짝 놀랄 해결책을 제공해줄 가능성도 있다. 에너지의 효율적 사용은 새로운 저탄소 기술에 현실적 목표를 제공할 수 있는 절대적 기반이다. 따라서 이에 최우선의 가치를 두어야 한다는 데 모두가 동의한다. 에너지의 효율적 사용은 즉시 실행되어야 한다. 현재 우리의 에너지 비만 생활 방식은 지속 불가능한 방식이다. 우리가 파워다운을 실현해 에너지 수요를 감소시키면, 대체 에너지의 공급 목표 달성도 좀 더 용이해 질 것이다.

교착 상태 깨기: 저탄소 기술

그다음 과제는 원자력과 재생에너지 중간에서 헤매는 현재의 교착 상태를 돌파하는 일이다. 우리는 둘 중 하나를 저탄소 에너지 세대의 핵심 기술로 결정해야 한다. 이를 위해 유능한 기술자가 업무 수행시 특정 기술을 선택하는 방식을 생각하면 도움이 된다. 우선 유능한 기술자들은 '선택 기준'을 합의하기 위해 고객, 소비자, 다른 핵심 이해관계자들을 만날 것이다. 그 후 합의된 선택 기준에 비추어 가능한 모든 대안을 평가할 것이다. 나는 원자력과 재생에너지 간 선택의 기준은 다음 사항을 포함해서 설정해야 한다고 생각한다.

- 환경에 대한 영향은 어떠한가?
- 필요한 규모만큼 공급이 기술적으로 가능한가?
- 해외의 '유행 창조'로부터 받는 영향은 무엇인가?
- 생애주기 전체의 비용은 얼마인가?
- 테러리스트 공격에 얼마나 취약한가?
- 발전 설비의 설치 속도는 충분히 빠른가?
- 공급의 안정성은 어떠한가?

• 일자리를 창출하고 수출을 증가시키는가?
• 시민의 자유에 어떠한 영향을 미치는가?
• 난방 및 유류 연료시장에 적용이 가능한가?

원자력 및 재생에너지 둘 다 만족하는 기준도 있고, 충족하지 못하는 기준도 분명 있을 것이다. 그러나 우리가 결과를 종합적으로 판단한다면 의미 있는 패턴이 발견된다. 첫째, 환경 영향이 어떠한가에 대해 유의한 응답을 하려면 '세계적 서식지', '인류 건강', '시각적 및 미적' 환경의 구별이 매우 중요하다. 따라서 이러한 각각의 환경 영향에 적절한 가중치를 두어야 한다. '인류 공유지'인 세계적 서식지에 화석연료가 미치는 영향은 원전 노심용융 사고가 인류 건강에 미치는 영향과는 완전히 다르며, 이 원전 사고의 환경적 영향은 풍력 발전소가 경관을 해치는 것과도 판이하게 다르다.

유사한 항목끼리 비교할 필요도 있다. 우리는 항상 생애주기 비용 전체를 고려해야 한다. 핵연료는 엄청난 환경 및 사회적 비용을 유발하는데, 이러한 비용은 이제야 전체비용에 포함되기 시작하고 있다. 영국에서 원전 폐로 및 30년의 채무청산 비용은 대략 560억 파운드로 추산되고 있다. 이 비용을 현재 가치로 계산하는 것은 쉽지 않다. 일단 원전 폐로, 안전한 운송, 핵폐기물 처리 등 전체 비용은 소비자가 지불하는 전기 요금에 반영되어야 한다. 거기에다 연구개발비용, 군용 및 민간용 핵물질 보안비용, 생태비용, 숨은 보조금을 더한다면, 신규 원전의 실제 비용은 엄두도 못 낼 정도로 높아질 것이다. 물론 재생에너지에 대해서도 해체 및 청산을 포함한 전체 생애주기에 걸쳐 동일한 계산을 해야 한다.

지금까지 두 기술에 대한 평가?

원자력: 합격 사항

- 기저부하 전력용 생산에 대해서는 기술적으로 가능.
- 시각적 환경 영향은 낮음.
- 영국 내 일자리 창출이 가능.
- (단기 관점에서) 통상적 정상 운용 시에는 사람 건강에 끼치는 위험이 낮음.

원자력: 불합격 사항

- 최악의 사고 발생 시 매우 위험하며 사고 처리 비용도 매우 높음.
- 저준위 '통상적 방출량'의 장기 효과는 불확실.
- 40년이 지났어도 핵폐기물 문제는 해결되지 못함.
- 전체 생애주기 비용(해체 및 폐기물 저장비용을 포함)은 엄청나게 높으며, 생애주기 '후반부의 부담'이 전체 비용의 예측을 어렵게 함.
- 현존 원전 폐로에 대한 영국 에너지의 재정적 책임 능력 빈약.
- 민간 시장에서 원자력에 대한 투자는 매력적이지 못함.
- 원자력 시설은 테러 세력에게 매력적인 목표이며 '악의 놀이터'. 방사능 낙진의 장기적 영향 탓에 이러한 매력 증폭.
- 원전 건설의 전 세계적 확산은 현실적으로 불가능. 정치적 붕

괴나 핵기술의 오용 가능성 없는 '안전 국가'로만 원자력 사용이 제한되고 있기 때문.

- 핵기술 통제 관련 합의된 국제 체제 없음(예를 들면 미국과 이란 간 관계).
- 많은 나라가 원전을 선택한다면 엄청난 양의 핵물질이 세계적으로 끊임없이 유통될 것임(방사능 물질이 포함된 폭탄 등).
- 건설 기간이 오래 걸림(대중의 반대 및 건설 기간의 지연).
- 우라늄 자원 보유고의 한계.
- 시민의 자유 관련 문제(불가피한 규제 입법으로 자유권 제한).
- 국내 열병합으로는 부적합.
- 액체 연료(운송용)로는 현재 불가능.

재생에너지: 합격 사항

- 대부분의 영역에서 환경에 미치는 영향 미미.
- 재앙적 사고의 가능성이 매우 낮음(댐은 예외).
- 기술적으로 실행 가능, 재생에너지는 어디서든 존재하기 때문.
- 연료 고갈 문제와 비교하면 안정적.
- 연료 가격 상승과 비교하면 안정적.
- '정치적' 연료 공급 중단과 비교하면 안정적.
- 계절적 평균 생산량이 예측 가능.
- 특히 조력 에너지의 예측가능성 높음.

- 테러리스트 및 '해커'가 관심 없음.
- '전체 생애주기 비용'이 점차적으로 낮아져 경쟁력 갖춤.
- 민간 시장에서 재생에너지에 대한 투자는 매력적.
- 노동 집약적임. 철강, 조선, 북해 유전 이후 기술, 기술자 및 전기공의 영국 내 일자리 창출.
- 수출 증대 가능성. 다른 나라에서 재생에너지를 채택하도록 권장하는데 문제가 없음.
- 시민의 자유를 해칠 가능성 거의 없음.
- 바이오매스의 경우 열병합 발전 가능.

재생에너지: 불합격 사항

- 항상은 아니지만, 종종 경관에 영향을 끼침.
- 미래 보급 및 설치의 속도는 현재의 효과적인 연구개발 전략에 따라 달라짐.
- 현재 액체 연료가 광범위하게 이용 가능한 수준은 아님(비록 바이오 디젤이 빠르게 증가하고 있지만).
- 일부 재생에너지의 출력 변동으로 인해, 현재 전력망에 추가 비용 및 변경 발생.

분석

첫째, 이른바 테러와의 전쟁은 세계를 변화시켰고, 기후변화, 피크오일, 에너지 전략을 다루는 정책도 이러한 변화를 반영해야 한다는 것을 우리는 인정해야 한다. 영국의 원자로, 우라늄 농축 시설, 핵폐기물 저장 및 재처리 시설 등은 테러리스트의 공격에 매우 취약하다. 셀라필드의 핵 재처리 시설에 대한 소규모 공격이 잉글랜드 북부의 경제와 관광 산업에 미칠 영향을 상상해보라. 이에 비해 재생에너지는 대부분 분산되어 있으므로(대형 댐 제외), 에너지 수급에 차질을 빚게 하려면 어마어마한 양의 폭탄이 필요할 것이다.

원자력과 재생에너지 사이의 교착 상태를 해소하기 위한 첫 번째 과제는, 국제적 차원의 협력이 필요함을 인정하는 것이다. 이는 인류공동자산협회Global Commons Institute의 '감축 및 수렴Contraction and Convergence' 모델의 주장도 궤를 같이한다(Meyer, 2000). 영국이 주어진 기간 내 기후변화 목표를 달성한다고 하더라도 인류가 기후변화의 한계점을 넘지 않으려면 다른 나라들 역시 감축 목표를 달성해야만 한다. 만일 영국이 기후변화의 대응책으로 원자력을 주로 사용한다면 급속히 성장 중인 개발도상국도 이를 따라하려고 할 것이다. 이 경우 우리의 냉장고, 자동차, 주방기구 등을 제조하는 개발도상국들은 너무 불안정하다는 이유로 원자력 기술에 접근하지 못하게 하면서 '선진국'만 원자력 기술에 접근할 수 있도록 하는 것은 매우 불합리하다. 개발도상국들도 기후변화 목표를 달성해야 할 경우 더욱 그렇다. 이란의 우라늄 농축에 대한 미국의 입장은 이를 보여주는 명확한 사례다. 핵확산금지조약하에서 개별 국가의 원자력 농축은 국제원자력기구의 감독하에 민간 원자력 회사가 필요로 하는 수준까지만 허용된다.

미국과 일부 서방국가들은 이란은 신뢰할 수 없기 때문에 우라늄 농축을 허용해서는 절대 안 된다고 주장한다. 우리는 정말 원자력을 대안으로 진지하게 검토하고 있는가? 그리고 기후변화와 피크 오일에 대한 세계적 대응책을 미국이 신뢰하는 나라들만 사용하도록 제한할 수 있는가? 영국의 지속가능개발위원회는 〈저탄소 경제에서 원자력의 역할〉이라는 보고서에서 다음과 같은 결론에 이른다. 영국이 원자력 없이 기후변화 목표를 달성할 수 없다면, 유엔 기후변화 협약하에서 다른 나라가 원자력을 이용하는 것을 거부할 수 없다(SDC, 2006).

마지막으로 화석연료에 대한 중독을 줄이는 과정 중 우리가 하나의 중독에서 다른 중독으로 바뀔 수 있다는 점을 심각하게 인식해야 한다. 일단 채택하면 멈추는 것이 매우 어려운 기술들이 있다. 핵폐기물 저장과 원전 폐로를 안전하게 수행하려면, 영국은 아주 먼 미래까지 값비싼 원자력 시설을 유지해야만 한다. 만일 로마제국에서 원자력을 사용했다면, 우리는 이미 풍요를 누렸던 그들을 위해, 아직까지 그들이 남긴 핵폐기물을 돌보아야 했을 것이다. 그런데 정말 로마가 그렇게 했다면, 암흑기유럽 역사상 로마제국 이후부터 서기 1000년까지의 기간-옮긴이 동안 무슨 일이 일어났을까? 우리가 기후변화의 해결책으로 원자력을 채택한다면, 많은 다른 나라들도 우리를 뒤따르고자 할 것이다. 우리가 이러한 흐름을 막고자 한다면, 빨리 영국을 '플루토늄을 극복한 국가'독일 같은 탈원전 국가-옮긴이로 재명명해야 할 것이다.

재생에너지

한정된 자원인 원자력 또는 화석연료에 기반을 둔 에너지 전략을 수립한다면, 채굴 기술의 향상으로 생산량은 증가될지 모르지만 보유량은 더 빨리 고갈될 것이다. 그러므로 이 전략은 문제를 더 악화시킨다. 그러나 우리가 에너지 전략의 기반을 보유한 자원(화석연료나 원자력)에서 에너지 흐름(재생에너지)으로 전환해서 둔다면, 그 흐름에서 에너지를 모으는 기술이 향상될 때 연간 에너지의 생산량도 증가할 것이다. 또한 증가된 생산량 역시 고갈되지 않으며 지속적일 수 있다.

재생에너지는 국가 수준, 지역 수준, 가정 수준에서 동시에 활용할 수 있다. 재생에너지는 어디에나 있다. 영국은 재생에너지와 관련한 모든 기술을 보유하고 있으며, 유럽에서 재생에너지 자원이 가장 풍부하다. 우리는 이제 정점에 도달한 북해에서, 그리고 이제는 해양 재생에너지로 전환이 임박한 해상 에너지 산업을 보유하고 있으며 태양 에너지로부터 온수, 난방, 발전을 할 수 있다. 만일 현재 전력 소비자의 3분의 1(약 1,000만 명)만 2킬로와트 규모의 소형자가발전 시스템(풍력, 수력, 태양광 등)을 설치한다면, 이들의 총합대략적으로 계산해 약 20기가와트, 물론 각각의 시스템별로 실제 설비용량의 부하율은 다를 수 있다-옮긴이은 현재 원자력 발전용량과 동일해진다.

전 세계가 화석연료의 감축 및 수렴을 통해 공정한 에너지 소비로 가자는 주장은 산업혁명 이전 수준으로 에너지 소비 규모를 낮추자는 것이 아니다. 끊임없이 재충전되는 에너지 흐름을 이용해 탄소 배출 없이 광범위한 재생에너지를 생산할 경우 에너지 총량은 증대될 수 있다. 계절별로 우리가 모을 수 있는 에너지 총량을 예측하기는 쉽다. 다만 일별로 정확히 예측하기는 어렵다. 그렇지만 재생에너지 기술의 포트폴리오를 잘 구성하고 전원을 지리적으로 잘 분산시키면, 공급의 간헐성(불규칙한 출력 변동) 문제는 극복할 수 있다.

결론

노년층은 지금의 상황을 1939년 영국의 상황과 곧잘 비교한다. 곧 거대한 무언가가 다가오고 있는데, 이는 해결이 매우 어려운 과제임을 깨닫고 있지만, 우리 사회가 어떻게 대처할지 아직 확신이 없다. 1939년 당시에는 수많은 이들이 다양한 의견을 내놨지만, 모두가 하나로 뭉쳐 합심된 대응을 보였다. 바로 이런 자세가 지금 우리에게, 그리고 국가가 아닌 국제적 수준에서 필요하다. 화석연료와 원자력을 비효율적으로 사용하는 현재 상황에서 에너지 효율 제고와 재생에너지 확대로 전환하는 에너지 정책은 온실가스를 한계점 아래로 유지하는 데 필수적이며 국제 안전을 보장하기 위해서도 긴요하다.

모든 위기에는 기회가 있다. 이러한 에너지 전환이 반드시 고통스러울 필요는 없다는 것을 분명히 하는 것이 중요하다. 에너지 전환을 성공하려면 우리는 반드시 낙관적이어야 하며, 장점과 혜택에 집중해야 한다. 만일 인류 전체가 세계 공동체로서 하나로 행동한다면 긍정적 성과를 내놓을 수 있다. 이는 전례가 없는 도전과제이기는 하나 우리에게 용기를 북돋는 사례들도 있다. 1990년 소련으로부터 석유 지원이 끊기자, 쿠바는 화석연료 기반의 살충제와 비료에 의존한 대규모 농장 방식에서 소규모 유기농과 도심 정원 방식으로 충격적 전환을 할 수밖에 없었다. 쿠바는 지속 가능성이 매우 낮은 산업 사회에서 지속 가능한 혼합 경제로 이전했다. 새로운 저탄소 경제는 새로운 기회를 가져왔다. 킨잘이 그 예다. 킨잘은 코크섬 근처 8,000명이 사는 작은 마을이다. '킨잘 에너지 감축 계획'에서는 교육, 의료보험, 여러 핵심 복지 분야에서 탈탄소 방법을 2021년까지 연도별, 단계별로 다루고 있다(Hopkins, 2005).

모든 것이 반드시 변해야 한다는 이유 때문에, 모든 것을 바꿀 수 있는 기회가 우리한테 열렸다. 이러한 도전과제를 해결한다면 우리가 진짜 살고 싶어 하는 세계를 스스로 창조할 수 있다. 우리의 선택은 분명하다. 만일 소수의 힘 있는 국가가 태생적으로 취약한 원자력 및 화석연료 기반의 중앙집중적 경제 시스템을 계속 선호한다면 세계의 경찰력으로 엄청난 비용을 감내하며 이러한 시스템을 보호해야 할 뿐만 아니라, 우리 모두가 시민으로서의 자유를 위협받을 수 있다. 이와는 달리, 공평하고 효율적인 재생에너지나 분산형 에너지 시스템에 기반해 세계 경제를 분산화하는 에너지 전환을 시작한다면, 테러리스트 조직이 쉽게 위협할 수 없고 어느 누구도 위협받지 않는 세계 공동체를 설립할 수 있다.

이를 위해 우리는 남은 시간과 석유, 가스, 석탄을 최대한 효과적으로 사용해야 한다. 또한 화석연료를 느리게, 수 세기 이상 기후변화 목표에 맞는 수준으로만 사용해야 한다. 우리가 해결책을 개발하기 전에 기후변화 문제가 심각해진다면, 꼭 필요한 만큼의 자원도 사용할 수가 없어 큰 혼란에 빠질 수 있다. 우리는 빨리 조치를 취해야 한다. 동시에 우리가 경험하지 못한 상황을 뚫고 나가야 한다는 점도 명심해야 한다. 정보는 다양한 관점(꽤 편중되었을 수도 있을)의 정보원으로부터 비롯되므로, 우리는 에너지의 전체 생애주기 비용, 에너지 관점에서 투자 대비 수익 그리고 전체 외부성 등 세 가지를 항상 고려해야 한다. 이와 더불어 관련된 모든 개념들, 즉 1차 에너지인 석유, 석탄, 가스, 원자력, 재생에너지 등, 이로부터 발생하는 2차 에너지인 전기에너지, 에너지의 흐름인 동력 및 특정 시점에서의 에너지 양, 피크, 평균 부하, 사용하는 에너지 단위 등을 명백히 구별하고 이해해야 한다. 지금처럼 중요한 시점에서 잘못된 정보에 의한 결정은 이후 문제를 일으킬 가능성이 크다.

영국 지속가능개발위원회는 보고서 〈저탄소 경제에서 원자력의 역할〉에서 신규 원전의 건설이 지속 가능한 기술에 투자될 공공자금을 앗아감으로써 다양한 에너지원을 통해 저탄소 경제로 가는 장기적 노력을 방해할 수 있다고 우려했다. 사실 지속가능개발위원회의 주된 입장은 지금 시기에 신규 원전 건설 계획을 진행할 정당성은 없다는 것이며, 정부의 지속가능 개발 전략과도 양립되지 않는 계획이라는 것이다(SDC, 2006).

우리의 에너지 사용 방식은 지난 50~100년간 엄청나게 변했으며, 일부 의구심에도 불구하고 앞으로도 계속 변해갈 것이므로, 우리는 이러한 변화가 미래의 관점에 입각해 의식적으로 이루어지도록 해야 한다. 에너지는 어느 곳에나 있으며, 풍부한 재생에너지 자원, 철강, 숙련된 기술, 북해유전 개발 경험을 우리는 가지고 있다. 급진적 제안들을 주장하는 여러 세력을 하나로 묶고, 1960년대 아폴로 프로젝트와 같은 열광과 열정을 불러일으키며 국제 협약, 경제정책, 기술 혁신, 학계, 연구개발, 공교육, 국제 교역, 세계 대중매체를 하나의 공동대응으로 연결해줄 수 있는 선견지명 있는 정치력이 이제는 필요하다.

기후변화 및 피크오일 측면에서 우리는 분명 한계점 가까이에 와 있다. 세계 평등의 측면에서는 아마도 이미 한계점에 도달했을지도 모른다. 또한 공통적 인식 및 공동 행동 측면에서도 한계점 근처에 왔다고 볼 수 있다. 인류는 도전 받고 위급한 상황에 처했을 때마다 창조적, 협력적, 고도로 적응력이 있게 대응했기에 나는 매우 낙관적이다. 지금 꼭 필요한 것은 진실을 말하는 것이다.

간단히 말하면 지금은 인류에게 시험 시간이다. 우리가 함께 행동하며 적절한 선택을 한다면 우리는 합격할 것이나, 그렇지 못하면 실패할 것이다. 이는 너무도 자명하다.

- 제3부 -

영국 에너지 믹스의 미래

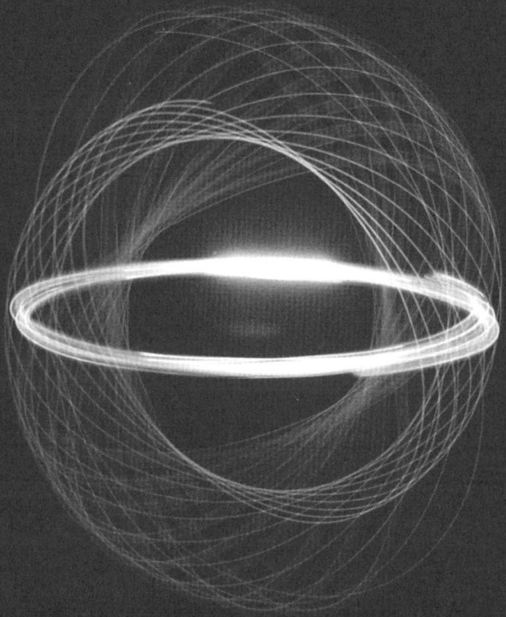

6장

원자력에 대한 새로운 시각이 필요한 때?

스티븐 W. 키드Stephen W. Kidd

들어가며

원자력 이슈는 한동안 대중의 관심에서 벗어나 있다가 요즈음 갑자기 부각되고 있다. 이제까지 서구에서만 보면, 현존 원전은 점차적으로 폐쇄되고 신규 원전 건설 계획은 거의 사라지면서, 향후 원전은 점차 고사될 것이라는 인식이 팽배했다. 언론은 핵무기 확산에 대한 우려가 표면으로 부상했을 때만 주로 원전을 다루었고, 원자력 에너지 그 자체를 집중 조명하지는 않았다. 스리마일섬 및 체르노빌 사고의 영향으로 대부분의 사람들은 원전이 매우 위험하고 건설 기간이 너무 길어 경제성이 떨어지고 매우 값비싸며 위험한 핵폐기물 처리 문제도 해결되지 못한 상태라 인식하고 있다. 특히 테러리스트에 의한 핵물질 불법 사용의 위험은 말할 필요조차 없었다.

원자력의 전성기는 지났고 앞으로는 긴 시간을 두고 원자력은 서서히

고사될 것이라는 것이 소위 비평가들이 말하는 원전업계 내에서의 공통된 인식이었다. 원전 반대자들은 그들에 맞서 싸우는 강력한 산업이 있다는 인상을 주고자 하지만 실상 원전업계는 핵연료 생애주기를 통틀어 다양한 활동에 관여하는 별로 강력하지 않은 소수의 기업으로 늘 구성되어 왔다. 원전업계는 석유나 기간산업 부문과 같이 강력하지 않다. 원전업계의 상위 기업 간 유대는 아주 느슨하며, 향후 전망에 대해서도 비관적이다. 따라서 원전업계 영업의 중심은 신규 원전 운영보다는 핵폐기물 관리와 오래된 원전 폐로 분야로 이동하고 있다.

그러나 이제 원자력에 대한 관심이 되살아나고 있다. 화석연료의 가격 인상, 정치적으로 불안정한 지역으로부터 증가하는 에너지 수입 의존도에 대한 우려, 화석연료 연소에서 나오는 온실가스에 대한 우려가 주된 원인이다. 원전에 대한 관심의 부활은, 원전에 대한 어떠한 신규 투자도 반대하는 원자력 반대론자로부터 반발을 일으키고 있다. 이들의 주장은 과거와 거의 비슷하지만 현재 그 반발이 얼마나 강력한지, 원자력 찬성론자들의 재반박 내용은 무엇인지 살펴볼 필요가 있다. 그 후에 근본적 변화와 관련된 최신 정보를 점검해야 한다. 즉, 아직도 타협점을 찾기 힘들 정도로 원전 찬반의 간극은 큰가? 그렇지 않다면, 원자력 찬반측간 타협하기 위한 조건은 무엇인가 등을 검토할 필요가 있다.

원전 초기

핵과 관련된 것이라면 무엇이든 반대한다는 것이 바로 녹색주의자 집단이 지닌 신념의 핵심이다. 실제로 반핵은 내부의 이질적인 구성원들을 결속하는 힘으로 사용되어왔다. 반핵 정서의 근원은 민간 원자력 발전과 핵무기 사이의 연계로부터 기인한다. 1945년 일본에 투하된 원자폭탄의 충격적 영향과 뒤 이은 초강대국들 간의 핵무기 경쟁이 주는 공포는 민간 원자력 부문이 절대로 벗어날 수 없는 굴레였다. 1950년대와 1960년대 대규모 반핵운동은 다양한 정치적 신조를 가진 젊은 세대를 하나로 묶었다. 핵무기를 지구상에서 제거해야 한다는 반핵 이상주의자로서는 실망할 일이었지만, 효과가 입증된 핵기술을 아예 없던 것으로 되돌려놓는 것 또한 어려운 일이었다. 그러나 반핵운동은 실질적으로 성과가 있었는데, 1945년 일본에 투하된 이후 핵무기가 한 번도 사용되지 않았다는 사실이 이를 입증한다. 핵무기 보유국의 숫자도 거의 늘지 않았으며 핵확산금지조약에 가입한 국가 중 핵무기를 보유한 국가는 안보리상임이사국 5개국뿐이고, 핵확산금지조약에 가입하지 않은 국가 중 사실상 핵무기 보유를 인정받은 나라는 인도, 파키스탄, 이스라엘 3개국이다. 이외 핵무기 보유 여부가 논란 중인 북한이 있다-옮긴이, 강대국이 보유한 핵탄두의 양도 군축 협정에 따라 감소되었다. 핵무기 실험도 이제는 국제 협정에 의해 강력한 제한을 받고 있다.

민간 원전업계는 군용 핵무기 프로그램에서 원자력이 기원했다는 명백한 사실을 회피할 수 없으며, 그 연계는 분명히 남아 있다. 물론 민간 측에서 볼 때 이러한 연계로 아주 큰 혜택을 받을 수도 있는데, 예를 들어 러시아 핵탄두에서 추출한 고농축우라늄은 현재 미국 전력 수요의 약 10%를 충족할 정도의 원전 연료를 제공할 수 있다는 점이다. 초기에는 거의 대부분의 원전 프로그램에서 핵무기 개발에 전념했기 때문에 어떤 형태의 원자력 기술도 이러한 군사적 배경으로부터 벗어날 수 없었다. 심지어 우리에게 혜택을 주는 의학이나 농업에 원자력 기술을 적용하는 경우에도 그러했다. 원전은 기껏해야 사람들이 의심하거나 최악으로는 늘 강력하게 부정하는 무언가를 상징했다. 스리마일섬, 체르노빌 같은 대형 사고는 원전 반대론자들이 원자력이라는 악마에 놀아난 사회의 우둔함을 입증하는 증거로서 이용되었고, 사소하게 보이는 수많은 원전 사고와 약점의 증거들도 교묘하게 수집되거나 발표되었다.

원자력의 약점과 약점에 대한 부정

민간 원자력 산업 지지자들은 원전 반대론자들의 앞과 같은 주장은 부당하다고 반박한다. 군용과 민간용 원자력 사이에는 차이점과 장벽이 있으며, 반대론자들이 만든 민간 원자력과 군용 핵무기의 연계는 비논리적이라는 주장이다. 예를 들어 비행기가 죽음과 파괴를 불러올 엄청난 전투 무기가 될 수 있다고 해서 민간 항공 산업의 확장을 반대하는 사람은 많지 않다는 이치와 유사하다. 어떤 과학적 평가에 따르더라도 원자력 산업은 안전성 측면에서 훌륭한 기록을 가지고 있으며, 다른 전력 생산 기술과 비교해 원자력의 외부 비용이 엄청나게 큰 것은 아니라는 연구 결과도 있다. 석탄 채굴 과정, 가스 충전소의 폭발, 댐 붕괴 시 발생하는 엄청난 홍수 등으로 매년 수천 명씩 사망하고 있지만, 이들 뉴스는 사소한 원자력 사고보다 잘 부각되지 않았다. 원전업계 사람들은 기자들이 설명하기 쉬운 이야기를 좋아하고 원자력이 이에 아주 적합하다는 것을 알고 있다. 원자력의 경우, 아주 사소한 사고라도 완전히 숨기는 것은 불가능하기 때문이다. 원전 측은 안전성, 핵폐기물 관리, 핵확산 위험, 비경제성 등 반핵주의자들의 주장에 대해 반박해왔으나, 원자력에 대한 대중의 반감이 쉽게 사라지는 것은 아니었다. 원전 인근에 살고 있는 사람들은 안정된 직장이 제공된다는 편익 그리고 별다른 큰 문제가 없다는 이유로 통상 원자력에 호의적이나, 그 외의 거주자들은 원자력은 위험한 존재이고, 원전에 찬성하는 이들은 단지 이해관계가 얽혀 있었기 때문이라 생각한다.

원전업계의 고충

만일 원전업계의 주장이 강력하다면, 왜 반대론자들의 주장을 효과적으로 반박하지 못하는 걸까? 이는 네 가지 이유로 정리될 수 있다. 즉, 부족한 소통, 미흡한 반박 논거, 사실 여부가 무의미해질 정도로 큰 감성적 반감, 주요국 정치 과정의 변화 등을 들 수 있다.

초기 민간 원전업계와 이해관계자들 간의 소통은 그들만의 용어만을 사용하면서 형편없이 진행되었다. 이 미흡한 소통 과정은 최근까지도 계속되고 있다. 교만한 과학자와 기술자들은 청중과 언론매체를 마치 어린이처럼 다루며 일장 연설을 한다. 기본적으로 이런 식이다. '우리는 당신들을 위해 이 놀라운 신기술을 개발했습니다. 그러니 당신들은 이를 사용하는 게 좋습니다. 제가 말한 대로 그냥 하세요!' 자주 사용되는 '너무 싸서 계산할 필요도 없다'는 원자력이 가진 분명한 잠재적 비용을 누락하고 오직 편익만을 강조하는 매우 과장된 문구다. 이들은 원자력이 결국 지배적 에너지가 될 것이라 주장하는데 그 근거는 화석연료는 곧 고갈되고 비생산적이 될 것이라는 믿음이다. 원전업계가 이렇게 소통이 부족했음을 깨닫는 데 오랜 시간이 걸렸고 시간이 여전히 필요하다. 이들은 현대적 소통 기법도 점진적으로 시도하고 있지만 그 효과가 나타나서 과거의 유산을 극복하려면 많은 시간과 노력이 필요할 것이다. 이는 소통에 무능했던 과학자들을, 정장 차림의 말 잘하는 마케팅 사원으로 교체하는 차원의 문제가 아니다. 사회의 모든 집단이 참여하도록, 강한 의지를 가지고 원자력과 타 기술들의 장단점에 대해 참을성 있게 설명하는 것이 중요하다.

원전업계는 반대론자들의 여러 주장들이 거의 고려할 가치가 없다고 말한다. 만일 원전업계가 반대 주장 하나하나에 95%의 사람들을 설득할 수 있거나 95% 정도의 확신을 가지고 다른 사람을 설득할 수 있다고 가정하자. 그러나 나머지 5%도 매우 중요한데, 이들은 개별 사안에서는 5%이지만 여러 사안별로 반대 의견을 합치면 점차 늘어날 수 있기 때문이다. 예를 들어 핵확산 위험 같은 사안에 대해 의심을 품은 5%는 발전소의 비용 등 다른 사안에 대해 의심을 품은 사람들과 전혀 다른 집단일 수 있다. 그래서 원자력에 반대하는 여러 주장들이 개별적인 것을 고려할 때, 개별 반대 그룹들을 합치면 국민들 중 상당한 비율이 반대를 할 수 있다. 이는 50%에는 이르지 않을지라도, 최소한 의미 있는 소수의견이 될 수 있다. 다른 한편으로는, 각 주장에 대해 개인별로 확신이 5% 부족한 것도 합치면 늘어날 수 있다. 5%짜리 여러 개의 불신이 어느 정도 누적되어 많은 사람이 '원자력은 뭔가 잘못되었고, 많은 여러 잘못들이 발생할 수 있다. 차라리 좀 더 간단한 걸 쓰자'고 생각할 수 있다. '원자력 찬성이 동력을 잃어가는' 과정은 원자력 반대운동이 성공하고 있다는 반증이다. 아무리 많은 반핵 주장이 반박당하더라도 항상 또 다른 반핵 주장이 등장한다.

원전업계는 웹사이트, 언론 인터뷰, 컨퍼런스 등을 통해 원자력이나 다른 전력생산기술에 관한 사실들을 제대로 알리려고 노력해왔다. 이러한 노력은 반핵운동의 일부 비합리적인 주장에 대응하는 데는 도움이 됐지만 이것만으로는 충분하지 않았고 제3자 입장에서의 더 많은 지원이 필요했다. 하지만 환경운동가로 알려진 일부 단체들은 비교적 최근에야 등장했다. 그러나 더 큰 문제는 사실에만 근거해 답한다고 이러한 논쟁이 해결될 수 없다는 데 있다. 원자력 찬성, 반대 측이 주요 사실에 동의할 수 있다 하더라도 그 사실들에 대한 해석이 크게 다를 수 있다. 이는 위험 감수에 대한 관점이 다르고 세계를 바라보는 가치관이 다르기 때문이다. 달리 말하면 우리는 후생경제학 또는 규범경제학 분야이 분야에서는 사실의 문제가 아니라, 개인들의 선호, 무엇이 바람직한가 등의 규범, 주관적 가치관이 매우 중시된다-옮긴이에 존재하는 것이다. 사실에 대한 주의 깊은 조사와 동의를 구하려는 노력은 확실히 도움이 되지만, 그렇다고 이러한 문제를 해결할 수 있는 것은 아니다. 향후 100년간 영국에서 100명이 사망하는 원전 사고가 한 번 발생할 확률이 1% 미만이더라도 절대 원자력을 받아들일 수 없는 이들도 있고, 매년 중국 석탄광산에서 사망사고가 나더라도 이를 당연한 일로 받아들이는 이들도 있다.

어떤 국가든 원전이 성장하려면 최고위급 정치인들의 지지가 분명 필요하다. 재정적 지원뿐 아니라, 최소한 합리적인 허가제 및 규제 체계가 수립되어야 하고 모든 참여자의 이익을 보호해야 하며, 사용 후 핵연료 관리 및 원전 폐로 등에 대한 확실한 정책도 수립해야 한다. 초기 방대한 투자가 이루어진 후 장기간 운영을 통해 소요비용을 만회한 후 수익을 내는 원전의 경우, 이와 같은 허가 절차나 사용 후 핵연료 및 폐로 정책이 불확실하다면 이는 사업 측면에서는 아주 치명적이다. 그러나 정치가들이 강한 소신을 가진 지도자가 아니라, 점점 반동적이 되어가거나 포커스 그룹에만 반응하게 되면서, 최고위급 정치적 지지를 얻는 일이 점점 어려워지고 있다. 정치가들은 원자력 찬성이나 반대에 열광하는 유권자는 소수라는 점을 알고 있다. 만일 정부가 신규 원전 건설을 강하게 추진한다면, 차기 선거에서 등장하는 정책이 무엇이든 상관없이 강력한 원자력 반대 유권자들의 표는 모두 잃게 될 것이다. 지지율 경쟁이 치열할 경우 이들의 표는 당락에 결정적 역할을 할 수 있다. 그렇기 때문에 정치가들에게 원자력이라는 이슈는 매우 위험하다. 따라서 에너지 이슈에 대해서는 중립적 자세를 취하거나, 꺼내기를 미루거나, 숨기려는 경향을 보인다. 최근 들어서야 이러한 흐름에 역전이 일어나기 시작했는데, 특히 미국 부시행정부는 원전에 대해 강력한 지지를 보낸 바 있다. 그러나 광범위한 대중적 수용이 선행되지 않으면 정치가들은 원전 이슈에 자신의 정치적 생명을 걸지는 않을 것이다.

오늘날의 변화?

과거 원자력 반대 주장과 오늘날의 반대 근거가 다른지, 그 근거에 영향을 미친 요소는 무엇인지를 상세히 검토하는 것은 흥미로운 일이다.

근본적으로 원자력 반대론의 관점에는 거의 변화가 없는 것처럼 보인다. 원전의 부실한 안전 문제, 방사능 위험, 핵무기 확산 위험, 핵폐기물 관리의 어려움, 낮은 경제성, 높은 폐로비용, 핵물질 운송 위험, 우라늄 자원의 고갈 문제 등이 여전히 주요 쟁점이다. 이러한 쟁점에 대해, 원자력 찬성론자들은 최근 원전 산업이 훌륭한 성과를 보이고 있으며, 여러 위험들이 과장된 측면이 많다고 주장한다. 즉, 원전이나 다른 원자력 시설, 운송 과정에서 우수한 안전도를 보였으며, 비용 절감, 진보된 발전소 운영 및 화석연료의 가격 상승 등으로 경제성도 향상되었다고 주장한다. 오늘날 원자력 산업에 대중이 가장 관심을 많이 보이는 영역은 사용 후 핵연료 관리와 핵무기 확산 가능성이다. 핵폐기물 저장소는 설치 지연으로 인해 문제가 더 심각해진다. 실제 핵폐기물을 지하 깊은 곳에 수천 년간 저장 가능하다는 개념은 여전히 논란 중이다. 핵무기 밀매의 가능성은 거의 없다고 밝혀졌지만, 최근 이란과 북한으로 핵농축 기술이 확산될 우려는 증폭되고 있다. 핵무기확산금지조약Treaty on the Non-Proliferation of Nuclear Weapons, NPT과 국제원자력기구 부속 세이프가드 조항은 실제로 현재까지는 잘 작동해왔지만, 불완전한 측면이 있어 현재 추가 논의가 진행 중이다.

이 외에도 강력한 관심을 받은 부분은 좀 더 광범위한 지속 가능 개발의 개념 속에서 녹색 기술이 무엇을 의미하는가에 상세한 토론이었다. 원전 찬성론자들은 핵연료의 생애주기와 전력 생산 과정에서 탄소 배출이 거의 없다는 점을 강조하면서 원자력을 깨끗한 에너지라고 주장한다. 그리고 탄소 배출 관점에서 원자력은 깨끗하지 않다거나 실질적으로는 추가적 에너지를 생산하지 않는다는 일부 반핵주의자들의 주장은 논리적이지 않고, 매우 심한 허위선전이라고 비난한다. 그러나 이러한 포괄적 주제에 대해서는 아직도 논쟁의 여지가 많다. 예컨대 풍력 터빈 제작에 수많은 금속과 플라스틱이 사용되고 미관상 좋지 않다는 이유로 반대가 많다. 풍력 발전 기술은 이를 넘어서서 실제로 이점이 많은가? 원자력은 교토의정서의 특수 이익에서는 배제되었지만, 탄소 배출 기술에 제재를 가하는 배출권 거래제에서는 상당한 편익을 받고 있다. 이 정도로 충분한가? 만일 탄소 배출을 피하는 것이 그토록 중요한 사회적 목표라면 원자력은 더 많은 혜택을 받아야 하지 않을까?

공감대?

원전 찬성론자와 반대론자가 합의 가능한 공감대가 있는가? 양측의 공고한 주장들과 정반대의 가치관을 고려하면 공감대를 찾기는 힘들 것 같다. 녹색운동 차원의 반핵주의자는 오늘날 확실히 전개되고 있는 움직임, 이를테면 세계화 또는 에너지 정책에서 중앙집권화된 의사결정 등을 반대한다. 다른 환경운동들과는 달리 반핵주의자들은 현대 세계와 관련되어 자신들이 증오하는 모든 것을 원전 프로그램이 담고 있다고 여긴다. 대신에 그들은 재생에너지 기술에 기반을 둔 더 작고, 분산된 에너지 수급을 희망한다. 언론에서는 원자력과 재생에너지를 경쟁적 관계로 보는 경향이 있는데, 둘을 보완적 관계로 볼 수는 없는 것일까? 원자력은 기저부하를 담당하기 적합하고, 재생에너지는 기저부하 위에 놓이는 추가 부하를 담당할 수 있다. 양측 간 합의를 이룰 수 있는 영역은 과연 어디일까?

합의를 위해서는 양측의 전력 생산 기술이 각자 나름의 비용과 편익이 있음을 인정하는 일이 우선 필요하다. 그렇기 때문에 어느 한 종류의 에너지가 생산 대부분을 점유하는 경우는 거의 없고, 거의 대부분 최적의 에너지 믹스를 구성한다. 재생에너지도 장점과 단점이 혼재하지만 일부의 재생에너지 찬성론자는 불행하게도 1950년대와 1960년대 원전 찬성론자들이 보여주었던 거만하고 편협한 사고방식을 그대로 가지고 있다. OECD 선진국과 개발도상국 모두에 적절한 방식은 에너지 믹스이며, 각국의 부존자원, 지리적 요인, 에너지 안정성 등을 고려해 그 비율을 결정해야 한다. 특정 에너지를 이념적으로 배제하는 것은 적절하지 않다.

두 번째로, 에너지 믹스는 가능한 한 사실에 기반해서 결정되어야 한다. 따라서 원자력은 추가 에너지를 생산하지 못한다는 등 근거 없는 주장을 더는 하지 말아야 한다. 프랑스에서는 에너지 믹스 중 원자력의 비중은 약 80%다. 여기에 문제가 있는 것일까? 수년간 값싼 화석연료 덕에 안락함을 누려왔기 때문에 대중에게는 분명히 좀 더 정확한 에너지 관련 정보가 필요하다. 그러나 하나의 에너지를 옹호한다고 해서 다른 에너지에 대해 '경쟁자 깎아내리기식 광고'를 할 필요는 없다. IEA에 따르면 2030년까지 세계 전기 수요는 약 2배의 성장이 예측되므로, 모든 에너지 산업에는 엄청난 성장의 여지가 있다.

세 번째, 새롭게 등장하는 에너지 기술이 제대로 개발될 수 있도록 정부 보조를 해주어야 한다는 점에서 공감대가 필요하다. 과거에 원자력이 엄청난 정부보조를 받았듯이, 오늘날에는 재생에너지가 정부보조를 받을 만하다. 장기적 투자의 관점에서 볼 때 원자력은 경제성이 있으므로(WNA, 2005), 신규 원전 건설에는 재정 보조가 불필요하다는 게 점점 더 분명해지고 있다. 공공 기관이 해야 할 일은 핵폐기물 관리와 폐로에 대한 명확한 규정과 정책을 수립하는 것이다. 그러면 신규 원전은 핵폐기물 관리 및 폐로비용을 미리 적립해 놓을 수 있다. 원자력은 미래에 '큰 정부'를 굳이 요구할 필요도 없고, 재생에너지가 급속한 팽창을 '못하게 막을' 이유도 없다. 하루 24시간 탄소 배출 없이 기저부하를 값싸고 대량으로 제공하는 능력은 모든 전력 시스템에 바람직하다. 이 기반 위에서 다른 에너지로 전력 수급을 맞추면 된다. 한정된 정부 예산의 관심을 끌기 위해 어느 정도 경쟁은 불가피하겠지만, 저탄소 에너지 해법의 중요성이 인정된다면 정부는 원자력과 재생에너지가 동시에 성장하도록 유도하는 일을 불가능하다고 해서는 안 된다.

결론

과거의 허물을 다 잊어버리고 미래로 함께 나아가는 것은 원자력 찬성

측과 재생에너지의 옹호 측 모두에 의미가 있다. 아예 한쪽을 제거하거나, 둘이 갈등 없이 공존하는 일 모두 좋은 정책처럼 보이지는 않는다. 만일 탄소 배출을 감축해야 한다면, 원자력 기술은 지금 바로 이용 가능하다. 신규 원전 건설에 일정 시간이 걸리기 때문에, 공개적 검토를 위한 합리적인 요건을 충족시키는 한에서 규제체제를 간소화할 필요성이 있다. 세계 전력 공급을 위한 재생에너지의 기여분을 상당 부분 높이는 것도 가능하지만 이를 위한 시간도 어느 정도 필요하다. 오랜 시간 후의 미래 에너지가 무엇이 될지는 매우 불확실하다. 우리가 탄화수소물(화석연료)보다는 수소에 기초한 에너지 시스템으로 가고자 한다면 원자력과 재생에너지 기술 모두에 많은 가능성이 열린다. 그러나 모든 사실에 대한 상세한 설명과 논의 후에 결정이 이루어져야 하며, 모든 사항이 명확히 공개되고 분명해야 한다.

7장

영국의 원자력과 재생에너지 : 공존이 가능한가?

데이비드 엘리엇David Elliott

들어가며

우리는 원자력과 재생에너지 둘 다를 보유할 수 있고 또 그래야 한다는 주장을 종종 듣는다. 이 견해에 내포된 전제는 원자력과 재생에너지가 양립할 수 있고 경쟁관계가 아니라는 점이다. 이 장에서는 이 두 가지 기술의 개발 프로그램이 이 과거에 어떻게 상호 작용했고 미래에는 어떤 전망을 보일 것인지를 영국을 중심으로 검토한다.

이를 위해 지속 가능 에너지의 기본적, 결정적 속성인 에너지 공급 비용을 주로 분석한다(Elliott, 2004). 그리고 수요 관리 및 효율성 제고 이슈 대신 원자력과 재생에너지에 중심을 두고, 이 둘 간의 잠재적 갈등에 대해 검토한다.

현재까지의 상황

영국과 다른 나라에서 원자력 산업은 역사적으로 연구개발 및 운영을 위해 막대한 보조금을 지원받아왔던 반면, 재생에너지에 대한 지원은 부차적 수준에 머물러왔다. 1974년부터 2002년까지 IEA 국가들을 살펴보면, 핵분열 기술은 전체 연구개발 자금의 47.3%, 핵융합은 10.5%를 차지했지만, 재생에너지는 겨우 8.1%에 머물렀다(IEA, 2004). 미국 연방 에너지 보조금Federal Energy Subsidies에 대해 조사한 2000년 미국 재생에너지 정책 프로젝트US Renewable Energy Policy Project에 따르면 풍력, 태양 에너지, 원자력에 대한 지금까지 미국 정부의 지원금은 약 1,500억 달러로서 이 가운데 96.3%가 원자력에 집중 지원됐다(REEP, 2000). 전 세계적으로 2004년 전체 에너지에 대한 지원금은 2,350억 달러로 추산되는데 재생에너지의 지원 비중은 고작 7%에 머물렀다(IIED/NEF, 2004). WISE/NIRS 원자력 모니터 630/631호는 미국에서 원자력은 개발 초기 15년간(1947~1961년) 킬로와트시당 15.3달러를 지원받았던 반면 풍력은 초기 15년간 킬로와트시당 0.46달러를 받는 데 그쳤다고 지적했다. 풍력 지원금은 원자력의 지원금에 비해 30분의 1 수준이었던 것이다.

영국의 경우 최근 원자력에 대한 전반적 지원 수준은 감소하고 있지만 주로 원전 폐로 및 핵폐기물 처리와 관련해 여전히 상당한 자금을 국가로부터 보조받고 있다. 예를 들어 영국 정부는 향후 수십 년간 발전소 부지 폐쇄와 방사능 제거비용으로 초기에 480억 파운드를 예상했지만 이후 약 560억 파운드로, 그리고 다시 700억 파운드까지 증가했다. 이러한 대규모의 '역사적 책임' 비용은 제외하더라도, 신규 발전 기술에 대한 지원이라는 관점에서 보아도 재생에너지에 대한 지원은 이제야 원자력 수준에 다가가

[표 7-1] 영국 통상산업부의 에너지 지출액(단위: 100만 파운드)

	2000~2001 결산	2001~2002 집행	2002~2003 계획	2003~2004 계획
원자력(UKAEA 충당금 제외)	21.8	49.7	52.7	57.8
재생에너지 및 신 에너지	11.0	17.7	18.5	19.0
재생에너지 자본 지원	0.0	13.0	45.0	47.0

기 시작했다(표 7-1).

재생에너지 지원금은 증가하고 원자력 지원금은 감소하는 현상은 한정된 예산을 서로 빼앗는 상황을 입증하는 증거가 된다. 가용자원이 한정된 상황에서 이 둘은 경쟁관계일 수밖에 없다. 하나가 차면 다른 하나는 기울어지는, 서로 얽혀 있는 운명이다. 현실은 좀 더 복잡하다. 예를 들어 영국 통상산업부DTI의 경우 전체 에너지에 대한 지출이 약간 증가하면서, 원자력과 재생에너지에 대한 지원이 모두 증가할 수 있었다. 이는 재생에너지에 대한 지원은 증가한 반면 원자력 지원은 과거 최고 수준의 지원에 비하면 엄청나게 축소되었다는 의미다. 예를 들어 1970년대에는 매년 원자력 연구개발 명목으로 약 2억 파운드를 지원했다.

그래서 재생에너지의 지지자들 대부분은 아직도 원자력을 경쟁 대상으로 여긴다. 더욱이 원자력 업계가 재생에너지의 기여 가능성을 종종 폄하해왔기에 때문에 이러한 사고방식은 더욱 강력해졌다. 초기 재생에너지 개발자 대부분은 재생에너지를 원자력을 대체하는 에너지로 간주했다. 이렇듯 원자력에 대한 암묵적 적대감으로 인해 에너지와 미래 환경에 대한 논쟁은 끊이질 않았다. 더군다나 원자력의 형편없는 대중적 이미지 때문에 재생에너지 측에서 원자력과 협력하고자 하는 이는 거의 없었다.

이러한 상황에서 볼 때, 원전업계가 재생에너지 측과 석탄이나 가스에 대항하는 전술적, 전략적 동맹을 추구했다는 것은 매우 흥미롭다. 하지만 그럴 때마다 원자력 측의 시도는 거절당했다. 어떨 때는 가차 없이 거절당했으며, 원자력 측의 동기는 신뢰를 받지 못하는 경우가 많았다. 예를 들어 〈월간풍력〉 편집자인 린 해리슨Lyn Harrison은 2005년 6월호 사설에서, "원전업계가 뒤로는 풍력에 잔인하게 대하면서, 앞에서는 재생에너지와 '협력관계'를 이야기하는 것은 결국 양의 가죽을 쓴 이리의 속임수와 똑같다"고 평했다. 결과적으로 원자력과 재생에너지의 협력관계는 전략적 이익을 가져올 수도 있다는 입장에서 보자면, 아마도 이 평가는 재생에너지 옹호 측이 유연성이 없다는 걸 입증하는 것일 수도 있고, 원자력은 과거의 기술이고 재생에너지는 미래의 기술이라는 신념의 표출일 수도 있다.

많은 재생에너지 옹호자들은 선진국이든 개발도상국이든 대규모 자본집약적인 중앙집중형 발전소는 미래의 지역분산형 발전 시설하에서는 설 자리가 없다고 확신한다. 그리고 원자력의 경제성, 안전문제, 보안문제, 폐기물 및 핵확산 문제는 이와는 다른 문제라고 본다. 특히, 원자력은 적절한 경제 개발 방식을 뒷받침하기에는 부적합하다고 간주되고 있다. 예를 들어 20억 명이 전력망에 접근하기 어려워 전력 공급을 받는 못하는 상황에서 대규모 송배전망이 필요한 원자력은 부적절할 수도 있다. 이와 대조적으로, 재생에너지는 소규모 설비로 가능하며 이들의 요구에 잘 부합하는 방식으로 전력 공급이 용이하고 지역 차원의 에너지 자원을 사용한다. 그래서 재생에너지의 전력망 연결비용은 크지 않다(WADE, 2004).

물론 적절한 경제 개발 방식에 대해서는 이견이 있을 수 있다. 하지만 많은 전문가들은 서구의 산업화 모델이 환경적으로 지속 가능하지 않다는 데 동의하면서 대신 새로운 개발 방식과 새로운 기술이 필요하다고 주장한다. 일부 비판론자들은 기후변화에 대응한다는 측면에서 다른 대안이 없다면, 안전한 소형 원전도 대안에 포함해 검토해야 한다고 한다. 하지만 대부분에게 이는 매우 요원한 일이다. 그들은 더 쉽고 더 좋은 기술적 대안이 있다고 주장한다. 그래서 원자력 같은 결함 있는 기술을 위한 지나친 공적 지원으로 인해 재생에너지 기술에 대한 지원이 제한되었을 때 그들은 엄청난 상실감을 느낄 수밖에 없었다.

재생에너지에 대한 대규모 자금 지원은 이러한 반감과 분노를 줄이는데 도움이 될지도 모른다. 하지만 강력한 원자력 측의 저항 속에서, 재생에너지의 비전을 인정받으려 오랫동안 고통스러운 투쟁을 했던 경험을 쉽게 잊기는 힘들 것이다. 여전히 만일 기회가 주어진다면 원자력은 재생에너지 지원금까지 포함한 모든 지원금을 가져갈 것이라는 생각이 광범위하게 퍼져 있다. 환경론자들은 최근 핀란드에서도 이런 의견이 등장했다고 주장한다. 핀란드는 모두 부러워하는 재생에너지 자원을 보유하고 있음에도 불구하고 신규 원전 건설을 결정한 국가다. 핀란드 활동가들의 주장에 따르면, 초기에는 정부가 재생에너지 지원을 약속했지만, 신규 원전 계획 수립 후 재생에너지 지원을 축소했다고 한다(Nuclear Monitor, 2004).

이런 형태의 결과가 반드시 불가피한 것은 아니다. 결국 기술적으로는 원자력과 재생에너지가 어느 정도 공존 가능하고 서로에 도움이 될 수 있는 것으로 보인다. 원자력은 변화하는 전력 수요에 맞춰 쉽게 가동이나 중지할 수 없기 때문에 부하에 따라 출력을 조절할 수는 없어도, 기저부하에 맞춘 전력 공급은 가능하므로 재생에너지와 보완 관계를 맺을 수도 있다. 그러나 이 둘은 서로 다른 공학과 시스템 설계 기준 개념에 바탕을 두고 있다. 원자력 발전소는 대규모, 중앙집중적 시설, 국가 송배전망을 통해 원거리 소비자에게 전력을 보낸다. 이와 대조적으로, 대부분 재생에너지는 소규모에 전국적 송배전망을 통하지 않고 전력을 지역 사용자에게 직접 보내며 건물 단위에서 사용되는 태양광, 소형 풍력 등 소형 자가발전을 포함한다. 만일 사용자들이 전력과 열공급 방식으로 지역적 배태 형태의 발전 개념인 소규모 분산형 발전소와 소형 자가발전을 꾸준히 채택한다면, 전국적 전력망에 연계된 대규모 발전소는 설자리가 없게 된다. 예를 들어 대규모 중앙집중형 원전만을 강조하고 다양한 형태의 에너지 공급 방안을 권장하지 않는다면, 에너지 시스템이 지역적으로 분산되고 다양한 소규모 전력과 열 공급에 기반을 두고 좀 더 강력한 시스템으로 발전하는데 심각한 장애가 될 것이다(Greenpeace, 2005).

실제 전력 시스템 접근 방법에 있어 갈등은 존재하는 것처럼 보인다중앙집중형으로 갈 것인가, 아니면 분산형으로 갈 것인가-옮긴이. 지속가능개발위원회는 원자력에 대한 보고서에서 다음 주장을 했다.

> 중앙집중형 에너지 공급에 의존하게 되면 대규모 발전 방식에 치우친 현 제도적 편향을 악화시킬 수 있으며, 좀 더 분산되고 지속가능한 에너지를 보장하는 데 필요한 개혁을 더욱 어렵게 할 수 있다.
>
> 원자력 같은 대규모 중앙집중형 공급에 대한 투자는 유연성이 부족하고 고착현상을 야기한다는 점에서 우려된다. 이는 매몰 비용과 연관되며 신규 원전 프로그램은 영국이 원자력 기술과 중앙집중형 공급 인프라에 최소 50년간 얽매이게 만든다. 이 기간 동안 분권형 기술이 더욱 진보할 가능성이 매우 크기 때문에, 중앙집중형 공급에 지속적으로 의존하는 것은 이러한 대체 에너지의 진보를 배제할 공산이 크다. 모듈식 설치가 가능한 분권형 공급은

> 변화된 환경에 빠르게 적응할 수 있고 비용도 적게 들기 때문에 일반적으로 유연성이 더 높다. 지역 기반의 에너지 제공은 영국 정부의 지속 가능 개발 전략의 핵심인 지속 가능 지역공동체 의제에서 매우 중요한 역할을 한다(SDC, 2006).

마찬가지로 거대 규모의 원자력의 운용은 대규모 재생에너지 프로그램과 양립할 수 없다. 예를 들어 재생에너지가 에너지 시스템에서 우위를 차지하게 되면, 재생에너지의 간헐성출력의 불규칙한 변동-옮긴이 문제를 해결하기 위해 어느 정도의 보충용 발전소가 필요하다. 재생에너지가 소규모나 중규모 수준으로 제공될 때는 간헐성이 별로 문제가 안 되는데 재생에너지의 비중이 일정 수준을 넘어가는 경우 이 때문에 추가비용이 발생한다. 그렇더라도 사용 후 핵연료 저장 시설의 비용과 비교하면 간헐성으로 인한 추가비용은 훨씬 낮다. 장기적으로 보충용 발전소는 바이오매스 발전소가 적합하지만 초기에는 전력 수요 변동에 대응이 용이한 소규모 가스 발전기를 사용할 수밖에 없다. 원전은 대규모인 데다 유연성이 없고 출력 변동이 어려워 전력 수요 변동에 대응하기 어려우므로 에너지 시스템이 점점 소형 분산형 재생에너지에 기반하게 될 전망이다. 이 경우 원자력은 점차 불필요해질 것이다(Everett, 2005). 게다가 원자력 발전이 상당한 수준에 이르면, 풍력 발전의 경제적 운영을 보장하면서 확장하는 것은 어렵다. 그 이유는 원자력은 일단 발전을 시작하면 중단 없이 운영되어야 하므로 전력 수요가 낮을 때는 초과 전력 공급을 막기 위해 풍력 발전기를 멈추어야 하기 때문이다. 〈월간 풍력〉에 따르면, 전체 발전 에너지의 20%가 원자력이면 풍력 발전은 오직 10%까지만 경제적으로 운영할 수 있다. 원자력이 40%가 되면, 풍력 발전의 경제적 운영은 불가능하다(Wind Power Monthly, 2006).

그다음은?

영국에서 재생에너지의 개발과 확산은 합리적으로 진전해왔다. 그렇지만 영국이 설정한 온실가스 감축목표를 달성하기에 재생에너지 확산 속도는 너무 느리다. 이 때문에 대안으로 원자력이 필요하다는 주장이 증가하고 있다. 재생에너지를 옹호하는 많은 사람들은 원자력이라는 대안을 혐오하며 매우 근시안적 해결책으로 여긴다. 또한 과거와 달리 재생에너지의 충분한 지원을 통해, 해결책을 보여줄 수 있는 기회를 주어야 한다고 주장한다. 이 외에도 지구의 벗, 그린피스 지지자들을 포함해 더 광범위한 환경운동가들도 원전 회귀 계획을 강력히 반대한다. 만일 원전으로의 회귀 계획이 추진된다면 1970년대의 원자력 반대운동이 재발될 수 있다. 실제 이러한 원자력 반대 움직임은 방사성 폐기물 운송과 관련해 독일에서 지속되어왔다. 오늘날 벌어지는 광범위하고 강력한 세계화 반대운동도 원자력 반대의 명분이 될 수 있다. 특히 세계적 핵무기확산금지 체제 하에서는 더욱 그렇다.

최근 대중 여론조사에 따르면 친환경 활동가들 외에도 영국민의 다수가 원자력을 원치 않으며 재생에너지를 지지하는 것으로 나타났다. 예를 들어, 2002년 MORI에 따르면 72%의 응답자가 원자력보다는 재생에너지를 선호한다고 답했다. 같은 해 에너지절약연합이 의뢰해 수행한 전국 여론조사에 따르면 76%가 정부는 에너지를 절약하는 새로운 방식에 시간과 예산을 투여해야 한다고 응답했고, 85%가 태양광, 풍력, 수력 등 친환경 재생에너지에 투자해야 한다고 답했다. 신규 원전 건설에 투자해야 한다고 응답한 비율은 10%에 지나지 않았다.

그러나 여론은 변화하기도 한다. 특히 원자력이 온실가스 감축에 큰 기여를 할 수 있다는 원전업계의 주장과, 원자력이 없다면 전력 부족 상황에 처할 수도 있다는 언론 보도에 대해 여론이 동조하는 추세가 늘고 있다. 원자력산업연합이 의뢰한 2004년 MORI 여론조사에 따르면, 2001년에는 19%만이 원자력 발전소 교체 프로그램에 찬성했는데, 2004년에는 폐로 되는 원전을 대체한 신규 원전의 건설에 30%의 응답자가 지지를 보냈다. 여전히 반대 여론이 우세하긴 하지만 원전 교체 프로그램에 명확히 반대하는 비율은 2001년 67%에서 2004년 34%로 감소했다(MORI, 2004).

방향 설정을 둘러싼 새로운 논쟁에 대한 여론조사 결과도 분명 드러나고 있다. 아무리 여론조사 방법에 주의를 기울여야 한다고 하더라도, 조사 결과는 질문 내용과 방식에 결정적 영향을 받는데, 일부 조사에서는 원자력에 대한 지원이 매우 조건적임을 계속 나타냈다. 2005년 이스트앵글리아 대학교가 환경위험센터, 틴달 기후변화센터와 1,500명을 대상으로 수행한 입소스 모리Ipsos MORI 설문조사에 따르면, 원전이 기후변화를 저지하는데 도움이 된다면 54%가 이를 받아들일 수 있다고 했고, 78%가 재생에너지와 에너지 효율성 제고가 지구 온난화를 저지하는 더 좋은 방법이라는 데 동의했다.

미래에 대한 전망

원자력 논쟁이 최근 다시 열기를 띠는 이유는 원자력이 기후변화에 대처하는 대안이 될 수 있다는 원전업계의 반복된 주장 때문인데(Donaldson et al., 1990), 기후변화에 대한 우려가 증폭되던 중 2004년 저명한 환경운동가 제임스 러브록이 이를 주장하면서부터 이에 관심을 보이는 사람들이 늘어났다(Lovelock, 2004). 기후변화의 위협에 비교하면 원전이 가진 문제는 소소할 뿐더러, 대안 에너지로서 재생에너지에만 의존할 수는 없다는 것이 주장의 요지다.

이 주장은 여러 측면에서 반박을 받는다. 첫 번째, 고품질 우라늄 자원의 부존량이 제한적이라는 것을 고려하면 실제 원자력이 얼마나 오랫동안 기후변화를 늦추는 데 기여를 할 수 있을 것인가에 대한 근본적 회의가 존재한다. 실제 우라늄 이용량에 따라 다르겠지만, 장기는 물론, 중기간 5~10년-옮긴이을 넘기기 어려울 것이라는 주장이 있는데(Mobbs, 2005), 이에 대해 원전업계는 동의하지 않는데, 그 이유로 새로운 우라늄 광구의 발견 가능성, 더 길게는 농축 정도는 매우 낮지만 해수에서 우라늄을 추출할 가능성의 존재를 들고 있다(Price and Blaise, 2002).

그러나 이는 더 일반적인 문제를 발생시킬 수 있다. 만일 전 세계적으로 엄청난 규모의 원자력을 사용할 경우, 우라늄 필요량의 증가와 함께 점점 더 저품질 우라늄 광물에 의지할 것이고 급기야 해수에서 우라늄을 추출하는 변칙에 의존할 수도 있다. 우라늄 연료를 제조하고 농축하는 대부분의 에너지는 화석연료 발전소로부터 나오기 때문에, 이러한 우라늄 생산 방식의 이산화탄소 배출량은 증가할 것이다. 이는 원전업계의 주장인 원전에는 온실가스 배출이 없다는 논거를 상실하게 만든다. 게다가, 기후변화에 대처하기 위해 대규모의 원전 프로그램이 전 세계적으로 추진된다면, 원자로 연료 생산에 사용된 화석연료 에너지로부터 배출된 탄소가 단순히 화석연료를 사용해 전기를 생산할 때 배출된 탄소보다 훨씬 많다는 주장도 등장한다(van Leeuwen and Smith, 2005).

하지만 이러한 의견은 원전업계의 반박을 불러왔다(WNA, 2005). 원자력 에너지와 탄소 배출 분석에서 사용된 데이터 및 가정과 관련된 논쟁에 대해, 영국 하원의 환경감사위원회는 2006년 영국 에너지 정책 보고서를 통해 '환경오염 왕실위원회'에 조사를 제안했다(EAC, 2006). 원전업계는 전 세계적으로 원전 프로그램이 확장되면, 원자력 연료 생산에 사용되는 에너지를 원자력이나 다른 저탄소 에너지로부터 공급할 수 있다는 주장도 한다(SDC, 2006). 이것이 사실이기는 하지만 이와 같은 방식은 에너지 비용을 증가시킬 것이고 우라늄 보유량을 더 빨리 고갈시킬 것이다. 에너지 자원 측면에서는 재생에너지에 투자하는 게 더 합리적이다. 왜냐하면 재생에너지원의 부존량은 제한이 없고 연료는 무료이며 무제한적으로 사용 가능하기 때문이다.

물론 기술적 혁신이 발생할 수도 있다. 고속 증식로 기술의 발전은 경제성, 안전성, 환경비용의 문제에도 불구하고 우라늄 자원의 사용 가능성을 늘릴 수 있다. 그러나 고속 증식로 기술도 장기적 관점에서는 한정된 우라늄 보유고 문제를 해결하지는 못한다(Mobbs, 2005). 핵융합 기술이 성공한다면, 언젠가는 새로운 에너지를 제공할 수도 있고 자원 한정성 문제를 벗어날 수도 있기만, 여전히 다양한 문제가 발생할 수 있고 아직까지도 최종 생산비용이 얼마가 될지 모르는 상태다(Pearce, 2006). 현재까지는, 이용가능한 원자력 대안은 웨스팅하우스 AP 1000, 유럽형 가압경수로 등을 포함해 여러 가지 전통적 핵분열 원자로만이 제시되었다. 물론 장기적으로는 중국과 남아프리카공화국이 개발 중인 고온형 페블베드pebble-bed 원자로가 새로운 대안이 될 수도 있다.

두 번째로, 단기적으로 원자력이 재생에너지보다 더 바람직하고 실제 이용 가능성이 더 크다는 원자력 측의 주장도 논란을 야기시킨다. 원전업계는 원자력은 현재 재생에너지보다 더 값싸고, 미래에도 더 저렴할 것이라는 주장을 펼치며, 새로운 원자력 기술은 좀 더 경쟁력이 있을 것이라

[표 7-2] 2020년 영국의 전력 생산비용(단위: 펜스/kWh)

육상 풍력	1.5~2.5
해상 풍력	2~3
바이오매스(작물)	2.5~4
파도 및 조력	3~6
태양광	10~16
가스(열병합)	2~2.3
대규모 열병합	2 이하
소형 자가 열병합	2.3~3.5
석탄(가스화 열병합)	3~3.5
원자력	3~4

* 출처: 영국 총리실 산하 성과·혁신국, 〈에너지 정책 검토 보고서〉, 2002년

확신한다. 미래 가격을 전망하는 것은 어렵지만, 2002년 영국 총리실 산하 성과·혁신국에서 수행한 연구에 따르면 장기적으로 볼 때 대부분 재생에너지의 비용 전망은 원자력에 비해 낮은 것이 사실이다(표 7-2).

또 다른 논란은 원자력과 재생에너지의 사회적, 환경적 영향 등, 꽤 광범위한 영역에서 발생한다(Elliott, 2003a). 가장 명확하게 제기되는 우려는 특히 원자력의 대규모 사고 발생 가능성이다. 대규모 수력 댐도 물론 이에 해당한다. 이에 대해서는 8장에서 논의한다. 이와 유사하게 원전에 국한되는 것으로 테러리스트 공격 위험도 제기되지만 대규모 수력 댐에 대해서도 위험 가능성은 존재한다. 이에 대해서는 10장에서 논의한다. 좀 더 일반적인 쟁점으로는 여러 에너지 선택안의 정상적 운영과 관련한 건강, 안전 문제가 있다. 예를 들어 원자력 시설로부터 저준위 방사능 유출의 영향과 핵폐기물 장기저장소의 영향에 대한 우려가 존재한다. 마찬가지로, 풍력 단지

와 같은 재생에너지가 자연경관에 미치는 영향 및 바이오매스 플랜테이션의 경작지 대규모 사용에 대한 우려도 제기된다(Elliott, 2003b). 이들 가능성은 아주 다양하게 제기되기 때문에 명확하게 유의미한 비교는 어렵다. 세계에너지총회World Energy Council, WEC는 온실가스 감축의 관점에서 재생에너지와 원자력을 비교했는데, 최근 에너지 시스템의 전 생애주기 분석 방법이 우수하기는 하지만 핵폐기물 누출로 인한 장기적 영향 등 일부 외부성은 이러한 생애주기 분석으로도 예측하기 어렵다고 경고하며, 이들 문제점은 정치적 과정을 통해 해결해야 한다고 WEC는 주장했다(WEC, 2004).

마지막으로 원자력과 재생에너지의 기후변화 해결 가능성 여부에 대한 논쟁도 있으며, '원자력 대 재생에너지'의 단순한 선택 문제를 넘어서, 두 에너지 외 다른 기술의 역할에 대한 논의도 존재한다.

현재 원자력은 영국 내 전력 공급의 19%를 담당하는데, 이는 기존 원전들이 수명을 다하면서 줄어든 수치다. 2006년 1월에 발행된 DTI의 초판 에너지 컨설팅 보고서에서는 현 정책이 바뀌지 않는다면 원자력 비중은 2020년에 7%까지 떨어질 것이라고 예측했다. 현 시점에서 사이즈웰 B 발전소만이 2023년부터 가동될 예정인데, 영국 전체 전력 공급량의 약 3%를 담당할 예정이다. 원전업계는 원전 폐로에 대응해 신규 원전을 지어야 한다고 주장하고 있지만, 정부는 2003년 <에너지 백서>에서 2020년까지 재생에너지 비중을 약 20%까지 끌어올릴 계획이라고 발표했다(DTI, 2003). 이는 절대 무리한 목표가 아니다. 덴마크는 풍력으로 이러한 목표를 이미 달성했다. 남들이 부러워하는 영국의 재생에너지 잠재력을 고려할 때, 자금 지원만 충분하다면 영국은 덴마크보다 더 잘할 수 있다. 스코틀랜드는 재생에너지 비중이 2006년에 이미 16%에 도달했다. 이와 동시에, 열병합발전을 확대함으로써 가스를 좀 더 효율적으로 사용해 수요 측면의 에너지 효율성을 높이면, 교토의정서 수준까지 탄소 배출량을 낮출 수 있다.

물론 재생에너지 및 열병합 발전을 통한 프로그램이 적절한 시간 내에 탄소 감축 목표를 달성하지 못하거나 에너지 수급의 안정성이 충분하지 못할 위험도 있다. 그러나 이러한 에너지 대안들에 대한 지원이 증가한다면, 이런 위험을 충분히 극복할 수 있다. 일각에서는 탄소 배출 감소와 함께 에너지 안정성도 보장하기 위한 추가적 방편이 필요한 경우, 원전으로 회귀하기보다는 이산화탄소 포집 및 지하 격리 기술을 통해 화석연료의 계속 사용을 고려해야 한다고도 주장한다. 이와 관련, 영국에는 발전소에서 수십 년 동안 배출되는 탄소를 저장할 수 있는 공간이 해저 유전 및 가스전에 있다. 비록 이 방안의 비용은 높지만, 최소한 임시방편으로 사용할 수 있다고 한다.

그러나 이 방안도 재생에너지에 지원될 자금을 모두 흡수할 위험이 있으며, 화석연료 업계는 한 번도 사용해본 적 없는 염류 대수층(엄청난 저장량을 제공할 잠재력이 있음)을 이용해 이 방안을 확대하고자 할 것이 분명하다. 하지만 현재 영국 상황에서 이산화탄소 포집 및 저장 방안은 투기성이 짙으며, 격리 방안은 화석연료 발전소에서 나온 수십 년 동안의 배출량에만 적용 가능한 것처럼 보인다. 게다가, 현존 영국 발전소들 중 대부분은 이산화탄소 포집 장치를 새로 설치할 만한 조건이 안 된다. 오히려 신규 가스화력 발전소 또는 석탄가스화 열병합 발전소에 포집 장치를 설치하는 편이나, 해저 저장소와 연결이 용이하도록 해안가 근처에 발전소를 건설하는 편이 나아 보인다(BP는 스코틀랜드 밀러 유전에 이산화탄소 저장을 제안했다). 어쨌든 이 방안은 화석연료로부터 수소를 생산할 수 있는 초기 루트를 제공하고탄화수소 화합물인 화석연료에서 수소를 생산하면 부산물로 이산화탄소가 발생하는데 포집 및 저장방안은 이러한 이산화탄소를 저장해줄 수 있다-옮긴이, 값비싼 방법이기는 하지만 그 후 재생에너지 전기를 사용해 수소를 공급하면, 수소 경제로의 문이 열릴 가능성도 있다.

전반적으로 보면 탄소 격리 방안은 탄광 메탄의 이용 방안(400메가와트의 신규 발전용량 가능)과 함께 영국의 재생에너지 프로그램에 해를 입히지 않고 유용하게 사용될 수 있다. 이산화탄소를 지하에 저장하고 지하에서 채굴된 메탄을 사용하는 것이 무한정 기간 동안 방사성 폐기물을 저장할 수 있는 안전한 지하저장소를 찾는 방안보다는 합의에 이르기 더 용이할 것이다.

이 외에도 개인 소비자가 가구 단위의 소형 풍력 및 태양광을 설치해 직접 전기를 생산해 가정에서 사용하고 여분의 전기는 전력망에 제공함으로써 잠재적 기여를 하는 방안도 있다. 가스화력 스털링 엔진을 사용하는 소형 자가 열병합 발전은 이미 영국에서 확산되기 시작했다. 파워젠Powergen은 2020년까지 전체 영국 가구의 30% 이상이 소형 자가 열병합 발전을 사용할 것이며, 매년 130만 가구의 보일러가 교체될 것이라고 예측했다. 이와 유사하게 가정에서 소형 풍력과 태양광의 사용도 확산될 것이다. 예를 들어, 1,000만 가구가 2킬로와트 규모의 시스템을 설치하는 경우, 이는 20기가와트 규모의 재생에너지 설비용량에 해당한다. 물론 재생에너지 설비용량의 발전 비율이 낮지만 장거리 송전 손실이 없다는 점을 고려하면 이 규모는 현 영국 원자력 발전소들이 소비자에게 매년 공급하는 전력량과 거의 비슷한 수준이다.

좀 더 장기적으로 볼 때 대규모 및 소규모 재생에너지가 지속적으로 개발된다면 탄소 배출량은 더 많이 감축될 수 있다. 2004년 독일 본에서 열린 재생에너지 컨퍼런스에서 논의된 시나리오에 따르면, 2050년까지 전체 세계 에너지(열과 전기)의 50%를 재생에너지가 공급할 수 있으며 영국은 이를 충분히 초과 달성할 잠재력이 있다고 한다(Renewable Energy, 2004). 예를 들어 DTI 및 탄소연합의 2004년 재생에너지 혁신 보고서에 따르면, 2050년까지 영국은 총 전력의 53%에서 67%를 재생에너지로부터 얻을 수 있는데, 이를 실현하기 위해서는 재생에너지의 급속한 확산이 필요하다. 독일의 풍력 발전의 경우 매년 1~2기가와트를 건설했고 2002년부터 2004년에는 3기가와트로 증가해 2006년 이미 20기가와트의 풍력 설비용량2016년 말 기준 50기가와트-옮긴이를 갖추고 있는 것을 볼 때, 영국에서도 이는 충분히 가능해 보인다. 이 확산 속도는 전혀 놀라운 수치가 아니다. 일단 건설 계획이 수립되고 부지가 준비되면, 며칠 내에 풍력 발전기를 설립하고 몇 주 안에 운영을 할 수 있기 때문이다.

이와 대조적으로, 원전 계획 수립과 건설 기간은 매우 길기 때문에 원전 확산 프로그램을 신속히 시작하거나 대규모 원자력 전력 공급을 빠르게 달성하기는 매우 어렵다. 1970년대 원전 붐 시기에 미국은 매년 두 기가와트씩 건설했고 프랑스는 이보다 더 많이 건설했다. 그러나 영국의 경우, 매번 원전 건설 기간이 연장되었고 추가비용이 발생했다.

영국의 원자력 교체 프로그램에 따르면 10기의 신규 원전이 10년에 걸쳐 건설될 예정이다. 원전업계는 이 계획의 달성이 가능하다고 확신한다. 심지어 이보다 짧게 걸릴 수도 있다고 주장한다. 그러나 이의 달성을 위해서는 엄청난 자금이 필요하다실제 2006년 정부정책이 바뀌어 신규 원전 건설을 추진하기 시작했지만, 2017년 11월 현재 신규 원전 건설은 아직 시작 전이고, 힝클리 포인트 C, 윌파뉴이드 원전 건설이 2019년부터 시작될 예정이다-옮긴이.

따라서 우리는 다시 원점으로 돌아간다. 원자력 교체 프로그램에 소요되는 자금에 따라서 달라지겠지만 원자력 교체 프로그램은 충분하고 신속한 재생에너지 확산을 약화시키거나 제한할 것이다. 예를 들면 2005년

11월 에너지부 장관 맬컴 윅스Malcolm Wicks는 원자력을 재생에너지 의무공급제도RO 내의 지원 대상에 포함시키겠다고 제안했다(FT, 2005). 현 원자력 발전용량이 11기가와트라는 점을 고려할 때 이 제안이 실현된다면 재생에너지의 확산은 매우 위축될 것이었다. 비록 신규 원전 발전용량에만 한정함으로써 그 영향력을 약화시켜도 마찬가지였을 것이다. 결국 이러한 제안은 현실화되지는 않았다. 대신 2006년 7월에 발간된 〈에너지 정책 검토 보고서〉는 유럽연합 배출권 거래제의 인센티브원자력을 포함-옮긴이를 강화하는 방안을 제시했다. 지금까지 탄소시장이 매우 불안정했다는 점을 고려할 때, 유럽연합 배출권 거래제가 투자자들이 바라는 안정된 수준의 지원을 제공할 수 있는가에 대한 의구심이 많이 제기된다. 그러나 기후변화에 대한 우려가 증가하는 현실을 고려할 때, 탄소시장은 시간이 지나면 점차 안정될 것이고 안정된 시장은 원자력 투자에 호조건이 될 것이다. 물론 탄소시장의 안정은 재생에너지에도 도움이 된다. 그러나 여타 숨겨진 보조금과 핵폐기물 관리, 폐로 및 사고관련 보험 등은 차치하더라도 탄소 가격이 일정 수준 이상으로 안정될 경우, 원자력은 이전에는 누리지 못했던 이점을 얻을 수 있다. 원전에서 나온 전기는 재생에너지 의무공급제도에서 제외될 뿐만 아니라, 기후변화 부담금제도에서도 면제된다. 따라서 유럽연합 배출권 거래제와 관련된 새로운 제안은 상당한 변화인데, 이로 인해 원전으로 얻는 새로운 편익으로 인해 신규 재생에너지에 대한 투자 유인책이 줄어들 수도 있기 때문이다.

최근 재생에너지에 배분되는 지원금의 증가는 분명 원자력에 대해서도 이루어질 수 있다. 앞에서도 지적했듯이, 이 둘의 관계가 '한정된 자원 빼앗기 게임'이 아닐 수도 있으나, 재생에너지는 어느 정도 원자력과 대체 관계를 이루면서 팽창되어왔다. 요점은 재생에너지와 원자력은 자원 배분에서 경쟁관계에 있고, 그 둘 모두를 동시에 빠르게 확대할 수는 없다.

결론

에너지 대안들에 대한 경제성 평가가 일종의 가이드라인은 될 수 있다. 하지만 최종 어떤 에너지 대안을 선택할 것인가는, 어떤 기술을 더욱 신뢰하는가의 문제와 함께 전략적 판단의 문제다. 재생에너지는 적절한 지원만 이루어진다면 미래에 신뢰할 수 있는 대안으로 보인다. 그러나 아직까지 많은 정부들은 가까운 미래의 주요한 대안으로 재생에너지를 지원하는 것을 꺼려하는 듯 보인다. 원자력을 대안으로 시도하는 정부도 있다. 지금까지 제기된 원자력의 기술 및 경제성 문제에도 불구하고, 원전업계가 값싸고 안전한 기술을 내놓을 수 있다고 믿기 때문이다. 어떤 정부는 '모든 계란을 한 바구니에 넣지 말라'는 경고를 무시하고, 재생에너지와 원자력 둘 다를 지도하는 타협책을 내놓는다. 이 정책도 비용이 많이 든다. 지금까지 개발된 원자력 기술들은 대규모 시설을 요하며 매우 자본 집약적이기 때문에 빠른 확장은 어렵다. 그리고 원자력은 다른 대안들을 배제하는 성향이 있다. 이와 대조적으로 재생에너지는 소규모 시설로 충분하며 에너지원이 다양하며 유연성이 크다. 그러나 이러한 속성들로 인해 부차적으로 여겨지기 쉽고 실제로도 부차적 에너지로 간주되고 있다. 이러한 상황들을 볼 때 원자력과 재생에너지의 관계를 경쟁 이외의 다른 관계로 보기는 어렵다. 2005년 7월 영국 하원의 환경감시위원회는 정부가 원전 프로그램의 재출발을 논의했다고 하면서 '이러한 논의로 불확실성이 커져 재생에너지 및 에너지 효율성 제고를 위한 미래 투자가 저해될 수 있다'고 지적했다. 환경청도 이 견해를 에너지 정책검토 보고서에 채택해 제출했다. 보고서는 "원자력 같은 자본 집약적 기술에 투자하는 대규모 프로그램은 에너지 효율성 제고 사업, 열병합, 재생에너지를 대체할 수 있다"는 우려를 담고 있다(Environment Agency, 2006).

지속가능개발위원회의 2006년 3월 보고서에서는 이를 좀 더 직접적으로 언급한다. 보고서에 따르면 "신규 원전 프로그램은 다양한 에너지원을 가진 저탄소 경제로 나아가는 데 필요한 지속 가능 기술로부터 공적 자금을 빼앗을 수도 있다(SDC, 2006)."

전체 자원의 제약을 고려할 때, 에너지 대안 간 상호 충돌은 불가피해 보인다. 물론 일부는 두 기술의 역사와 원자력이 취해왔던 외골수적인 태도에 기인했다. 1999년 영국왕립학술원과 왕립엔지니어링학회는 기후변화에 대응하는 보고서를 발행해, 영국 비화석연료 프로그램 예산을 연간 4억 5,000달러에서 250억 달러로 증액할 것을 제안했다. 이 가운데 대부분은 원전 프로그램에 할당한 것으로 보인다. 이들은 특히 신규 원전과 핵폐기물 처리장에 엄청난 자원이 필요하다고 주장했다. 반면 "태양광 시스템의 확산을 가속화하고, 해상 풍력에 필요한 시스템을 개발하고 조력 발전의 실행 가능성을 확보하는 데는 보통 수준의 지원만으로 충분하다"고 주장했다(영국왕립학술원, 1999).

앞서 지적했듯이, 이러한 불평등적 접근법은 지난 수십 년간 지속되어 왔다. 원자력은 매우 중시되고 대규모의 자금 지원을 받은 반면 재생에너지에 대한 대우는 초라했다. 이러한 불평등은 원자력은 탄탄히 확립된 기술인 반면 재생에너지는 신규 기술이라는 점에서 일부 기인하는 것처럼 보이는데 오히려 이러한 이유로 원자력의 지원은 덜 필요하다는 주장이 나올 수도 있다. 그러나 이제 이러한 양상은 변하기 시작했고 재생에너지에 더 많은 지원을 쏟는 국가들도 생겨났다. 이론상으로, 예산을 재생에너지와 원자력에 균등하게 분배해 지원한다는 접근법의 입지는 줄어들기 시작했다.

모든 조건을 고려할 때 최소한 특정 기간만이라도 명확한 선택을 해 두 대안 중 하나라도 명확한 입지를 탄탄히 다지도록 하는 것이 바람직해 보인다. 어떤 이들은 원자력이 가진 일부 문제에도 불구하고, 자신의 길을 가도록 해주어야 이러한 접근 방법이 가능해진다고 말한다. 그리고 실제로 프랑스가 이 접근 방법을 취해왔다. 반면 원자력은 수십 년간 엄청난 재원을 지원받았으니 이제는 재생에너지에게 기회를 주는 것이 바람직하다며, 다만 원자력은 미래에 필요한 경우 대안으로 활용할 수 있도록 남겨두자는 주장도 존재한다. 나아가 우라늄의 부존량은 한정되어 있으므로 장기적으로 재생에너지에 의존할 수밖에 없으며, 따라서 가능한 한 빨리 재생에너지로 방향 전환을 하는 것이 원자력으로 회귀하는 것보다는 낫다는 주장도 존재한다. 이에 반해 재생에너지 개발에 오랜 시간이 걸리므로, 그동안 임시방편으로 원자력을 사용하자는 주장도 있다. 두 주장 모두 비용과 위험이 따른다. 원자력을 미래 대안으로 남겨두는 것은 매우 어려우며, 한편으로는 아무리 임시방편이라도 원자력이 일단 주요 에너지원으로 다시 자리를 잡으면 재생에너지로의 이행은 교착 상태에 빠질 위험이 있기 때문이다. 실제로 이것이 바로 타협안의 위험이다. 원자력을 다시 중시하면 재생에너지의 발전이 지연될 것이다. 만일 재원의 제약이 없다면 동등하게 원자력과 재생에너지를 지원하는 방안을 고려할 수도 있다. 그러나 현재 영국의 상황에서 의미 있는 정책은 2003년 <에너지 백서>의 정책, 즉 화석연료에서 벗어나려면 재생에너지에 집중해야 한다는 것이다(DTI, 2003).

- 제4부 -

원자력 관련 주요 이슈

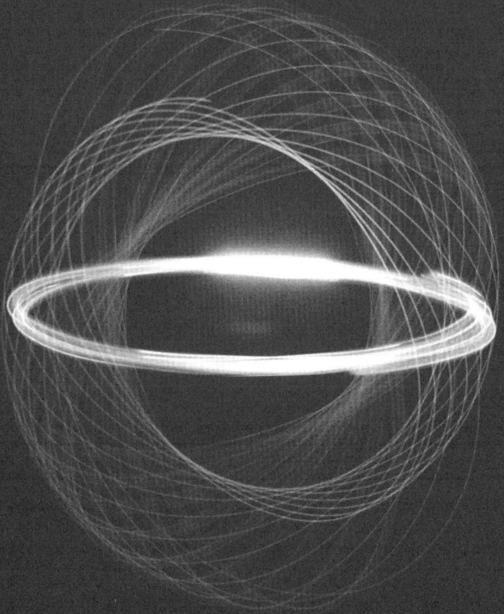

8장

방사선이 건강에 미치는 위험에 대한 새로운 정보

이언 페어리Ian Fairlie

들어가며

이 장에서는 방사선이 건강에 미치는 위험과 관련된 새로운 정보와 이러한 위험이 영국에서 신규 원전 건설에 어떤 장애가 되는지에 대해 논의한다. 2004년 영국 내부피폭위험조사위원회Committee Examining the Radiation Risks of Internal Emitters, CERRIE 보고서에 기반을 두고, 방사선 위험에 대한 기존 입장에 대해 (비판이 아닌) 문제를 제기한다(CERRIE, 2004). 여기서는 발생 확률이 낮은 원자력 시설 사고로 인한 고위험 방사선 물질 누출 문제보다는, 통상적 방사선 피폭에 따른 건강상 위험에 초점을 맞춘다. 물론 1986년 체르노빌 사건처럼 원전 사고는 사람들의 건강에 매우 심각한 영향을 줄 수 있다. 따라서 우선 체르노빌의 영향, 방사선의 치명적 요소, 방사선 위험에 대한 양극화된 관점을 간단히 다룬다. 이 문제들은 방사선 위험에 대한 대중의 인식을 통제하려는 정부의 이해관계 및 대중의 불안과 관련되어 있다.

CERRIE 보고서에서 설명한 것처럼 낮은 수준의 방사선 피폭이 어느 정도의 영향을 주는지 파악하기는 쉽지 않다. 원자력 시설에서 일상적으로 방출된 방사능 물질의 내부 선량 계수를 구하는 데는 불확실성이 크기 때문이다. 이러한 불확실성은 현재 수용할 수 있는 중간값의 상하한에 걸쳐 있지만, CERRIE 보고서는 신중하게 접근하도록 권고한다.

이 장에서는 현 원자력 산업에서 방사선 피폭량은 상대적으로 적으며, 신규 원전에서는 이보다 더욱 낮은 수준일 것이라고 예측한다. 그러나 방사능 선량 계수의 불확실성 때문에 누출량이 감소한다 하더라도 상당히 문제가 될 수 있으며, 미래 전력 공급의 대안으로는 이같은 문제가 없는 기술이 선호되어야 할 것이라고 결론을 내리고 있다.

체르노빌 사고

1986년 4월 26일 우크라이나 체르노빌 원전에서 세계 최대 규모의 원자력 사고가 발생했고, 이후 열흘간이나 위험한 방사능 물질이 대량으로 대기권으로 방출되었다(Fairlie and Sumner, 2006). 사고로 인한 방사능 낙진은 결국 북반구 전체로 퍼졌고, 주로 서유럽에 집중되었다. 벨라루스, 우크라이나, 러시아에 떨어진 낙진, 특히 서유럽의 경우 방사선 선량이 매우 높았는데 누적 선량은 1인당 50만 시버트를 초과했다 시버트(Sv)는 인체에 피폭되는 방사선의 양을 나타내는 단위이며, 방사능의 양을 나타내는 단위로 베크렐(Bq)이 있다. 방사성 핵종이 1초에 한 번 붕괴하는 것이 1베크렐이다. 우리나라의 일반인을 기준으로 방사선 피폭 기준치는 연간 1인당 1밀리시버트다 - 옮긴이. 체르노빌 사고 당시 긴급복구 작업자 50명이 방사선의 직접적 영향(세포 파괴 등)으로 사망했으며, 이후 낙진 등에 의한 암으로 수만 명이 사망했다(IAEA/WHO 2005a, IAEA/WHO 2005b).

체르노빌로 인한 암 사망자의 정확한 숫자 산정에는 고도의 정치적 계산이 결부된다. 2005년 9월 국제원자력기구와 세계보건기구는 기자회견에서 약 4,000명이 피폭으로 인한 암으로 사망했다고 추정했지만 이는 부정확한 수치였고 이후 철회되었다(Edwards, 2006). 그 후 세계보건기구는 웹사이트에 암으로 인한 사망자가 약 9,000명으로 추산된다고 밝혔고, 다시 최근 세계보건기구 산하 국제암연구소International Agency for Research on Cancer, IARC의 과학자들은 그 수치가 1만 6,000명에 이른다고 밝혔다(IARC, 2006).

그러나 독립 연구자료에 따르면 암 사망자의 수치는 그보다 더 높다. 2006년 페리Fairlie와 서머Sumner는 유엔 '방사선영향에관한과학위원회'의 1988년 자료를 이용해 북반구에서 체르노빌 낙진으로 인한 암 발병으로 사망한 사람들은 3만~6만 명에 이르는 것으로 계산되었다고 밝혔다. 이 추정치에 대해서는 국제암연구소 과학자들을 포함해 다른 연구자들도 동의하고 있다(Edwards, 2006).

벨라루스, 우크라이나, 러시아에서 체르노빌이 끼친 타격은 어떤 기준으로 판단하든 분명하다. 건강에 미친 영향은 암으로 인한 사망뿐만 아니라 사망까지는 이르지 않은 암(대부분 갑상샘 암), 암 외의 다른 질병, 유전병 및 기형 유전병, 심리 및 사회적 영향, 경제적 손실까지 광범위하다. 이 중 최대의 피해는 벨라루스, 우크라이나, 러시아의 넓은 지역에서 향후 수백 년간 사람이 거주할 수 없게 되었다는 점이다. 여기서 다시 일부는 영구적으로 거주가 불가능할 정도다. 대부분의 암이 잠복기가 20~60년까지 이르기 때문에, 향후 발생할 암환자의 수는 더 많아질 것이다. 심지어

2040년에도 체르노빌의 영향으로 인해 암 사망자가 나올 수 있다.

체르노빌에서 전개된 재앙의 규모를 고려할 때, 우리는 일단 원자력의 부활을 멈추고 고민해야 할 필요가 있다. 미래의 원전이 체르노빌에서 설계된 원전보다 훨씬 안전하다고 하더라도, 여전히 사고 발생 가능성은 존재하기 때문에, 향후 발생 가능한 사고에 대한 강력한 대책에 대해 국제적으로 합의가 되어야 한다(참조 Williams, 2001). "역사로부터 배울 수 없는 정부는 그 역사를 반복할 수 있다"는 철학자 조지 산타야나George Santayana의 경고를 우리는 명심해야 한다.

방사선 - 치명적 문제

사람들은 여러 가지 이유로 방사선(이 장에서는 이온화 방사선만 다룬다. 원자를 이온화시키는 충분한 에너지가 있는 방사선으로, 알파 입자, 베타 입자, 감마선, 중성자를 포함한다. 여기서는 비非이온화 방사선인 자외선과 적외선은 제외한다)을 두려워한다. 많은 연구자가 사람들이 방사선을 두려워하는 이유를 다음과 같이 정리한다(참조 Slovik, 1987).

- 의도와 상관없이 노출된다.
- 특정 지역에 집중될 수 있다.
- 피하기가 어렵다.
- 보이지 않고, 돌이킬 수 없는 피해를 일으킨다.
- 어린이와 미래 세대에 더 위험하다.
- 암과 같은 치명적인 질병을 유발한다.

• 과학적으로 검증되지 않은 것이 많다.
• 과학자 간에도 견해가 상호 대립된다.

방사선에 대한 이런 모든 인식으로 사람들은 방사능 피해를 매우 두려워하는데, 이는 미라(Meara, 2002)가 지적한 논의에서 잘 나타난다. 대중 여론조사에서 보이듯이, 이러한 공포는 원자력 발전과 핵무기에 대한 우려에서 기인한 것이다.

방사선 위험에 대해 양극화된 견해

이러한 요소들은 방사선 위험에 이의를 제기하는 견해가 광범위하게 퍼지게 된 이유 중의 하나다. 이에 대한 논의 이전에 우리는 방사선 위험에 대해 알고 있는 것을 명확히 할 필요가 있다. 간단히 말해서 우리는 아주 낮은 수준의 방사선이더라도 방사선은 암, 돌연변이, 기형을 유발하는 것으로 인식하고 있다. 이와 관련된 증거들은 방사선 피폭이 암 이외의 질병, 특히 심혈관에 영향을 미친 체르노빌 사고 이후부터 등장하기 시작했다(IAEA/WHO, 2005a).

실제로 우리 모두는 낮은 수준의 자연 방사선background radiation에 노출되고 있으며, 이는 인체에 별 영향이 없는 것으로 추정된다. 영국의 보건기구인 방사선보호기구(이전 국가방사선보호위원회)에 따르면, 자연 방사선 때문에 연간 6,000명이 사망하는 것으로 파악되는데 이 수치는 영국의 연간 암 사망자의 5%에 지나지 않는다(Robb, 1994). 자연 방사선으로 인한 연간 사망자의 신원을 파악하는 것은 불가능하지만 영국인 전체에게 노출되는 방사선 선량을 고려하면 암 사망에 이르는 숫자를 추정하는 일은 어렵지 않다.

또한 자연 방사선은 소아 백혈병의 주요한 원인으로(Baverstock, 2003), 40대 이상 여성에게 높은 유산율의 원인으로 간주되기도 한다. 이는 40년 넘게 자연 방사선에 노출되어 해를 입은 난자들의 생존 가능성이 낮아지기 때문이다. 나아가 자연 방사선은 노화와도 밀접히 연관되어, 노화로 인한 사망에 부분적으로 기여하기도 한다. 다시 말하면 방사선은 우리의 세포와 세포 방어 체제에 해로운 영향을 끼치는 주요 인자에 해당한다. 이러한 인자에는 방사선, 바이러스, 세균, 손상, 독성 화합물 등이 포함된다. 다른 한편으로 소량의 방사선량은 인체 건강에 도움이 된다는 극단적 의견을 고수하는 소수의 과학자도 있다(참조 Jaworowski, 2004). 유해한 물질이라도 소량이면 인체에 좋은 효과를 줄 수 있다(호메시스 효과)는 견해는 공식적 기관에 의해 상세히 반박된 바 있다(참조 UNSCEAR, 1994).

저선량 및 저선량률에서 선량 반응 관계

만일 방사선이 암과 유전적 변형을 유발한다고 한다면, 여기서 중요한 질문은 낮은 수준의 피폭에서 이러한 위험은 어느 정도인가다. 다시 말해서 선량이 어느 수준 이하일 경우 안전한가라는 질문이다. 현재 우리는 그런 수준은 존재하지 않는다는 의견이다. 다시 말해서 아무리 방사선 선량이 낮다고 하더라도 반드시 일정한 위험(다만 매우 낮은 위험)은 존재한다방사성 피폭량이 기준치 이하라서 안전하다는 것은 과학적으로 틀린 말이라는 의미 - 옮긴이.

사실 저선량 및 저선량률에서 방사선 위험의 정확한 수준을 파악하는

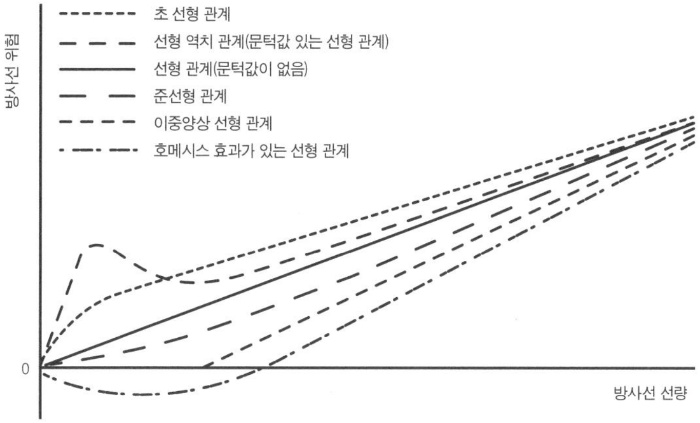

[그림 8-1] 가능한 선량 반응

것은 어렵다. 그러나 이것이 중요한 이유는 대부분의 방사선 피폭이 이러한 수준에서 일어나기 때문이다. 예를 들면 원자력 산업으로부터 대중에게 미치는 선량은 대부분 저선량 및 저선량률에 그친다. [그림 8-1]은 방사선의 선량 반응 관계의 여러 가능성을 보여준다. 고선량의 경우에는 데이터가 충분히 존재하지만(그래프의 우측 상단), 100밀리시버트 이하의 저선량의 경우에는 데이터가 거의 없다(그래프의 좌측 하단). 그래서 모든 이론적 가능성을 보여주는 다양한 곡선이 등장한다. 가장 간단하고 직접적 해석이 가능한 것은 선형 관계이며, 국제방사선방호위원회International Commission on Radiological Protection, ICRP는 방사선 기준치 설정이라는 목적상, 이러한 선형 관계를 가정하고 있다.

정부의 관여

대중이 방사선에 대해 우려하는 두 번째 이유는 방사선 위험과 관련된 의사결정에 주요 이해관계자들이 깊이 관여한다고 인식하고 있기 때문이다. 민간 및 군용 원자력 산업에 대한 정책, 규제, 표준을 설정할 때 반드시 여러 정부기관이 관여한다. 영국에서는 원자력폐로청, 영국원자력청, 브리티시에너지(원자력 회사), 국방부, 해군 공창, 롤스로이스가 이러한 기관에 포함된다. 이중에서 일부는 이론상 민간에 해당하지만 실제로는 정부 정책과 밀접히 연관되어 있다. 더불어 영국 보건부는 의료시술(엑스레이 진단 절차, 핵의학, 암치료 등) 규제를 감독하기도 한다.

민간 원자력, 군용 원자력, 의료 등 세 가지 부문은 영국 내 대중에게 영향을 미치는 인공 방사선의 세 가지 근원지다. 이 부문들은 영국 정치에서 꽤 강한 영향력을 행사하고 이들의 견해는 영국 정부 내에서 상당한 비중을 차지한다. 이 외에도 방사선 관련 규제기관 및 자문 네트워크의 견해 또한 영향력이 매우 크다. 영국에서는 환경청Environment Agency, EA, 스코틀랜드환경보호청Scottish Environment Protection Agency, SEPA, 식품청Food Standards Agency, FSA, 보건안전집행부Health and Safety Executive, HSE, 원자력시설검사과Nuclear Installations Inspectorate, NII, 건강보호청-방사선보호Health Protection Agency-Radiation Protection, HPA-RP, 영국원자력청UKAEA, 환경식품농업부DEFRA, 통상산업부, 의학용방사선위원회Committee on Medical Aspects of Radiation in the Environment, COMARE, 보건부Department of Health, DH, 국방부Ministry of Defence, MOD 등이 여기에 포함된다.

이들 공공기관들의 강력한 영향력 때문에 방사선 관련 정책과 공식 의사결정 과정에서 소비자와 환경단체의 영향은 거의 없는 것으로 간주된다. 이와 관련해 로즈 교수Rose, Black Enquiry의 증인, 전염병 전문가는 다음과 같이 말했다.

> 거대한 산업이 환경과 건강에 어떠한 영향을 미치는 지에 대해 조사할 때, 특히나 군사적 이해관계가 걸려 있으면, 우리는 거대한 경제 및 정치 권력과 싸워야 한다. … 우리는 순수하고 무기가 빈약한 다윗이고, 그들은 무기가 훌륭하고 경험이 많은 거인 골리앗이다(Rose, 1991).

만일 방사선 위험과 관련한 의사결정이 과학적 증거에 기반을 두고 수립되거나 공공정책에 영향 받지 않았다면 그나마 이러한 편향은 덜 했을 것이다. 그러나 불행하게도 과거에는 과학적 판단보다는 업계의 의견이나 정부의 정책이 더욱 중시되는 경우가 더 많았다. 아래는 그 사례들이다.

- 1969년, 국제방사선방호위원회ICRP는 과학적 증거에 반해 트리튬tritium, 삼중수소의 생물학적 영향Relative Biological Effectiveness, RBEs을 70% 저평가함(Dunster, 1969).
- 1980년대와 1990년대, 국제방사선방호위원회는 스튜어트 교수의 방사선 위험에 대한 증거를 인정하길 거부함(Stewart, 1991).
- 1990년, 우라늄 채굴업계 및 정련업계는 강화된 방사선 안전 규제에 반대해, 노동자들에게 처음보다 더 느슨한 제약 기준을 사용함.
- 1990년과 2004년, 국제방사선방호위원회는 베타 입자의 증가된 생물학적 영향RBEs과 오제 방사체Auger emitters: 원자의 안쪽 준위에서 전자 하나가 빈자리를 남기고 제거되면 높은 준위의 전자 하나가 빈자리를 채우면서 높은 준위와 빈자리의 준위 차

이만큼의 에너지가 발생한다. 이 에너지는 광자의 형태로 방출되거나 두 번째 전자를 추가로 방출하는 데 사용된다. 이러한 광자나 전자가 오제 방사체다 - 옮긴이에 대한 논의를 거부함.

- 2004년, 국제방사선방호위원회의 제안은 실제로 방사선 피폭 한계치를 느슨하게 함.

또한 방사선 연구의 역사는 방사선 과학자들의 해고, 경력 단절, 연구자금의 중단, 공식적 불명예 조치 등의 사례로 얼룩져 있다. 왜냐하면 그들이 공식 기관이나 당국이 환영하지 않는 방사선 위험에 대한 발견을 보고했기 때문이다. 이러한 사례들은 유럽보다는 미국에서 더 빈번하게 발생했지만 영국에서도 자주 발생했다. 이러한 차별 사례를 겪은 과학자들은 다음과 같다.

- 미국: 탬플린Tamplin, 고프먼Gofman, 브로스Bross, 나타잔Natarjan, 존슨Johnson, 구드Gould, 스턴글라스Sternglass, 맨쿠소Mancuso, 모건Morgan, 버텔Bertell, 래드포드Radford 등.
- 영국: 앨리스 스튜어드Alice Stewart 교수, 조지 닐George Kneale.
- 벨라루스: 유리 반다제프스키Yury Bandashevski 교수(방사선 위험에 대한 연구 결과를 공표해 감옥에 투옥되기도 했음).

국제방사선방호위원회

방사선 관련 공식적 입장에 대해 논의하려면 국제방사선방호위원회의 역할을 우선 살펴보아야 한다. 이 조직은 대중 및 노동자에 대한 방사선 한계치를 수립하는 데 주요한 역할을 해왔다. 이 조직의 명칭은 공공조직인 것처럼 보이지만, 사실은 무역협회 같은 자발적 민간조직이다. 하지만 이 조직의 의견은 미국을 제외한 많은 선진국 정부와 원전업계에 영향력이 크다. 방사선 보호 기준을 완화하려는 2004년 국제방사선방호위원회의 제안은 규제기관, 업계 대표, 환경단체들의 전례 없는 강한 반대의 결과로 보류되었다(MacLachlan, 2005). 반대자들의 명단은 다음과 같다.

- 배버스톡Baverstock(2002).
- 슈라더프레쳇Schrader-Frechette과 페르슨Persson(2001).
- 전 영국 국가방사선방호위원회.
- 2002년 12월 룩셈부르크에서 개최된 환경 방사능에 대한 컨퍼런스 유럽 참여자들의 발표 자료들.
- 국제원자력기구의 차단, 면제, 간격 수준에 대한 안전기준 지침에 의해 국제방사선보호위원회의 초안의 일부 조항은 거부됨.
- 영국의 국가 선량 조사 워킹 그룹.
- 2004년 11월 룩셈부르크에서 열린 국제방사선방호위원회의 제안에 대한 유럽공동체 31항 전문가 그룹은 초안의 많은 조항이 비판받고 있으며, 초안에 대한 검토 또는 수정을 위해 더 많은 시간이 필요하다고 주장함.
- 환경 NGO, 그린피스 등에 의한 신랄한 반대가 국제방사선방호위원회 웹사이트에 등재됨.
- 국제방사선방호위원회의 초안에 대한 대중의 호의적이지 않은 지적들.

국제방사선방호위원회의 제안에 대한 이와 같은 반대들은 새로운 현상이 아니다. 과거에도 국제방사선방호위원회가 방사선의 위험을 경시하고 방사선 위험에 대한 느슨한 권고안을 제안한다고 많은 연구자로부터 비판을 받았다. 이들 중에는 코필드Caufield(1990), 그린버그Greenberg(1991), 로즈Rose(1991), 스튜어트Stewart(1991), 프록터Proctor(1995), 그린Greene(1999), 배버스톡(2002, 2005) 등이 있다. 우울하게도 이들과 다른 이들의 비판은 아직까지도 실행된 것이 별로 없다.

영국 내부피폭 위험 조사위원회 보고서

방사선 위험에 대한 의견 충돌이 심각한 상황에서, 정보가 풍부하면서도 균형 잡힌 토론에 접하려면 어떻게 해야 할까? 그 출발로 2004년 영국 내부피폭위험조사위원회CERRIE 보고서는 의미가 있다. 영국 정부는 방사성 핵종을 섭취했거나 흡입했을 때의 내부피폭 위험을 조사하기 위해 2001년에 CERRIE를 설립했다. CERRIE 설립의 암묵적인 목적은 현재 알려진 국제방사선방호위원회와 영국 국립방사선방호위원회의 공식 견해보다 저준위 방사선의 영향이 훨씬 위험하다는 여러 가설들을 검증하기 위한 것이었다. CERRIE에는 환경단체 대표, 국립방사선방호위원회National Radiological Protection Board, NRPB, 브리티시핵연료BNFL, 그리고 독립적이며 비판적인 과학자들이 위원으로 참여하고 있어서 방사선 위험에 대한 광범위한 견해를 반영했다. CERRIE 보고서는 2004년 10월에 발행되었다. CERRIE는 방사선 위험을 조사하기 위해 영국 정부가 수립한 최초의 중립적 위원회였다. 중립적 구성만으로도 그 발간 보고서는 자세히 읽어볼 가치가 있다. 이 보고서는 적은 선량의 방사선이 인체에 이로울 수도 있다는 이론과 현재 알려진 것보다 몇천 배 위험할 수 있다는 이론 모두의 내용을 빠짐없이 다루었다. 또한 방사선에 관한 많은 공식 보고서들은 일반인이 이해하기 어려웠지만, CERRIE 보고서는 일반 대중이 이해할 수 있도록 쉽게 작성되었다. 또한 위원들이 동의할 수 없는 사안들도 있지만 그 내용도 대중(및 전문가들)이 읽어볼 수 있도록 수록되었다.

이 보고서의 중요한 장점은 방사선 관련 공식기관들이 공개적으로 다루고 싶지 않았던 이슈들에 관해 논의하고 있다는 것이다. 즉, 내부 방사선 선량의 공식 추정치 관련 불확실성, 원자력 시설 및 핵의학 장비들로부터 방출되는 방사성 핵종의 위험, 이전에는 이론상 제기되었던 방사선이 어떻게 DNA의 이온화 손상을 일으키는지에 대한 새로운 발견 등을 다루고 있다. 방사선은 DNA에 극히 일부지만 부정적 영향을 줄 수 있다는 내용도 수록하고 있다.

이 보고서는 내부 방사선 선량은 핵종을 취식했건 흡입했건 간에 상당한 불확실성을 내포하고 있다고 결론을 내린다. 그 이유는 ① 내부 섭취량, 취식 또는 흡입한 핵종의 잔류 또는 배설, 신체 및 세포 안에 핵종의 분포 등을 추정하는 데 사용된 모델의 불확실성, ② 사람들 간의 자연적 가변성, ③ 선량 계수 표준편차에 대한 불확실성 때문이다.

[표 8-1]을 보면 여러 핵종들의 선량 계수는 여러 자리 수에 걸쳐 불확실성이 나타낸다. 이 보고서는 이러한 불확실성으로 인해 정부 정책결정자와 규제담당자는 내부 방사선 피폭을 고려할 때 신중한 접근 방법을 채택해야 한다는 결론을 내린다.

CERRIE 보고서는 새로이 발견된 방사선의 효과도 검토했는데, 여기에는 유전자 불안정성(계속 진행되며, 장기에 걸쳐 세포와 후손들의 변형이 증가), 방관자 효과(방사선을 쬐지 않았으나 방사선을 쬔 세포의 옆에 있어서 발생하는

[표 8-1] 조직 선량 계수의 불확실성

방사성 핵종	섭취 방법	조직	범위 = (95 백분위수/5 백분위수)*
세슘-137	취식	적색 골수	4
아이오딘-131	흡입	갑상선	9
스트론튬-90	취식	적색 골수	240
스트론튬-90	취식	골 표면	390
플루토늄-239	취식	적색 골수	1,300
스트론튬-90	흡입	폐	5,300
세륨-144	흡입	적색 골수	8,500
플루토늄-239	취식	골 표면	20,000

* 출처: 구센Goossens 등 (1998)"확률적 사고 결과에 대한 불확실성 분석: 내부 선량에 대한 불확실성 분석Probabilistic Accident Consequence Uncertainty Analysis: Uncertainty Assessment for Internal Dosimetry"
* 백분위수는 크기가 작은 것부터 나열해 가장 작은 것을 0, 가장 큰 것을 100으로 한다. 5 백분위수는 다섯 번째로 작은 값이고, 95 백분위수는 95번째로 작은 값 다시 말하면 5번째로 큰 값이다. 그러므로 범위(95 백분위수/5 백분위수)가 작을수록 분포가 몰려 있으므로 불확실성이 작고, 범위가 클수록 분포가 흩어져 있어 불확실성이 크다-옮긴이

부정적 영향), 소형 위성 돌연변이(유전적 생식계열 DNA 변화) 등이 있다. 이러한 생물학적 사고들은 방사선 위험의 치명적 영향에 포함될 수 있다고 보고서는 언급하고 있다. 그러나 이러한 새로운 효과들은 더욱 심화된 연구가 필요하다.

보고서는 일부 방사성 핵종(예를 들어, 플루토늄-239)의 경우 선량 계수의 불확실성이 매우 클 수 있다고 지적했다. [표 8-1]은 여러 가지 핵종들의 조직 선량 계수즉 시버트/베크렐 Sv per Bq, 시버트(Sv)는 인체에 피폭되는 방사선의 양을 나타내는 단위이며, 베크렐(Bq)은 방사능의 양을 나타내는 단위다. 따라서 조직 선량 계수는 방사성 핵종의 방사능의 양 대비 얼마나 인체에 피폭되는가를 나타내는 계수다. 조직 선량 계수가 클수록 동일한 방사능 양이라도 인체에 미치는 영향이 크다는 것이다-옮긴이가 지닌 확률 분포의 95 백분위수와 5 백분위수 간 비율을 보여준다. 이를 통해 일부 핵종의 범위가 매우 넓어서

불확실성이 매우 크다는 것을 알 수 있다. 이러한 불확실성의 변동성이 큰데, 이는 위험 가능성의 증감도 크다는 의미다.

그러나 감소 가능성보다는 증가 가능성(위험이 더 커질 가능성)에 주의를 더 기울여야 하는데 그 이유는 다음과 같다. ① 신중성 원칙(Hey, 1995)에 따르면, 우리는 위험 판단에서 실수를 할 수 있으므로 피해가 가장 적은 대안을 선택해야 한다. 즉, 매우 심각한 위험의 가능성에 주의를 기울일 필요가 있다. ② 방관자 효과와 같이 새로운 생물학적 증거를 고려하면, 고선량에 근거해 선형 외삽법으로 추측한 위험보다 저선량의 위험이 더 클 수 있다. ③ 현존하는 증거(셀라필드와 다른 원전 부지 근처의 백혈병 다발 지역)를 고려하면, 일부 방사성 핵종의 방사선 위험은 현재 인정된 것보다 더 클 수 있다.

여기에 더해, 방사능과 방사선이 100년 전에 발견된 이래로 그 위험성은 꾸준히 점진적으로 증가해왔고, 일반인이나 작업자에 대한 선량 제한치는 항상 감소해왔다(1934년 거주자에 대한 방사선 제한치는 하루당 1.2밀리시버트였는데, 1951년에는 주당 3밀리시버트로 감소했고, 1966년에는 연간 50밀리시버트로, 1990년에는 연간 20밀리시버트 또는 5년 평균 20밀리시버트(한해 최고 제한치는 50밀리시버트)로 낮아졌다. 연간 제한치로 환산하면, 438, 156, 50, 20밀리시버트로 점차 낮아진 셈이다(Stather, 1993)). 이러한 연간 제한치의 감소 과정은 앞으로 또 일어날 수 있다. 그러므로 방사선 위험이 여러 요인에 의해 더 높을 수도 있고 낮을 수도 있다는 것을 고려한다면, 더 높을 가능성에 신중하게 주의를 기울이는 편이 낫다. 물론 원전업계는 이와 반대의 결론에 이르는 경향이 있다. 다시 말해 방사선 위험이 더 낮을 수도 있기에 이를 더 낮추기 위해 자원을 허비하는 것은 불필요하다는 것이다. 특히 전력 시장이 경쟁적일 때에는 더욱 그렇다. 결국 이러한 불확실성에 대해 우리가 무엇을 해야 할 것인가라는 질문은 정치적인 질문이 된다. 하지만 CERRIE 보고서는 신중한 접근 방법을 채택할 것을 분명히 권고한다.

CERRIE 보고서의 실질적 함의

CERRIE 보고서가 내보인 새로운 과학적 증거들은 방사선 방호 분야의 규제기관과 정책결정자들에게는 도전적 과제들을 던진다. 내부피폭위험 조사위원회의 권한은 과학적 증거의 조사에 한정되었기 때문에 이 보고서는 미래 과학 연구에 대한 제안과는 별도로 정책 권고사항을 포함하고 있지 않다. 그렇지만 정부는 방사선 방호에 대한 대부분 정책이 최신 과학적 증거에 기반해야 한다는 입장을 유지하고 있다. CERRIE 보고서가 중요한 이유는 미래의 정책, 가이드라인, 규제에 반영될 새로운 과학적 증거를 포함하고 있다는 점이다. 이 가운데 가장 중요한 내용은 내부 방사선량 및 피폭 위험을 둘러싸고 매우 큰 불확실성이 존재한다는 점이다. 보고서는 가까운 미래에 내부 방사선 피폭을 다룰 때 신중성 원칙에 기반해야 하고 새로운 규제 조항이 필요하다고 권고한다. 실제로 보고서는 언론 브리핑의 서두에서 다음과 같이 말하고 있다. "내부 방사선 피폭의 위험에 관한 새로운 정보를 알리는 더 과감한 조치가 필요하다."

원자력 산업에 미친 영향

영국에서는 '잘 조직된 캠페인'(Leake, 2005)을 통해 신규 원전 건설이 필요하다는 압력이 높아져왔다. 이들 움직임이 해결해야 할 이슈들 중의 하나가 방사선 피폭에 관한 것이었다. 영국 원자력 산업에서 대중에 노출된 방사선량은 상대적으로 적었다. 즉, 의료 진단 및 치료로 인해 대중에게 노출된 방사선량이 훨씬 많았지만, 이러한 피폭은 자발적인 것이고 또한 이에 상응하는 의료 혜택이 있다. 원전업계는 원자력 산업으로 인해 영국 일반인에게 노출된 평균 방사선량이 매우 적다는 '통계치'를 인용하길 선호한다. 이론적으로 이러한 통계치는 맞지만, 이러한 평균 방사선량은 영국 전체 인구 수인 6,000만으로 나눈 값이다. 하지만 영국에서 원자력 산업으로 인한 피폭은 특정 지역에 한정되며, 원자력 관련 노동자들과 원자력 시설로부터 가깝거나 풍향으로 영향을 받는 지역에 거주하는 소수의 거주민들에게만 주로 영향을 미친다. 따라서 이러한 '평균 통계치'는 좋게 봐줘도 부적절한 것이고, 최악의 경우 상황을 오판하게 된다.

영국에서 최대 방사선 내부피폭은 컴브리아의 셀라필드 재처리 공장으로부터 대기와 바다로 방출된 핵종에 기인한다. 영국의 나머지 아홉 개 원전의 정상적 운영을 통해서 일반인에게 영향을 주는 내부 방사선량은 상당히 작다. 방사선 외부피폭은 대체로 원자력 관련 노동자들에게 일어나는데, 셀라필드의 위험이 가장 크며 다른 원전에서는 선량이 작다. 외부 방사선량의 추정치는 불확실성이 적다.

어떤 형태건 원자력 전력 생산이 증가하면, 불가피하게 방사선 피폭이 추가적으로 야기될 것이다. 구체적인 원전 건설 계획이 없는 상황에서 현재까지 경험한 방사선량과 향후 방사선량이 유사할지, 클지, 작을지를 말하기란 어렵다. 신규 원전에서 나온 사용 후 핵연료를 재처리할 것인지 아닌지에 대한 결정이 매우 중요한 사항이다. 이에 대해 영국 정부가 공식적으로 어느 쪽으로 갈지를 아직 언급한 적은 없지만, 비공식적으로는 재처리에 있어서 분명한 기술, 안전 관련, 경제적 실수를 인식하고 있고 더는 재처리 시설을 검토하지 않는다고 알려져 있다. 이것이 사실이라면 신규 원자력 시설에서 일반인 및 노동자가 피폭될 방사선량은 현 시설들보다는 낮아질 것이다. 낮은 수준의 방사선량이라 할지라도 피폭은 계속 발생할 것이다.

그러나 중요한 사실은 신규 원전으로부터 낮은 수준의 피폭이 계속 발생할 수 있다는 점이 아니라, 방사선 효과에 대한 우리의 이해 수준이 높아짐에 따라 방사선량에 대한 인지된 위험도가 계속 증가할 수 있다는 것이다. 신규 원전으로부터 두세 가지 요인에 의해 일반인 및 노동자에 노출되는 방사선량은 정책 강화를 통해 감소시킬 수 있다. 그러나 내부피폭에 관한 불확실성은 점점 커지고 있으며, 일부 핵종의 경우에는 그 불확실성이 너무나 크다는 문제점이 있다.

방사선량에 관한 최근 과학적 증거가 취하는 신규 원전 건설 여부 질문에 대한 답은 조건부 동의라고 결론지을 수 있다. 다만 최신 증거들을 고려할 때 미래 전력 공급에 대한 대안을 검토할 경우에는 이러한 문제가 발생할 가능성이 적은 것을 선택해야 할 것이다.

9장

핵폐기물: 영국에서 계속되는 논쟁

데이비드 로리David Lowry

들어가며

많은 사람이 핵폐기물을 원자력 기술의 아킬레스건으로 여긴다. 50년간 지속되어왔던 핵폐기물 장기 처분에 대한 필요성은 이제 인정되었으며 논쟁은 이미 시작되었다. 기술적 관점에서 보면 여러 가지 대안이 있지만, 그 가운데 무엇을 선택하느냐는 기술보다는 사회 및 정치 논쟁에 종속되며, 종속되어야 한다. 이 장에서는 영국에서 폐기물 처분 방식에 대한 논쟁을 살펴보고, 처분장 부지 선정 합의가 얼마나 어려운지 알아본다.

영국의 핵폐기물 논쟁

새천년이 된 지 6년차가 되는 2006년은 영국의 핵폐기물 유산의 짐을 해결할 방사능 무덤을 찾는 수십 년간의 오랜 노력에서 전환점을 찍은 해다. 이 오래된 서사시는 1950년대에 시작되었는데, 저자가 공저자로 참여한 다른 책(Blowers, Lowry and Solomon, 1991)에서는 이때부터 1990년대 초까지의 상황을 다룬 바 있다. 영국과 해외에서의 핵폐기물 처리 정책을 결정하는 데 발생한 모든 우여곡절을 서술하려면 따로 책 한 권이 필요할 정도다.

이 책에서는 오직 한 장에서만 이를 서술해야 하므로, 독자들은 핵폐기물이 유발할 환경 위험과 기술적 긴급 상황과 관련한 합리적이고 실무적 지식은 이미 가지고 있다고 전제한다. 이 책의 1장(원자력 에너지: 입문서)은 이 장의 서론에도 해당한다. 이 장은 영국의 정책 전개 과정을 조사하고, 이를 간략히 스칸디나비아의 핀란드(어떤 이들은 핀란드가 핵폐기물 관리 문제를 해결했다고 본다), 미국과 러시아(이 둘은 대규모 군용 및 민간 핵 프로그램 때문에 가장 복잡한 문제를 가지고 있다)와의 유사점과 차이점을 비교할 것이다.

영국의 지방분권 속성상, 잉글랜드 및 웨일스와 비교해 스코틀랜드에서는 사뭇 다른 양상의 논쟁이 일어났으나(북아일랜드는 이러한 논의에서 부적절해 제외함), 이러한 정치적 특징은 매우 독특하기 때문에, 여기서는 다루지 않는다.

이 장의 대부분은 2006년 전반기의 상황에 할애할 것이고, 이러한 의사결정이 일어나는 결정적 6개월에 이르게 되기까지의 주요 순간들과 함께 그 역사적 배경에 대해서도 살펴볼 것이다.

배경

영국 정부는 오랜 기다림 끝에, 2001년 9월 12일 '방사성 폐기물의 안전한 관리Managing Radioactive Waste Safely, MRWS'라는 제목의 협의 문서를 공개했다. 이 내용은 오랫동안 지속된 대중적 관심사였지만, 영국 정부가 이를 발표한 날은 하필 미국에서 발생한 끔찍한 9.11 테러 공격 다음날이었기 때문에, 신문 지면은 이 공포스러운 사건에 대한 기사로 모두 뒤덮였다. 새롭게 인지된 세계적 테러 위협에 직면해 핵폐기물 저장소와 이동을 보호할 필요가 있다는 것을 고려한다면 이는 아주 역설적인 상황이었다. 영국 환경부 방사성 폐기물 관리부서의 웹사이트의 방사선 폐기물 관리장은 MRWS에 대한 반응을 볼 수 있도록 하고 있다.

이 협의 과정에서 도출된 의견에 부응해, 영국의 새로운 독립기관인 '방사성폐기물관리위원회CoRWM'(이하 관리위원회)가 2003년 3월에 창설되었다. 당시 현존 독립 기관이었던 '방사성폐기물관리자문위원회Radioactive Waste Management Advisory Committee, RWMAC'는 이 신규 관리위원회보다 관리 영역이 더 포괄적이었지만 결과적으로 해산되었고, 기존 위원회 위원 중 일부는 신규 관리위원회 위원으로 재임명되었다. 신규 관리위원회의 위원들은 다양한 전문성을 가지고 있었지만, 과학 전문가들은 거의 없는 대신 원자력 지식이 많은 정책 전문가들이 대부분이었으며, 비판가들에게 지지를 받지 못하는 위원도 있었다. 그러나 일단 관리위원회의 업무는 진행되었다.

관리위원회 의장으로 경제학자인 고든 매케른Gordon MacKerron 교수가 임명되었다. 그는 현재 브라이튼 서섹스 대학교 에너지 그룹의 대표이며, 아프리카와 오스트레일리아에서 연구 작업과 교수 활동 이후 서섹스 과학정책대학원Science Policy Research Unit, SPRU에서 원자력 산업에 대해 비판적 경제학자로 논쟁을 주도하다가, 1997년부터 네라Nera라는 자문회사에 참가해 4년 동안 총리의 전략자문단의 일원으로 에너지 정책에 관여했다. 스코틀랜드 출신으로 30년이 넘게 원자력 분야의 전문가로 일해왔던 매케른 교수는 북아일랜드 수자원 독립기관의 장을 그만두고 관리위원회의 초대 의장에 취임했다.

〈가디언〉과의 인터뷰(2005년 9월 27일)에서 매케른 교수는 다음과 같은 의견을 밝혔다. "나는 경력 대부분을 공공부문 논쟁의 중심에서 보냈다. 내가 생각하기에 내가 의장을 맡은 곳은 바로 논쟁이 극심하다는 점을 의미한다."

그의 말대로 관리위원회에서 논쟁은 자주 일어났고, 그 논쟁은 불만이 많은 하원의원들에 의해 주도되었다. 하원 과학기술위원회는 방사성 폐기물 관리에 대한 정책 개발이 느리게 진행되는 것에 깊은 우려를 표명했다. 매케른은 그러한 불평에 대해서도 한마디했다. "우리가 백지에서 시작해야 한다는 것에 어느 정도 불만이 있다는 것을 압니다. 하지만 위원들께서는 내용뿐만이 아니라 절차의 중요성을 충분히 인식하지 못하고 있습니다. 우리는 공인된 바른 길로 가야만 합니다."

불가피하게 핵폐기물의 안전한 관리를 위한 해법을 찾는 문제는 새롭게 등장하는 에너지 정책 논쟁(특히 신규 원전 건설 주장)과 뒤섞이게 되었다. 그런데 장관들은 왜 관리위원회를 만들었는가를 오해했거나, 아니면 아마도 고의로 혼란스러운 상황을 유도했던 것처럼 보인다. 예를 들면 맬컴 윅스 에너지부 장관은 2005년 11월 의회에서 다음과 같이 말했다. "방사성폐기물관리위원회는 현재 영국 내 고준위 방사성 폐기물의 장기적 관리 방안에 대해 검토하고 있다. 그리고 정부에 대한 최종 권고안은 2006년 내에 수립할 예정이며, 이 권고안에 따라 영국 연방정부와 지방정부는 고준위 방사성 폐기물 장기 관리 정책을 결정할 것이다."

그러나 그는 이후 다음과 같이 상술한다. "방사성폐기물관리위원회는 업계와 기술적 정보를 나누며 이미 신규 원전 시나리오를 생각하고 있었다. 이 작업의 결과는 2005년 7월 위원회 목록 형태로 발간되었다. 위원회는 신규 원전으로부터 발생한 폐기물도 장기 관리방안에 포함된 대안으로 기술적 수용이 가능하다고 밝혔다."

하지만 매케른 교수는 관리위원회의 의장으로서 다음의 내용을 2006년 초 〈인디펜던트〉지에 강하게 주장했으며, 2006년 6월 19일 통상산업 선발위원회Trade and Industry Select Committee, TISC에서도 분명히 반복 주장했다. "위원회로서 우리는 신규 원전 건설이 바람직한가의 여부와 관련한 입장은 전혀 없다. 우리의 권고안을 신규 원전에 대한 적색 또는 녹색 신호등으로 해석하면 안 된다. 신규 원전에 대한 정부 결정에 시간 계획을 세우는 것은 우리의 임무가 아니며, 정부는 폐기물에 대한 고려까지 포함해 신규 원전에 대한 자신의 평가 과정을 준수해야 한다. 왜냐하면 이미 존재하는 폐기물에 대한 고려와는 달리, 신규 원전에 대한 결정은 또 다른 정치적 및 윤리적 문제를 야기하기 때문이다."

몇 개월 후, 영향력 있는 전문지 〈뉴사이언티스트〉(2006년 5월 6일자)는 사설에서, "신규 원전 옹호자들은 방사성폐기물관리위원회가 그러한 계획을 제출했다고 의심 없이 주장한다. … 이것은 한마디로 미친 짓이다. 폐기물 저장소가 어떤 형태를 취할 것인지 또는 어디에 설치할 것인지에 대해서는 아무런 고려도 없이, 폐기물을 지하에 저장하기로 결정했다는 것은 지난 30년간 존재해왔던 수준의 계획 이상도 이하도 아니다." 이런 상황이 실제로 발생했다는 점을 입증하는 증거는 매우 많은데, 이에 대해서는 후에 언급할 것이다.

관리위원회는 방사성 폐기물에 대한 공공정책 수립을 위해 롤러코스터와 같은 파란만장한 과정의 회의를 수십 차례 개최했고, 독립기관치고는 드물게 대부분의 회의를 공개로 했다. 회의마다 새로운 이슈가 추가되었고, 치열한 논쟁이 펼쳐졌다.

예를 들면 2005년 7월 런던이 올림픽게임을 유치한 일주일 후, 런던 의회의 한 보수당 의원은 올림픽 공원의 일부 부지가 소형 연구용 원자로(1982년 폐로)가 있었던 곳이며 그 주변은 방사능으로 오염되었을 수도 있다는 폭로를 했다. 그러나 원자력 안전 규제기관인 원자력시설검사과NII는 이곳이 인체에 무해하다는 검증을 했고 그 후 논란은 완전히 사라졌다.

확신의 침몰

방사성폐기물관리위원회가 고심해야 할 또 다른 이슈는 원자력 부지로 허가받은 장기 처분장 예정 부지들의 침수와 침식 위협 문제였다. 토니 블레어 총리가 원자력이 '복수심을 가지고' 돌아온 이유를 합리화할 때 인용하던 것이 기후변화에 대한 우려였다. 그의 과학 자문관이었던 데이비드 킹 경Sir David King은 기후변화가 재앙적 결과를 가져온다는 것뿐만 아니라 원자력이 이를 해결하는 데 중요한 역할을 할 것이라고 블레어 수상을 설득했다.

블레어 수상이 현재 원자력 부지에 새로운 선대로서 신규 원전의 건설을 지지한다고 보도된 것은 매우 역설적인데, 그 이유는 현 원자력 부지들은 데이비드 킹 교수가 경고해온 기후변화의 긴급상황에 해당하는 해수면 상승과 해안가 침식 위험에 취약하기 때문이었다.

2005년 12월 영국의 핵폐기물 관리기관인 니렉스Nuclear Industry Radioactive Waste Executive, Nirex(과거에는 민간 부문이었으나 현재는 준 독립기관)는 향후 300년간 영국의 핵폐기물 관리 대안에 대한 관리위원회의 환경평가에 반영할 목적으로 한 보고서를 발간했다. 2005년 4월에 창립된 원자력 독립기관인 원자력폐로청에 의해 운영되는 원자력 부지들에 대한 니렉스의 '기후 및 경관 변화'의 요약은 아래의 [표 9-1]과 같다(브리티시에너지가 소유한 스코틀랜드의 토니스 원자력 부지는 포함되지 않음).

[표 9-1] 영국 원자력 부지들의 경관 변화에 대한 취약성

부지	2020년까지	2100년까지
사이즈웰	경관 변화 가능성 있음	침식에 취약(북쪽의 퇴적암 손실에 취약)
브라드웰	가능성 낮음	범람에 취약(지반 침하, 해수면 상승, 블랙워터 어귀의 침식에 취약)
던지니스	경관 변화 가능성 있음	침식에 매우 취약(퇴적암 변화 가능성, 이동 방향, 인간 활동에 매우 취약)
윈프리스	가능성 매우 낮음	가능성 낮음(하천에 의한 단절 위험은 낮음)
힝클리 포인트	가능성 낮음	경관 변화 가능성 있음(현재에는 대규모 해안 방호벽이 존재)
버클리/올드버리	가능성 낮음	범람에 취약(방호시설이 없으면 해안 침식의 가능성)
윌파	가능성 낮음	가능성 낮음(경암 해안으로 침식 가능성 낮음)
채플크로스	가능성 매우 낮음	가능성 매우 낮음(내륙 부지는 변화 가능성 낮음)
셀라필드	가능성 낮음	침식에 취약(현재 방파제가 방호한다고 간주됨. 파도 기후변화에 취약함. 어트 어귀는 해수면 상승으로 침하 가능성 있음)
헌터스튼	가능성 낮음	가능성 낮음(경암 해안으로 침식 가능성 낮음)
던리	가능성 낮음	가능성 낮음(경암 해안으로 침식 가능성 낮음, 다만 수갱 가능성 있음)

니렉스 연구는 환경부가 진행하는 미래 해안Future Coast에 대한 프로젝트를 이용한다. 실제, 엘리엇 몰리Elliot Morley 환경부 장관(2006년 5월 개각에서 제외되는데, 원자력에 대한 회의적 성향이 영향을 준 듯 보인다)은 의회에서 다음과 같이 답했다. "잉글랜드 해안 침식의 위험 관리는 해양 지방자치 의회가 관할한다. 이 기관은 환경청 및 해안 경비대와 협동해 해안 관리 계획을 통해 통합적, 장기적 시각으로 해안을 관리한다. 이러한 계획은 정부 정책과 함께 해안 침식을 포함한 해안 변화 과정을 고려한다. 그 후 경제, 사회, 환경적 문제를 고려한 더 구체적인 해안 전략이 개발된다. 그 구체적 전략에서는 셀라필드 같은 원전과 드리그의 저준위 폐기물 보관소 등 주요 해안 시설의 특수한 요건들이 고려된다."

이에 덧붙여 그는 "해안 침식이 저준위 폐기물 보관소에 주는 영향은 이 부지의 마감 후 안전 사례의 일환으로 논의되었는데, 브리티시원자력그룹 셀라필드가 이러한 내용을 2002년 9월에 환경청에 제출했다. 셀라필드의 조사에 따르면, 해안선을 보호하는 아무런 조치를 취하지 않으면 저준위 폐기물 보관소는 해안 침식에 의해 500~5000년 사이에 파괴될 수 있다고 예측했다"고 말했다.

이전 처분장 부지의 공개

2005년 6월, 여러 번의 정보 공개 청구에 이어, 오랫동안 비밀로 여겨졌던 '핵폐기물 처분 예정 부지 목록'이 마침내 공개되었다. 니렉스가 작성한 것으로 추정된 이 문서는 모두 537곳의 부지를 포함하고 있고, 이 가운데 중요한 부지는 다음과 같이 12곳으로 요약된다.

에섹스주의 브라드웰 및 포튼섬, 컴브리아주의 셀라필드 내 두 곳, 케이스니스주의 던리 및 알트나브릭, 헤브리데즈주의 푸데이 및 산드레이, 사우스 험더사이드주의 킬링홈, 노폭주의 스탠포드, 노섬버랜드주의 레드카 주변의 해상 부지, 스코틀랜드 헌터스튼 주변의 해상 부지.

이와 관련해 크리스 머리Chris Murray 니렉스 사장은 다음과 같이 말했다. "이해관계자들의 자문에 이어 이러한 리스트의 공개를 통해, 이러한 이슈를 저지하려 했던 과거의 논쟁에서 벗어나 방사성폐기물관리위원회가 주도하는 새로운 과정에 모두가 참여하기를 희망한다."

장관들과 니렉스가 이러한 부지 예정지들을 실제로 고려하고 있지는 않다는 해명에도 불구하고, 이 부지 공개 후 지역 매체들과 대중에게 한바탕 논란을 불러 일으켰고 이들 지역이 미래의 핵폐기물 처분장이 될 수 있다는 공포심을 불러 일으켰다.

폐기물 양에 대한 혼동

끊임없는 논쟁의 중심에 있는 또 다른 이슈는 방사성폐기물관리위원회가 전략적으로 대비하는 방사성 폐기물의 양과 관련한 것이다. 몰리 장관이 버나드 젠킨Bernard Jenkin 당시 보수당 에너지 대변인에게 2005년 10월 서면 답신한 내용에 따르면, 환경부와 니렉스가 공동으로 준비하는 영국 방사성 폐기물 재고목록은 2001년 4월 1일 기준 영국의 폐기물 양의 구체적 내용을 담고 있다(표 9-2).

또한 몰리 장관은 당시 자유민주당 정부 요원 환경 대변인 노먼 베이커Norman Baker에게 미래 발생이 예측되는 방사성 폐기물(원전의 폐로를 가정)

[표 9-2] 2020년 영국의 전력 생산비용(단위: 펜스/kWh)

폐기물 종류	양(m³)
고준위 폐기물(사용 후 핵연료 등)	764
중준위 폐기물(폐로, 방사능 오염 물질 등)	74,466
저준위 폐기물(작업복, 공구 등)	15,674

[표 9-3] 고준위 및 중준위 방사성 폐기물 미래 발생 예측량

시기	고준위(m³)	중준위(m³)
2010	1,350	107,000
2020	1,510	128,000
2030	1,510	143,000

의 양에 대해 자료를 제공했다(표 9-3).

이 자료에 공개되지 않았지만 매우 놀랄 만한 내용으로, 2005년 8월에 발행된 원자력폐로청의 국가 전략 초안에 따르면 추정된 방사능 오염 부지는 셀라필드만 해도 2,000만m^2에 이른다는 것이다. 국가 전략에서는 다음과 같이 직설적으로 언급한다. "주로 기존 시설과 처분 시설로부터의 방사능 누출을 고려한다면, 셀라필드에서는 오염 부지가 2,000만m^2에 이를 것으로 추정된다."

군용 시설에서의 폐기물

엄격히 말하자면 방사성폐기물관리위원회의 임무에는 과거 1940년대까

[표 9-4] 유지보수비용

회계연도	비용(100만 파운드)
2000~2001	213
2001~2002	201
2002~2003	241
2003~2004	188
2004~2005	253

지 거슬러 올라가는 영국 군용 핵 프로그램으로부터 발생한 방사능 폐기물은 포함되지 않는다. 국방부의 2006년 5월 국회 답변에 따르면, 이러한 폐기물을 단지 유지 보수하는 데도 꽤 높은 비용(장기관리는 불포함)이 든다(표 9-4).

또 다른 군용 방사능 오염과 관련한 우려는 해안가 오염에 대한 것이다. 〈선데이헤럴드〉는 2005년 11월 "국방부가 해안가의 오염을 제거하는 책임을 거부하자, 스코틀랜드 환경보호청은 좌절했고 전문가, 지역 주민은 격노했다"고 보도했다.

또한 이 신문은 스코틀랜드 환경보호청이 조사해 밝혀낸 오염 지역은 피페의 달지티만 주변의 약 100곳에 이른다고 보도했다. 그리고 스코틀랜드 환경보호청에 따르면, 98곳에서는 통상 수준보다 48배가 높은 방사능 오염이 측정되었다고 추가 폭로했다.

스코틀랜드의 민감한 상황

실제 스코틀랜드에서 핵폐기물 부담의 상황은 심각한데 이에 대해 스코틀랜드 의회에서도 계속 우려를 표명했을 했을 뿐만 아니라 대중 논쟁도 지속되어왔다. 가장 심각한 논쟁은 소위 던리 수갱Dounreay shaft의 방사능 제거와 해체의 어려움 및 이에 드는 비용과 관련한 것이었다. 이 수갱은 1950년대 말부터 던리 실험실 및 연구 활동에서 나온 방사능 폐기물을 묻은 터널로, 1977년에 화학 물질의 폭발이 있었으며 이로 인해 이 부지와 인근 해변가에 상당한 방사능 오염이 발생했다. 발전소 주변의 작은 마을인 벌두 주민들은 저준위 핵 처분장 시설에 대해 반대해왔다. 그들은 핵폐기물 시설을 그들의 문앞에 폐기물을 쏟아버리는 것으로 여겼다. 2006년 초, 방사능 폐기물 보관소에서 누출이 있었던 것이 밝혀지면서 그 우려는 급증했다. 던리 보관소(여기에는 벨기에, 덴마크, 프랑스, 독일, 네덜란드, 그루지아에서 온 핵폐기물을 보관하고 있다) 대변인은 보관소 주변 지역의 방사능 수준은 저장고보다 100만 배 낮다고 주장하면서 이렇게 말했다. "우리는 회수가 이루어지기 전에, 폐기물의 안전한 보관을 재확인하는 추가적 조치를 취했다."

영국원자력청은 기후변화로 인한 해수면 상승 가능성이 해안가 발전소에 끼칠 우려를 고려해 보관시설 후보로 내륙 부지를 선택했다고 발표했다. 만일 모든 것이 승인된다면, 시설은 2008년 건립을 시작해서 2011년부터 가동될 수 있을 것으로 예측된다2017년 현재 폐기물 시설로 제안되거나 승인된 곳은 아직 한 곳도 없다 - 옮긴이.

잭 매코널Jack McConnell 스코틀랜드 노동당 수석 장관은 스코틀랜드에서의 정책은 신규 원전에 대한 결정을 하기 이전에 폐기물 문제의 해결이 반드시 선행되어야 한다고 재확인했다. 리처드 로키드Richard Lochhead 스코틀랜드 국민당 의원은 "만일 폐기물 시설이 그렇게 안전하다면, 영국 정부는 런던 한복판에 구멍을 파고 거기에 핵폐기물을 보관할 수 있어야 한다"고 신랄하게 비판했다.

원자력이 가져온 재앙

2006년 1월 초 〈가디언〉은 "각료들은 핵폐기물의 급증을 경고했다. 핵폐기물의 치명적인 방사능 양은 5배나 증가할 수도 있다"고 보도했다. 각료들과 원자력 찬성론자들이 신규 원전 프로그램은 현존 원전이 생산하는 방사능 폐기물의 10%만 생산할 것이라고 반복해서 했던 주장이 틀렸음을 지적했기 때문에 매우 중요한 보도였다. 전체 양으로만 보자면 신규 원전 프로그램은 재처리 프로그램이 없고 중준위 및 저준위 폐기물이 감소하기 때문에 감소한다는 주장은 맞지만 고준위 폐기물, 즉 재처리되지 않은 사용 후 핵연료는 대폭 늘어날 것이다.

따라서 방사성폐기물관리위원회는 신규 원전에서 나온 사용 후 우라늄 연료봉의 방사능은 현재 영국 방사능 폐기물의 거의 3배에 해당하는 수준이라는 분석을 발표했다.

크리스 머리 니렉스 사장은 다음과 같이 말했다. "양이 전부는 아니다. 새로운 원전에서 어떠한 형태의 폐기물이 생성되는지, 그것을 어떻게 다루어야 하는지를 우리는 정확히 알 필요가 있다." 방사성폐기물관리위원회에 따르면, 영국에서 핵연료의 재처리 없이 10곳의 신규 원전을 짓는다면, 현재 저장된 8,150m^{3}에 추가로 3만 1,900m^3 규모의 사용 후 핵연료가 생성될 것이다. 매케른 교수는 좀 더 신중한 접근을 취하는데, "설치를 원하는 신규 시설의 폐기물은 10% 정도만 증가하는 것이 바람직하다. 그 양이 2~3배까지 증가해서는 안 된다. 지금 당장 이러한 극단적인 수치 중간 어디쯤 해당할지를 아는 것은 매우 어렵다."

동시에 과학주간지 〈뉴사이언티스트〉는 잉글랜드와 웨일스의 환경 규제기관인 환경청이 제안된 매장용 핵폐기물 보관용기는 500년 안에 금이 가거나 누출이 있을 수 있다는 우려를 표하면서 내부 자료에 따라 지하 저장고 계획을 너무 낙관적으로 만들었다고 밝혔다. 니렉스는 민간 및 군용 핵 프로그램에서 나온 방사능 폐기물은 지하 300~1,000m에 묻어야 한다고 제안하고 있었지만 환경청에 보낸 니렉스 보고서에서는 콘크리트와 강철 보관용기는 부식이나 실패할 장기적 위험이 있다고 경고하고 있다(보고서뿐만 아니라 동시에 규제기관도 웹사이트에 그러한 경고를 올렸다).

이 폭로에 이어 다른 신문도 영국 구 원전의 폐로 및 제염 예상비용이 2005년 원자력폐로청이 추정한 140억 파운드를 넘어 700억 파운드까지 상승할 것 같다고 폭로했다. 또한 총 비용은 영국민 개개인에게 800파운드씩을 부담시키는 셈이라고 지적했다.

실질적으로 영국의 국립과학아카데미인 영국 왕립학회는 방사성폐기물관리위원회의 위원 구성을 문제 삼았다. 2005년 11월에 개최된 과학세미나(2006년 1월 발표)에서 왕립학회는 이와 관련해 신랄하게 비판하며 "방사성폐기물관리위원회는 영국 방사능 폐기물 관리 대안을 점검하는 작업이 마지막 단계로 진입함에 따라, 좀 더 과학적 근거를 확보할 필요가 있다"고 말했다.

왕립학회의 보고서는 방사성폐기물관리위원회가 방사능 폐기물 처분 대안 리스트를 작성하는 데 적용하는 여러 가지 기준들 간의 가중치에 대해, 다른 과학 및 기술 조직들이 참여해 좀 더 자세히 살펴보아야 한다고 주장한다.

왕립학회 보고서의 최종책임자이면서 방사성폐기물관리위원회 품질확인 그룹의 독립 회원인 제프리 볼튼Geoffrey Boulton 교수는 다음과 같이 말했다. "방사성폐기물관리위원회는 심각하고 급박한 핵폐기물 처리 문제를 해결하기 위한 방향을 제시하는 데 결정적인 역할을 하고, 왕립학회는 이러한 중요한 임무를 돕기 위해 건설적 조언을 제공하고자 한다. 우리는 지금까지 과학, 기술단체가 상대적으로 제한되게 참여(소규모 전문가 그룹과는 별도로)함에 따라, 관리위원회의 최종 제안에 대해 부정적 반응이 나올 수도 있음을 우려한다. 우리는 관리위원회가 대중 참여를 보완하기 위해서 지금이라도 과학, 기술단체가 좀 더 널리 참여할 수 있도록 해 이러한 결과를 회피하길 권고한다."

그는 또한 "왕립학회는 관리위원회가 관리하는 대중 자문 및 참여 과정의 중요성에 대해 공감한다. 관리위원회가 보고하는 대안은 광범위한 대중적 지지를 받을 수 있는 방안이어야 한다. 이러한 지지가 없다면, 관리위원회가 추진한 절차 또한 그동안 영국이 핵폐기물 문제를 해결해오지 못한 역사에 또 하나의 실효성 없는 사례로 추가될 것이다"라고 덧붙였다.

또한 왕립학회 보고서는 환경부가 방사성폐기물관리위원회를 잇는 조직을 설립해야 한다고 제안했다. 2006년 7월까지 최종 보고서를 제출해야 한다는 일정은 "여러 개의 개별적 대안들로부터 통합된 전략을 도출하기에는 너무 짧기" 때문이었다. 신규 조직은 기존 관리위원회보다 좀 더 많은 과학적, 기술적 역량을 필요로 할 것이다. 신뢰할 만한 전략을 수립하려면 더 광범위한 과학 공동체의 지식에 접근하고 그 내에서 공감대를 형성하는 게 중요하기 때문이다.

관리위원회가 후원한 여러 전문가 워크숍 중 하나에서는 여러 위험을 '점수화'하려 했고, 이의 결과를 들은 왕립학회는 원자력 안전 이슈에 대해 매우 우려했다. 안전 전문가 워크숍은 영국의 핵폐기물이 테러 공격에 취약하고 정부는 이러한 문제에 긴급히 대응하는 데 실패했다고 경고했다.

원자력 안전 전문가들(이 장의 저자를 포함)은 정부에 다음을 재촉했다. "정부는 원자력폐로청과 다른 규제기관이 협조해 잠재적 테러로부터 영국 방사능 폐기물의 취약함을 감소시킬 실행 계획을 수립하도록 지시해야 한다. 그리고 이 계획은 테러 공격에 견딜 수 있는 특수한 설계를 갖춘 폐기물 저장소 계획을 포함해야 한다."

핵 물질 이송 등을 포함한 원자력 관련 안전 이슈는 다음 장에서 자세히 다룬다.

방사능 폐기물 재고는 문제의 심각성을 보여준다

2006년 초 니렉스는 영국에 이미 보관되어 있는 방사능 폐기물의 최근 재고량과 향후 계획된 발전소로부터 창출될 양의 예측치를 발표했다. 언론들은 전국에 보관된 230만m^2의 폐기물 재고(이는 런던의 객석 3000석 규모의 콘서트홀인 앨버트홀보다 5배 넓은 공간을 꽉 채우는 규모)에 대해 분석을 시작했다. 그 당시에는 보관된 방사능 폐기물의 8%만이 안전하게 포장된 상태였다. 2004년 4월 수치에 따르면 고준위 폐기물은 2001년 재고(1,510m^3)에 비해 11% 감소했다. 중준위 폐기물은 2001년 재고(23만 7,000m^3)에 비해 7% 감소했다. 2006년 초 원자력폐로청은 해외에서 도입된 사용 후 핵연료를 750톤으로 추정했는데, 이는 대부분 셀라필드에 보관 중이다. 다만 구체적으로 어디로부터 얼마나 도입되었는지에 대해 장관들은 '업체 기밀'이라며 밝히지 않았다. 그러나 저준위 폐기물은 151만m^3에서 210만m^3로 35%가 증가했는데, 니렉스에 따르면 이는 오염 부지로 추정되는 곳을 추가했기 때문이다. 예를 들면 47만m^3의 추가 저준위 폐기물 중 37만m^3는 올더마스턴 원자력 무기 시설Aldermaston Atomic Weapon Establishment, AWE로부터 오염된 부지, 그리고 다른 부지에서 오염된 2만m^3의 부지로 구성되어 있다.

〈에너지 정책 검토 보고서〉—더 많은 폐기물의 존재

정부의 〈에너지 정책 검토 보고서〉(기본적으로 원자력에 대한 재검토는 친원자력으로 이미 결정되어 있다고 많은 이들이 간주했다)는 2006년 1월 말에 시작되었다. 매케른 교수는 방사성폐기물관리위원회가 최종 보고서를 발간하기 이전에 신규 원전 건설에 대해 이야기하는 것은 위원회 과정을 취약하게 할 수 있다고 했다. "사람들은 새로운 원전 건설에 대한 결정이 나기 이전에 폐기물 문제가 해결되길 기대한다. 이것이 지금까지 정부가 취해왔던 입장이라고 우리는 믿고 있다." 그리고 "정부는 신규 원전 결정 이전에 폐기물 문제를 해결할 필요가 있다고 항상 공약해왔다. 신규 원전에 대한 보고서가 초여름에 나올 예정인 것을 고려하면, 우리에게는 엄청난 압박이다"라고 덧붙였다. 또한 맬컴 윅스 에너지부 장관은 폐기물 문제에 대해 영구적 해결책을 찾는 데 실패한 것은 "국가적 불명예"라고 말했다.

과학 분야를 책임지는 로드 세인즈버리Lord Sainsbury 통상산업부 장관은 동료들에 대한 서면 답신에서 다음과 같이 말했다. "우리가 차세대 원전을 고려하기 전에 핵폐기물 문제와 싸우고 있다는 점을 대중에게 분명히 보여주어야 한다. 정부는 지금까지 이를 명확히 해왔다." 현재는 방사능 폐기물 안전 관리 프로그램 아래서 분명한 전략을 가지고 폐기물과 싸우는 작업이 진행 중이다.

윅스는 이에 대해 좀 더 많은 신뢰를 보여주는데, 2월 중순 통상산업부 청문회 기간 중 참여 의원들에게 다음과 같이 말했다. "폐기물 유산의 깨끗한 정리는 우리가 처한 어려운 과제다. 이는 이전에 이미 해결했어야 한 문제라고 판단한다. 하지만 이제 우리는 원자력폐로청을 설립하고 관리위원회가 이번 여름, 핵폐기물 최종저장소에 대한 자문을 해줄 것이다. 이 두 기관이 다 제 역할을 하게 되면, 우리는 이 나라의 민간 원자력의 미래에 대해 국민들과 토론할 것이고, 토론해야 하며 이를 통해 결정해야 한다." 또한 그는 "어떻게 결정하든, 50년 넘게 검토해왔던 원자력 유산을 깨끗이 정리하는 비용은 매우 높을 것이다"라고 덧붙였다.

또 다른 환경청의 고위공무원 존 하먼John Harman 경은 〈옵저버〉지에 다음과 같이 말했다. "핵폐기물 시설은 15년 안에 실질적으로 설립되어야 한다. 만일 이 결정이 연기되어 폐기물의 처리 문제가 정해지지 않는다면, 신규 원전 프로그램을 시작하는 것은 매우 신중하지 못한 일이 될 것이다."

오스트레일리아에 버리기

어떤 사전 예고도 없이, 방사능 폐기물의 장기 관리와 관련한 완전히 새로운 대안이 갑자기 논쟁에 등장했다. 지구 반대편 오스트레일리아에 만드는 방안이다. 지질학적으로 안정된 오스트레일리아 오지에 핵폐기물 저장소를 만드는 것은 오스트레일리아와 세계의 안전을 보장하기 위한 유일한 국제적 해결책임을 멜버른 대학교 원자력 물리학자인 조프 허드슨Geoff Hudson 박사가 주장했다. 그러면서 '세계에 도움되는 일'을 오스트레일리아가 하지 않을 이유가 없다고 그는 덧붙였다.

하지만 이 주장이 나온 이후 구체적인 후속 내용이 없어서 매케른 교수는 이전의 대안으로 돌아갈 수밖에 없었다고 했다. 그는 〈선데이타임스〉에서 "핵폐기물 문제는 국가 내부 문제로서 오랫동안 해결되지 못했다"며, 방사능 물질의 보관을 위한 개선된 방식(이는 영국이 향후 100년간 정치적으로 안정적일 것을 가정한다)과 초기 약속인 지하 처분 방식(이는 향후 진보된 기술로도 도달할 수 없는 곳임을 의미한다) 둘 사이의 선택에서 딜레마에 처해 있다고 지적했다. 또한 "이러한 여러 추천 방안들을 혼합하는 대안이 선택될 가능성이 높다. 모든 것이 적합한 하나의 방안이 나온다면, 그야말로 매우 놀라운 일이 될 것이다"라고 덧붙였다.

방사성폐기물관리위원회는 총체적 검토에 임한다

2006년 상반기 동안 방사성폐기물관리위원회 회의는 지속되었고, 모든 진행 상황을 대중에 공개했다. 구체적 사항을 즉시 웹사이트에 올렸고, 관리위원회 위원들이 작성하거나 위원들을 위해 작성된 수십 가지 서류와 논문들이 공개되었다. 관리위원회의 자체 요약에 따르면 "방사능 폐기물 장기 관리를 위한 대안 검토 시 중요한 부분은 완성되었다. … 다중기준 의사결정 분석Multi-Criteria Decision Analysis, MCDA 방법을 사용한 이유는 다양한 대안들의 상대적 강점과 약점을 깊이 있게 이해하기 위해서지 최선의 대안을 구한다는 관점에서 '정답'을 생산하기 위한 것은 아니었다."

2006년 4월 25일부터 27일까지 최종 의사결정을 위한 전원 회의에서 관리위원회는 제안서 초안을 발간했다. 주요 결론과 지침은 지하저장소 형태의 지질학적 보관이 최상의 대안이라는 내용을 포함하고 있다. 다만 "관리위원회는 현재 지질학적 처분을 실행하는 데 충분한 합의가 부족하다는 사회 및 윤리적 우려가 있다는 사실을 인식하고 있다. 어떤 경우에도 실행 과정은 수십 년이 걸릴 것이다"라는 단서가 있었다. 이에 관리위원회는 단계별 실행을 제안하며, 그중에서도 특히 테러 공격에 대비한 재검토 및 안전 보장 등을 포괄한 단계적 조치들이 있어야 한다고 주장했다.

정치권 반응

정치권 반응은 빨랐다. 관리위원회의 제안서 초안에 대응해 앨런 던컨 Alan Duncan 하원의원은 다음과 같이 말했다.

> 핵폐기물 문제에 대해 신뢰할 수 있는 장기적 대안을 갖는 것은 매우 중요하다. 나는 이 중요한 이슈에 대한 관리위원회의 작업을 환영한다. 지난 폐기물에 대한 대응책은 신속히 마련되어야 하며, 신규 원전도 신뢰할 수 있는 폐기물 관리 정책이 뒤따라야 한다. 폐기물에 대한 장기적 대책이 없으면, 어떠한 회사도 신규 원전에 투자하지 않을 것이다. 미래 신규 원전에 대한 결정이 무엇이든 간에, 핵폐기물을 다루는 계획 및 이에 이르는 과정에 대중이 신뢰를 갖는 것은 매우 중요하다.

그러나 핀란드 쿠오피오 대학교 방사선 과학자인 키스 배버스톡Keith Baverstock(2005년 4월 절차적 논쟁 이후 관리위원회 위원에서 해임되었다)은 관리위원회의 제안에 별로 감명받지 않았다. 그는 "임신 기간은 코끼리보다 길었는데 정작 나온 것은 생쥐에 지나지 않았다"며 비난했다. 결국 관리위원회가 옳았는지, 이에 대한 비판이 옳았는지는 오직 시간만이 말해줄 것이다.

결론

미드랜드 보수당 의원인 로저 헬머Roger Helmer는 지방 신문에 다음과 같이 썼다. "핵폐기물 처분장에 대해 내가 전문가는 아니지만, 노팅햄셔 키워스 주재 영국지질조사British Geological Survey는 지하 매장이 최선의 방책이라고 생각하는 것 같다. 나도 이를 다툴 생각은 없다. 이것이 핀란드가 채택한 방법이며, 핀란드 사람들은 이에 만족해하는 것 같다." 핀란드가 핵폐기물 문제를 해결했다고 통상 이야기한다. 그러나 실제로 그런가? 핀란드를 살펴보는 것이 영국의 앞날에 무엇이 다가올지 예측하는 데 도움을 줄 것이다.

물론 핀란드 정부와 유럽 원전업계는 핀란드 신규 원전(시작부터 유럽연합 국가 보조금 규칙으로 논란 발생)과 동일한 장소(핀란드 남서쪽에 있는 올킬루오토섬)에 같이 설치되는 방사능 폐기물 관리 프로그램 둘 다를 따라야 할 모델이라고 소개해왔다.

핀란드 원전 프로그램의 상세한 역사, 현재 확장 계획, 폐기물 처분 프로그램과 관련한 내용은 여러 웹사이트에서 찾아볼 수 있다.

요약하자면 1992년 유라조키에 위치한 올킬루오토 원전은 저준위 방사능 폐기물을 부지 내 얕은 지하 처분장에 보관하기 시작했다. 1998년 수도 헬싱키의 동쪽인 로비자 원전 부지에서도 저준위 방사능 폐기물 처분이 이루어졌다.

테올리수덴 보이마Teollisuuden Voima Oy, TVO(신규 원전을 인접해 건설하는 회사)의 자회사인 포시바Posiva Oy는 온칼로작은 동굴을 의미-옮긴이(스웨덴 정부가 실행하려고 하는 지하 500m 아래에 건설하는 스웨덴 방식으로, 소위 KBS3 방식이라 불림)라 불리는 핵폐기물 저장소를 건설 중이다.

2006년 중반, 핀란드 정부가 유라조키 지역의 설립 프로젝트에 대해 최종 승인은 하지 않았지만, 입구 터널은 건설 중이고 2020년 개장을 목표로 핀란드 내 모든 핵폐기물의 최종 보관소의 건설이 진행될 예정이다건설 허가는 2015년 11월에 나왔고, 2023년 완공 예정이다-옮긴이. 포시바 대변인 벨리마티 아말라Veli-Matti Ammala는 이 보관소는 다음 빙하기까지 버틸 수 있다고 확언했지만, 이에 대해서 우리가 확신할 수는 없는 일이다. 이것이 바로 핵폐기물 처분장과 관련한 어려움이다. 즉 계획상으로 지질연대수십만 년 이상-옮긴이를 버텨야 하는데, 인류 역사상 가장 오래된 조직은 겨우 2000년을 넘긴 가톨릭 교회뿐이다.

영국에서는 널리 퍼져 있는 님비주의와는 달리, 핀란드 지방자치단체들은 폐기물 보관소 부지로 선정되기 위해 여러 마을 간에 경쟁했다. 여기에 선정되면 수백 개의 일자리가 창출되고 지방 세수가 늘어나리라 기대하기 때문이었다.

"핀란드에서 부지 선출 과정이 시작되었을 때, 원전업계는 최선의 지질학적 부지가 선정되었다고 말했다"고, 북유럽 그린피스 에너지 활동가 카이사 코소넌Kaisa Kosonen이 논평했다. "사회적 이유로 유라조키가 부지로 선정되었는데, 그곳은 스스로 수용하겠다고 밝힌 최초의 지방자치단체이며, 원자력 반대도 활발하지 않았기 때문이다."

핀란드에서 핵폐기물 최종 처분장을 마련하는 과정에 영향을 준 또 하나의 주요 요인은, 오직 두 개의 부지에서 네 개의 원자로만 운영되고 있으며 상대적으로 인구밀도가 낮고 인구의 대부분이 남쪽에 집중 거주하고 있다는 점이었다.

그러므로 이러한 핀란드의 선례를 영국에 그대로 적용할 수는 없다. 대신, 원전업계가 폐기물 영구 보관을 바라는 지역 주민을 찾아내지 못한다면, 부지 선정과 관련해 엄청난 대립이 있을 것으로 예상된다.

독자들은 폐기물 저장소를 네바다 먼 곳에 지으려는 미국의 방안은 문제가 별로 없었을 것이라고 생각할 수도 있다. 그러나 유카산 부지는 오랫동안 논쟁거리가 되어왔다.

유카 부지는 수십 년간 고준위 폐기물 최종처리장에 적합하다고 알려져 왔으나 네바다 주 반대자들이 주도한 지질학적 적합성에 대한 과학적 논쟁 및 법적, 정치적 다툼으로 인해 세계에서 가장 해결 불가능한, 방사능 폐기물에 대한 의사결정 과정이 되었다 유카 저장소 관련 의사결정은 2010년 오바마 대통령이 보류한 이후 2017년 현재까지 결정된 것이 없다-옮긴이.

메시지는 간단하다. 이러한 이슈를 마주하고 싶은 사람들은 거의 없으나, 우리는 현존 핵폐기물이 가야 할 어딘가를 찾아야 한다는 것이다. 이에 대한 간단한 답은, 우리가 더는 핵폐기물을 생산하지 않는다면 이 문제를 해결하기가 좀 더 쉬워질 수 있다는 것이다.

10장

원자력에 내재된 안보 불안

데이비드 로리David Lowry

원자력 안보에 대한 대중적 확신은 원자력 에너지 확장의 선결 조건이 될 것이다.

— 애니타 닐슨Anita Nilsson, 국제원자력기구 원자력안전국장(2006년 3월 22일, 유럽 원자력 에너지 연합 컨퍼런스 발표에서)

장관들이 신규 원전을 지지하는 이유 중 하나는 영국의 화석연료 공급, 특히 가스 공급이 미래에 여러 가지 불안정성에 직면할 수 있기 때문이다. 실제로 2006년 1분기에 열린 〈에너지 정책 검토 보고서〉에서 설명된 이유도 에너지 공급의 불안정에 대한 공포였다. 에너지 자원의 불안정에 대한 우려가 갑자기 급부상한 것은 사실에 기반을 둔 것은 아니지만, 이미 정치계에는 구전되는 지식이 되었다. 하지만 이 장에서는 이와는 반대 입장에서 원자력에 내재된 불안에 대해 고찰한다.

원자력 안보 불안-국가적, 국제적 우려

> 세계적으로 원자력의 안전과 안보는 미래에 나타날 원자력 기술 진보에 주로 의존하려고 한다. … 국제원자력기구도 유엔과 산하 기구, 인터폴, 유로폴, 국제우편연합, 유럽연합 등 다른 국제기구들과 원자력 안보 이슈에 대한 협력을 강조해왔다.
>
> — 모하메드 엘바라데이Mohamed ElBaradei 국제원자력기구 사무총장(2003년 11월 3일)

위에 인용된 엘바라데이 박사가 원자력 안전을 중요시했다는 점은 놀랍지 않다. 하지만 새롭고 중요한 부분은 안전과 더불어 안보를 언급했다는 것이다. 그는 연설에서 다음과 같이 강조한다.

"국가나 테러리스트에 의한 핵확산 위협이 증가하고 있다. 따라서 민간 원전 프로그램의 무기급 물질(플루토늄과 고농축우라늄)의 처리 과정에 다자간 통제 아래 엄격한 제한을 두는 방식을 진지하게 고려해볼 가치가 있다. 여기에는 재처리 및 농축을 통해 새로운 물질의 생산을 제한하는 것도 포함된다."

원자력 산업의 확산을 책임지는 유엔기관의 수장이 이런 놀라운 발언을 했다는 사실은 논란이 될 수 있다. 그러나 미국의 9.11 테러 후 2년이 지나지 않아 이런 발언이 나온 점을 고려하면, 그 의도를 충분히 이해할 수 있다. 엘바라데이 박사(원자력 안보와 재확산 금지에 관한 업적으로 노벨평화상을 수상한 국제 고위인사)는 더 나아가 "최근 관심이 증대하는 협약은 1979년에 시작된 핵물질방호협약Convention on the Physical Protection of Nuclear Material, CPPNM이다. 지난 2년간 20개국이 협약에 가입했다는 사실은 국제 원자력 안보의 중요성을 반영한다"고 지적했다.

2005년 영국에서 몇 건의 테러 발생(다행히 방사능 물질은 없음)의 결과로 정부에서는 반테러 방안이 수립되었다. 의회에서는 테러방지법 같은 방안의 장단점에 대해 논쟁이 벌어졌으며 최근 몇 년간 테러리즘은 대중 및 정치 의제의 상위권을 차지했다. 국제적으로도 테러 위협에 대해 유사한 조치들이 강화되었다. 예를 들면 코피 아난Kofi Annan 유엔 사무총장은 400여 명의 테러방지 전문가들이 모인 국제 회의(2005년 5월 10일 스페인 마드리드에서 개최, 마드리드 교외철도 테러 1주년에 열림)에서 테러리스트에게 핵공격 사용을 절대 허용해서는 안 된다고 강조했다. 이는 이론상의 위협이 아니라 현존하는 것으로, 2004년 3월~2003년 10월 사이 테러 용의자 일곱 명의 여러 계획들이 법정에서 밝혀지면서 분명한 사실로 드러났다.

코피 아난 총장은 유엔 회원국들에게 핵 테러에 대한 국제 협약을 채택하라고 재촉하면서 "핵 테러는 종종 공상과학으로 여겨져왔고 나도 그러하길 바란다"고 직설했다. 그리고 "그러나 불행하게도 우리는 위험물질이 넘쳐나고 기술적 노하우에 쉽게 접근할 수 있는 세계에 살고 있다. 이러한 세상 속에서 일부 테러리스트들은 재난적 상황을 일으킬 의사를 분명히 밝히고 있다"고 강조했다. 여기에 더해, "그러한 공격이 발생한다면, 엄청난 사상자와 파괴가 발생할 뿐만 아니라, 세계 경제를 침체시키고 수천만 명을 심각한 가난에 빠지게 할 것이다"고 말했다.

다른 유엔 고위인사들도 원자력 시설 및 핵물질의 안전 확보의 중요성을 강조했다.

세계 원자력 안보

마드리드 반테러 회의 직후 세계 원자력 감시기관인 국제원자력기구는 영국 정부와 공동으로 2005년 3월 16일부터 18일까지 런던에서 '원자력 안보: 미래를 향한 세계적 추세'를 주제로 국제 회의를 개최했다. 시의적절한 회의였다. 이 회의는 3년 동안 진행된 계획의 최종 결과물이었는데, 2001년 미국 9.11 테러 사태 이후 국제원자력기구 총회(매년 9월 오스트리아 빈에서 개최)는 핵 테러 예방을 위해 국제원자력기구가 필요한 조치를 하고 있는지 검토하라는 요구를 안팎으로 받아왔다.

원자력 안보회의 첫날에는 원자력 안보를 강화하기 위한 국제적 노력의 성과와 미비점을 점검했다. 둘째 날은 국제 원자력 안보체제가 새로운 조치에 어떻게 적응해나가고 있으며, 국제원자력기구가 어떤 역할을 하는지를 점검했다. 셋째 날은 국제 공동체가 핵 테러의 위협에 잘 대응하고, 탐지해서 예방하는 데 있어서 어떻게 공통 인식에 도달할 것인가를 중심으로 논의했다.

국제원자력기구 이사회 영국 대표인 리처드 라이트Richard Wright는 전문가 및 의사결정자들과 사흘간의 회의 결론을 다음과 같이 요약했다. "핵 테러는 오늘날 사회의 가장 큰 위협 중의 하나다."

회의의 최종 발표문은 매우 감동적이면서도 차분하게 발표되었다. "원자력 안보의 강화를 위한 우선순위에는 테러 행동 예방을 강화하는 지속적 노력이 포함된다. 저장, 이송, 원자력 및 비원자력 사용에서 전 주기적으로 포괄적이고 일관된 방식으로 핵과 다른 방사능 물질에 대한 방호 및 책임이 강화되어야 한다. 위험수준이 최고인 핵물질이나 원자력 활동들은 좀 더 엄격한 통제가 이루어지는 등급별 접근 방법이 계속 사용되어야 한다.

특히 고농축우라늄이나 플루토늄은 특별한 주의가 필요하다. 원자력 안보의 근본 원리에는 관련 조직 모두에 원자력 보안 문화가 정착되는 것도 포함된다. 조직 구성원들은 원자력 보안 문화를 일관되게 이행하면서, 한 치의 방심도 없이 높은 수준의 안보가 유지되도록 해야 한다. 우리의 관심사는 원자력 안보 노력을 장기적으로 지속 가능토록 하는 것이다. 적절한 수준의 안보를 유지하기 위해서는 여러 프로그램과 활동을 통한 국가별 투자가 지속되어야 한다. 위협의 수준은 때에 따라 변할 수 있지만, 원자력 안보의 실제적 수준은 적절하게 유지되어야 한다."

국제 원자력 감시기구는 경계를 늦추지 않기로 했다. 왜냐하면 세계 어느 곳의 원전이나 원자력 시설에 대해 테러 공격(또는 가능성은 적지만 전시 공격)이 발생하거나 불법적으로 취득한 핵물질을 사용한 소위 방사능 폭탄이 도심 지역에서 폭발할 경우, 그것이 원자력 산업에 미칠 엄청난 부정적 영향에 대해 지도부 및 회원국 모두는 너무나 잘 알고 있기 때문이다.

여러 주간지는 소위 방사능 폭탄에 관한 소름 끼치는 시나리오를 실어 왔다. 진중한 성격의 금융지인 〈비즈니스위크〉도 뉴욕의 9.11 4주년에 맞추어 맨해튼 같은 인구 밀집 도심에서 핵폭탄이 폭발하는 이야기를 실어 우리를 깜짝 놀라게 했다.

> 화요일 아침 8시 반, 통근자들이 맨해튼으로 몰려들 때 알카에다 조직원이 뉴욕주식거래소 바깥쪽에서 방사능 폭탄을 터뜨린다. 폭발력이 강력하지는 않았지만 이 폭탄은 방사능 물질을 탑재하고 있었다. 여기에는 뉴저지 병원에서 연구실 기술자로 일하는 이민자가 방사능 기기에서 훔친 세슘이 사용됐다.
>
> 초기 폭발로 인한 사망자는 겨우 수십 명이지만 방사능 물질이

세찬 바람에 의해 빠르게 퍼져 나간다. 폭발 몇 분 뒤 뉴욕시 경찰이 도착하는데 아직도 이 폭발의 정체가 무엇인지 모른다. 하지만 방사능 탐사원이 차량에서 이를 알고 충격에 빠질 때서야 미국에서 가장 큰 도시의 금융센터에서 방사능 폭탄이 터졌다는 사실을 알게 된다.

〈비즈니스위크〉가 내린 이 시나리오의 결론은 이렇다. "6개월 후, 금융가는 대부분 봉쇄되고, 경기에 대한 신뢰가 바닥을 치면서 지역 경제는 파행을 겪고 여행업은 붕괴하며, 부동산 시장은 급락한다. 경제학자들은 최종 경제적 손실이 천문학적 규모인 1조 달러에 이른다고 말한다."

2006년 3월, 국제적으로 인정받는 과학기술 주간지인 〈뉴사이언티스트〉는 '맨해튼의 핵 악몽'이라는 섬뜩한 제목으로 이와 유사한 핵 테러 시나리오를 실었다. 여기서는 방사능 물질의 통제 불가능한 확산이 가장 심각한 문제라고 지적하며, "폭발 지점으로부터 바람을 타고 150km 이상 확산되고, 위험한 낙진이 계속해서 내릴 것이다. 이 악몽의 시나리오는 미국 정부가 심각하게 받아들이고 있다. 지난 2년간 수억 달러가 도심 핵 테러 또는 9·11형태의 원전 공격에 대비하는 데 집행되었다."

〈비즈니스위크〉의 '방사능 폭탄' 시나리오는 병원에서 핵물질을 훔치는 것으로 묘사하고 있지만, 상업용 원전에서 이러한 물질을 불법적으로 취득할 가능성이 더욱 높다. 코피 아난 유엔 사무총장은 '클린턴 세계 이니셔티브(2005년 9월 14일부터 16일까지 뉴욕에서 유엔 세계 정상회의와 동시에 열림)'에서 핵 확산이 야기하는 위험에 대해 경고했다. 핵 확산은 테러리스트에게 소위 방사능 폭탄을 제조할 수 있는 핵물질 절도 기회를 제공하며, 방사능 물질과 전통적 폭발물을 결합해 만드는 방사능 폭탄은 해로운 방사능 물질을 더욱 광범위한 지역에 퍼뜨릴 수 있다. 그는 이러한 우려를 2005년 9월 17일 제60회 유엔총회 개막식 연설에서 강조하면서 "우리는 증대하는 핵확산 위험과 재앙적 테러에 직면하고 있다"고 말했다. 이런 상황은 뉴욕뿐 아니라, 파리, 도쿄, 모스크바, 런던, 맨체스터, 글래스고, 버밍햄 또는 다른 주요 도심에서도 일어날 수 있다.

고려해야 할 사항 중 중요한 이슈 중 한 가지는 상업 원자력 부문의 불안정에 의해 제기되는 안보 위협에 대해 국제적 우려(이란 측 원전 프로그램에 대한 이란 측 주장과 이에 대해 반대하는 국제공동체 측의 주장이 충분히 이러한 우려를 보여준다)가 존재하지만 이 안보 위협을 경고하는 바로 그 기관들이 원자력 산업의 확장을 권장하고 있다는 사실이다. 이 두 주장은 명백히 대립하는 것이다. 런던과 마드리드 국제 회의에서 현존 원전 및 연료주기 시설, 연료 및 방사성 물질의 운송에 의해 안보가 불안해지는 현실을 많은 의사결정자가 인정하기 시작했음에도 불구하고, 2005년 3월 회의 시작에 국제원자력기구가 "원자력 전력 생산에 대한 기대가 증가하고 있다"고 발표한 것은 매우 뜬금없는 일이다. 원자력 기술 검토(2005년 증보)에서 국제원자력기구는 원자력 발전에 의존하는 국가들 내에서 원자력이 더 많이 성장하리라 예상하며, 세계적인 전력 수요에 맞추기 위해 향후 15년간 최소한 60기 이상의 원전이 전력망에 연계될 것으로 공식적으로 예측했다.

그러나 파우스트식 거래(1972년 오크리지 국가연구소 전 소장인 앨빈 바인버그Alvin Weinberg가 밝힌 악명 높은 원자력 거래)는 아직도 존재한다. 원자력 에너지의 확산은 핵무기 확산 가능성을 더욱 높인다. 원자력 기술의 세계적 확산과 이에 수반되는 핵물질의 확산은 결코 우연적으로 발생되는 것이 아니다. 이는 미국의 기술 이전 조치인 '평화를 향한 원자력Atoms for Peace'이라는 구호 아래 강력히 권장되었는데, 1953년 12월 8일 미국 드와이트

아이젠하워 대통령의 유엔 총회 연설로부터 시작했다. 국제원자력기구의 앞에서 아이젠하워는 이렇게 말한다.

> 원자력의 위험과 에너지에 대해서는 미국식으로 상세히 설명할 필요가 있다. 왜냐하면 이들은 논쟁의 여지가 있는 사안이기 때문이다. 그러나 이 총회에서 이 주제가 한 국가의 것이 아니라 세계적인 것이라고 지적할 필요까지는 없는 것 같다. … 우리나라의 목적은 어두운 공포의 방에서 나와 빛의 세계로 갈 수 있도록 돕는 것이며, 사람들의 마음, 희망, 정신을 모아 평화, 행복, 복지로 나아갈 수 있는 길을 찾는 것이다. … 만일 세계 과학자 및 기술자들이 그들의 생각을 시험하고 개발할 수 있는 충분한 양의 핵분열 물질을 가지고 있다면, 의심할 여지없이 이러한 역량은 곧 전 세계에서 보편적이고 효율적이며 경제적인 사용으로 변환될 수 있을 것이다.

이후 거의 50년이 지난 후 우리는 원자력 증진 정책의 불가피한 결과를 목격하고 있다. 파키스탄 원자력위원회 대표였던 압둘 카디어 칸Abdul Qadeer Khan, 칸 박사는 파키스탄 핵개발의 아버지로 북한, 이란 등으로의 핵확산과 관련됨-옮긴이이 얽힌, 계획적이고 은밀하면서도 복잡한 원자력 기술 확산과 관련한 스토리가 있다. 그가 책임자로 있을 때 핵과 관련된 비밀 거래가 있었던 것이다. 그러나 그의 후계자가 런던에서 열린 국제원자력기구의 핵 안보 및 테러 회의에서 연설할 때, 그는 칸 박사의 핵 관련 범죄 행위에 대해 아무런 언급도 하지 않았다!

칸 박사의 부도덕한 핵 네트워크가 노출되기 몇 달 전, 국제원자력기구

엘바라데이 박사는 2004년 6월 21일 워싱턴 DC에서 국제 핵 비확산을 주제로 열린 카네기국제평화재단 국제 회의에서 다음과 같이 말했다.

> 한 나라에서 설계된 원자력 부품들을 다른 나라에서 제작할 수 있으며, 제3국(합법적인 사용자로 보일 수도 있는)을 통해 운반되고, 제4국에서 조립되고, 결국은 제5국에 일괄 공급 방식으로 제공될 수 있다. 이와 같이 너무 많은 기업과 개인들이 관여될 수 있어 극도로 우려된다. 그리고 대부분의 경우 민감한 장비와 기술에 대한 국가 감독 시스템이 부적절하기에, 그들 정부가 알지 못하는 상황에서 불미스러운 일들이 발생할 수 있다.

엘바라데이 박사는 원자력 수출에 대해 "현 원자력 수출 통제 시스템은 명백한 결함이 있다"고 결론 내렸다.

그리고 그는 다음과 같이 주장했다. "첫째, 우리는 민감한 핵물질 및 핵기술의 수출에 대한 통제를 강화해야 한다. … 둘째, 현 비확산체제하의 핵연료 주기 중 민감한 부분에 대한 통제가 적절한지 재점검할 시기가 되었다. … 우리는 재처리 및 농축을 통해 생산되는 새로운 핵물질에 대한 제한을 고려해야 한다. … 핵연료 주기의 전단과 후단의 국제적 협력을 통해 안전, 안보, 비확산 등 상당한 이점을 얻을 수 있다. 셋째, 우리는 민간 원전 프로그램에서 핵무기로 전용할 수 있는 물질(분리된 플루토늄 및 고농축우라늄)을 사용하는 나라들이 이를 중단하도록 조치를 취해야 한다. … 넷째, 우리는 무기로 전용할 수 있는 현존 핵물질을 제거해야 한다."

엘바라데이 박사는 핵 활동에 대한 세계 감시기구의 수장으로서 이 주제에 대한 관심을 유발했고, 2005년 초, 국제적으로 우라늄 농축 및 플루토늄 분리 시설의 신규 건설을 5년간 중단할 것을 심각히 고려해야 한다고 썼다. "이와 같이 핵 확산에 민감한 시설을 더는 건설해야 할 설득력 있는 이유는 없다. 원자력 산업은 이미 원전과 연구 시설에서 사용하는 데 필요한 충분한 양보다 더 많은 핵연료를 가지고 있다."

2005년 4월 13일 유엔 총회에서 채택된 '핵 테러 억제를 위한 국제 협약 Convention for the Suppression of Acts of Nuclear Terrorism'에 대한 서명은 2005년 9월 14일부터 16일까지 열린 유엔 세계 정상회의의 핵심 내용 중 하나였다. 골칫거리와 싸우기 위해 세계 법률 체계를 강화하는 핵 테러 억제 국제 협약은 연루자의 인도 또는 기소를 요구하고 정보 교류 및 국가 간 협조를 권장한다. 블라디미르 푸틴 러시아 대통령, 조지 부시 미국 대통령, 도미니크 드 빌레팡 Dominique de Villepin 프랑스 총리가 이 협약에 최초로 서명했다. 이 협약은 최소 22개국의 비준 및 서명이 있으면, 30일 후 발효한다 실제 이 협약은 2007년 7월에 발효되었고, 2016년 기준으로 106개국이 참가했다-옮긴이.

유엔 내의 진전과 관련해, 영국은 핵 위협을 포함해 테러에 대한 더욱 강한 통제를 요구하는 결의안(제1624호)을 2005년 9월 14일 안전보장이사회에 제출했다. 결의서는 안전보장이사회가 "모든 국가들이 지역 차원의 협약 가입 여부와 상관없이 국제 반테러 협약에 긴급히 가입할 것을 촉구하고, 핵 테러 행위의 억제를 위한 국제 협약에 동참하는 데 우선순위를 두어야 한다"고 강조하고 있다. 총리실 전략국은 토니 블레어 총리에게 이러한 문제에 대해 이전부터 조언해왔다.

부시 미국 대통령은 모든 나라가 테러 행동 조장을 중단하는 조치를 취하고, 핵무기를 위한 핵분열 물질이나 핵기술을 확보하려는 자가 있는 경우 누구든지 조사하고 범죄인 인도를 하도록 촉구하고 있는 이 결의안을 승인하도록 안전보장이사회를 압박했다.

영국 핵무기철폐지역청UK Nuclear Free Local Authorities, UK NFLA은 2006년 초, 기존 경험에 근거해 미래 핵 테러 공격의 가능성을 예측한 충격적 시나리오를 발표했다. 여기에는 여러 가능성의 핵 테러 사고들이 언급되었는데, 이 중에는 영국 최대의 규모로 최근 건설된 사이즈웰 원전도 포함되어 있다. 2005년 7월 폭격 작전 이후 현장 단속에서 사진, 슬라이드, 지도, 방사능 물질의 형태 및 저장 위치 등에 상세한 정보가 런던 테러 용의자와 관련된 차량에서 발견되었다. 런던 경찰은 원자력 전문가에게 2002년 강의에 사용된 것으로 보이는 민감한 물질이 차 안에서 발견되었다고 말했다. 좀 더 극적인 것은, 2005년 10월 체첸 반군이 러시아 날치크를 공격하려다 실패한 사건으로, 이들은 다섯 대의 비행기를 납치해 원전을 포함해 여러 목표물로 날아가려고 시도했다고 보도되었다.

실제 일부 전문가들이 감지한 원자력 시설에 대한 테러 공격의 위험 가능성은 너무나 크다. 공공정책 연구기관인 옥스퍼드 연구그룹은 하원 환경감사위원회의 정전 방지 청문회에서, 원자력은 영국 에너지 수급의 한 수단이 되어서는 안 된다고 주장했다. 정확히 말해서 원자력은 테러 조직에 기회를 제공함으로써 국가와 국제 안보에 위협을 가져오고 핵 테러의 위험을 증가시키기 때문에 배제해야 한다는 것이다.

핵무기철폐지역청의 보고서는 원자력 시설에 대한 수차례의 물리적 위협과 관련한 상세한 자료를 수록하고 있다. 오늘날까지 프랑스, 남아공, 스위스, 필리핀, 스페인의 원전에 대해 여섯 차례에 걸쳐 직접적 공격이 있었다고 알려졌다(공개되지 않은 다른 공격이 있을 수도 있다). 다행히 공격 대상이 된 모든 원전들은 초기 건설된 것들로 가동이 중지된 상태였다. 반테러 국제정책기구International Policy Institute for Counter-terrorism, ICT 데이터베이스에는 1970년부터 1999년까지 핵시설 목표가 관련된 테러 사고 167건이 수록

되어 있다. 1966년부터 1977년까지는 유럽 원자력 시설(원전뿐만 아니라 다른 형태의 원자력 시설 포함)에 대한 10건의 테러 사건이 있었다. 1969년부터 1975년까지는 미국 원자력 시설에 대한 240건의 폭발물 위협이 있었으며, 이중 14건은 실제로 시도되었다. 러시아 정보기관에 의하면, 1995년부터 1997년까지 러시아에서 50건의 핵 테러 협박이 있었다고 한다. 다행히 대부분 거짓으로 판명되었다.

영국에서 원자력 안보 불안

1999년 9월 셀라필드 같은 핵연료 주기시설과 여러 개의 낙후된 원전을 소유, 운영 중인 영국의 원자력 회사인 브리티시핵연료는 소위 이해관계자들(규제기관, 노동자, 시설 주변 공동체, 노동조합, 환경단체, 이들 중에는 해외에서 온 사람도 있음)과 소통하려는 실험적 시도를 시작했다. 이러한 대화(현재 이는 국가 이해관계자 대화로 대체되어 브리티시핵연료의 계승자인 원자력폐로청이 운영하고 있다)의 결과 중 하나로, 플루토늄 관리 방안과 안보 방안에 대한 두 건의 보고서가 채택되었는데, 이들은 브리티시핵연료 대화를 위한 두 개의 실무 그룹에서 수년간 작업을 통해 작성했다. 이 작업에는 브리티시핵연료 안보책임자인 로저 하우슬리Roger Howsley 박사와 정부의 안보감시기구인 민간원자력안보청Office for Civil Nuclear Security, OCNS의 부청장인 존 레이놀즈John Reynolds가 고위급 인사로 참여했다.

안보 실무그룹의 보고서는 60가지의 제안을 수록했고, 그 목적을 요약하면 다음과 같다. "브리티시핵연료 발전소 및 활동(특히 핵물질 운송을 포함)은 안보 향상에 기여하는 것으로, 이해관계자 대화라는 수준 높은 검토를 통해 보고서가 만들어졌고, 안보라는 상황을 고려할 때 이는 매우 독특한 일이었다. 보고서는 서로 관점과 배경 지식이 다른 다양한 개인들이 이루어낸 흔치 않은 협업 노력의 결실이었다. 일부 사안에서는 실무그룹 참여자 간 서로 반박하는 등 관점의 차이가 매우 크기도 했지만, 결국 실무그룹은 브리티시핵연료의 활동에 안보가 보장되도록 건설적이고 미래 지향적 기여를 했다."

논의 과정에서 나온 특정 안보 이슈들에 대한 견해 차이는 해결되지 않았다. 이에는 핵물질 운송 방식, 핵물질에 대한 민감한 정보의 공개가 유발하는 위험, 대중이 어느 정도 이러한 정보를 이용할 수 있도록 하는 것이 안전한가와 관련한 문제가 있었다.

계약화와 안보 통제

브리티시핵연료와 그 이후 원자력폐로청 이해관계자 포럼에서 검토한 또 하나의 이슈는 정보의 누설을 막기 위해 부지 운영 인력과 원자력 시설 간 핵물질 운송차량 운전자의 신원을 조사하는 일이다. 포럼의 참가자 일부는 경쟁을 통해 원자력폐로청의 운영 업무를 하청을 주면, 민간원자력안보청이 인력에 대해 적절하게 조사하기가 어렵다고 주장했다. 조사가 필요한 하청업체의 숫자와 다양성이 증가하기 때문이다. 2004년 연차 보고서에 나온 민간원자력안보청 국장의 안보 조사와 관련된 발언을 살펴보자.

> **문단 37**—정보조사 시스템은 어쩔 수 없이 강압적이고, 시간이 많이 걸리며, 노동 집약적이지만, 그래도 합리적으로 잘 작동한

다. 이러한 정보조사는 국제원자력기구의 가이드라인에 따르는 원자력 안보 장치의 기본절차라고 우리는 다른 외국 기관들에 조언한다. 지난 몇 년간 조사 대상을 줄이라는 압력이 있어왔지만, 현재는 테러 위협으로 인해 이러한 압력에 신중한 변화가 있었다.

문단 38—정부 조사기관을 하나로 통합하면, 조사의 효율성이 높아질 것이라는 주장이 있다. 나는 이러한 주장을 믿지 않는다. 정보기관들은 원자력 부지에서 매우 가깝다. 민간원자력안보청 정보조사 직원들은 원자력 산업 내의 조건, 핵과 방사능 물질의 독성, 착수한 업무 내용에 대해 잘 알고 있다. 만일 이러한 밀접한 연계가 사라진다면, 인터뷰와 기록 검사에 필요한 통찰력, 의사결정 과정에 요구되는 이해력 등이 사라질 것이다.

문단 39—국가안보를 위한 정보조사 정책 및 실행은 정보보호법, 정보자유법, 인권법, 인종 관련법 등을 충분히 고려한다. 합당한 정보조사 내용은 공개되지 않는다. 그러나 종종 고용주나 면담자들은 솔직한 자료의 제공을 꺼려한다. 그럴 리가 없다고 확인해주어도, 일부는 그들의 신분이 노출되거나 그들 회사가 명예훼손으로 고소당할까 우려한다.

민간원자력안보청의 네 번째, 다섯 번째 연간보고서는 민간원자력안보청의 웹사이트(통상산업부의 산하부서)에서 살펴볼 수 있다. 2005년 보고서는 에너지부 장관(민간원자력안보청을 담당)에게 다음과 같이 보고했다. "2001년 9월 미국 테러 공격 이래 진행된 프로그램의 일부로, 원자력 시설 검사과 및 운영 전문가들과 함께 원전을 포함해 원자력 부지 내의 핵심 영역에 보안 및 안전 조치가 제대로 취해졌는지 재점검 중이다. 핵심 영역에는 시설, 시스템 또는 장비, 원자력 부지의 안전한 운영에 심각한 영향을 미칠 수 있는 결함 등이 포함된다."

그러나 보안 조사에 대해서 이 보고서는 다음과 같이 밝혔다. "개별 조사가 필요한 인력이 지난 수년간 꾸준히 증가해왔다. 적절한 허가나 동반자 없이는 원자력 부지에서 일할 수 없기 때문에, 조사 업무의 증가는 매우 어려운 과제가 될 수 있다. 민간원자력안보청은 이를 달성하는 데 반쯤 성공했다. 한편으로는 은퇴 등으로 인해, 다른 한편으로는 통상산업부의 조직 축소로 신규 채용이 중단되어 조사 인력 부족이 발생했다. 하지만 민간원자력안보청은 더 나은 작업 방식과 실행의 집중력을 높여 애초부터 높았던 생산성이 더욱 향상되었다. 그럼에도 2004년 하반기 현재, 지연 작업량이 증가한 상태다."

인력 정보조사는 원자력설치안보규정Nuclear Installations Security Regulations, NISR(2003)에 따른 것으로 이는 민간원자력 산업에 종사하는 모든 정규직과 하청업체에 적용된다고 민간원자력안보청 국장이 설명했다. "개인들에게 핵물질 및 민감한 핵 정보 접근권한에 상응하는 허가가 필요하다"고 그는 말했다. 자세한 내용은 [표 10-1]에 나오는데, 비교를 위해 2002년 3월 및 2003년 4월 기록을 수록한다.

보고서 작성 마지막 시기에 밀린 개수는, 개정 조사Developed vetting, DV 건 666개, 보안 감사Security checks, SC건 687개, 강화된 기본 검사Enhanced basic checks, BC+건 1,600개에 이르렀다(밀린 갱신 건도 포함).

2004년 5월에 진행된 갱신 건수의 구체적 수치는 [표 10-2]에 나오며, 비교를 위해 2002년 3월 및 2003년 4월을 수록한다.

민간원자력안보청 청장은 대체로 만족한다고 말했지만, 밀린 조사 업무에 대해서는 매우 우려하면서 다음과 같이 말했다. "밀린 조사 업무가 원

[표 10-1] 민간 원자력 안보청 보안 조사를 마친 허가

허가 수준	신규 건		갱신 건	
	2002년 3월	2003년 4월	2004년 5월	2004년 5월
개정 조사	312	435	471	279
보안 감사	753	921	863	47
반테러 검사	22	23	1	0
강화된 기본 검사	8,381	7,742	10,112	814
전체	**9,468**	**9,121**	**11,447**	**1,140**

[표 10-2] 보안 인가의 갱신

허가 수준	갱신 건		
	2002년 3월	2003년 4월	2004년 5월
개정 조사	163	186	279
보안 감사	51	101	47
반테러 검사	0	0	0
강화된 기본 검사	2,552	3,059	814*
전체	**2,766**	**3,346**	**1,140**

* 이 수치는 강화된 기본 검사의 갱신을 신규 건으로 취급하는 정책 변화를 반영

자력 산업에 미치는 실질적 영향은, 고용 예정자의 취업 지연 및 하청업자와 계약의 지연, 그들을 다른 산업으로 뺏길 위험의 증가, 허가증이 없는 개인의 경우 동반자가 필요하므로 여기에 발생하는 추가비용 등이 있다. 원자력 산업은 이윤이 매우 적으므로, 이러한 부담은 반드시 감소되어야 한다."

보안 검사에 대한 우려는 이후 장관들에 의해서도 제기되었는데, 더글러스 알렉산더Douglas Alexander는 서면으로 "인력 보안 시스템에 대한 최근 정부 차원의 점검에서 이 영역을 전문으로 하는 새로운 위원회의 창설을 제안했다. 이 제안은 채택되었고, 새로운 위원회는 모든 부처와 더불어 인력 보안 정책의 효율적 수립 및 실행을 해나갈 것이며 정부와 협력할 것이다"라고 답했다.

정보자유법에 따라 2005년 2월 발간된 자료에 의하면, 2004~2005년도 민간원자력안보청은 현 원자력 부지 관리체계하에서 40여 건이 넘는 잠재적 보안 위반이 발생했다고 했다. 이는 영국 원자력 에너지 확장 프로그램의 의미와 관련한 장관급 평가에 고민거리를 제공했다. 이는 노동당 환경운동 진저그룹, 사회주의 환경자원연합Socialist Environment & Resources Association, SERA이 주장해온 바이며, 2006년 4월 〈에너지 정책 검토 보고서〉에도 몇 가지 증거가 나와 있다. 정보자유법에 따라 나온 자료는 다음 내용을 수록하고 있다.

- 민간원자력안보청은 2004년에 미리 고지된 조사 129건을 수행했다(여기에는 마지막 연차보고서에 인용된 2003년 4월 회계연도 마지막 분기에 미리 고지해 수행된 조사도 포함된다).
- 민간원자력안보청은 2003년 9월 이후 미고지 조사 15건을 수행 중이다. 이는 민간원자력안보청이 지난해 원전업계에서 몇 개의 보안통행증을 분실 또는 도난당했는지 모른다는 것이다. 민간원자력안보청은, 보안체계의 일부로서 원자력 부지가 효과적인 통행 관리 시스템을 갖추었는지 확인하는 데 일차적 관심이 있다고 말한다. 이러한 시스템에는 분실·도난 통행증의 기록 절차, 접근이 자동화된 곳에서는 이

러한 분실·도난 통행증의 사용불가 처리, 주기적 통행증 디자인 변경 및 재발행이 포함되어야 한다.

- 민간원자력안보청은 원인 조사가 완료되고 검사를 통과하면, 알람이 울린 개별적 상황에 대한 보고는 받지 않는다. 보안 관련 업무가 신속히 이루어지고 전체 보안 효율성이 심각히 저해되지 않는 한, 업체들은 기본 보안 업무가 어떻게 진행 중인지 보고할 의무가 없다. 우리는 질의가 필요한 상황이란, 통상의 범위를 벗어난 주목을 받을 만한 상황이라고 해석해오고 있다. 그러므로 사건사고의 모든 것이 우리에게 보고되는 것은 아니며 심각성에 따라 다르다. 핵물질 도난 또는 고의적 방해로 인한 사고는 발생하지 않았다.

장관은 말할 것도 없이, 모든 시민은 민간 원자력 분야를 담당하는 보안 체계가 제대로 잘 작동하는지에 대해 관심을 가져야 한다. 그리고 이 외에도 더 중요한 안보 문제가 남아 있는데, 이는 아래에서 다룬다.

테러 위협—핵폐기물 관리 방안의 선택에 영향을 줄 수 있나?

방사성폐기물관리위원회가 후원한 전문가 워크숍(9장 참조)의 성과 중 하나는 핵폐기물을 다루는 다양한 방안의 상대적 위험을 '점수화'하는 것을 목표로 했다는 점이다. 발간된 187쪽짜리 보고서는 2006년 1월 11일에 대대적 홍보나 언론의 발표 없이 관리위원회 홈페이지에서 조용히 배포되었는데, 이 발표의 내용은 왕립 학회 내에서 극도의 우려를 불러 일으켰다.

안보 전문가 워크숍의 제안은, 영국의 핵폐기물은 테러 공격에 취약했고 현재도 실제로 취약하며 이 이슈에 긴급히 대응하는 데 정부가 실패했다는 경고였다. 방사성폐기물관리위원회가 개최한 사흘간의 공공 워크숍에서는 장관들에게 보낼 권고 초안을 취합했다. 이 장의 저자를 포함해 관리위원회가 소집한 핵 안보 전문가들은 향후 300년 이상 방사능 폐기물을 관리할 방안에 대해 안보 차원에서 자문을 제공했는데, 이의 결론과 제안은 다음과 같다.

> 우리는 잠재적 테러 공격에 대해 취약한 상황에서 영국의 현 방사능 폐기물 관리에 더 많은 관심을 쏟아야 한다는 일치된 견해를 가진다. 또한 이러한 이슈에 대응하는 적절한 내용을 가지고 우선순위가 부여된 어떤 프로그램도 정부 차원에서는 없다고 생각한다. 또한 사용 후 핵연료를 현 상태 및 보관 방식으로 유지하는 것은 테러 공격에 매우 취약하므로, 이러한 방식을 수용할 수 없다는 것이 우리의 의견이다.

전문가들은 다음과 같이 추가했다. "우리는 정부가 핵폐기청이 다른 규제기관과 협조해 잠재적 테러에 대한 영국 방사능 폐기물의 취약성을 범주화하고, 이를 감소시킬 실행 계획을 수립하도록 지시하기를 촉구한다. 이 계획은 테러 공격에 견딜 수 있도록 공학적으로 특수 설계된 폐기물 저장 방안을 포함해야 한다."

방사성폐기물관리위원회의 제안 초안(2006년 4월)은 지금까지 제기된 안보 우려를 반영하면서, 다음과 같이 서술하고 있다.

> 방사성폐기물관리위원회는 다음 요소를 포함한 단계적 실행 절

차를 수립하기를 권고한다.

가. 임시 보관 프로그램의 개발을 통해 폐기물의 안전과 안보를 보장하되, 임시 보관 프로그램은 연기 가능성이나 저장소 프로그램의 실패에 대비해 탄탄하게 수립해야 한다. 주된 점검 사항으로는 다음과 같다.

- 안보를 점검, 보장하며, 특히 테러 공격에 대한 대비에 철저.
- 폐기물의 재포장 필요성을 최소화.
- 방사성폐기물관리위원회의 대중 및 이해관계자 참여 과정에서 제기된 이슈에 대응, 즉 폐기물의 불필요한 이송 등을 피해야 한다.

안보 전문가들은 컴브리아 셀라필드에 저장된 핵연료 재처리 과정으로부터 나온 액체 고준위 폐기물의 위험성에 대해서도 지적한다. 민간원자력안보청 대변인은 민간 원자력 시설의 보호 절차를 비롯한 여러 과정들이 '튼튼하고 목적에 부합'함을 확신한다고 말했다. 흥미롭게도 민간원자력안보청 부청장은 전문가 워크숍의 일원이었고, 만장일치 제안에 서명도 했다.

핵폐기물의 철도 운송이 지니는 불안정성에 대한 더 큰 우려는 2006년 초에 다시 등장했다. 물론 지난 25년간 지역 차원에서도 이 문제에 대한 우려는 주기적으로 등장하곤 했다. 2006년 4월 초, 영국 그린피스는 존 라지John Large 원자력 문제 전문가가 수행한 <영국의 사용 후 핵연료 운송에 의해 발생하는 잠재적 위험>이라는 연구 결과를 발표했다. 국제적으로 저명한 핵공학자인 라지 박사는 예컨대 테러 공격으로 핵폐기물 운송 사고가 발생하면, 방사능이 100km 넘게 확산되고 8,000명 이상이 사망할 수 있다고 주장했다. 그린피스는 운송 철도가 런던, 브리스톨, 에딘버러 같은 대도시를 통과하기 때문에, 이 같은 사고가 발생하면 수만 명이 방사능에 노출될 수 있다고 주장했다. 그리고 결론적으로 사용 후 핵연료를 담는 운송 용기는 '테러 공격에 대비한 추가적 안전 장비가 없고', 만일 '고온의 상황이 지속되는 터널 화재' 등으로 묶이게 되면 가장 위험한 상황이 초래될 것이라고 경고했다.

미국의 반핵운동가들은 핵물질의 철도 운송으로 야기되는 위험은 '움직이는 체르노빌'이 대륙을 횡단하면서 전 국민에게 위협을 제기하는 것과 마찬가지라고 주장한다. 이는 영국에서도 동일하다. 원자력 폐로 프로그램이 향후 수십 년간 진행됨에 따라 핵물질 운송의 증가는 불가피하므로, 핵물질 운송의 안전과 보안 문제는 불가피하게 한 번 더 광범위한 대중적 우려를 불러일으킬 것이다.

결론

핵연료 주기의 각 단계마다 여러 안보 문제가 발생한다. 이 가운데 농축과 재처리 과정은 핵무기에 사용될 수 있는 물질의 생산과 관련되기 때문에 더욱 특별한 관심사항이다. 핵폐기물 보관과 핵물질 이송도 똑같이 직접적 공격이나 도난의 대상이 될 가능성이 있지만, 원자력 부지가 잠재적으로 가능성이 가장 큰 테러 공격의 대상이다. 전 세계적으로 테러가 증가하고 있는 마당에 더 많은 공격 대상을 제공하는 것은 어리석은 짓이다. 특히 폐로 및 장비의 불필요한 운송이 증대할 경우 더욱 그렇다.

이러한 문제의 발생을 최소하기 위해서는 분명히 연료 주기 및 발전소 운영의 비용을 증가시켜야 하고, 그 때문에 중단해야 할 수도 있다. 그러나 하원 환경감사위원회의 'KTLO Keeping the Lights On' 청문회에서 오픈 대학교 에너지 및 환경 연구대학원을 대표하는 저자가 광범위한 증거들을 토대로 내린 결론은 다음과 같다. 원전의 신규 추가는 에너지 공급의 안전성 확보는커녕 영국의 안보를 약화시킬 것이므로 반드시 피해야 한다.

11장

원자력의 경제성과 위험비용

캐서린 미첼Catherine Mitchell, 브리짓 우드먼Bridget Woodman

들어가며

이 장은 원전을 매력적인 투자 대상으로 만들고자 할 때 다뤄야 할 핵심 영역을 분석한다. 그리고 정확히 분석하기 어려웠던 원전의 비용도 평가한다. 또한 신규 원전 건설에 관련된 여러 비용을 기술, 투자, 시장, 제도, 정치, 금융, 시설 용량과 관련해 설명한다. 또한 핀란드와 미국에서 원자력 지원을 위해 어떤 정책을 펼쳤는지 살펴본다. 전반적으로 원자력 발전의 경제성은 매우 불확실하고, 상당한 규모의 신규 원전 건설에 드는 위험 비용은 매우 크므로, 원자력이 아닌 다른 에너지의 개발을 하는 것이 훨씬 위험이 적고 더욱 합리적이라는 것이 이 글의 주장이다.

목표가 한두 개의 원전 설립인가, 아니면 원전 프로그램 전체인가에 따라 필요한 지원의 수준은 천차만별이다. 다양한 행위자들(특히 정부와 민간 기업)이 서로 다른 목표를 가지고 있고, 그에 따라 서로 다른 요구를 한다.

신규 원전 프로그램의 도입이라는 목표에 따라 위험을 줄이기 위한 총괄 지원 체계는 원칙적으로 원전업계 입장에서는 매력적일 것이다. 하지만 시장 점유율 확대를 위해 애써온 영국의 현존 에너지 기업 모두가 이를 선호하지는 않을 것 같다. 또한, 소비자 및 소비자 단체뿐만 아니라 소비자를 위해 장기적으로 최선의 결과가 달성되는 것을 바라는 정부기관도 반기는 정책은 아닐 것이다.

원자력의 경제성

원전의 발전비용은 원전을 지원할지의 여부를 결정할 때 고려하는 핵심 변수다. 물론 발전비용 문제는 신규 원전을 옹호하는 사람들이 강조해왔는데, 특히 재생에너지 지원 비용과 비교해서 그 우월성이 비교되었다. 그러나 일단 원전 지원 프로그램이 결정되면, 절대적 의미에서 발전비용은 상대적으로 중요하지 않다. 왜냐하면 건설비용의 많고 적음에 상관없이 발전소 건설 자체가 원전 지원 프로그램에서 가장 중요한 위치를 차지하기 때문이다. 영국 납세자가 부담하는 이러한 지원 비용은 실질적으로 제약이 없다. 왜냐하면 지원금 총액 제한이나 지원 기간의 제약은 원전 투자자가 받아들일 수 없는 위험 비용을 추가하기 때문이다따라서 원전의 발전비용은 이렇게 지원 비용의 제약이 없다는 점을 고려하면, 추정된 발전비용보다 훨씬 클 수 있다 - 옮긴이.

정부가 보장하는 비용은 대체로 원자로 건설비용, 운영, 폐로 후 핵폐기물 관리비용으로 정의할 수 있다. [표 11-1]과 [표 11-2]에서 볼 수 있듯이, 이 비용과 관련된 공통적인 수치는 없다. 과거의 경험을 보면 원자력 회사들은 오히려 이러한 비용들을 상당히 축소해 추정했다. 이 표들을 보면 신형 원자로 발전비용은 불확실성이 크며, 발전소의 운영 기간과 부하율load factor(부하율은 '실제 생산한 전력량/발전 가능한 전력량'을 의미) 같은 주요 변수에 따라 달라진다는 점이 나타난다. 특히 부하율은 원자로의 전력생

[표 11-1] 신규 원전 예상비용에 대한 조건 비교

예상	건설 비용 (파운드/kW)	공기 (월)	자본 비용 (% 실질)	부하율 (%)	연료 외 유지 보수 비용 (펜스/kWh)	연료 비용 (펜스/kWh)	운영 기간 (연)	폐로 계획	발전 비용 (펜스/kWh)
사이즈웰B	3,500	86		84	1.15	0.7	40	일부 분리, 일부 현금	5.0
라이스 대학교 랍핀란타 대학교	~1,300		5	91	0.5	0.2	60		1.6
영국 성과및 혁신국(PIU)	<840		8 8 15	>80			30 15 15		2.31 2.83 3.79
매사추세츠 공대(MIT)	1,111	60	11.5	85 75	0.83		40 25		3.7 4.4
왕립공학회 (RAE)	1,150	60	7.5	90	0.45	0.4	40	건설 비용에 포함	2.3
시카고 대학교	555 833 1,000	84	12.5	85	0.56	0.3	40	1억 9,500만 파운드	2.9 3.4 3.9
캐나다 원자력 연합	1,067	72	10	90	0.49	0.25	30	기금 (0.3p/kWh)	3.3
국제 에너지기구 (IEA/NEA)	1,100~2,500	60~120	5 10	85	0.38~0.90	0.15~0.65	40	건설 비용에 포함	1.2~2.7 1.8~3.8
OXERA	1,625 최초 1,150 나중			95	0.35	0.3	40	5억 파운드 기금 40년 운영 후	

산비용에 영향을 주는 매우 중요한 변수다. 일부 연구에서는 아직 시험하지 않은 원자로가 90% 부하율을 달성할 것이라 낙관하지만 이를 입증하는 증거는 거의 존재하지 않는다. [그림 11-1]을 보면 발전비용이 여러 가지 연구에서 사용된 할인율과 어떻게 관련되는 지를 알 수 있다.

[표 11-2] 신규 원전의 발전비용 추정

	MIT 2003	PIU 2002	시카고 대학 2004	왕립 공학회 2004	에너지 및 자원국 2005	핀란드 2003	OECD 2005	OECD 2005
발전비용 (펜스/kWh)	3.9~4.0	3.0~4.0	3.1~3.6	2.26~2.44	2.0	1.7	1.3~1.9	1.8~3.0
수익률 (%)	11.5	8~15	12.5	7.5	8	5	5	10
자본비용 ($/kW)	2000	2000	1500	2000	1413	1900	1000~2000	1000~2000
부하율 (%)	85	75~80	85	90	90	90	85	85
운영 기간 (연)	15	20	15	25~40	35~50	40	40	40
공기(연)	5	-	5~7	5	5	5	4~6	4~6

* 주: MIT(매사추세츠 공대), PIU(영국 성과및혁신국)

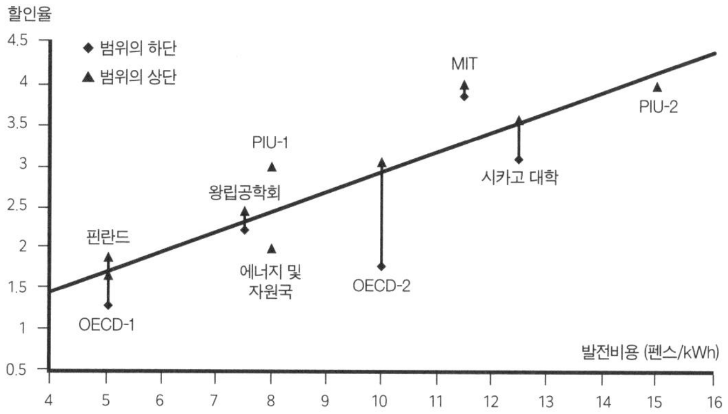

[그림 11—1] 발전비용과 할인율(EAC와 영국 핵연료 주식회사 계약서, 162쪽)

투자 위험

맬컴 윅스 에너지부 장관은 앞으로는 모든 원전이 상당한 정부보조 없이도 운영되어야 할 것이라고 단호하게 주장해왔다. 이러한 낙관주의에도 불구하고, 신규 원전 투자를 유도하기 위해 정부가 직간접 보조금을 제공할 것이라는 견해가 지배적이다. 이러한 견해는 원자력 투자와 관련된 최근의 수많은 검토 보고서에서 나타나고 있다. 정부보조는 다음과 같이 여러 가지 기능을 수행한다.

- 투자자가 기대하는 적절한 수익율의 제공.
- 미래 정치 변화의 위험을 제거.
- 건설 부채 금융비용의 최소화.
- 발전소 운영 시 전력 시장(즉, 구매자)의 보장.
- 특히 핵폐기물 및 폐로비용의 부담을 최소화 또는 상한 설정.

정부가 하나의 프로그램뿐만 아니라 하나의 원전에 대한 투자를 이끌어낼 수 있으려면, 투자자가 정치나 정책의 변화에 상관없이 수익을 낼 수 있다는 확신을 가질 수 있도록 투자 위험을 축소해 주어야 한다.

신규 원전을 지원하는 모든 체제는 유럽 국가 보조금 요건State Aid requirements에 적합해야 한다. 이 장에서는 정부가 이러한 국가 보조금 요구사항을 충족할 수 있는지 검토한다. 이 요건을 충족하기 힘들다면 원전 프로그램은 성공하기 매우 어려울 것이다. 또한 원자력 지원이 이를 충족하는가와 무관하게 성공은 정부가 얼마나 다급한가에 달려 있다. 이러한 담보가 보장되지 않으면 원전의 건설은 민간 기업의 상업적 판단에 맡겨질 것이다. 하지만 그 이론적 가능성에도 불구하고 2007년 현재, 신규 원전 건설 계획을 추진하고 있는 기업은 아직 없다.

투자 위험을 줄이는 정부 조치에는 비용이 수반되며, 더 많은 위험을 줄이고자 할수록 더 많은 비용이 든다. 금융 관점에서는 투자 수익에 영향을 주는 모든 분야는 아닐지라도 대부분의 분야에서 위험이 감소되거나 제거되어야 한다. 이와 관련한 정부 조치의 수준이나 영향은 아직 알려진 바가 없다. 투자 위험의 유형은 다음과 같이 정리될 수 있다.

- 건설계획의 허가를 얻는 데 발생할 수 있는 지연이나 위험.
- 건설 과정에서 발생하는 예기치 못한 난관과 이로 인한 실제 운영의 지연.
- 폐기물 관리 및 폐로비용의 단계적 확대.
- 기술 위험(예를 들면 예상보다 낮은 출력)및 기술 라이선스 또는 여타 허가사항.
- 시장 위험.
- 수익 위험.
- 대규모 사고의 경우 원전 운영자의 책임에 제한을 둘 필요성.
- 기업 위험(기업의 매도/인수, 전략 변화, 원자력 지분을 양도할 가능성).
- 수용능력 위험(숙련된 노동자의 충분한 공급을 포함해 원전 프로그램을 수행하는 능력).
- 정치 위험.
- 정책 위험.
- 국제 정치 위험.

이러한 위험의 다양성을 고려할 때 투자 위험의 감소는 단순히 대규모의 보조금을 지급함으로써 성취되는 것이 아니다. 복잡하고 서로 연결된 지원 방식들을 조합하는 과정이 필요하다. 신규 프로젝트에 대한 투자를 유치하려면 투자자들이 자신들의 지출에 대해 적절한 수익률을 현실화할 수 있다고 확신할 수 있어야 한다. 전력 시장의 자유화와 경쟁의 도입이 투자를 유인할 만큼 충분한 수익을 보장하는 것은 아니다. 민영화 이후 발전소에 대한 투자 수익률은 7~12% 수준이었다. 신규 원전의 요구 수익률은 불확실하다. 어떤 견해에 따르면 원자력 프로젝트에 관련된 위험은 복잡하고 장기적인 속성이 있으므로 투자를 자극하려면 수익률은 최소 14~16%는 되어야 한다. 위험을 감소시키면 수익률이 평균 수치 정도로 떨어질 수 있다는 의견도 있다.

신규 원전의 건설을 가능하게 하려면, 원전업계는 투자자들에게 신규 원자력 프로젝트의 위험이 충분히 감소되거나 완화될 것이며 투자 수익률은 적절할 것이라는 확신을 주어야 한다. 원전업계가 2006년 〈에너지 정책 검토 보고서〉에 제출한 선호 정책들은 다음과 같다.

- 원자로 설계에 대한 사전 허가.
- 프로젝트에 대한 공공 청문회의 제한.
- 원전의 저탄소 운영을 제대로 평가해주는 시장 구조를 장기적으로 보장. 이는 시장 체제로서 새로운 원자력 프로젝트에 대한 투자를 권장하기 위해 필수적이며, 장기적으로 확실한 탄소 가격 정보를 제공하지 않는 현 유럽연합 배출권 거래제와 함께 운영될 수 있다. 탄소 감축에 대해 정부가 직접 지출한다는 내용의 탄소 계약이 선호되는 체제로 보인다.

• 일정 기간 이후에는 사용 후 핵연료를 포함한 핵폐기물을 관리하는 책임과 비용을 정부가 부담하는 공약을 실현.

업계에 대한 직간접 보조금 정책과 더불어 위와 같은 조치들은 투자자들에게 확실성을 제공하기 위한 것이다. 이들 중 몇 개만 시행되더라도, 영국에 필요한 20% 수준의 원자력 발전을 유지하도록 신규 원전에 금융 지원을 허용하기 위해서는, 전력 시장의 경쟁구조에 상당한 변화가 필요할 것이다. 이는 2003년 브리티시에너지에 대한 긴급 구제조치의 결과로 원전 산업에 이미 부여되었던 개방형 보조금이 야기시켰던 간접적인 시장 왜곡을 더욱 악화시킬지도 모른다.

어떠한 지원 메커니즘의 조합이 선택되더라도 원전 생애주기의 모든 단계에 걸쳐 정부의 실효성 있는 보조가 필요하다. 건설, 운영, 그리고 발전소가 폐쇄된 이후 폐로 및 핵폐기물의 무제한 관리를 위한 단계도 이에 포함된다.

시장 위험

민영화된 전력 시장은 원전에는 어려운 환경임이 입증되었다. 원전은 건설에 장기간이 소요되고 건설비용이 높으며 발전의 유연성이 낮고 핵폐기물을 다루는 비용의 불확실성이 크기 때문이다. 이 모든 것은 프로젝트의 위험 비용을 크게 증가시킨다. 이에 비하면 가스 발전소는 어떤 규모라도 신속하게 건설할 수 있고, 발전기가 더 저렴하고, 발전의 유연성이 있다. 따라서 전력 시장이 민영화된 이후 신규 원전이 건설되고 운영된 사례가 아직까지 없다는 것은 놀라운 일은 아니다.

전력 시스템은 실시간으로 운영된다. 달리 말하면 매순간마다 전력은 수요에 동일하게 맞추어서 공급되어야 한다. 전력 수요는 계절별, 하루 중에는 시간대별로 변동하는데, 추운 겨울의 주중에는 오후 5시경에 최고조에 이른다. 이와는 달리 기저부하로 알려진, 항상 공급되어야 하는 최소 규모의 전력도 존재한다.

원전은 유연성이 낮은 발전소로 전력 수요의 최고조와 저점에 맞추어 전력을 탄력적으로 공급할 수 없고 대신 일정한 출력 수준으로 작동되어야 한다. 이는 부분적으로 기술적 이유 때문이다. 출력을 조정하기 위해 온도를 올리거나 낮추면 이러한 변동이 열적 스트레스를 일으켜, 시간이 흐르면 부품의 균열이나 심지어 파손까지 일어날 수 있다. 낡은 부품을 수선하거나 교체하려면 원자로의 운영을 중단해야 한다이는 엄청난 비용의 증가를 가져온다-옮긴이. 그러므로 원전은 기저부하를 공급하고, 수요의 증가 또는 감소에 따른 '부하 변동에 대응'하는 것은 더 신축적인 발전소들이 담당한다. 기저부하 전력을 공급하기 때문에 원전은 최고 출력 수준에서 일정하게 운영할 수 있고, 이로 인해 킬로와트당 최소 비용으로 전력을 생산할 수 있게 된다.

원자력 프로젝트의 높은 비용을 고려할 때, 투자자들은 어떠한 원전도 가장 비용 효율적 방식으로 운영할 수 있고 원자력 사업으로부터 자신들의 투자금을 회수할 수 있다는 확신을 가져야 한다. 그러므로 투자자들은 정부가 시장 위험 및 수익 위험을 제거해 발전소의 전력 생산이 적절한 가격에 안정적으로 팔릴 수 있도록 보장해주길 원한다. 이것이 의미하는 바는 정부는 신규 원전의 공급 전력에 대해 향후 수십 년간 시장 가격을 직접 또는 간접적으로 보장하거나 비용을 부담해야 한다는 것이다.

비록 발전비용이 낮다고 할지라도 신규 원전의 자본비용 및 폐로비용이 커질 수 있으므로, 원전의 기저부하 전력 생산이 경제적이라는 보장은 없다. 원전의 기저부하 전력 생산을 보장하려면, 앞에서 언급한 것처럼 다음과 같은 여러 가지 지원 체제가 필요하다.

- 보조금이나 여러 조건을 통해 킬로와트시당 원자력 발전 단가를 경쟁이 가능한 수준까지 낮추어야 원전이 전력 시장 내에서 기저부하를 담당할 수 있다.
- 원자력 발전 사업자가 생산한 전력을 전력 회사가 모두 구매해, 원자력 발전소가 항상 운영될 수 있도록 하는 양자 계약을 보장해야 한다. 심지어 다른 기저부하 전력 생산보다 비싸더라도 이러한 구매는 이루어져야 한다.
- 원전을 기저부하 생산자로 운영할 수 있도록 직접적으로 전력 시장을 개편한다.

전력 공급의 상당한 부분을 제한 없이 전담시킨다는 사실은 전력 시장의 규모가 실질적으로 상당히 축소됨을 의미한다. 그러므로 발전에서의 경쟁은 매우 작은 규모의 시장으로 축소될 것이다.

원전업계는 원전의 역할을 기저부하 전력 생산자로 강조하지만 이 역할이 원자력 기술의 상대적인 비유연성 때문인 것을 인정하지 않는다. 여기서 중요한 점은 원자력 산업이 영국 기저부하 수요의 대부분을 충족하게 된다면, 다른 발전소들은 기저부하에 대한 전력 공급의 기회를 박탈당한다는 사실이다. 이로 인해 다른 발전소들은 그들의 전력 생산을 기저부하가 아닌 수요가 불확실한 시장에 의존해야 한다. 이는 투자자들이 원전이 아닌 다른 프로젝트에 대한 투자로부터 수익을 얻는 것이 불확실해진다는 점, 따라서 여기에 투자할 가능성이 낮아진다는 것을 의미한다.

새로 설계된 원자로는 현재 영국에서 운영되고 있는 원자로보다 이론상으로는 더 유연하다. 물론 운영자가 수요에 대응해 전력 생산을 증가시키거나 감소시킨다면, 이는 원전 운영의 경제적 측면에서는 오히려 역효과를 가져올 것이다. 앞에서도 지적한 바와 같이 부하율은 원전의 비용에서 매우 중요한 요소이고 가능한 한 낮은 비용을 달성하려면 운영자는 가능한 한 오랫동안, 가능한 한 높은 부하율을 유지해야 한다. 새로운 원자로가 기술적으로 유연성 있게 운영 가능하더라도 이것이 경제적으로 매력적인 것은 아니다.

이에 더해 전력 시장은 '에너지' 시장 또는 '오직' 전력만의 시장이다. 이는 오직 시장 가격만이 신규 시설에 대한 투자 인센티브를 제공하고, 시장의 올바른 작동을 촉발해야 한다는 것을 의미한다. 만일 시장의 30~40%를 재생에너지나 원자력 의무제를 통해, 또는 기저부하 생산을 위해 용도를 지정해 경쟁을 제한한다면, 적정한 시설 용량을 촉진하는 전력 시장 내 가격의 역할과 능력은 무력화될 것이다. 이는 질적으로 재생에너지를 위한 제한과는 다른데, 재생에너지의 가격은 하락하고 경쟁력은 높아지면서, 결국에는 지원 없이 시장 속으로 진입할 수 있기 때문이다. 이와 달리 원자력의 경우 발전소의 수명기간, 즉 최소 40년 동안 보호를 받게 된다.

영국 정부는 국제 및 유럽 천연가스 시장에서 규제 완화, 경쟁, 가격의 투명성을 주장하고 있다. 민영화 및 규제 완화의 성공으로 인해 비용과 가격의 투명성이 요구되고 있으나, 원자력의 경우 여전히 비용과 가격은 불확실한 상황에 놓여 있다. 정부가 이런 장기적 결과를 지니는 원전 시장 내에서 퇴보하는 정책을 취한다면, 이는 시대에 역행하는 행보가 될 것이다.

정부 위험 비용

정부가 원전 프로그램을 지원하는 데는 상당한 위험 비용이 존재한다. 투자자들도 상당한 정치적 위험의 존재를 감지한다. 원전은 도입 논쟁의 시작에서부터 폐로가 되는 시점까지 적어도 10~12회의 의회 회기를 거친다. 그 사이에 정책이나 정치 상황이 얼마든지 바뀔 수 있다는 위험이 있다. 투자자들에게는 이러한 위험에도 불구하고 투자금이 회수될 수 있다는 확신이 필요하다.

투자자들은 의사결정을 할 때, 에너지 정책의 역사와 영국에서 원자력의 발전 과정을 살펴볼 것이다. 1979년 당시 보수당 정부는 1982년부터 매년 한 기씩 모두 10기의 원전 건설을 시작하는 프로그램을 발표했다. 결국에는 사이즈웰 B 하나만 건설되었고, 1995년에 전력 공급을 시작했다. 그 당시는 독점적 전력 시장이었기 때문에, 더 많은 기술과 소비자가 관여하고 민영화가 이루어진 오늘날보다 원전을 건설하기가 무척 쉬웠다. 1995년과 2003년 백서는 연이어 원자력은 경제성이 없다고 밝혔다. 그리고 3년 동안 이 질문을 다시 다룬 보고서는 없었다. 이 보고서에 담기지 않은 논쟁을 고려할 때, 투자자들은 반드시 '에너지 정책을 다시 재검토하려면 얼마나 걸릴 것인가?'라는 질문을 던져야 한다. 정부 위험은 다음의 범주로 분류할 수 있다.

- 재생에너지 및 에너지 효율 향상 기술보다 더 값비쌀 수도 있는 원자력 기술을 지지하는 것. 2020년의 전력 생산 기술비용은 예측 불가능하다. 성과혁신국PIU, 〈에너지 정책 검토 보고서〉 및 2003년 〈에너지 백서〉의 추정에 따르면, 일부 재생에너지 기술은 가스전력의 생산

비용보다 낮아져 2020년 전력을 가장 싸게 생산하는 기술 중의 하나가 될 것이라고 예상된다. 일부 기술(육상 및 해상 풍력, 일부 바이오매스 및 조력)은 원자력보다 값싼 기술이 될 것으로 예측된다.

- 장기간 동안 고비용의 원자력 기술에 고착되는 상황. 이러한 상황은 지속 가능성, 공급 안정성, 에너지 빈곤의 감소 등 정부 목표의 달성에 기여하는 바가 거의 없고, 이의 성공을 평가하는 데는 오랜 시간이 걸릴 것이다. 원자력에 대한 지원은 분명 프로젝트 전반에 걸쳐서 수행해야 할 것이다. 일상적인 발전비용의 경우 경쟁력이 확보(예를 들어, 가스 가격의 증가 때문에)될 수도 있지만 원자력은 모든 측면에서의 지원이 필요하다. 개별 재생에너지 기술들이 점차적으로 경쟁력을 확보하지 못한다면, 소규모 프로젝트 및 기술의 혼합이 상당한 상황을 고려할 때 이들에 대한 지원은 상대적으로 축소되기가 쉬울 것이다. 원전 프로그램에 대한 지원은 건설 및 작동 여부의 확인에 시간이 많이 소요될 뿐만 아니라 발생한 핵폐기물을 처리하는 데도 지원이 필요하기 때문에 매우 심한 '고착' 현상이 나타난다.
- 향후 가격 하락을 예측할 수 없는 성숙한 기술인 원자력을 지원한다는 것은 정부가 공공지출 정책의 원칙을 실질적으로 저버린다는 의미다. 앞서 서술한 신규 원자력 발전에 대한 지원 정책은 질적으로 재생에너지 프로그램에 대한 지원과는 다르다. 왜냐하면 공공 투자 정책 원칙에 발맞추어 재생에너지 기술이 점차 경쟁력을 확보하면 재생에너지에 대한 지원은 감소될 예정이기 때문이다. 기술에 대한 공공 지출은 일반적으로 혁신을 촉진하고 대안 개발을 목적으로 하며, 가격 하락의 기대하에서 추진된다. 명백한 혁신 정책의 일부가 아닌 한, 공적자금은 가능한 한 시장 기능에 직접 간섭하지 말아야 한다.

- 지난 〈에너지 백서〉가 출간된 이후 바로 에너지 정책의 재검토를 발표하는 것은 잠재적 위험 문제에 관심을 쏟는 것으로, 결국 에너지 정책이 실질적으로 불확실한 상황에서 투자 결정은 흔들리거나 유보될 것이다. 정부가 원전 프로그램 지원을 통해 시장을 재조정하는 조치들은 재생에너지, 수요감축 분야, 열병합 천연가스 발전소 등에도 투자를 약화시킬 것이기 때문에 매우 위험이 따르는 일이다. 만일 신규 원전 프로그램마저 제대로 탄소 감축을 못할 경우, 영국의 탄소 감축 프로그램은 심각히 곤란한 상황에 빠질 것이다.

에너지 안정성 위험

2002년 성과혁신국 〈에너지 정책 검토 보고서〉 및 2003년 〈에너지 백서〉에서 등장한 에너지 정책에 관한 기본적인 주장은, 천연가스가 저탄소 에너지 시스템으로 이행하는 데 중요한 역할을 한다는 것이다. 천연가스의 시장 점유율은 재생에너지의 간헐적 전력 공급을 보완하는 유연한 '균형자'의 역할을 맡을 때까지 점차 감소할 것이다.

그러나 천연가스 공급의 안정성에 대한 우려는 점차적으로 신규 원전 건설을 주장하는 근거로 사용되었다. 예를 들어 영국 산업연합Confederation of British Industry, CBI은 "우리는 전력 생산, 건물 난방, 산업용으로 천연가스에 과도하게 의존하고 있으며, 재생에너지와 수요 감축만으로 미래의 공급 능력을 충분히 감당하기에는 아직 이르다"고 주장한다. 영국 산업연합은 에너지의 안정적 공급에 커다란 이해관계를 가지고 있다. 에너지의 안정적 공급이란 수용 가능한 가격으로 충분한 전력과 가스를 공급받는 것을 의미한다. 이러한 주장의 연장선에서 영국 산업연합은 에너지 믹스에서 원자력이 차지하는 부분을 빨리 분명히 하고, 원자력에 대한 지원 조치를 진전시키도록 요구하고 있다.

미래의 가스 공급의 안정성에 대한 불안은 영국 산업연합이 우려했던 것만큼 심각하지는 않다. 저장 및 상호연결을 위한 가스 저장 인프라가 증가해 2005년, 2006년 겨울에 나타난 가격 급등의 가능성은 이제 영국에서 낮아졌으며, 단기 공급에 대한 대비책도 마련되었다. 이에 더해 영국은 유럽 내외 여러 국가로부터 가스 공급을 받는 등 공급선의 다변화를 통해 추가적인 안정성을 확보할 수 있다. 장기적으로 볼 때 1990년대처럼 매우 낮은 수준까지 가스 가격이 떨어질 것 같지는 않지만, 가스 공급이 중단되거나 미래 공급 역량이 불충분해 보이지도 않는다.

제도적 위험

원전 프로그램이 제대로 작동하려면 지원체계의 실행을 보장하는 제도적 장치들이 필요한데, 이러한 제도 수립은 입법을 필요로 할 수도 있다. 또한 다양한 부처별 책임을 합치거나 분리할 필요가 있으며, 대규모 공무원의 증가가 필요할 수 있다. 특히 대중적 반대가 표명될 경우 더욱 필요하다. 원전 프로그램을 준비하는 동안, 에너지 공급역량이 약화되는 일을 방지하기 위해 재생에너지 및 수요의 상당한 감축에 중심을 두는 정책도 필요하다. 즉, 최소한 필요한 제도적 장치들은 다음과 같다.

• 계획: 시간이 오래 걸리고, 비용이 많이 드는 원전 계획 신청 과정의

위험 비용을 줄이는 조치와 허가 절차의 신속화 및 변화.

- 규제: 에너지 규제기관인 오프젬은 에너지 시스템을 규제할 책임이 있다. 오프젬은 업무규칙을 따르고 있지만, 원자력에 대한 지원이 현 규칙에 위반된다고 하면 이러한 업무규칙은 바뀌어야 한다. 시장에 대한 직접적 간섭 업무가 없다면 오프젬은 입법을 통한 간접 지원 체제를 통해 도움을 주어야 한다. 만일 직접 간섭 업무가 있다면 시장에 대한 근본적 태도는 변해야 한다.
- 부처별 장치: 계획 수립, 부채 보험, 폐기물 및 폐로 협약, 의무 이행, 국가 보조에 대한 신규 입법, 유럽연합과의 연계 등 이전에 논의한 모든 직간접 지원체계들을 다양한 기관이나 부처에서 수립하고 운영해야 한다. 이러한 기관에는 계획과 관련된 질문을 책임지는 부총리실, 환경청, 원자력시설검사과, 오프젬 등이 해당된다. 따라서 많은 공무원이 필요하며 이는 공무원 규모를 줄이려는 최근 움직임에 상당한 부담이 될 것이다.

이러한 것들이 신규 원전 프로그램을 진척시키는 데 필요한 제도적 요구사항이다. 이들 모두에 수반되는 위험 비용은 다음과 같다.

- 영국 내 근본적인 계획 수립 절차가 위협을 받는다면, 이는 상당한 반대에 직면할 수 있다.
- 다른 대체 에너지보다 명백히 더 저렴하지도 않고, 더 낫다고 입증되지도 않은 상태에서 원자력 기술에 시장 지원 및 금융 지원을 한다면 정부 지출이나 혁신 정책에 대해 신중하게 축적해왔던 근거 주장들이 허물어질 위험이 있다.

- 여러 다른 부처들이 원전 프로그램을 함께 수행해야 하는 상황에서 정부 실패의 위험이 발생한다. 특히, 과거에는 불가능했었고 지금까지 실패한 사례가 많은 경우에는 더욱 그러하다. 예를 들면 공급 측면의 통상산업부와 수요 측면의 환경부를 함께 연계하려 한 시도에서 정부 실패가 존재했었다.
- 어떤 신규 원전도 제대로 진전되기 위해서는 대중적 지지를 획득해야 한다. 수많은 사람들이 신규 원전 건설이 바람직한가의 여부와 관련한 대중적 토론에 관여하고 있기 때문에 대중적 지지를 획득하기 위한 시간은 상당히 걸릴 것이다. 원자력에 대한 대중적 지지의 여부는 매우 불확실하다. 틴달 기후변화센터가 의뢰한 MORI 설문조사에 따르면, 대중 가운데 대부분이 영국의 이산화탄소 배출에 대응하는 대안으로서 신규 원전보다는 재생에너지 개발과 에너지 효율 향상을 지지하고 있다.

원자력 투자를 촉진하는 여러 조건들을 이행한다는 것은 상당한 약속이다. 따라서 투자의 위험으로부터 투자자를 보호하기 위해 해당 기술을 지원한다는 불확실하고 모호한 약속이 될 수 있다. 이는 전력비용을 좀 더 투명하게 만들려는 많은 노력들을 수포로 만들 것이며, 이미 개발된 기술인 원자력을 보호한다는 명목으로 전력 시장의 일부를 원전에 내주는 결과를 낳을 수 있다. 후에 논의하겠지만 다른 국가의 경험에서도 입증되었듯, 원전 건설 프로그램을 모의 실험하는 데도 엄청난 자원이 소요된다.

이러한 원자력 시장의 개발로 인해 다른 기술 투자자에게 미치는 악영향은 상당할 것이다. 왜냐하면 시장의 운영 위험 비용 대부분이 원자력이 아닌 다른 새로운 프로젝트로 전가될 것이기 때문이다. 특히 재생에너지 같이 개발 중인 기술의 입장에서 볼 때 이는 심각한 상황이 될 수 있다. 재생에너지는 주로 탄소 배출량이 적다는 이유로 투자가 이루어지기 때문이다. 엄청난 양의 원자력 발전이 미래에 공급될 예정이라면, 새로운 재생에너지 기술에 대한 투자 매력은 사라지거나, 있다고 해도 상당히 약화될 것이다.

원자력 이외의 기술을 약화시키는 위험 비용

정부의 신규 원전 프로그램 추진에는 상당한 위험 부담이 따른다. 그 이유는 주로 다른 기술, 다른 저탄소 대안에 대한 투자를 약화시키기 때문이다. 신규 원전 프로그램을 옹호하는 이들이 기반을 두고 있는 암묵적 가정은 모든 저탄소 기술들과 대안들이 상호 보완적이라는 것이다. 달리 말하면, 원자력 분야의 성장 및 중앙집중식 전력 운영을 지속적으로 강조하더라도, 에너지 효율, 재생에너지, 다른 저탄소 기술들과 조화될 수 있다는 것이다. 아래에서 서술하겠지만, 만일 이것이 사실이 아니라면 신규 원전 건설은 실패할 것이고, 영국의 상황은 현재보다 더 악화될 것이다. 원자력을 지원하기 위한 자원의 동원은 투자자에게 확신을 주고 위험비용을 감소시키는 정치 체제를 수립할 것이다. 자원이 원자력에 지원되는 결과 나타나는 부수적 타격은 저탄소 에너지 시스템의 개발을 약화시키는 것인데, 이는 다음의 상황으로 나타날 것이다.

- 재생에너지 개발과 에너지 수요 감축 방안을 발전시키는 데 필요한 제도적 자원을 약화시킨다. 그리고 현존 제도적 자원이 원자력을 작

동시키는 체제에 집중될 것이다.

- 재생에너지 개발과 에너지 수요 감축에 필요한 정치적 자원을 감소시킨다. 원자력에 대한 심각한 반대의 가능성을 고려하면, 정치적 자원은 신규 원전에 대한 결정 및 실행을 보장하는 데 주로 이용될 것이다.
- 재생에너지 개발과 에너지 수요 감축에 사용될 수 있는 금융 자원을 정부 차원이든 민간 투자의 차원이든 모두 약화시킨다.
- 저탄소 에너지 시스템의 기술적 요건의 개발을 위한 자원을 약화시킨다.
- 에너지 소비 결정에 책임을 지는 소비자, 즉 재활용, 대중 교통수단 사용 같은 지속 가능성 이슈에 관심을 보이는 소비자들의 증가를 막는다.

원자력 발전은 저탄소 에너지 시스템으로 나아가는 것을 돕기는커녕 기술 차원, 에너지 시스템 차원, 지속 가능 개발 차원 등 세 가지 차원에서 그 진행을 방해한다고 볼 수 있다.

1) 기술 차원: 대안들은 기술적으로 동등하지 않고, 원자력 신규 프로그램이 요구하는 자원과 공약은 불가피하게 재생에너지 개발과 수요 감축 정책의 집행을 약화시킨다. 기술적 대안들은 서로 다른 금융, 제도, 인프라, 정치 공약을 요구한다. 현실 세계에서는 자원이 한정되어 있는데 신규 원전 프로그램을 수행하는 데 필요한 공약의 규모는 막대하므로 재생에너지와 에너지 효율 향상에 사용될 자원을 왜소하게 만든다. 비록 원자력 이외의 저탄소 대안에 대해 추가적 자원을 사용할 수 있을지라도, 에너지 시스템의 근본적 속성 때문에 원자력을 지원하는 자원과는 충분히 경쟁할 수 없다.

2) **시스템 차원:** 원자력이 결합된 중앙집중형 시스템은 지속 가능 개발의 방향과 양립할 수 없다. 분산형 시스템으로 전환이 지속 가능성 방향에 더욱 부응한다. 그런데 새로운 저탄소 기술들은 영국의 현 전력 시스템에서 실질적으로 배제되고 있기 때문에, 이러한 전환이 성공하려면 공약과 명확한 목적이 필요하다. 신규 원전 프로그램의 작동 틀을 수립하는 것은 전통적 중앙집중형 에너지 시스템을 강화할 것이므로, 이는 지속 가능 에너지 시스템의 형성을 매우 어렵게 만들 것이다.

3) **높은 지속 가능성 및 사회 변화 차원:** 안보 문제가 내재된 대규모의 친근하지 않은 원자력 기술에 대한 지원은 일반 대중과 연계되는 기술과는 상반된 요소들이다. 그러므로 원자력은 소비자가 에너지 결정에 대해 점차 알아가는 과정을 방해한다. 나아가 원자력은 소비자들이 더 광범위한 지속 가능성 이슈와 연계될 가능성과 이러한 연계가 가져올 다양한 편익을 누릴 가능성을 약화시킨다.

핀란드와 미국의 경험

영국의 민영화된 전력 시스템하에서는 아직까지 원전이 건설되고 운영된 적이 없기에, 신규 원전 프로그램을 위해 무엇이 필요한지에 대한 정보를 수집하는 일은 어려운 작업이다. 원전은 현재 전 세계적으로 18기가 건설 중이다. 15기는 인도, 러시아, 중국식 설계에 따랐다. 이들 중 다섯 기가 1990년 이전에 건설이 시작되었다. 세계 원전 시장의 현재 및 미래와 관련된 연구를 살펴보면, 원자력의 부활은 아직 언급할 단계가 아니라는 점을 주장하고 있다. 이 장에서는 핀란드와 미국의 경험을 다룰 것이다. 핀란드의 예는 낙관주의에 대한 경계가 왜 필요한지를 입증하며, 미국의 예는 신규 원전을 위해 원자력 산업에 필요한 것은 무엇인지에 대한 정보를 준다.

핀란드 사례

원전업계는 민영화된 시장에서 원전 건설의 모델로 핀란드 사례를 종종 언급한다. 올킬루오토에 1,600메가와트 규모의 신규 원전 건설을 정당화하기 위해 핀란드 업계는 전력의 안정적 공급 필요성, 미래 에너지 수입에 대한 의존도 감축, 기후변화 공약의 수행 등을 근거로 주장했는데 이는 영국 원전업계의 주장과 상당히 유사하다. 올킬루오토에서의 원전 건설은 2005년에 시작되었고, 2009년부터 운영이 시작될 예정이다상업적 운영은 여러 가지 이유로 수차례 연기되었고, 2016년 당시 기준으로 2018년 운영 예정이다-옮긴이.

그렇지만 원전 건설의 모델로 올킬루오토를 드는 것은 적절하지 않다. 왜냐하면 신규 핀란드 원전만의 독특한 요소가 있기 때문이다. 신규 핀란드 원전은 TVO핀란드 원자력 회사로 전력 및 산업 컨소시엄 소유-옮긴이가 소유주인데, 이 회사는 영리 추구를 목적으로 하지 않으며 소유자들에게 전력을 원가로 판매한다. 이는 영국과는 다른 전력 시장 구조다. 소유자들은 원전으로부터 전력 공급을 보장받으므로 민영화된 시장에 내재된 위험으로부터 보호받는다.

이에 더해 핀란드 원전 건설비용과 관련해서도 약간의 이견이 존재한다. 여러 보고서에서 올킬루오토의 건설비용을 약 30억 유로로 추정했는데, 이는 프랑스 건설사인 프라마톰Framatome이 '손실을 떠안은 특별가격'

으로 제공한 것이다 이러한 비용은 향후 85억 유로로 상향 예측되었다-옮긴이.

원전 건설 컨소시엄의 한 축인 아레바Areva는 프랑스 수출보증 기관 COFACE으로부터 6억 1,000만 유로의 보증을 지원받았는데, 이는 프랑스 수출보증기관이 유럽연합 내 수출에 대해 수행한 최초의 보증이었다. 프랑스 수출보증기관은 만일 이 프로젝트가 포기되거나 TVO가 계약을 이행하지 못하면, 이 보증액을 대신 갚아주기로 되어 있었다.

지금 보면 올킬루오토는 누가 시간 및 비용 초과 위험을 부담하는가와 상관없이 이 프로젝트가 예상된 비용으로 제때에 완결되지는 못할 것으로 여겨진다. 건설은 2004년에 시작했으나, 프로젝트의 복잡함과 계약 구체 사항의 해석 문제로 인해 벌써 계획보다 1년이 늦어졌다.

미국 사례

영국의 신규 원전을 위한 총지원금액은 미래의 전력 가격과 투자자에게 필요한 확실성의 정도에 의존하기 때문에, 이를 확실히 알기란 불가능하다. 그렇지만 2005년 에너지정책법에 의해 수립된 미국 정부의 보조금 프로그램을 보면 대충 그 윤곽을 잡을 수 있다. 이러한 지원 프로그램은 프로젝트의 전체 과정을 포괄하는 보험 또는 지원금을 포함하고 있다. 규제나 법적 지체에 따른 비용으로부터의 산업 보호도 포함되고, 연구개발 자금 지원 및 폐로 부담에 대한 지원도 포함된다. 주요 지원 조치들을 [표 11-3]에 정리했다.

[표 11-3] 2005년 에너지정책법상의 조치들(단위: 100만 달러)

	비용 (백만 달러)		기간
연구개발	1,432	에너지부의 새로운 원자로 기술, 재처리, 핵종의 변환에 관한 연구개발 프로그램.	3년
	149.7	에너지부의 학술 연구 및 훈련 프로그램.	3년
	100	현존 원자로에서 수소 발생에 대한 실증 프로젝트.	
건설 보조	2,000	신규 원자로 6기의 건설 또는 허가 지연에 대한 업계 보증 지원금. 최초 원자로 2기는 지연에 따른 총비용 보증(각각 5억 달러 한도), 추가 원자로 4기는 지연에 따른 총비용의 50% 보증(각각 2억 5000만 달러 한도).	최초 원자로 6기
	1,250	아이다호에 전력 및 수소를 생산하는 차세대 원전 시험 제작에 대한 자금 지원. 2016~2021년에 추가 자금 지원 필요.	2006~2015년 (2016~2021년)
	~6,000	프로젝트 비용의 80% 한도로 장기 보증. 혁신 기술을 포괄하는데, 이에는 첨단 원자로 설계가 포함됨	
운영 보조		프라이스 앤더슨 법의 재허가, 이 법은 사고 발생 시 원자력 업계의 부담비용에 상한을 설정함. 현 상한은 100억 달러.	2025년까지
	5,700	신규 원전의 최초 운영 8년간 6,000메가와트시까지 1킬로와트시당 1.8센트 세금 공제, 연간 한도는 2억 1,500만 달러.	2005~ 2025년?
후단 보조	1,300	일부 폐로기금에 대한 세금 및 법적 지위의 변경.	

결론

신규 원전 건설에 따른 위험 비용은 너무 거대해, 사실에 기반을 둔 합리적이고 투명한 논의를 통해 이를 분석할 필요가 있다. 이 장은 원전 건설비용은 태생적으로 불확실하다고 주장한다. 건설 기간의 연장, 부하율, 자본비용, 폐기물 처리가 최종 비용에 미치는 영향 등으로 인해 건설이 완료되기 전에는 정확한 비용을 알 수 없기 때문이다. 또한 신규 원전에는 막대한 위험이 내재하기 때문에, 이 장의 결론으로 우리는 신규 원전의 건설을 시도하지 말아야 한다고 주장한다.

- 제5부 -

세계 원전 현황

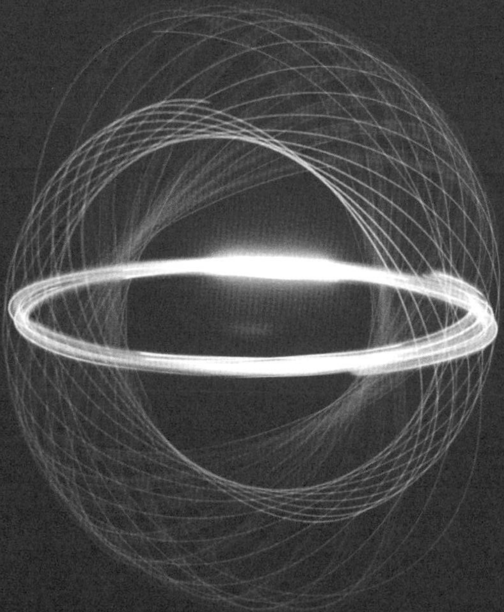

원자력 에너지: 유럽 상황

12장

앤터니 프로갓Antony Froggatt

들어가며

유럽연합에서 에너지 정책은 환경보호, 안정적 공급, 시장 민영화라는 세 가지 축으로 이루어져 있다. 현재 이 세 축은 석유 및 천연가스 가격의 상승이라는 압박을 받고 있다. 따라서 기후변화 및 이산화탄소 배출 감축 목표의 미달성에 대한 우려뿐 아니라, 수입 에너지 의존도의 증가에 대한 우려도 커지고 있다.

전통 화석연료에 대한 압박이 증가하면서 다시 주의를 끌고 있는 대안 에너지 기술은 다름 아닌 원자력과 재생에너지다. 이 두 에너지는 상당량의 이산화탄소 배출 없이 전력을 생산할 수 있는, 현재 광범위하게 사용되는 기술이다. 그러나 환경에 대해서는 매우 다른 영향을 준다. 안정적 공급과 관련해 원전용 우라늄 연료는 실제로 모두 수입하지만 부피가 매우 작아 천연가스보다 보관이 용이한 반면, 재생에너지는 연료는 필요 없으나 불규칙하고 통제 불가능한 전력 생산이 문제가 된다. 천연가스와 석유 가격이 낮았던 지난 10년 동안 두 기술의 가격은 상대적으로 높았으나 현재 두 기술의 옹호론자들은 전력 생산비용이 감소하고 있어서 이제는 전통 화석연료와 경쟁할 수 있다고 주장한다.

결과적으로 유럽에서 원자력과 재생에너지는 저탄소 및 자립 에너지원으로 점점 더 중요시되고 있다.

원자력의 현황

놀랍게도 원자력은 유럽연합 제도의 중심 역할을 하는데, 그 이유는 현 유럽연합의 기초가 되는 조약 중의 하나가 '유럽원자력공동체조약'이기 때문이다. 1957년에 조인된 이 조약의 전문은 "원자력 에너지는 산업 개발 및 활성화에 필수적인 자원임을 인정한다"고 천명하고 있다. 이 조약은 아직까지 유효하며 당분간은 계속 유효할 것으로 보인다. 사실 유럽연합 헌법조약의 초안은 다른 유럽연합 조약들이 헌법 조약에 통합된 것과 달리, 유럽 원자력 공동체 조약을 별도 조약으로 남기도록 권고한 바 있다.

유럽연합 25개 회원국 중 13개 국가에서 147기의 원자로가 가동 중이다2017년 현재 유럽연합은 회원국이 28개이며, 14개 국가에서 128기 원자로가 가동 중 - 옮긴이. 이는 1989년의 최대치였던 172기에서 25기가 줄어든 것이다. 이탈리아는 아예 원전 운영을 포기했고, 나머지 11개 국가들은 원전 프로그램을 시작하거나 완성해보지도 못했다. 현재 원전은 유럽연합 전체 전력의 약 3분의 1을 생산하고 있다. 원전 사용국과 원전의 비중은 [표 12-1]과 같다.

이러한 수치만으로 원자력 현황을 다 파악할 수는 없다. 왜냐하면 각

[표 12-1] 유럽연합 국가 중 원전의 발전 비중

국가	운영 중인 원자로	건설 중	폐로	최초 전력망 연결	GWh (2005년 기준)	총전력 중 비중 (%)
벨기에	7	0	1	1962	45,335 (24,800)	55.6 (37.5)
불가리아	0(2)	0	0	-	(14,700)	(31.3)
체코	6	0	0	1985	23,225 (25,300)	30.5 (32.5)
핀란드	4	1	0	1977	22,334 (22,300)	32.9 (33.7)
프랑스	59(58)	0(1)	11(12)	1959	430,899 (419,000)	78.5 (76.3)
독일	17(8)	0	19(28)	1961	154,612 (86,800)	30.1 (14.1)
헝가리	4	0	0	1982	13,020 (15,000)	37.1 (52.7)
이탈리아	0	0	4	1963	0	0
리투아니아	1(0)	0	1(2)	1983	10,300 (0)	69.6 (0)
네덜란드	1	0	1	1968	3,772 (3,900)	3.9 (3.7)
루마니아	0(2)	0	0	-	(10,700)	(17.3)
슬로바키아	6(4)	0(2)	1(3)	1972	12,335 (14,100)	56.1 (55.9)
슬로베니아	1	0	0	1981	5,614 (5,400)	42.4 (38.0)
스페인	8(7)	0	2(3)	1968	54,895 (54,800)	19.6 (20.3)
스웨덴	10(9)	0	3(4)	1964	70,000 (54,500)	46.6 (34.3)
영국	23(15)	0	22(30)	1957	75,179 (63,900)	19.9 (18.9)

* 괄호 안은 2017년 기준 - 옮긴이

국가의 정부 및 산업계의 지원 수준이 천차만별이기 때문이다. 이렇게 다양한 지원 수준은 다음과 같은 범주로 나누어 설명할 수 있다.

1. 단계적 폐지가 원칙

이 범주에 있는 국가들은 원전을 폐로했거나 수명 제한 결정을 내리거나 수명 제한 조건을 원자력 산업에 부과했다. 이를 번복하지 않으면 원전이 마침내 사라질 국가들이며, 여기에는 다음 국가가 포함된다.

- **벨기에:** 2003년 1월 정부는 신규 원전 건설을 금지하고 현존 원전의 수명은 40년으로 제한하는 법을 통과시켰다. 정권은 바뀌었으나 법은 폐지되지 않았다.
- **독일:** 2001년 6월 사민-녹색 연합 정부는 원전 수명을 32년으로 제한하고 2005년 6월 이후 재처리 연료의 운송을 금지하는 법을 통과시켰다. 2005년 9월 선거 결과 정권이 바뀌었으나 원전 폐지 입장은 변하지 않았다 이 계획은 2010년 수정되었다. 재생에너지가 원자력을 대체할 수 있는 시간을 벌기 위해 현존 원전들을 더 오래 사용하는 방향으로 바뀌었다. 그러나 2011년 후쿠시마 사고 이후 다시 입장을 바꾸어 단계적 폐지를 결정했다. 독일 연방 의회는 법을 제정해 일부 원전은 즉시 가동을 중지하고 나머지 원전은 단계적으로 폐쇄해 2022년 모든 원전을 폐지할 예정이다 - 옮긴이.
- **이탈리아:** 1988년 국민투표로 원전을 폐지했다.
- **스웨덴:** 1979년 국민투표를 통해 2010년까지 모든 원전을 폐쇄하는 입법을 하도록 결정했다. 그 후 이 계획은 포기됐고 아직까지 확정적 대안은 없다. 그동안 바스백에 있는 원전 두 기를 2005년 5월 폐로했다.

2. 가능한 한 수명 연장을 통해 현상 유지

여기에 해당하는 국가들은 적극적 원전 프로그램을 가지고 있지만, 확대하는 정책은 수립하지는 않았다. 향후 10여 년 동안 설계 수명이 다해서 폐로되는 원전 숫자는 증대하는 국가다. 하지만 원전업계는 현존 원전의 수명을 연장하고 그들의 전력 생산을 증대하려고 노력하고 있다. 이러한 과정들은 원자력 회사들에 유리한데, 수익이 증가하고(상대적으로 작은 자본 투자로 전력 생산을 증대할 수 있으므로) 전력 공급에서 일정한 점유율을 유지할 수 있기 때문이다. 여기에 포함되는 국가들은 다음과 같다.

- **헝가리:** 원전업계는 팍스 원전의 수명을 60년으로 늘리길 희망한다.
- **네덜란드:** 국내 유일한 보셀레 원전은 2003년 폐로하기로 되어 있었지만 정부 결정이 바뀌어 2033년까지 운영할 계획이다.
- **슬로베니아:** 크르스코 원전은 40년 운영 후 2023년 폐로하기로 되어 있으나 정부가 수명 연장 계획을 수립 중이다.
- **스페인:** 2004년 선출된 정부는 점진적으로 원전을 폐쇄하겠다고 발표했다. 그러나 전력회사들은 60년으로의 수명 연장을 제안하고 있다.

3. 신규 건설 주장

이 범주에 속하는 국가에서는 원전업계 또는 정부 관료들이 신규 원전 건설을 주장하고 있다. 그러나 이러한 발언들이 실질적인 건설로 귀결될 수 있는지는 불확실하고, 중요할 수도 중요하지 않을 수도 있다. 이러한 주장들은 다음 국가들에서 이루어지고 있다.

- **체코:** 체코전력공사는 신규 원전 두 기의 건설 제안을 준비 중이다.

이에 대해서는 수년 내에 결정이 날 것으로 예상된다2009년 체코전력공사는 두 기 원전의 입찰 과정을 시작했다. 그러나 2017년 현재까지 아직 건설을 시작하지 못했다 - 옮긴이.

- **리투아니아:** 리투아니아의 유일한 원전은 RBMK(체르노빌과 동일한 설계로서 이그날리나 원전이라 불린다)인데, 2010년까지 폐쇄할 것을 요구받고 있다실제로 하나는 2004년 폐쇄되었고, 두 곳은 2009년에 폐쇄 - 옮긴이. 결과적으로 원자력을 포함해 이를 대체할 전력 공급 대안을 숙고하고 있다. 그 가운데 폴란드와 에스토니아 전력회사나 정부와 협력해 다른 나라까지 전력을 공급하는 원전을 건설하는 것이 하나의 대안으로 떠오르고 있다2008년 리투아니아, 에스토니아, 라트비아, 폴란드 전력회사들은 새로운 원자력 회사 설립에 동의했고, 이 회사는 이 국가들에 전력을 공급하는 신규 원전 설립을 책임진다 - 옮긴이.

4. 급박한 결정

여기에 속하는 국가들은 1년 내에 계획 또는 건설 과정을 시작할 결정이 이루어질 것으로 예상되는 국가들이다. 여기에는 다음 두 국가가 포함된다.

- **슬로바키아:** 2005년 이탈리아 에너지기업인 에넬ENEL이 슬로바키아전력공사인 SE의 대주주가 되었다. 민영화 입찰 조건의 하나가 모초브체 원전의 3, 4호기를 완공하는 것이었다이 두 기는 원래 1985년에 착공되었으나, 자금 부족으로 1991년 중단되었다. 이후 2008년 재개되어 2017년 현재도 건설 중이다 - 옮긴이.
- **영국:** 2006년 정부는 원전에 대한 입장을 재검토하고 있다. 정부 일각, 특히 총리는 명백하게 신규 원전 건설을 희망하고 있다2006년 결국 영국 정부는 기존의 입장을 뒤집어 신규 원전을 건설하기로 결정했다. 2010년 영국 정부는 민간 기업에 여덟 개 원전 사업의 건설 허가를 해주었다. 그러나 2012년 E.ON UK와 RWE npower는 미래의

전망을 회의적으로 보고, 신규 원전 건설사업에서 철수했다. 반면, EDF에너지는 네 기의 원자로를 두 장소에서 건설하는 것을 계획 중이고, 호라이즌 원자력도 네 기의 원자로 건설을 계획 중이다. '2017 세계 원자력 성과 보고서'(WNA, 2017)에 따르면 EDF에너지는 힝클리 포인트 C에 두 기의 원자로를 건설하는 최종 투자결정을 2016년 7월에 했고, 9월 영국 정부는 이에 대한 모든 승인을 했다. 호라이즌 원자력은 윌파뉴이드에 윌파 1(Wylfa 1)을 대체하는 신규 원전을 추진 중이다. 자세한 사항은 이 장의 별첨 참조-옮긴이.

5. 적극적 건설 프로그램

여기에 포함되는 국가들은 신규 원전뿐만 아니라 수명 연장을 포함하는 적극적 건설 프로그램을 가지고 있다. 여기에는 다음 국가가 해당된다.

- **핀란드:** 유럽형 가압경수로European Pressurised water Reactor, EPR를 채택한 올킬루오토 제3기가 2005년에 건설을 시작했다. 원래 2009년 완공하기로 계획되었지만, 공사가 지연되고 있다2016년 1월 현재, 상업적 운영의 시작은 2018년으로 예상되고 있다-옮긴이.
- **프랑스:** 2007년 유럽형 가압경수로의 건설이 플라망빌에서 시작될 예정이었다건설은 2007년 12월에 시작되었으나, 공사가 계속 지연되었다. EDF는 초기에는 건설비용을 33억 유로로 추정했으나, 2012년 85억 유로로 상향 조정했다. 현재 2018년 말에 운영될 예정이다-옮긴이. 또 다른 유럽형 가압경수로를 건설할지는 아직 불확실하다2009년 EDF는 펜리에 두 번째 유럽형 가압경수로 건설 계획을 발표했으나, 이후 건설 계획을 취소했다-옮긴이.

전체적으로 수년간 신규 원전의 수주 부족 및 건설 지연을 고려하면,

유럽 내에서 원전의 숫자는 계속 줄어드는 추세다. 1990년과 2010년 사이 현 유럽연합 회원국 내에서는 약 10기의 신규 원전이 건설되었다. 그러나 단지 현재의 원전 발전용량을 유지하려면(다시 말해 설계 수명이 다해 폐쇄되는 원자로를 대체하려면), 약 30~40기의 신규 원자로를 건설해야 한다. 유럽연합 내 신규 원전 건설 수주가 부족함에도 불구하고 또는 아마도 부족하기 때문에 유럽연합 시민 대다수가 반대함에도 불구하고 신규 원전에 대한 지원 여론은 예전보다 점차 증가하는 듯하다. 최근 유럽연합 여론조사에 따르면 37%가 원전에 찬성하는 반면 55%는 반대한다(8%는 모른다고 답변). 헝가리, 스웨덴, 체코, 리투아니아, 핀란드, 슬로바키아, 프랑스, 네덜란드 오직 8개국에서만 원전에 대해 다수의 대중이 찬성하고 있다. 이 여론조사에서 영국은 44%의 찬성률을 보였다. 반대 의견은 원전을 사용하지 않는 나라에서 높게 나왔는데, 예외적으로 스페인에서는 71%가 반대했다(Eurobarometer, 2005).

재생에너지 현황

앞에서 지적했듯이 현재 보급 중인 또 다른 저탄소 대안은 재생에너지다. 이 분야는 유럽연합 내 모든 국가에서 증가해왔고, 2003년 현재 유럽연합 전력의 14%를 생산하고 있다. [그림 12-1]는 유럽연합에서 지난 10년간 재생에너지의 성장을 보여주고 있다.

유럽연합 집행위원회는 향후 10년간 다른 에너지원보다 재생에너지의 성장이 더 빠를 것이라고 예측했다(European Commission, 2003). 그리고 이러한 성장을 독려하기 위해 2001년 유럽연합은 2010년까지 유럽연합 전

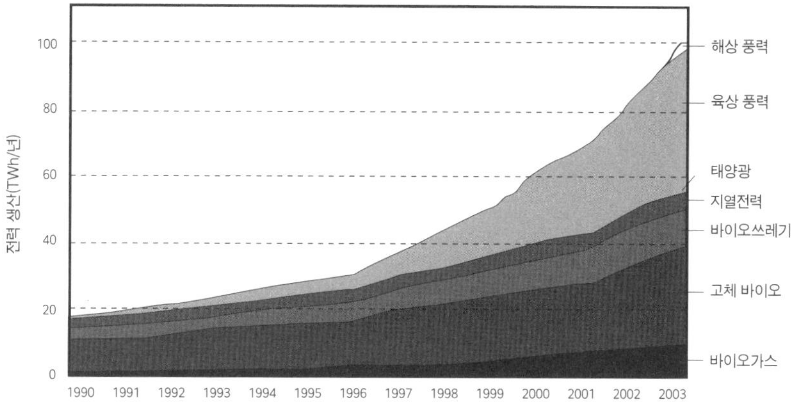

[그림 12-1] 유럽연합 회원국 내 재생에너지 전력의 성장(1990년부터 2003년까지)

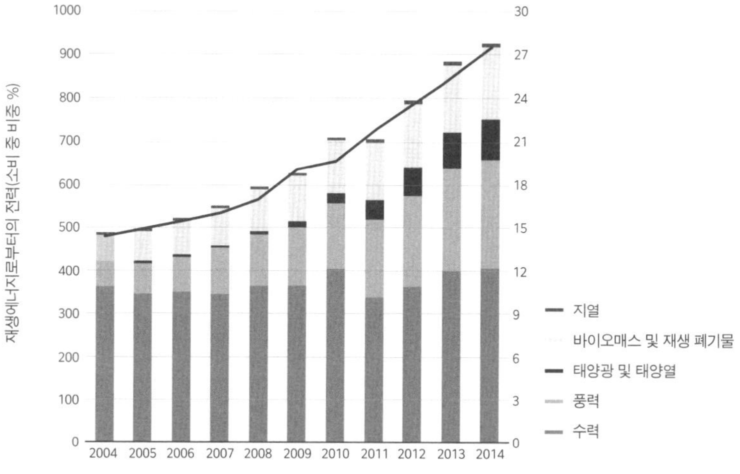

2004년부터 2014년까지 유럽연합 내 재생에너지 전력 생산 현황 - 옮긴이 추가

* 출처: 유로통계

력의 21%(유럽연합 에너지의 12%)를 재생에너지로부터 생산하겠다는 목표를 수립했다(European Commission, 2001). 기술마다 성장 속도가 다른데, 풍력의 경우 2000년 예상보다 거의 2배가 성장해 2010년에 설치된 발전용

량이 75기가와트에 이르렀다. 하지만 다른 분야인 바이오매스의 경우 예상했던 것보다 성장이 빠르지 못했다. 풍력의 성장에도 불구하고, 유럽연합의 2010년 목표는 달성하기 어려울 것으로 예측되고 있다. 유럽연합 집행위원회는 2010년 재생에너지의 점유율은 18%에 머무를 것으로 예측하고 있다(European Commission, 2004a).

유럽연합이 목표 달성에 실패한 것은 주로 일부 회원국의 지원체계가 효과적이지 못하기 때문이다. 가장 성공적인 지원체계는 덴마크, 독일, 스페인의 풍력을 위한 발전차액 지원제도였다. 회원국의 절반 이상이 재생에너지의 확산을 가져오기에는 너무 미약한 지원체계를 가지고 있다. 재생에너지 확산을 방해하는 또 하나의 장애물은 행정 규제 및 전력망 규제 장벽이다(European Commission, 2005).

재생에너지의 역할을 강화하는 또 하나의 변수는 대중적 지지의 수준이다. 2006 유로바로미터 여론조사에 따르면, 에너지 수입에 대한 의존도를 줄이기 위해 정부는 태양 에너지 개발에 집중해야 한다는 의견이 48%, 풍력은 31%, 원자력은 12%이었다(응답자는 두 개를 고를 수 있었다)(Eurobarometer, 2006).

신규 원전 건설의 경제성

2005년 12월 세계원자력협회WNA는 원자력이 '환경적 가치 또는 안정적 공급'이라는 경제적 가중치를 두지 않더라도 경쟁력을 확보할 수 있을 것이라고 자랑스럽게 주장했다(WNA, 2005). 이는 매우 과감한 발언이었고 독립적인 경제학자나 분석가들의 의견을 반영한 것은 아니었다.

홍콩상하이은행HSBC은 신규 원전 건설에 대한 여러 가지 기술적 및 경제적 우려로 투자자들에게는 '하기 싫지만 해야 하는 일'이 되었다고 하는 반면에(HSBC, 2005), 스위스금융그룹UBS은 유럽에서 신규 원전에 투자하는 것은 '60년 동안의 연료 가격, 할인율, 효율성에 대해 과감하게 베팅'하는 것이라 주장했다(UBS, 2005). 투자자 그룹의 원자력에 대한 비관주의가 근거 없지 않은 이유는 원전은 건설 과정에서 비용 초과와 공사 지연이 잦은 것으로 알려져 있기 때문이다. 세계은행이 원자력 프로젝트에 투자를 하지 않는 이유 중의 하나는 건설업체들이 원전 건설비용을 '상당히 과소 추정하기' 때문이다(World Bank, 1992). 영국에서 최근 건설된 사이즈웰 B 원전의 경우, 건설비용이 16억 파운드에서 37억 파운드로 증가했고, 영국 원전업계의 기념비인 셀라필드의 소프 재처리 시설은 건설비용이 3억 파운드(1977년 대중 공청회 때 언급한 비용)에서 18억 파운드(최종 완성 당시 비용으로 예정보다 5년 지연됨)로 증가했다.

신규 건설비용과 관련해서 비교적 최근의 신뢰할 만한 정보는 입수하기가 더 어렵다. 그 이유는 일단 신규 건설이 감소했고(세계적으로 27기의 원자로만 2007년 현재 공사 중), 건설 중이라도 대부분 전력 시장 규칙이 투명하지 못한 나라들에서 이루어지고 있기 때문이다(중국, 인도, 러시아에서 17기가 계획 중이다). 실제로 세계에서 건설되는 신규 발전소 건설 중 겨우 1.5~2.5%만이 원자력 발전소에 해당한다.

만일 영국에서 신규 원자로가 주문된다면, 3세대형 원자로가 될 것이다. 이는 유럽형 가압경수로(핀란드에서 건설되고 있는 원전과 유사한) 또는 웨스팅하우스 AP1000(미국과 중국이 검토 중이나 2007년 현재 아직 아무 곳에서도 건설되지 못한) 둘 중 하나가 될 것이다. 그러나 둘 다 설계의 성공 여부가 입증되지는 못했다. 아직 참고 사례가 될 만큼 운영을 해보지 않았기 때문이다. 잠재적 문제점의 징후는 핀란드 사례에서 알 수 있다. 건설이 시작된 지 아직 1년밖에 안 되었지만, 이미 일정보다 아홉 달이나 지연되었다. 또 다른 3세대형 원자로는 일본의 첨단 비등형 경수로다. 도쿄전력은 건설비용을 킬로와트당 1,528달러로 예측했지만, 원자로 두 기의 건설 이후 한 기의 실제 건설비용은 킬로와트당 3,236달러, 두 기의 비용은 킬로와트당 2,800달러로 밝혀졌다.

핀란드가 재정 지원하는 유럽형 가압경수로 또한 논란이 없는 것은 아니며, 유럽연합 내에서 진행 중인 제소 내용 중 하나다. 매우 이례적으로 핀란드 프로젝트는 프랑스 및 스웨덴 두 회원국으로부터 7억 1,000만 유로 규모의 수출 신용보증을 받는 유럽연합 내 프로젝트다. 이러한 보증은 바이에른 주 은행과 다른 금융기관으로부터 19억 5,000만 유로를 2.6%의 매우 낮은 이자율로 융통하는 데 사용되었다. 게다가 일괄 수주 건설 가격은 실제 건설 가격보다 더 낮아 보인다. 프랑스 내 유사한 원전의 가격은 핀란드의 TVO의 비용보다 킬로와트당 25% 높은 비용으로 설치되었다고 알려졌다. 2005년 아레바, 프랑스 원전 공급업자의 연차보고서에 따르면 TVO 원전 건설사업은 기업의 영업이익을 악화시켰으며, 유럽형 가압경수로의 개발비용(15억 유로에서 20억 유로 사이)은 이 사업 가격에 포함되지 않았다고 한다.

신규 원전 건설 관련 경제적 위험을 극복하기 위해, 영국 및 다른 국가들의 원전업계는 정부로부터 직접 지원 또는 시장 규칙의 변화를 통한 재정적 보장을 추구하고 있다. 현재 가장 포괄적인 지원 프로그램은 미국에서 시행 중인데, 실제 지난 30년간 신규 원전 주문 및 완성된 원전이 없었음에도 불구하고 워싱턴에서는 매우 성공적인 로비가 진행되고 있다. 2005년 에너지법에서 원전업계에 약 120억 달러의 추가 보조금을 제공하는 조문이 가까스로 통과되어, 원전업계는 다시 한번 신규 원전 건설을 시도하려고 한다. 이러한 보조 프로그램을 통해, 최초 6년간 세금이 면제되고 정부가 허가 지연을 막아주며, 추가 연구개발 자금과 폐로에 대한 지원이 시행된다(FOE, 2005).

영국이나 유럽연합에서는 이와 같은 광범위한 지원 프로그램은 받아들이기 어려울 듯하다. 그 이유는 현 유럽연합 회원국 보조규칙과 상충하기 때문이다. 하지만 이 외의 여러 가지 지원 체제를 검토 중인데 허가 절차에 소요되는 시간을 감소시키고 폐기물 관리에 정부가 더 많은 책임을 지며 전력 가격을 보장해주는 방안 등이 이러한 지원 체제에 포함된다.

유럽의 새로운 에너지 정책

2005년 10월 영국 햄튼 코트에서 열린 비공식 유럽연합 정상회의에서 토니 블레어 총리는 디에터 헬름Dieter Helm 뉴칼리지 옥스퍼드 교수가 작성한 보고서 〈유럽의 에너지 정책〉(Helm, 2005)을 제출했다. 이 보고서는 유럽의 새로운 에너지 정책을 둘러싸고 공개 논쟁을 야기시켰다. 지불 결제와 관련해 러시아와 우크라이나 간 촉발된 논쟁은 우크라이나에 공급되던 천연가스 중단에 이르렀고, 이는 서유럽의 가스 공급에도 영향을 받을 것이라는 보도마저 나왔다. 비록 이것이 현실화되지는 않았지만 우크라이나와 러시아의 가스 분쟁은 에너지 정책에 대한 유럽 공동의 조치가 필요함을 시사했다. 결과적으로 2006년 3월 유럽연합 집행위원회는 '지속 가능, 경쟁력 확보 및 안정적 에너지를 위한 유럽의 전략'을 주제로 녹서의회 심의용 정책 제안서를 발행했다. 현재까지도 유럽연합 공동 에너지 정책은 마련되지 않았는데, 회원국들이 독점적 권한을 갖는 에너지 정책을 마련하기는 쉽지 않아 보인다. 유럽연합 공동의 규칙 및 정책은 이미 여러 에너지 부문에서 시행되고 있으나 전체를 포괄하는 에너지 정책은 아직 수립되지 않았다. 녹서는 우선적으로 취해야 할 조치들, 예를 들어 유럽 내부 전력 및 가스 시장의 완성, 공급의 안정성, 회원국 간 연대, 좀 더 지속 가능하고 효율적이며 다양한 에너지 믹스의 달성, 기후변화를 저지할 통합적 접근 방법의 개발, 혁신의 촉진, 일관된 대외 에너지 정책 마련 등(European Commission, 2006)을 목록화했다. 녹서에 나온 유럽연합의 미래 에너지 정책이라는 아이디어는 좀 더 발전되어 독일이 주재하는 2007년 3월 정상회의에서 논의되고, 공동 에너지 정책에 대한 실행 조치도 채택될 예정이다.

발전용량에 대한 선택 문제에 대해 녹서는 '각 회원국과 에너지 회사들은 자체적인 에너지 믹스를 선택한다'고 명확히 언급한다. 그러나 유럽연합은 그 후 에너지 정책을 위한 포괄적인 전략계획을 채택할 수 있다고 제안한다. 이러한 전략계획은 '안정적 저탄소 에너지원으로부터 도출되는 전체 유럽연합 에너지 믹스의 최소한의 수준'을 포함할 수 있다. 또한 유럽 의회는 2005년 9월 '저탄소'라는 용어를 사용하며, 탄소 중립적이고 배출 수준이 매우 낮은 기술을 2020년까지 유럽연합 전력 수요의 60%까지 공급하는 방안을 제안했다(European Parliament, 2005). 유럽연합은 이미 재생에너지 사용에 대한 목표를 가지고 있으므로, 저탄소 기술에 대한 추가적 목표를 설정한다는 것은 사실상 원자력에 대한 목표를 설정하는 것이다.

유럽연합은 장기적으로 지구 평균 온도의 목표치가 산업혁명 이전보다 2도°C가 넘으면 안 된다고 여러 차례에 걸쳐 강조하고 확인해왔다(European Council, 2004). 이를 달성하려면 세계적으로 교토의정서에서 정한 2008~2012년까지 의무감축량 8%(유럽연합의 경우)보다 훨씬 더 많은 이산화탄소 배출량을 감축해야 한다. 이를 위해서는 모든 부문에서 배출량을 감축하는 긴급 조치가 필요하며, 특히 단기적으로 전력 부문에서의 감축이 시급하다. 단기 성과는 전력 부문에서 에너지 전환과 효율 향상을 통해 달성할 수 있다. 재생에너지 도입을 통해 얼마를 감축하고 원자력을 통해 얼마를 감축할지와 관련해서도 수많은 나라와 유업연합 기구들이 현재 논쟁 중이다. 이와 같은 논쟁은 에너지 정책에 대한 녹서의 '저탄소' 용어 사용과 함께 원자력과 재생에너지 간 이산화탄소 감축을 둘러싼 경쟁을 장려하고 있다.

비록 원자력과 재생에너지 모두 탄소 중립적 기술이나 탄소 배출량이 매우 낮은 기술로 분류할 수는 있다. 하지만 제임스 러브록 등의 예외적인 인물을 제외하면 사실상 환경주의자들이 원자력에 대해 받아들일 수 있는 부분은 여기에 그친다. 원자력은 우라늄 채굴부터 시작해 연료 농축 및 제조, 운영 중 방출, 사용 후 연료 관리, 최종적으로 폐로 과정까지 핵연료의 전 생애주기를 통해 폐기물을 생성한다. 영국에서 예측한 관련 비용은 1,000억 파운드를 초과한다. 일부 유럽 국가의 시행에서 증명되었듯이 폐기물 운송과 핵연료 재처리는 환경문제를 더욱 악화시킨다. 원전 사고 및 핵물질 확산의 위협과 더불어 원자력의 이 모든 측면은 재생에너지가 지역에 미치는 환경 영향과 반드시 비교되어야 한다. 이것이 바로 유럽 환경단체들이 원자력을 청정기술에서 제외해야 한다고 강하게 주장하는 이유다. 교토의정서 청정개발체제에서 원자력을 제외해야 한다는 의견도 같은 맥락이다.

미국에서 이루어진 분석에 따르면 원자력은 기후 안정에 가장 비효율적인 대안이고 재생에너지보다 이산화탄소 배출 감축 효과도 떨어지므로, 원자력의 확산은 탄소 퇴출을 지연시킬 수 있다(Lovins, 2005). 영국 정부

지속가능개발위원회의 2006년 3월 보고에 따르면, 원자력의 여러 문제들(높은 비용, 방사능 폐기물 관리에 대한 장기 해결책 부재, 낮은 유연성, 에너지 시스템을 중앙집중형 시스템에 고착, 국제 안보 위험 등)은 원자력의 장점인 저탄소라는 이점을 능가한다(SDC, 2006).

결론

향후 수년간 에너지 정책에서 유럽연합의 역할은 점차 증가할 것이다. 안전한 공급이라는 전통적 영역에서 유럽 공동의 조치가 필요하다는 믿음, 에너지 부문의 환경적 영향을 줄이고, 에너지 시장의 원만한 운영을 보장해야 한다는 요구 등에 대응해 에너지 정책이 수립될 것이다. 이와 더불어 에너지와 외교 문제도 더욱 커질 것이다.

국가별 에너지 정책에 대해 유럽연합의 영향이 점차 커지고 있는 상황에서, 역사적으로 유럽의 조약 및 정책에 의한 지원이 잘 이루어졌던 과거의 경험을 참조하면 원자력은 얻을 게 꽤 있을 법도 하다. 그러나 유럽연합 25개 회원국 중 12개 국가는 원전을 운영하지 않고 겨우 한 기의 원전만 건설 중인 점을 고려할 때 유럽연합이 보편적으로 원자력을 지지하는 것은 아니며, 대중 여론도 정부가 원자력보다는 재생에너지 개발에 더 집중해야 한다는 편으로 형성되어 있다.

이제 정치인들은 여러 가지 중요한 질문에 직면해 있다. 수십 년간 신규 원전 건설이 부족하고, 기존 원전은 노후화되고 있다. 오래된 원전을 가지고 있는 영국은 업계 주도의 점진적 폐지를 시작하는 최초의 사례가 될 것이다. 유럽연합의 경우 1989년 최대치인 172기의 원전에서 25기가 감소해 현재 147기만 운영 중이다2017년 기준 128기로 감소-옮긴이. 원자력 부문에서 현재 전력 생산을 유지만 하려 해도, 매년 원전 세 기씩은 완성해야 한다. 그런데 향후 10년간 겨우 두 기만 완공될 예정이다. 그러므로 향후 15년 이상 원자력의 쇠퇴는 지속될 것이다. 상당한 수준의 신규 원전을 건설하려면 원전에 대한 자금 투입 방법을 상당히 변화시켜야 하는데, 이는 에너지 시장의 큰 변화를 필요로 한다.

이러한 거대한 변화를 일으키기 위해서는 광범위한 정치적 지원과 대중적 지원이 필요한데, 원자력은 이러한 지원이 없는 반면 재생에너지 같은 다른 저탄소 기술에는 존재한다. 에너지 부문이 직면한 문제의 긴박성과 중요성을 고려할 때, 우선순위는 광범위한 대중적, 정치적 지원을 받고 있는 기술에 주어져야 한다.

불행하게도 가장 가능성이 높은 시나리오는 일부 정치인들이 신규 원전 프로그램을 지지할 것이라는 점이다. 물론 신규 원전 프로그램이 기술, 경제적 이유로 순조롭게 시작되지 못할 테지만 당분간 재생에너지와 에너지 효율성 정책으로부터 정치, 금융 지원을 전유할 것이며 이로서 유럽연합의 기후변화 대응 및 공급 안정성 프로그램이 더 많은 피해를 받게 될 것이라고 예측할 수 있다.

이 책은 2007년 출간되었기에 최신 정보는 2017년 자료에 기반을 두고 이곳에 추가한다. 특히 영국, 프랑스, 스위스의 원자력 현황에 대해 자세히 서술한다. 여기의 내용은 세계원자력협회 사이트의 국가별 현황 자료에서 발췌한 내용이다(2017년 9월 현재 기준).

영국

영국은 현재 15기의 원자로가 전체 전력 생산의 약 21%를 담당하고 있다. 15기 중 14기가 첨단 공랭식 원자로 타입이며, 한 기가 가압형 경수로 타입이다. 전체 원전 설비용량은 9.5기가와트 일렉트릭이다. 2016년 기준으로 전체 전력 생산의 42%를 가스, 25%를 재생에너지(풍력 11%, 바이오 9%, 태양광 3%, 수력 2%), 21%를 원자력, 9%를 석탄이 담당한다.

2006년까지 영국 정부는 신규 원전 건설에 반대하다가, 2006년 에너지 정책 보고서가 발간된 후 기존의 입장을 바꾸어 신규 원전 건설을 추진하기 시작했다. 아직까지 확정된 원전 설비용량 목표를 수립하지는 않았지만, 장관들은 일관되게 16기가와트 일렉트릭 규모의 신규 원전을 2030년까지 다섯 개 원전 부지에 건설할 것을 주장하고 있다.

정부 정책이 변경된 이후 여러 전력회사들이 신규 원전 건설을 계획했으나, 2016년 현재 힝클리 포인트 C 두 기, 월파뉴이드 두 기 건설만 2019년부터 시작하기로 결정된 상황이다.

프랑스 국영기업인 EDF에너지는 2009년 브리티시에너지를 인수하면서부터 영국 내 신규 원전 건설 프로그램에 참여해왔다. EDF에너지는 현재 두 기의 유럽형 가압경수로EPR를 힝클리 포인트에 건설할 예정이다. 각각

설비용량은 1.67기가와트 일렉트릭으로 2019년 중반에 건설이 시작될 예정이다. 이 두 기의 원전은 각각 2026년, 2027년부터 상업용 전력을 생산할 것으로 예측되고 있다.

2009년 독일계 RWE npower와 E.ON UK는 영국 내 신규 원전 건설 프로그램에 참여하려고 호라이즌 원자력을 설립했다. 2012년 RWE npower와 E.ON UK는 영국 내 신규 원전 사업을 포기했고 일본계 기업 히타치가 호라이즌을 인수했다. 호라이즌은 현재 두 기의 개량형 비등경수로ABWR을 윌파뉴이드에 건설할 예정이다. 각각 설비용량은 1.38기가와트 일렉트릭으로 2018년까지 모든 필요한 허가사항을 다 마친 후 2019년부터 건설 시작을 목표로 하고 있다. 건설이 계획대로 진행된다면 2025년부터 상업용 전력을 생산할 것이라고 예측된다.

프랑스

프랑스는 2014년 현재 58기의 원자로를 보유하고 있어 총설비용량이 63.2기가와트 일렉트릭에 이른다. 2015년 기준으로 총전력 생산량 568테라와트시의 77%를 원자력, 11%를 수력, 6.5%를 재생에너지(풍력과 태양광 5.2%, 바이오 1.3%), 3.5%를 가스, 2%를 석탄이 차지하고 있다.

2012년 올랑드 대통령 취임 이후 에너지 믹스에서 원자력의 비중을 낮추는 정책을 취해, 2014년 '녹색성장을 위한 에너지 전환법'이 제정되었다. 이 법 중 원자력에 대한 주요 내용은 2025년까지 전력 생산에서 원자력의 비중을 50%로 낮추는 것과 원자력 설비용량의 상한을 두어 현 수준인 63.2기가와트 일렉트릭을 넘지 못하도록 하는 것이다. 이 법으로 인해 EDF가 새로이 건설한 유럽형 가압경수로인 플라망빌 3호(1.65기가와트 일렉트릭)를 전력망에 연결하려면, 노후한 원전 한 기 이상을 닫아야 한다. 또한 이 법에는 전체 에너지 소비에서 재생에너지의 비중을 2030년까지 32%까지 늘리는 내용도 있다.

신규 원전으로는 2017년 현재 플라망빌 3호가 거의 완성 단계에 돌입했다. 2004년 EDF는 유럽형 가압경수로를 플라망빌에 짓기로 결정해 실제 2007년에 건설을 시작했다. 2005년 예상했던 총건설비용은 33억 유로였는데, 그 후 건설 지연 등의 이유로 2015년 예상한 총건설비용은 105억 유로로 증가했다. 2010년에는 2014년 초에 상업적 운영이 시작될 것으로 예상했으나, 2017년 현재 2019년에나 가능할 것으로 예측되고 있다.

스위스

스위스는 현재 다섯 기의 원자로가 운영되고 있으며, 전체 전력의 약 40%를 담당하고 있다. 이러한 원자로들은 설계 수명으로만 보면 2019~2034년 사이에 폐로될 예정이다. 2015년 기준으로 원자력은 스위스 전체 전력 생산의 34%, 수력은 59%를 차지했다. 스위스는 주변 국가인 프랑스, 오스트리아, 독일로부터 많은 양의 전력을 수입하며 이탈리아에는 수출하고 있다. 다만 총수입량과 수출량은 대체로 균형이 이루어지고 있다.

스위스의 에너지 정책은 수십 년간 지방의회(칸톤), 중앙정부, 국회, 국민투표를 통해 결정되어왔다. 1990년 국민투표에서 향후 10년간 신규 원전 건설을 하지 않는 제안이 55%의 찬성으로 통과되었다. 2003년 국민투표에서는 2014년까지 원전을 폐쇄하는 제안이 부결되었고, 원전 투자나 시설 보강에 대해 지원하는 제도를 없애는 제안도 부결되었다. 2007년 중앙정부는 현존 다섯 기의 원자로를 신규 원자로로 대체해야 한다고 발표했다. 2008년 신규 원자로에 대한 두 건의 프로젝트 승인 절차가 시작되었다. 2010년 Axpo, Alpiq, BKW 세 곳의 전력회사는 신규 원전 건설에 대한 합작회사를 설립했다. 연방원자력안전조사단ENSI 2011년 신규 원전에 대한 공청회를 진행했으나, 연방 차원의 승인은 연기되었다. 그 이후 신규 원전 및 원전 폐쇄에 대해 여러 번의 국회 및 국민투표가 이루어지면서, 2016년 세 개의 전력회사는 신규 원전 신청을 철회했다.

2011년 국회는 현존 원자로를 교체하지 않는 방안에 대해 찬성 101, 반대 54로 가결했다. 이로 인해 현존 원전의 설계 수명을 연장하지 않는다면, 2034년에는 탈원전이 완성될 예정이다. 2014년 국회는 정부가 수립한 '에너지 전략 2050'을 승인해, 신규 원전은 건설하지 않고 설계 수명 이후의 원전은 연방 원자력 안전 조사단의 승인을 받으면 10년 단위로 연장할 수 있게 했다. 이 때 신규 원전을 건설하지 않는 방안은 찬성 115 반대 77로 통과했다. 2016년 녹색당이 제안한 국민투표에서 원전을 최대 45년만 운영하고 폐로하는 제안이 54%의 반대로 부결되었다. 2017년 정부가 제안한 '에너지 전략 2050'에 대한 국민투표에서 58%의 찬성으로 이 제안이 통과되었다. 이로 인해 향후 스위스에서 신규 원전 건설은 없을 것이며, 수력과 재생에너지에 대한 의존도가 증가할 것이다.

13장

탈원전 지속 가능 에너지의 미래: 독일과 영국의 사례

고프리 보일Godfrey Boyle

들어가며

경제 규모가 크고 선진화된 국가 영국과 일부 국가에서 2050년까지 이산화탄소 배출을 상당량 감축하려면, 전력 생산 에너지 믹스에서 원자력이 중요한 에너지로 자리 잡을 수밖에 없다는 주장이 종종 제기된다. 예를 들어 토니 블레어 영국 총리는 2005년 9월 27일 노동당 대회에서, 전 세계가 기후변화에 대응하기 위해 "번창한 국가들이 잘 대응할 수 있도록 기술을 같이 개발하고, 신규 기술들이 지속 가능하게 성장할 수 있도록 민간 원자력을 포함한 모든 대안을 검토해야 한다"고 재촉했다.

그러나 현재까지 독일의 경험과 미래의 여러 계획들을 비추어 볼 때, 다른 길도 분명 있음을 보여준다. 독일은 영국에 비해 경제 규모가 크고 부유하며, 전력 소비량도 많고 전력 총생산 중 원자력 비율은 높지만, 화석 연료 및 재생에너지 자원은 빈약하다. 그렇지만 2020년까지 원전을 점진적으로 폐쇄하는 계획을 수립했으며2010년 원전 수명을 연장하는 계획으로 수정했다가, 2011년 후쿠시마 사고 이후 다시 방향을 바꾸어 2022년까지 모든 원전을 폐쇄하기로 최종 결정-옮긴이, 영국보다 몇 배 더 빨리 재생에너지를 도입하고 있고, 2050년까지 탄소 배출을 80% 감축한다는 세부 계획을 설정했다.

2005년 10월 21일 인터뷰에서 독일 유겐 트리틴Jurgen Trittin 환경부 장관은 독일의 원자력과 재생에너지에 대한 상반된 태도를 다음과 같이 요약하고 있다.

> 최근 원자력 안전 관련 위험은 결코 감소하지 않았다. 특히 테러 위협과 관련해서 그 위험은 오히려 급격히 증가하고 있다. 방사성 폐기물 장기 관리 문제에서도 30년 전보다 근본적으로 해결된 것은 아무것도 없다. 원자력의 이용은 세계적 차원의 위험이며, 앞으로도 그럴 것이고 특히 미래 세대에게는 아무런 혜택 없이 물려받은 부담이 된다. (…)
> 이와 대조적으로 재생에너지는 미래의 골치 아픈 이슈들을 근본적으로 해결할 수 있다. (…) 풍력, 수력, 태양광, 바이오매스, 지열에너지 등의 신속한 확산으로 원자력 및 화석연료를 대체하는 에너지 수급체계를 단계적으로 구축할 수 있다. 우리는 이미 훌륭한 진전을 이룩했다. 2004년 기준, 독일 전력의 9.8%가 재생에너지로부터 나온다. 10년 전에는 이 절반에도 미치지 못했다. 그리고 이러한 추세는 계속 이어질 것이다. 독일의 목표는 2020년에는 최소한 전력의 20%를 재생에너지에서 생산하는 것이다. 그리고 2050년까지 우리 총 에너지 소비의 50%를 재생에너지로 충당하는 것이다. (…) (Trittin, 2005)

지난 10년간 독일의 에너지 및 환경 정책을 통해 재생에너지의 급속한 성장, 에너지 효율성 향상, 원자력 축소 등, 에너지 전략의 실행 가능성이 입증되었다.

더군다나 지금까지 이러한 정책의 성공으로 인해 2050년까지 미래 에너지 공급 및 수요에 대한 독일 환경부의 세부적 장기 계획의 실행 가능성은 신뢰를 받고 있다. 이 장기 계획의 주요 내용은 이산화탄소 배출을 1990년 수준의 80% 아래로 감축하고 총 에너지 수요의 50%를 재생에너지가 공급하는 것이다.

독일과 영국: 현재의 지속 가능 에너지 및 기후 정책

[표 13-1]에서 보듯, 영국과 독일은 1인당 GDP와 인구 밀도가 비슷하다. 그러나 독일은 영국보다 원자력 시설용량이 크며, 따라서 전력 중 원자력이 차지하는 비중도 높다. 2003~2004년 영국의 재생에너지는 1차 에너지에서 비중이 1.3%이며 전력 생산에서는 비중이 3.5%에 이른다. 이와 대조적으로 독일의 재생에너지는 1차 에너지에서 비중이 3%이며 전력 생산에서는 7.9%에 이르러 영국의 2배 이상 많다. 그러나 유겐 트리틴의 인터뷰에서 말했듯이 2004년 연말에는 전력 생산에서 재생에너지가 차지하는 비중이 9.8%까지 상승할 예정이다2016년 기준으로 독일에서 전력 생산 중 재생에너지가 담당하는 몫은 33.9%까지 상승한다 - 옮긴이.

최근 독일에서 재생에너지 공급의 성장 속도는 놀랍다. 1998년부터 2003년까지 바이오매스의 비중은 2배, 풍력 발전용량은 4배, 태양광 지붕의 숫자는 6배가 상승했다.

[표 13-1] 독일과 영국: 선정된 비교 데이터(2003~2004년, 괄호 안은 2015~2016년)*

	독일	영국
GDP(단위: 10억 달러)(괄호 안 2016년)	2,270(3,495)	1,666(2,650)
1인당 GDP(단위: 달러)(괄호 안 2015년)	27,550(41,313)	27,630(43,875)
인구(2003년)	8,240만 명	6,030만 명
국토	349,000 km^2	242,000 km^2
인구 밀도(명/헥타르)	2.4	2.5
연간 전력 수요(2003년) (단위: TWh = 10억 kWh)	506	338
1인당 전력 사용량(단위: kWh)	6,140	5,578
전력 중 원자력 비중(괄호 안 2015년)	28.8%(14%)	22.7%(21%)
전력 중 재생에너지 비중(2003년)	7.9%(2016년33.9%)	3.5%(2015년25%)
1차 에너지 중 재생에너지 비중(2003년)	3%	1.3%
풍력 설비용량(2004)(괄호 안2016년) (단위: MWp)	16,600 (50,019)	880 (14,542)
태양광 지붕 개수 및 용량(2003년) (괄호 안2015년)(단위: MWp)	10만 이상 410(39,763)	1,000 이하 5.9(8,918)

* 원서의 데이터는 2003~2004년, 2015~2016년 데이터(괄호 안)는 옮긴이가 추가함

2003~2004년까지 독일에 설치된 풍력 및 태양광의 발전용량은 각각 영국의 19배, 70배가 상승했다 [표 13-1] 참조. 이후 영국에서도 재생에너지가 발전소가 많이 설치되어 2015~2016년에는 독일의 풍력 및 태양광 발전용량은 각각 영국의 3~4배까지 이르게 된다 - 옮긴이.

독일에서는 재생에너지법에 따르면, 재생에너지가 생산한 전력에 대해 할증 가격이 적용되지만, 이로 인한 추가 비용은 그리 크지 않고(한 가정당 한 달에 1유로 정도), 이는 세금이 아닌 전기요금 청구서에 추가되는 방식이다. 각 에너지 기술마다 가격이 다르고 보조 시스템도 꽤 복잡하다. 예를 들면 매년 새로 설치되는 태양광 시설의 가격은 해마다 5%씩 하락했는데,

이는 태양광 시설 생산자에게는 시장의 규모가 확대됨에 따라 가격을 내려야 하는 강한 압박이 되었다. 그러나 재생에너지에 대한 할증가격은 20년간 보장되었고, 이로 인해 투자자는 안심하고 투자할 수 있었다.

독일에서는 재생에너지를 촉진하는 여러 조치들과 더불어, 에너지의 효율적 사용도 강력하게 권장했다. 예를 들어 열병합 발전의 적극적 독려를 통해 건물의 에너지 효율성 향상을 꾀하고 있다.

영국 및 독일의 에너지 및 온실가스 감축 계획(2010-2020)

그렇다면 독일 및 영국의 향후 10년간 계획을 어떻게 비교할 수 있을까?

영국 정부의 2003년 <에너지 백서>(DTI, 2003)는 2012년까지 온실가스(주로 이산화탄소, 다른 온실가스들도 포함) 배출량을 12.5%까지 감축하는 교토의정서의 이행을 달성하는 데 재생에너지, 열병합, 에너지 효율의 역할을 강조한다. 신규 원전 건설 계획은 없으나 미래에 그렇게 할 수 있는 여지는 남겨두었다.

2004년 말 영국은 교토의정서의 목표를 달성했지만, 수년 안에 다시 탄소 배출이 증가할 수도 있다는 우려가 있었다. 재생에너지 의무공급제도와 함께 기후변화 부과금 같은 조치들을 통해 정부는 재생에너지의 전기 공급율을 2010년 10%에서 2020년 20%로 상향하도록 계획하고 있다. 또한 교토의정서 목표를 뛰어넘어 주요 온실가스인 이산화탄소의 배출량을 2010년까지 20%를 줄이고자 한다.

독일의 재생에너지 목표도 유사하다. 2010년까지 12.5%, 2020년까지 20%다. 다만 1차 에너지에서 재생에너지의 비중은 10%를 달성하는 것이

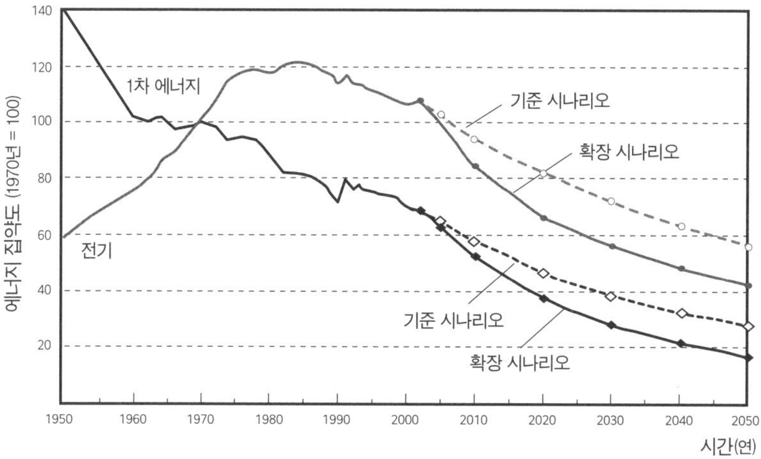

[그림 13-1] 1950년 이후 독일의 에너지 집약도 곡선(1차 에너지 소비/GDP 및 전기 소비/GDP)과 독일 환경부의 2050년까지 기준 시나리오 및 확장 시나리오(BMU, 2004)

목표다. 독일의 교토의정서 목표는 온실가스 배출을 21% 감축하는 것이다. 2004년 감축량은 19%까지 이르렀다.

2050년까지 독일의 장기 에너지 시나리오

이번 세기 남은 기간 동안 독일의 야심찬 계획은 2004년 환경부 장관의 보고서인 〈독일 재생에너지 활용의 생태최적화된 확장〉에 자세히 서술되어 있다(BMU, 2004). 이 보고서는 독일의 1차 에너지 사용량이 2050년까지 현재 수준의 반으로 떨어질 것으로 예측하는데, 이는 경제 성장 및 번영의 지속에도 불구하고 에너지 효율 향상(그림 13-1)과 열병합 발전소의 증가에 따라 달성될 수 있다고 한다(그림 13-2). 그때까지 재생에너지는 국가 전력의 65%를 공급하고, 열에너지의 45% 및 운송 연료의

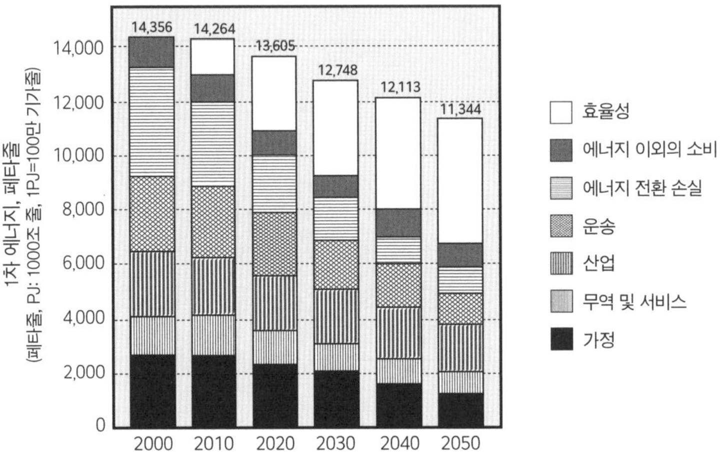

[그림 13-2] 최종 에너지 수요, 에너지 전환 손실, 운송, 산업, 무역 및 서비스, 가정 분야에서의 수요에서의 추세, 그리고 독일의 2000~2050에 대한 환경부의 확장 시나리오에서 그린 순 1차 에너지. 효율성은 기준 시나리오와 비교해 추가적 감축을 나타내고, 이는 증가된 에너지 효율성과 열병합 발전의 증가로 달성 가능함(BMU, 2004)

30%를 담당할 것이다(그림 13-3). 원자력은 2020년경에 폐지되어 있을 것이고, 화석연료의 사용은 현재 수준의 20%로 낮아질 것이다. 이러한 '생태 최적화된' 에너지 시스템으로 인해 독일은 온실가스 배출의 80% 감축을 달성할 것이며, 기후변화를 완화하려는 국제적 노력에 기여할 것이다. 이로써 독일은 다른 부유한 국가들에 모범적인 선례가 될 것이다.

[그림 13-1]에 나타났듯이, 1970년 1차 에너지 소비/GDP는 9.93기가줄/1,000유로였다2000년 화폐가치로 환산-옮긴이. 1970년 전기 소비/GDP는 0.787기가줄/1,000유로였다. 1970년 기준으로 에너지 집약도 지수를 100으로 놓았다. 독일의 1차 에너지 집약도와 전기 집약도는 1980년대 중반부터

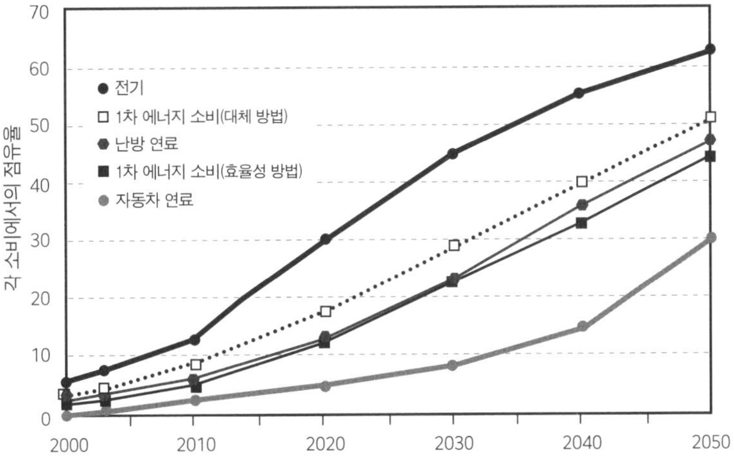

[그림 13-3] 독일의 2000~2050에 대한 환경부의 확장 시나리오에서 그린 전기/난방/운송 연료, 1차 에너지 소비primary energy consumption, PEC에 대한 재생에너지의 기여분의 성장(1차 에너지 소비는 효율성 방법과 대체 방법 두 가지를 사용해 계산함)

2003년까지 매년 약 1%씩 개선되었다. '생태최적화된' 확장 시나리오에서는 에너지 효율성 제고 조치들로 인해 2050년까지 1차 에너지 집약도 및 전기 집약도가 매년 약 2%씩 개선될 것으로 예측되고 있다.

영국 왕립환경오염위원회 장기 에너지 시나리오

2000년 영국 왕립환경오염위원회RCEP는 영국의 4대 장기 에너지 시나리오를 발표했다. 각 시나리오는 2050년까지 탄소 배출 60% 감축을 목표로 하고 있다. 이에 대해서는 글상자 1에 요약했고, 자세한 내용은 [표 13-2]와 [표 13-3]에 서술했다.

글상자 1: 2050년까지 4대 시나리오

영국이 화석연료 연소로부터 나오는 이산화탄소 배출을 2050년까지 60% 수준으로 감축해야 하는 상황을 고려해, 4대 시나리오는 에너지 수요와 공급을 맞추기 위해 선택할 수 있는 여러 대안들로 구성되어 있다.

시나리오 1: 1998년의 에너지 수준에서 수요 동결. 재생에너지와 '기저부하에서 원자력 또는 이산화탄소를 제거한 화석연료 발전소 중 하나'와의 혼합

시나리오 2: 수요 감축, 재생에너지 확대(원자력 또는 통상적 대형 화석연료 발전소는 없음)

시나리오 3: 수요 감축, 재생에너지와 '기저부하에서 원자력 또는 이산화탄소를 제거한 화석연료 발전소 중 하나'와의 혼합

시나리오 4: 엄청난 규모의 수요 감축, 재생에너지 확대(원자력 또는 통상적 대형 화석연료 발전소는 없음)

이러한 시나리오들의 주요 변수는 다음과 같다.

4대 시나리오는 ① 전체 에너지 수요를 어느 정도 감축하는가, ② 재생에너지가 얼마나 기여를 하는가, ③ 대형 발전소의 기저부하 전력 생산이 원자력 또는 탄소 포획 장치가 설치된 화석연료 발전소에서 생산되는가의 여부 등 세 가지 측면에서 차이가 있다.

[표 13-2] 영국 왕립환경오염위원회 시나리오

		시나리오 1	시나리오 2	시나리오 3	시나리오 4
1997년 이산화탄소 배출량 수준에서 얼마나 감축하는가		57%	60%	60%	60%
수요(%) 1998년 최종 소비 수준에서 얼마나 감축하는가	저온 열	0	50	50	66
	고온 열	0	25	25	33
	전기	0	25	25	33
	운송	0	25	25	33
	전체	**0**	**36**	**36**	**47**
연 평균 공급(GW)	화석연료	106	106	106	106
	간헐적 재생에너지	34	26	16	16
	다른 재생에너지	19	19	9	4
	기저부하 발전소 (원자력 또는 이산화탄소 제거 화력 발전소 중 하나)	52	0	19	0

* 출처: RCEP, 2000

(옮긴이: 4대 시나리오에 대한 이해를 높이기 위해 RCEP의 '에너지-변화하는 기후' 2000년 보고서에 근거해 설명을 추가.)

수요 감축 시나리오를 이행하는 공급 방법에는 네 시나리오 모두 다음을 가정했다. 감축된 운송 수요는 모두 석유가 담당한다. 감축된 고온 열 수요는 모두 천연가스가 담당한다. 감축된 저온 열 수요는 가능한 한 천연가스가 담당한다. 감축된 전기 수요는 시나리오 2와 4에서는 모두 재생에너지가 담당하고, 시나리오 1과 3에서는 재생에너지와 '기저부하에서 원자력 또는 이산화탄소를 제거한 화석연료 발전소 중 하나'와의 혼합으로 담당한다.

운송 및 열 수요를 담당하는 화석연료는 1998년 소비 수준에서 60% 감축하는 것과 비례해 1997년 산출량 266기가와트에서 60%를 감축해 106

[표 13-3] 현재와 4대 시나리오에 따른 2050년 영국 에너지원(연 평균)의 산출량(단위: GW)

에너지원	현재 산출	시나리오 1의 산출	시나리오 2의 산출	시나리오 3의 산출	시나리오 4의 산출
육상 풍력	0.10	6.5	3.3	0.2	3.3
해상 풍력		11.4	11.4	11.4	5.7
태양광		10.0	5.0	0.5	0.5
파도력		3.75	3.75	3.75	3.75
조력		0.25	0.25	0.25	0.25
조력 댐		2.2	2.2	0.0	2.2
간헐적 재생에너지 전체		**34.1**	**25.9**	**16.1**	**15.7**
현존 수력	0.59	0.59	0.59	0.59	0.59
신규 소수력	0.02	0.3	0.3	0.3	0.2
작물 에너지		10.2	10.2	1.8	1.8
농업 폐기물	0.04	5.7	5.7	5.7	1.2
지역 고형 폐기물	0.15	1.9	1.9	0.0	0.0
재생에너지 전체		**52.8**	**44.6**	**24.5**	**19.5**
원자력*	**11.4**	**52**	**0**	**19**	**0**
화석연료	**266**	**106**	**106**	**106**	**106**

* 대안으로, 동일한 양의 에너지가 이산화탄소를 제거한 화석연료 기저 발전소로부터 공급될 수 있다.

* 출처: RCEP, 2000

기가와트로 예측했다.

간헐적 재생에너지에는 풍력, 태양광, 파력, 조력 등이 포함되고 다른 재생에너지에는 수력, 바이오 연료 및 바이오매스, 고형폐기물 등이 포함된다.

두 가지 시나리오(1과 3)는 원자력의 확장을 가정했고, 다른 두 가지(2와 4)는 원자력 비중이 거의 미미하거나 완전히 사라진다. 4대 시나리오 모두 재생에너지 사용이 증가한다고 가정했고, 모든 시나리오에서 화석연료의 비중은 대략 40%에 그친다 더 정확히 말하면, 2050년 1차 에너지 중 화석연료의 비중은 시나리오별로 다르지만, 1990년대의 소비량과 비교하면 대략 40%에 그친다-옮긴이. 이는 1990년대 수준에서 매우 감소된 것이지만, 아직도 화석연료가 에너지 사용의 주류를 점하고 있다.

[표 13-3]은 2050년까지 4대 시나리오에서 그린 다양한 에너지 사용에 대한 세부 사항을 요약하고 있다.

RCEP 시나리오는 미래 전력 생산의 많은 비중을 소규모 발전소가 담당하는 것을 상정하고 있다. 이는 현재 멀리 떨어진 대규모 발전소에서 발생하는 폐열 낭비를 개선하기 위해서다(표 13-4). 이러한 발전소는 상대적으로 규모가 작아도 경제적인 복합 주기 가스 터빈, 내연 기관 또는 연료 전지를 사용할 수 있는데 이러한 발전소들은 가까운 곳에서 폐열을 활용할 수 있다. 그러나 이러한 소규모 발전소들은 기저부하 전력 생산에 사용되지는 않을 것이다. 기저부하의 역할은 원자력 발전소나 탄소 포집 장치가 장착된 대형 화석연료 발전소에 의해서 수행될 것이다. 그러나 이러한 대형 발전소에서 나오는 폐열을 완벽하게 활용하기는 불가능하다.

더 소규모의 발전소는 바이오 연료를 사용하는 열병합 발전과 더불어 운영될 수 있지만, 여기에는 대부분 화석연료가 사용될 것이다. 이러한 발전소들은 피크 부하에 맞추기 위해 가끔 사용되므로, 탄소 배출량은 연간 기준으로 보면 상당히 적다. 전력 수요가 피크 수준으로 증가하면 바이오 연료를 사용하는 열병합 발전의 출력도 이에 대응해 증가할 것이다. 아주 드물겠지만 이러한 열병합 발전으로도 출력이 부족할 경우, 추가적으로 지역 화석연료 발전소들이 피크 부하를 맞추기 위해 운영될 것이다. 또한 이로 인한 폐열은 난방 네트워크가 있는 지역으로 공급될 것이다. 앞으로 수십 년 동안 가끔 사용되는 대기 전력 공급은 현존 화석연료 발전소가 담

[표 13-4] 4대 시나리오에서 2050년까지 필요한 발전소의 숫자

	시나리오 1	시나리오 2	시나리오 3	시나리오 4
대규모 육상 풍력 단지(각각 100기)	50	25	2	25
소규모 육상 풍력 단지(각각 10기)	510	250	16	252
대규모 해상 풍력 단지(각각 100기)	180	177	180	88
태양광 지붕(평균 4kWp)	1,500만	750만	75만	75만
파도력(1MW 용량)	7,500	7,500	7,500	7,500
조력 터빈(1MW 용량)	500	500	500	500
조력 댐	1	1	1	1
신규 소수력	4,500	4,500	4,500	2,200
작물 에너지 연료 열병합(1~10MW 용량)	290~2,900	290~2,900	42~420	42~420
농업 폐기물 연료 열병합(0.5~10MW 용량)	53~1,050	53~1,050	53~1,050	34~688
지역 고형 폐기물 연료 열병합(8~60MW 용량)	3~20	3~20	0	0
기저부하 발전소: 원자력 또는 이산화탄소 제거 시설한 화석연료 발전소 중 하나(1,200MW 용량)	46	0	19	0
가정용 (초소형) 가스 열병합(2 kW)	0	170만	180만	240만
간헐적 재생에너지 보충용 화석연료 발전소(40MW 용량)	1,000	760	475	460
피크 전력 수요 대비 화석연료 발전소(400MW 용량)	120	70	65	55

당할 것이다. 하지만 장기적으로는 재생에너지 보충용으로 새로운 화석연료 발전소가 건설될 것이다(RCEP, 2000).

두 개의 RCEP 시나리오는 신규 원전 건설이 없을 경우를 전제로 하는데, 이는 독일과 유사하게 영국에서도 대안적 접근 방식이 유효함을 보여

준다. 이러한 대안적 접근 방식에서는 재생에너지 확산 및 큰 폭의 에너지 수요 감축이 주된 역할을 하며, 열병합 발전과 탄소 포집 저장 장치가 상당한 역할을 한다.

RCEP 보고서는 엄격한 의미에서 공식 정부보고서는 아니다. 비록 4대 시나리오에서 구체적으로 서술된 처방들은 아직도 논의 중이며 오직 제한된 범위 내에서만 실행 중이지만, 2050년까지 탄소 배출의 60%를 감축하는 보고서의 목표 그 자체는 영국 정부가 수용했다.

통상산업부 에너지 시나리오/미래 에너지 해결책

영국 통상산업부의 2003년 에너지 백서 〈우리 에너지 미래-저탄소 경제〉의 배경자료로 '미래 에너지 해결책Future Energy Solutions, FES'이 2003년 발표되었다. 이는 '저탄소 미래를 위한 대안'의 세부적인 연구 결과다. FES에는 MARKAL 모델을 사용한 장기적 영국의 미래 에너지 시나리오의 다양한 결과가 포함되었다. '미래 에너지 해결책'에 나온 시나리오들은 [그림 13-4], [13-5], [13-6]에 서술되었다. 그중에서도 FES 보고서의 결론은 다음과 같다.

> 탄소 배출 감축과 관련된 논쟁에서 원자력 옹호 측과 재생에너지 옹호 측 사이에는 간극이 너무 벌어져 있다. 저탄소 미래를 달성하는 광범위한 대안들이 무엇인지 불분명하기에, 이러한 간극이 큰 것은 불행하다. (…) 오늘날 연구는 신규 원전 건설을 통한 현 원전의 대체 및 원자력 확대가 2050년까지 이산화탄소 배출을

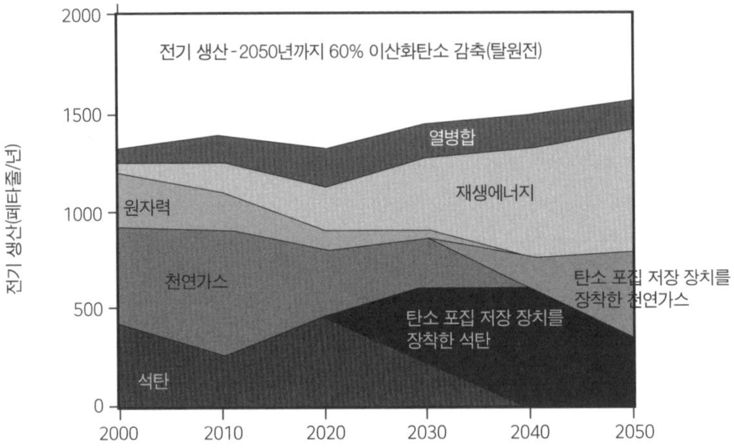

[그림 13-4] 저수요 탈원전 시나리오(* 출처: Marsh/FES, 2005)

> 60% 또는 그 이상으로 감축하는 데 도움이 될 것이라는 영국 왕립 환경오염위원회의 결론을 재확인해주고 있다. 또한 연구는 유사한 규모로 재생에너지가 확대될 것이라고 보여주고 있다. (…) 세계 지속 가능 시나리오의 민감성 연구에 따르면, 탈원전의 도입은 탄소 감축 목표 달성을 방해하지 않았고, 최대 70% 감축 비용을 증가시킬 뿐이다. 원자력 축소의 효과는 재생에너지, 바이오매스, 탄소 격리 등에 더 많은 책임을 지우는 것이다. 원자력 없는 저탄소 미래는 기술적으로도 경제적으로도 가능하다.

[그림 13-4]에서 기술한 시나리오에 따르면, 2050년까지 전력 수요는 2000년 수준을 약간 상회하는 정도로만 증가한다. 원자력 발전소는 2030년까지 점차적으로 폐쇄되고, 전력 수요는 대규모의 재생에너지로 충족되며, 이와 유사한 규모로 탄소 포집 저장장치를 설치한 화석연료(석탄 및 천연가스)로 사용되고, 열병합 발전의 기여도는 보통이다.

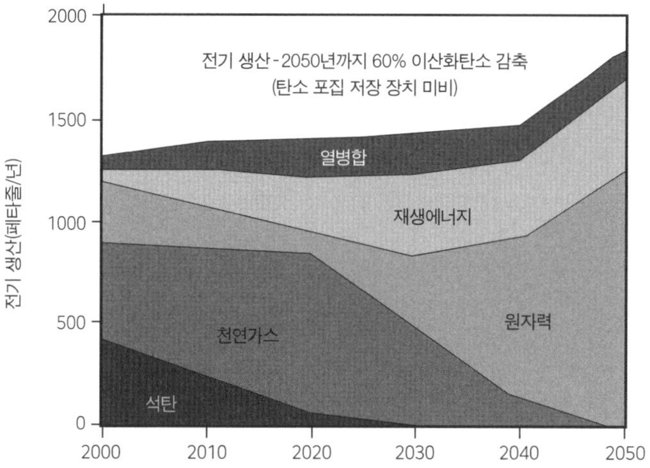

[그림 13-5] 중수요 원자력 확대 시나리오(* 출처: Marsh/FES, 2005)

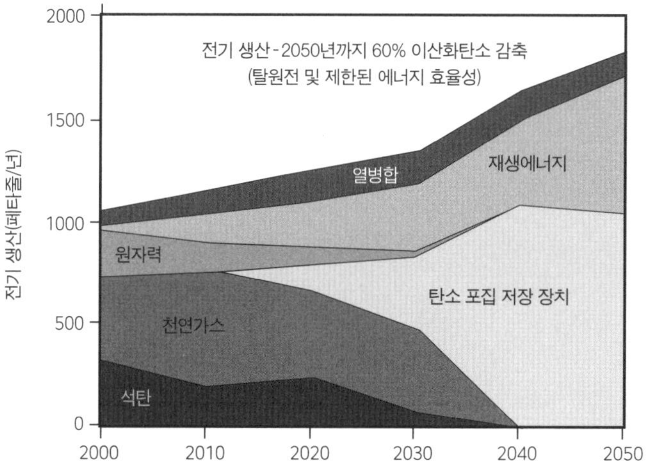

[그림 13-6] 고수요 탈원전 시나리오 * 출처: Marsh/FES, 2005

[그림 13-5]에서 기술한 시나리오에 따르면, 2050년까지 전력 수요는 2000년 수준에서 40%가 증가한다. 탄소 포집 저장 장치가 사용되지 않으며, 탈석탄은 2030년까지 점차적으로 이루어지고, 천연가스는 2050년까지

만 사용된다. 원자력 발전용량은 초기에는 줄어들지만, 2020년부터 급증해 2050년에는 전력 공급의 약 3분의 2를 차지한다. 재생에너지의 기여수준은 보통이며, 열병합 발전의 기여분은 미미하다.

[그림 13-6]에서 기술한 시나리오에 따르면, 2050년까지 전력 수요는 에너지 효율성 조치의 실행 한계로 인해 2000년 수준의 75%까지 상승한다. 이러한 수요는 탄소 포집 저장 장치를 설치한 화석연료(석탄과 천연가스)와 재생에너지, 열병합 등의 조합으로 충족된다. 원자력 발전소는 2030년까지 점차적으로 폐쇄된다.

결론

지난 10년간 재생에너지 확대 및 에너지 효율 제고에 성공한 독일의 경험, 원전의 2020년까지 폐쇄, 2050년까지 1차 에너지의 50%를 재생에너지로 공급하려고 하는 독일의 구체적 계획은 산업화된 국가에서 원전 없이 지속 가능한 에너지 전략이 가능하다는 것을 입증하고 있다.

영국에서 이러한 접근 방법의 가능성은 RCEP 시나리오 2번과 4번에서 조명되고 있다. 두 가지 시나리오는 1차 에너지 수요의 상당한 감축, 탈원전, 재생에너지 및 탄소 포집 저장 장치를 설치한 화석연료의 큰 폭의 증가를 상정하고 있다. 뒤이은 FES 모델링 연구에서 통상산업부는 명백하게 "원전 없는 저탄소 미래는 기술적으로도 경제적으로도 가능하다"고 재확인하고 있다.

독일의 최근 정치 진행 상황에 대한 후기

최근 정치 변화를 겪은 독일은 이전 정부의 에너지 정책을 계승하기로 결정했다. 즉, 재생에너지 및 에너지 효율 향상을 지원하고 2020년까지 원전을 점차적으로 폐쇄한다는 것이다. 2004년 기준으로 지속 가능 에너지 산업에 15만 명이 종사하고 있고 매출액도 116억 유로에 이르고 있다. 이제는 어떠한 새로운 정부가 들어서도 이러한 성공적 지속 가능 에너지 산업의 미래를 약화시키는 것은 매우 어렵게 되었다(Trittin, 2005). 실제 새로운 연립 정부는 2005년 12월 15억 유로의 신규 자금을 배정해 1978년 이전에 지어진 주택들을 엄격해진 에너지 규제에 맞도록 개조하는 등 전 정부의 지속 가능 에너지 정책을 더욱 강화했다.

14장

세계 원자력 현황

스티븐 W. 키드Stephen W. Kidd

들어가며

영국 원자력에 대한 여론은 원자력의 역사에 따라 매우 다채로운 과정을 겪었다. 스리마일섬 및 체르노빌 사고, 그리고 이란 등을 둘러싼 국제 핵 확산에 대한 우려 등, 대외적인 사건들도 여론 형성에 중요한 역할을 했다. 이와 더불어 여러 국내적 요소도 여론 형성에 결정적인 영향을 끼쳤다. 다른 나라들의 경우, 매우 행복한 원자력 경험을 가진 경우도 많았고 수년간 이어온 원자력 신화가 확산되기도 했다. 최근에 다시 원자력에 대한 관심이 증가해 국제 협력 강화까지 논의되고 있다. 이러한 국제 협력은 이전에 원전이 건설된 적이 없는 국가를 포함한 여러 국가에서 원자력의 부활을 지원하는 내용이다. 이를 보면, 원자력 확산의 반대 측이 점차 약해지는 것 같지만, 원자력이 다시 한번 더 성장하려면 산업계와 지지자들의 상당한 노력과 혁신이 결부된 엄청난 정치적 의지가 필요하다.

영국의 원자력 현황

영국의 상업용 원자력은 1940년대 말과 1950년대 핵무기 프로그램에서 직접 출발했다. 제1세대 원자로들은 핵폭탄을 위한 플루토늄을 공급하고 동시에 전기를 생산한다는 점에서 기본적으로 '이중 용도'를 갖고 있었다. 초기 우라늄 농축 시설은 핵폭탄을 위한 고농축우라늄highly enriched uranium, HEU을 생산했을 뿐만 아니라, 차세대 원전을 위한 저농축우라늄low enriched uranium, LEU도 생산했다. 민간 원전 부문은 이러한 군사용과 한 뿌리였고, 이에 관한 수많은 기밀 사항으로 인해 상업용 원전의 시작을 둘러싸고 일반인은 늘 의구심을 가질 수밖에 없었다. 책임 있는 자들이 민간 원전의 긍정적 이미지를 창출하는 데 매우 서툴렀다고 말해도 크게 틀린 것은 아닐 것이다. 실제로 아무도 그러한 노력을 안 했다고 할 수 있기 때문이다. 대중에게 적절한 설명도 없었거니와 오히려 대중은 원자력이라는 '선물'을 매우 고마워할 것이라고 오판하고 있었다.

더군다나 영국에서는 과거 원자로 프로그램의 경험 때문에 민간 원전의 이미지도 좋지 않았다. 정책 결정 과정에서 정치적 간섭 및 비일관성으로 인해 영국의 원자로는 성능이 그리 좋지 않은 설계 형태로 결정되었다. 세계는 대부분 경수로를 채택하고 있는 상황에서 영국은 가스냉각 원자로gas-cooled reactor를 국가적 선택으로 고집했고 이로 인해 원자로의 경제적 성과는 매우 낮게 나왔다. 일부 원전의 경우 건설 기간만 20년이 넘게 걸리면서 이러한 상황을 더욱 악화시켰다. 만일 원전이 경제적이라면 전력 생산을 빠르게 시작했을 텐데, 그런 일은 영국에서 일어난 적이 없다. 이러한 상황으로 인해 원전은 항상 비싼 선택이었으며, 원전이 생존하려면 정부보조가 불가피하다는 일반적 인식이 형성되었다.

폐기물 관리 및 폐로 경험 또한 원전의 좋은 이미지 형성에 도움이 되지 않았다. 몇몇 다른 나라에서도 그러듯, 사용 후 핵연료의 재처리가 영국의 원자력 전략에 있어서도 주요 문제가 되었다. 셀라필드에 자리 잡은 영국의 재처리 프로그램은 수차례의 지연, 기술적 문제, 수반 비용의 초과 등으로 아직도 고생하고 있다. 이뿐만 아니라, 방사성 폐기물 처리에 대한 공공정책 합의에도 실패해, 원자력 산업이 기술적 해결책을 가지고 있다고 설명하기도 어려워졌다. 이러한 기술적 해결책이 정해지지 않았으므로, 핵연료 비용의 일부를 이용해 자금을 조달하는 방법도 어려워졌다. 마지막으로, 영국 원전 부지를 폐기하는 데 드는 막대한 비용은 지대한 관심을 받아왔다. 이러한 비용의 대부분은 엄청난 실험이 이루어졌던 초기 군사용 핵프로그램에서 기인하는데, 민간 업계는 이러한 폐로 자금을 부담할 능력이 없어서 공적 자금에 의존할 수밖에 없다는 인식이 깔려 있다.

세계 원자력 현황

수십 년 동안 원자력은 세계적으로 쇠퇴해왔다고 알려져 있다. 오랫동안 서구 세계에서는 상대적으로 신규 원전 건설이 거의 없었던 반면에 가스화력 발전소 건설은 급증했다. 그러나 전 세계 전기 생산량에서 원자력이 차지하는 비중은 1980년 말 이래로 약 20년간 16% 정도로 유지되고 있다. 원자력의 전기 생산량은 전체 전기 생산량의 성장과 궤를 같이했다. 어떻게 이러한 상황이 일어났을까?

답은 원자력의 무게 중심이 아시아로 이동 중이라는 데서 일정 부분 구할 수 있다. 비록 신규 원전의 건설은 북미 및 서부 유럽에서는 거의 중단되었지만, 일본, 한국 그리고 최근 중국 및 인도에서 원전 프로그램이 과감히 추진되고 있다. 운영 중인 원자로의 개수는 대략 440기로 1980년 말 이래로 거의 변화가 없다. 매년 몇 곳이 문을 닫고, 유사한 숫자만큼 신규 원전이 도입되었다. 그렇지만 신규 원전은 문 닫는 원전들보다 규모가 훨씬 커서, 전 세계 원전 발전용량은 느리지만 꾸준히 증가했다. 현존 원전의 출력 증가도 또 다른 중요한 요인이었다. 원전 운영자들은 출력 증가가 더 많은 전기를 생산하는 매우 경제적인 방법임을 알았다. 실제로 미국에서 출력 증가를 통해 몇몇 신규 원전의 발전용량이 증가되었다.

그러나 원자력 발전을 증가시키는 가장 중요한 요소는 대부분 20, 30년이 넘은 현존 원전의 운영 성능을 향상시키는 것이었다. 일부는 전력 시장의 민영화에 기인한 것으로 볼 수 있지만, 원인이 무엇이든 간에 대부분 나라에서 원전의 가동률은 기존의 적절한 수준이라 간주되던 70%를 넘어 90%까지 이르고 있다. 따라서 세계 원전 발전용량이 느리게 증가함에도 불구하고, 전력 생산량은 비교적 더 빠르게 상승하고 있다. 이는 원전의 경제성을 향상시켜 이제는 경쟁 기술인 석탄, 가스, 석유보다 더 싼 비용으로 전력을 생산하고 있다. 신규 원전에 대한 투자비용을 고려한다고 해도, 신속히 건설할 수 있고 수년 동안 부하 비율이 높다면 신규 원전 건설도 경제성을 갖출 수 있다. 특히 화석연료 가격이 급격히 오르는 시기에는 더욱 그러하다. 개선된 경제성으로 인해 기존 원전의 운영 허가 신청이 늘고, 원전 대부분은 60년 동안 운영이 가능하다고 기대되고 있다. 따라서 전 세계 원전의 반 이상이 22년 또는 그 이상 운영되었지만 문을 닫는 원전의 숫자는 그리 많지 않다.

세계 원자력 전기 생산(옮긴이 추가)

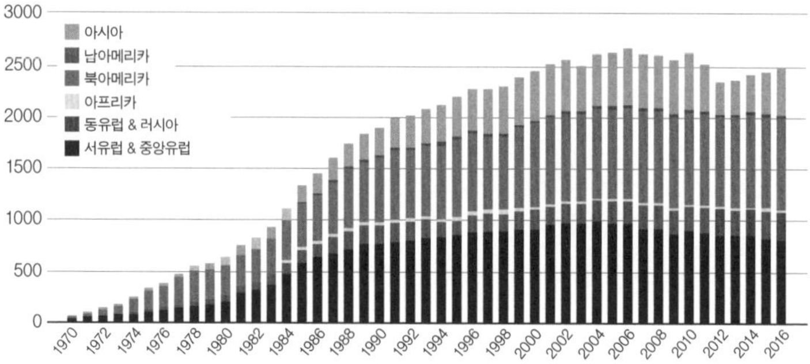

세계 원자력 발전용량(옮긴이 추가)

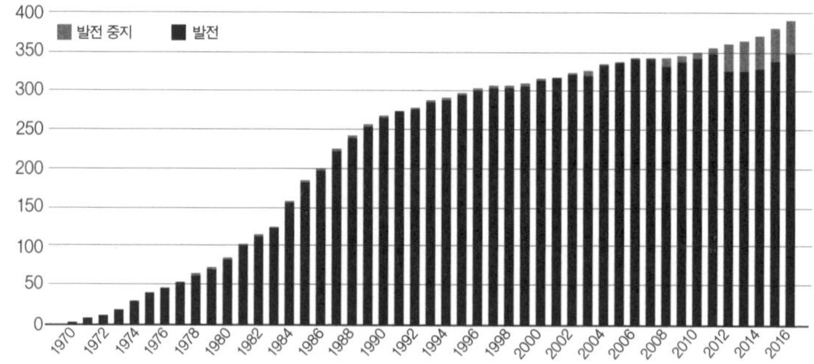

* 출처: 세계원자력협회

(1996년 이후 세계 에너지 믹스에서 원자력이 차지하는 비중은 17%의 정점에서 10%를 약간 넘는 수준까지 꾸준히 떨어졌다. 이러한 퇴조는 한편으로는 세계 전력 공급의 증가에 기인하고, 다른 한편으로는 후쿠시마 사고 이후 특히 2011년과 2012년에 원자력 발전이 급격히 감소한 것에 기인한다. 하지만 2012년부터 원자력 발전이 다시 증가하기 시작함에 따라 전 세계 전력 공급에서 원전이 차지하는 비중은 안정화되었다. 2016년 말 기준으로 전 세계에서 운영 중인 원자로는 448기이며, 이는 2015년 말 441기에서 증가한 것이다. 출처: World Nuclear Performance Report 2017, WNA, 2017)

국가별 사례

프랑스의 원자력 경험은 영국과는 상당히 대조된다. 프랑스는 1973년 첫 번째 오일 쇼크의 경험 후, 빈약한 자원 접근성을 고려해 원자력을 에너지 안정적 공급의 주요 수단으로 채택하는 장기 전략을 결정했다. 이러한 결정 이후 정부 정책 결정의 일관성, 흠 없는 기획 절차, 충분한 자금 등의 적극적 지원으로 인해, 오늘날 프랑스의 전력 공급 중 원자력 비중은 거의 80%에 이르게 되었다. 훌륭한 원자로 유형을 선택하고 이를 여러 기 건설해 30년간 전력 수요 증가에 대응한 결과, 프랑스는 상대적으로 저렴하면서 안정적인 전기를 공급할 수 있었고 더불어 환경에 대한 영향도 별로 없었다. 또한 폐기물 관리 및 폐로 문제도 영국보다 훨씬 잘 처리했다 유럽 최다 원전 보유국인 프랑스는 2016년 말 기준 58기의 원자로를 운영 중이다. 2015 에너지 정책에서 현재 75%인 원자력의 전력 비중을 2025년까지 50%로 낮추는 목표를 세웠다. 에마뉘엘 마크롱 정부도 이러한 정책을 지속하기로 했다. 다만 최근 원전 감축 목표 시점인 2025년을 연장하는 조정안에 대해 논의 중이다. 출처: World Nuclear Performance Report 2017(WNA, 2017) - 옮긴이.

그 밖의 유럽 지역은 상황이 혼재되어 있다. 독일과 스웨덴 둘 다 원전 프로그램은 성공적이었으나, 연립 정부 내 녹색 신조를 가진 이들의 압력 아래 점진적 폐쇄 계획에 착수했다. 이탈리아는 초기 원전 완성 후 원자력으로부터 멀어졌으나, 현재는 화석연료 가격 및 전력 수입에 취약해졌다.

전반적으로 모든 곳에서 현재 운영 중인 원전들은 매우 잘 가동되고 있으며, 전기 가격이 비쌀 때는 원전 소유주들이 상당한 이익을 보고 있다. 핀란드는 그동안 원전(이 가운데 두 기의 원자로는 소련식 설계를 채택)의 훌륭한 성과 덕에 다섯 번째 원자로를 건설하기로 결정했다.

동유럽과 구소련 지역에서는 체르노빌 사고의 결과로, 결함 있는 원자로 설계의 안전을 확보하는 데 총력을 기울였으며 소련 붕괴 시기에 건설 중이던 원전들을 완성하는 데도 많은 주의를 기울였다. 이제 이러한 시기는 거의 지나갔고, 원전의 안전과 경제적 운영 둘 다 달성됨에 따라 신규 원전 건설에 대해 진지하게 검토하는 새로운 시기가 도래했다.

북미는 영국과 어느 정도 유사한 어려움으로 고통받고 있다. 미국은 군사용 프로그램의 유산을 떨쳐내기 어려웠고, 미국과 캐나다에서 건설 지연 및 열악한 운영 실적(현재는 개선됨)으로 인해 원전의 경제성은 땅에 떨어졌다. 미국에서는 원자로 설계에 대한 표준화 부재가 주요한 약점이었는데, 이는 부분적으로는 소유권 분할에 기인한 문제였다. 이와 대조적으로 프랑스에서는 하나의 전력회사가 모든 원전을 소유하고 운영한다. 유카산의 핵폐기물 저장소 건설 지연이 계속되면서 폐기물 문제를 해결하지 못한 것도 부정적 요인이다. 그럼에도 불구하고 미국에서는 103기의 원전이 잘 운영되고 있으며, 2007년에 한 기가 더 추가될 예정이다. 원전의 발전비용은 다른 기술들보다 저렴하며, 전부는 아닐지라도 대부분의 원전이 60년까지 연장 운영 허가를 받을 것으로 기대된다미국에서는 20년 만에 처음으로 신규 원전인 와츠바 2가 2016년 10월 상업 운영에 들어갔다. 2016년 말 기준으로 99기의 원자로가 운영 중인데, 이는 2012년 104기에서 줄어든 숫자다. 출처: World Nuclear Performance Report 2017(WNA, 2017).

아시아는 점차적으로 원자력에서 중요한 지역이 되고 있으며, 앞으로는 더욱 그럴 전망이다. 일본은 프랑스와 유사하게 에너지의 안정적 공급을 이유로 원자력을 도입했으나, 원전 비율을 프랑스처럼 끌어올리지는 않았다2011년 이전에는 전체 전력 공급 중 원전은 대략적으로 30%를 차지. 안전과 관련해서 발생한 소소한 사건으로 원전에 대한 대중의 수용성은 낮아졌지만, 최근 원전들이 예정대로 건설 및 자금지원이 이루어지고 있다2011년 후쿠시마 사고 이후 일본 내 54기 원자로는 모두 정지되었고, 이후 여섯 기는 영구정지되고 48기가 운영가능한 상황이다. 2016년 말 기준으로 다섯 기가 재가동 승인을 받은 상황. 한국은 세계 최고의 균형력을 갖춘 전력 부문을 계획, 운영하고 있다고 볼 수 있다. 전기는 석탄, 가스 및 석유와 결합해 공급되는데, 원자력은 발전 비중이 대략 40%에 이르고 있다. 한국은 기술을 수입하면서 원전을 시작했지만, 이제는 자체적으로 원자로 설계와 건설을 할 수 있으며 다른 나라로 원전을 수출하고 있다. 현재 원자력 시장이 확실하게 성장하고 있는 중국과 인도는 모두 야심찬 원전 계획을 발표한 바 있다. 중국은 자체 기술과 수입된 기술을 혼합해 사용하는 반면에 핵무기 프로그램으로 인해 국제 원자력 상업 거래가 금지된 인도는 주로 자국 기술에 의존할 수밖에 없다 이 금수조치는 2008년 해제되어, 2016년 현재 14개 국가와 민간 원자력 협정을 맺고 있다.

중국은 전 세계적으로 신규 원전 건설을 주도하고 있다. 2016년 신규 원전 다섯 기가 전력망에 연계되었는데 이로 인해 발전용량에 4.6기가와트 일렉트릭이 추가되었고, 이는 전 세계 원전 발전용량 증가에서 약 50%에 해당한다. 2016년 기준으로 총 36기의 원자로를 운영 중이다. 한국은 2016년 1월 신고리 3호기가 전력망에 연계되었다. 그리고 2017년 6월 고리 1호기의 가동을 영구 중지했다. 2017년 기준으로 총 24기의 원자로가 운영 중이다. 인도에서는 러시아가 지은 쿠단쿨람Kudankulam 2호기가 2016년 8월에 전력망에 연계되었고, 이로 인해 인도에는 총 22기의 원자로가 운영 중이다 출처: World Nuclear Performance Report 2017(WNA, 2017).

국제 협력

전 세계적으로 원자력이 더 확대되려면 국제 협력의 강화가 결정적으로 필요한 시점이 되었다. 아이젠하워 대통령의 '평화를 위한 원자력' 연설은 지난 50년간 민간 원자력 산업의 기반이 되었고, 민간 핵물질의 군사적 이용을 규제하는 국제원자력기구와 함께 초기 원자력의 확산을 가져왔다. 하지만 현 원자력 체제는 또 다시 몇 가지 약점을 분명히 보임에 따라, 이를 극복해야 할 필요성도 생겨났다.

핵 비확산 조치는 공식적인 핵무기 보유 5개국(미국, 영국, 프랑스, 러시아, 중국) 이외에 핵무기를 획득한 나라가 핵확산금지조약 내에는 없다는 점에서 잘 운영되었다. 하지만 테러 집단이 핵 기술을 악용할 능력이 있는가의 여부는 아직까지 정확히 파악되지 않는다. 오늘날 핵 확산에 대한 우려는 어느 때보다 커졌는데, 최근 이란과 북한 때문에 이러한 우려는 더욱 증폭되고 있다. 또한 실질적으로 핵무기를 보유한 것으로 인정되는 인도와 파키스탄을 현 핵확산금지조약 체제 내로 끌어들이는 방안을 찾아내거나, 아니면 최소한 이들이 바깥 세계로부터 고립되기보다는 국제적 조력자들과 더욱 긴밀하게 협력하도록 하는 방안을 찾아야 한다.

또 다른 약점은 사용 후 핵연료의 관리에 관한 것이다. 현 체제 아래에서는 각 국가가 자신의 폐기물에 대한 해결책을 찾아야 하는 국가별 책임 사안으로 되어 있다. 결국 논리적으로는 각국마다 핵폐기물 보관소를 짓는 것으로 귀결될 것이다. 이는 경제적으로 보면 터무니없다. 만일 국가마다 핵폐기물 보관소를 지어야 한다면 원전은 대중적 수용을 얻기가 가장 어려운 사안이 될 것이다. 결국 핵폐기물은 해결이 매우 어렵다. 시간이 지남에 따라 전 생애주기에 걸친 핵연료의 국제 거래 규제량은 감소해왔지만, 결국 양자 간 핵 협력 협정이 부족해 거래가 불가능하거나 보호주의 무역으로 핵물질과 핵기술의 유통이 불가능한 경우도 있다.

이러한 문제를 해결하기 위한 보완적 대책은 이미 국제원자력기구, 미국, 러시아가 주도해 내놓고 있다. 국제원자력기구 사무총장인 엘바라데이 박사는 국제원자력기구 대책반의 철저한 감시 아래 우라늄 농축, 사용 후 핵연료 재처리, 핵폐기물의 최종 처분을 담당하는 '국제 지역센터'의 설립을 제안해왔다. 이 센터는 전 세계 원자력 산업, 특히 원전을 처음으로 건설하는 국가들에 전 생애주기에 걸쳐 핵연료를 제공한다. 이는 핵 비확산 목표에도 부합하고, 이전 세계 원자력 체제의 과도한 국가주의를 피하는 데도 도움이 된다. 원자력에 있어서 과도한 국가주의는 경제적이지도 않고 핵폐기물에 대한 결정도 어렵게 만들었다. 미국이 제안한 '세계 원자력 협정Global Nuclear Energy Partnership, GNEP'은 이러한 문제 해결에 적격이다(DoE, 2006). 비록 다른 나라들은 미국이 이러한 문제에 대해 리더십을 취할 권한이 있는지에 대해 의구심을 가지고 있지만, 미국의 사고방식은 건설적이다. 세계 원자력 협정 내에서 사용 후 핵연료를 재처리하는 방향으로의 전환은 많은 관심을 끌었지만(미국은 유카산 핵폐기물 보관소를 건설하는 데 어려움을 경험했기에 아마도 이에 대한 반작용으로 이런 방향으로 전환한 듯하다), 핵연료 생애주기 전반에 걸친 국제 협력의 제안도 매우 환영 받았다. 우라늄 농축, 재처리, 핵폐기물 처분 시설을 전 세계를 통틀어 제한된 몇 군데에만 두는 것은 핵 비확산을 위해서나 경제적 이유에서나 매우 바람직하다(핵연료 생애주기의 모든 단계에서 규모의 경제로 인한 혜택은 상당하다). 또한 러시아도 자국 영토 내에 이러한 목적으로 원자력 관련 지역 시설을 개발하는 것, 즉 가능하면 핵폐기물 보관소부터 시작한다는 제안을 해왔다. 현재 사용 후 핵연료의 운송은 역사적으로 금지되어서 거의 불가능하지만 만일 사용 후 핵연료가 생성된 나라가 아닌 다른 나라에서 처분하는 것이 가능해진다면 결국에는 이러한 국제 거래 시장의 발전도 가능해질 것이다.

2006년 미국-인도 간 상용 원자력에 관한 협정과 차세대 원자로에 대한 협력의 시작도 여기서 언급할 필요가 있다인도는 핵확산금지조약에 서명하지 않았고, 핵공급자그룹(Nuclear Suppliers Group, NSG. 핵 확산을 방지하기 위해 핵 물질, 장비, 기술을 통제하는 핵공급 국가들의 단체로 2017년 현재 48개국 참여)은 비서명국과의 핵 거래를 금지하는데, 미국과 인도의 원자력 협정으로 인도는 이러한 원칙에 예외가 되었다-옮긴이. 미국-인도 간 원자력 협정으로 인해 인도는 오래 전부터 바랐던 대규모 원전 프로그램의 추진이 가능해졌다. 이러한 프로그램은 의회의 비준이 필수적이고 핵공급자그룹NSG 내 다른 나라들의 동의 또한 필요하지만 최소한 미국과의 협정은 문제를 해결할 건설적인 방도를 제공해주었다. 실제로 세계 핵 비확산 체제는 이란, 북한뿐만 아니라 파키스탄, 이스라엘에서의 확산 문제를 어떻게 대처해야 하는지에 대한 방도를 찾아야 한다. 차세대 원자로 개발 협력은 점점 더 보완성이 커지는 두 가지 국제 협력 프로그램(하나는 미국이 주도하는 4세대Gen IV, 또 하나는 러시아가 주도하는 국제원자력기구 내 인프로INPRO 프로젝트)의 일부로서 존재한다. 이 둘은 다양한 첨단 원자로를 검토 중인데, 핵확산 방지 기능이 더욱 강화되고 경제성이 향상되는 방향으로 나아가고 있다. 특히 핵연료를 적게 쓰고 폐기물을 적게 생성하는 데 중점을 두고 있다. 실제로 차세대 원자로는 현존 원자로에서 사용된 연료를 재처리해 이를 주 연료로 사용하고, 플루토늄과 우라늄을 분리해 사용할 것으로 보인다. 또한 해수 담수화와 수소 생산 필요성에도 대응할 수 있는 능력을 갖출 것이다. 이러한 차세대 원자로는 2020년 이후 시기에 운영될 것으로 보이며, 그전까지는 현행 원자로 설계 형태의 진화된 버전이 신규 원전에 적용될 것으로 보인다.

전 세계 원자력의 부활

원자력 기술이 이제는 원숙한 단계에 도달했다는 것은 거의 틀림없는 사실이지만(전 세계적으로 주로 사용하는 원자로 설계는 1950년대까지 거슬러 올라간다), 원자력 산업 그 자체로 볼 때 성숙기에 도달한 것은 절대 아니다. 일부 기술적 결함, 화석연료 가격의 하락, 일반 대중에 대한 친절한 설명의 실패 등으로 인해 원자력의 급속한 성장은 1980년대에 꺾였다. 현재에도 많은 나라에서 신규 원전 건설 가능성에 대한 관심이 증가하고 있다. 그 일부는 폴란드, 인도네시아, 베트남 등 원전이 없는 국가들이다. 일부는 경제적인 이유에서 관심이 증대했겠지만, 에너지의 안정적 공급과 온실가스 감축에서의 원자력의 역할 때문에 더욱 관심을 받게 된 것으로 보인다. 그러나 관심이 실행으로 발전하기는 쉽지 않고, 신규 원전 프로그램도 이와 별다를 바 없이 실행되지 못할 가능성도 크다.

이러한 판단은 원자력에 반대하는 이들의 주장 때문만은 아니다. 그들의 주장은 점점 더 약화되고 있으며 일부 주장은 근거도 빈약하다. 원자력에 찬성론자의 주장이 지적 논쟁에서 이겼다고 말하기는 아직 이르지만, 점점 그런 방향으로 가고 있는 듯 보인다.

원전의 안전을 테러리스트로부터 보호하고 운영상의 안전을 보장하는 관련 조항은 매우 효과적으로 보이며, 실제로 국제 핵 비확산 체제는 이미 효과를 거두고 있으며 현재도 진전 중이다. 비록 최신 원전이 매우 경제적이라고 아직 입증되지는 않았으나, 현재 운영 중인 원전들의 경제적 성공을 고려할 때 그럴 가능성이 높다. 가격 급등 없이 수십 년 동안 저렴하고 신뢰할 만한 에너지를 공급해온 것은 원전의 주요 이점이며, 이러한 내용은 서서히 확산되고 있다. 우리에게 필요한 것은 수십 년 간 '젖과 꿀이 흐르는 땅'으로 들어가기 위해 소요되는 초기 자본비용의 아픔을 극복할 용기다. 그곳으로 일단 도달하면, 원전은 소유자들에게 '돈 벌어주는 기계'가 될 것이다. 폐기물 이슈는 아마도 가장 어려운 문제일테지만, 각 국가별로 정치적 의지의 결합을 통해 해결해야 하고, 장기적으로는 앞서 언급한 국제 지역 센터의 제안을 받아들여야 한다. 원자력 반대론자가 자주 제기하는 우라늄 자원 이슈는 주의를 완전히 딴 곳으로 돌리려는 의도에서 나온 것이다. 우라늄 보유고 수치에 대한 어떤 해석에 따르더라도 탐사량은 상당량 증가하고 있으며, 2020년이 지나면, 우라늄을 더 효율적으로 사용하는 원자로 기술이 빠르게 등장할 가능성이 높다. 결국 우라늄 자원 확보를 늘리기 위해 탄소 배출이 많은 우라늄 광산까지 채굴할 것이라는 주장은 터무니없는 것이다. 실제로 채굴되는 우라늄 원석의 평균 등급은 올라가고 있으며, 비록 저등급 원석이 채굴된다고 해도 현장 침출in situ leaching, ISL 같은 채굴 기법은 기본적으로 탄소 배출량이 많지 않다. 마지막으로, 폐로비용도 신규 원전 결정에서 크게 중요하지 않은데, 이유는 폐기물 관리비용에서와 유사하다. 지금까지 언급한 미래에 발생할 비용에 대비하기 위해, 원전 소유자가 반드시 매년 거대한 규모로 자금을 조성할 필요는 없다. 일찍부터 준비하기만 한다면, 결국 자금 조성은 연금제도가 실제로 그러했듯이 순조롭게 이루어질 것이다.

원자력 부활 과정의 실제 난관은 신규 발전용량을 결정하는 과정에서 정치적 의지의 부족 또는 용기의 부족에서 생길 것이다. 우리는 이 둘의 부족을 영국과 미국에서 볼 수 있다. 두 국가 모두 신규 원전 건설의 부흥에서 매우 결정적인 국가다. 영국은 다른 유럽국가들, 미국은 세계의 다른 국가들에 큰 영향을 주기 때문이다.

영국 정부는 신규 원전 건설을 지원하는 데 정치적 의지를 보여주어야 한다. 영국 정부는 신규 원전이 승인받을 수 있고 적정한 시간 안에 건설될 수 있는 규제 체계를 마련해야 한다. 폐기물 관리 및 폐로에 대한 정책을 마무리해 원전 사업자가 어느 정도의 재정적 부담을 가져야 하는지 정확히 알 수 있도록 해야 한다. 원전 안전에 대한 요건과 사후 처리 충당금에 관한 사항도 결정해야 한다. 미국은 이러한 사항들의 대부분을 결정했으며, 그래서 지금의 문제는 '누가 투자할 것인가?'로 축소되었다. 원전은 매우 복잡한 프로젝트이므로, 발전회사 사장이 미래 전망을 어둡게 보고 겁에 질려 '원자력 대신 가스나 석탄화력 발전소를 짓자'고 말하는 상황은 충분히 이해할 만하다. 이는 무난한 사업 추진을 위한 결정 방식이다. 하지만 그렇기에 용기가 필요한 것이고, 최소한 신규 원전에 대한 투자가 유치되려면 더욱 용기가 필요하다. 이를 장려하기 위해 대출 보증이나 전력 생산 신용과 같은 정부의 초기 보조가 필요할 수도 있다. 이것만으로도 일이 진척되기에는 충분하다. 그다음에 원자력 부문은 스스로 자립할 수 있어야 한다. 어마어마한 전기를 경제적이고 환경친화적으로 생산할 수 있다는 것을 보여주고, 한편으로는 국가 및 지역의 에너지의 안정적 공급에 기여해야 한다.

12장의 별첨과 마찬가지로 여기서도 세계 주요국의 최근 현황을 추가한다. 특히, 미국, 일본, 중국의 원자력 현황에 대해 자세히 서술한다. 여기의 내용은 세계원자력협회 사이트의 국가별 현황 자료에서 발췌한 내용이다(2017년 9월 기준).

미국

미국은 전 세계에서 원전을 가장 많이 보유한 국가다. 2017년 현재 100기의 원자로가 가동 중이며, 이중 가압형 경수로가 66기(65기가와트 일렉트릭)이고 비등형 경수로가 34기(35기가와트 일렉트릭)로 총 설비용량은 100기가와트 일렉트릭이다. 2016년 기준으로 미국은 4,079테라와트시 전력을 생산했는데, 이중 34%를 가스, 30%를 석탄화력, 20%를 원자력, 8.4%를 재생에너지(풍력이 5.5%), 6.5%를 수력이 담당했다.

미국에서는 1977년 이래 2013년까지 30년 이상 신규 원전 건설이 없었다. 1970년대와 1980년대에는 1979년 스리마일섬에서 발생한 원전 사고로 인해 안전기준이 강화되고 지역에서의 반대로 인해 종종 건설 계획이 지연되거나 무산되었다. 최근에는 전력 산업이 민영화된 주에서 원자력 발전은 셰일 가스로 인한 저비용의 가스 발전, 보조금 및 망접속 보장을 받는 풍력 발전과의 경쟁에서 뒤처지고 있다.

2016년 와츠바 2(테네시주)가 상업적 운전을 시작했는데, 이는 1985년 건설 공정이 80%까지 진척되었다가 중단된 사업이었다. 2007년 테네시 밸리 공사Tennessee Valley Authority, TVA는 실행 가능성 연구용역을 거쳐 공사 재개를 결정했는데, 이는 신규 원전 건설보다는 현재까지 진행된 공사를 완성하는 것이 시간과 비용을 절약할 수 있다고 판단했기 때문이었다.

2017년 3월 미국의 주력 원자력 회사인 웨스팅하우스는 미국 내 네 기의 신규 원전(보그틀 3과 4, 서머 2와 3)을 건설하다가 비용 증가로 인해 파산에 이르렀다. 이때 웨스팅하우스의 자산은 43억 달러였고 부채는 94억 달러에 달했다. 웨스팅하우스는 2015년 회계년도 기준(2016년 3월말 종료)으로 핵연료 사업에서 14억 8,000만 달러 이익을, 원전 운영 사업에서 16억 5,000만 달러 이익을 냈으나, 신규 원전 건설 사업에서 엄청난 적자를 보았다.

2017년 9월 현재, 미국에서는 네 기의 원자로가 신규 건설 중인데, 그마저 두 기는 건설이 중단되었다. 이 가운데 두 기는 보그틀 3 및 4(조지아주)이고, 나머지 두 기는 서머 2 및 3(사우스캐롤라이나주)이다. 보그틀 3 및 4는 두 기의 가압형 경수로인 AP1000으로 총 2.5기가와트 일렉트릭 규모다. 보그틀 3 및 4는 2008년 건설 계약이 시작되었는데, 건설 공사 시작은 몇 번 연기되어 2013년에서야 시작되었다. 총 건설비용은 당초 140억 달러로 예측되었는데, 지연으로 인한 비용 증가로 2017년 현재 총 건설비용은 190억 달러로 추정된다. 새로운 건설 계획대로 공사가 진행되면 보그틀 3 및 4는 각각 2021년, 2022년 상업 운영이 가능해질 것으로 예상되고 있다.

서머 2 및 3 또한 가압형 경수로인 AP1000으로 총 2.5기가와트 일렉트릭 규모다. 2013년 건설 공사가 시작되었는데, 그때까지만 해도 총 공사비용은 98억 달러로 추정되었다. 2017년 2월에만 해도 완공 시기를 2020년으로 예측했는데, 7월에 예측되는 총 공사비용이 180억 달러로 증가해 공사는 중단되었다.

일본

일본은 에너지 해외 의존도가 매우 높았기 때문에, 1973년 오일 쇼크 이후 원자력을 적극적으로 확대했다. 54기의 원자로를 운영하다가, 2011년 후쿠시마 사고 이후 모든 원자로를 정지시켰다. 2017년 8월 현재 42기의 원자로가 가동할 수 있는 상황이고, 다섯 기(센다이 1과 2, 다카하마 3과 4, 이카다 3)가 2015년 또는 2016년부터 가동을 시작했으며, 24기가 가동 승인 절차 중에 있다.

2015년 기준으로 일본은 총 1,015테라와트시의 전력을 생산했는데, 이 중에서 가스 39%, 석탄 34%, 석유 9%, 수력 9%, 재생에너지 8.4%(태양광 및 풍력 4%, 바이오 4%, 지열 0.4%), 원자력 1%(후쿠시마 사고 이전에는 약 30%)를 담당했다.

2011년 후쿠시마 사고 이후, 일본 민주당 정부는 '에너지및환경위원회 Energy & Environment Council'를 설립해 일본의 에너지 미래 전략 2050을 수립하도록 했다. 2012년 7월 발전차액지원제도가 태양광 및 풍력 발전에 도입되었고, 주요 대기업들은 가스발전 시설에 대규모 투자를 시작했다. 2012년 9월 에너지 및 환경 위원회는 '에너지 및 환경 혁신전략'을 수립해 발표했는데, 이에 따르면 2040년까지 원전의 단계적 폐지를 권고했다.

2012년 12월 자민당 정부가 들어서면서 에너지 및 환경 위원회는 폐지되었고 에너지 정책은 원점에서 다시 검토되었다. 2014년 제4차 에너지 기본계획이 수립되었고, 여기서 원자력은 주요 기저부하로 인정되었다. 2015년 '전력 생산 계획 2030'이 수립되었는데, 이에 따르면 2030년까지 전체 전력공급 중에서 가스 27%, 석탄 26%, 재생에너지 22~24%, 원자력 20~22%가 되는 것을 목표로 하고 있다.

2012년 10월 원자력규제청Nuclear Regulation Authority과 원자력 안전위원회

Nuclear Safety Commission는 원전의 재가동 절차에 대해, 우선 원자력 규제청의 안전 검사를 통과해야 하며 관련 지방자치단체의 동의가 필요하다고 발표했다. 이러한 재가동 절차의 도입으로 인해 원전의 안전비용은 급증했다. 이는 원전의 규모나 연식에 상관없이 원전 하나당 7억 달러부터 10억 달러의 비용 증가를 가져왔다.

중국

중국은 현재 전 세계에서 신규 원전을 가장 많이 건설하고 있는 국가다. 2017년 현재 37기의 원전이 운영 중이고, 20기의 신규 원전이 건설 중이다.

2016년 기준 전력 생산은 총 5,990테라와트시를 생산했는데, 이 가운데 72%를 화석연료(대부분 석탄화력)가 담당했고 나머지는 20% 수력, 4% 풍력, 3.5% 원자력, 1% 태양광이었다. 설비용량 측면에서 보자면, 2016년 총 1,645기가와트 일렉트릭에 도달했는데, 화석연료가 1,054기가와트 일렉트릭, 수력이 332기가와트 일렉트릭, 풍력이 149기가와트 일렉트릭, 태양광이 77기가와트 일렉트릭, 원자력이 33.6기가와트 일렉트릭에 이르렀다. 특히 풍력과 태양광의 설비용량이 급증하고 있는데 2016년 한해에만 태양광은 35기가와트 일렉트릭, 풍력은 17기가와트 일렉트릭의 신규 설비용량이 증가했다.

2013년 중국은 430억 톤의 석탄을 사용했는데 이는 전 세계 총 소비량의 반이 넘는 규모다. 이때 중국의 1차 에너지 소비에서 석탄은 70% 이상을 차지해 그 비중이 절정에 이르렀다. 이후 석탄 사용량은 감소해 2015년에는 64%까지 떨어졌다. 2016년 제13차 5개년 계획에 따르면, 2020년까지 1차 에너지에서 석탄의 비중을 62%까지 감소시킬 계획이다. 이 계획에 따르면 1차 에너지 소비에서 비화석연료의 비중을 2020년까지 15%, 2030년까지 20%로 늘릴 계획이다.

원자력에 목표는 2020년까지 58기가와트 일렉트릭의 원전 설비용량을 달성하고 그 시점에 30기가와트 일렉트릭의 신규 원전을 건설하는 것이다. 이 목표는 기본적으로 석탄 발전에 대한 지나친 의존도를 줄여 대기오염을 감소시키려는 차원에서 추진되고 있다.

- 제6부 -

결론

15장

원자력은 친환경 에너지가 될 수 있는가?

조너선 스컬록Jonathan Scurlock

이 장에서는 원자력과 관련된 여러 가지 문제를 제기하기 위해, 영국의 에너지 정책 상황 및 세계 자원 현황뿐만 아니라 환경운동의 역사에 대해서도 고찰했다. 만일 원자력이 기후변화에 대응할 수 있는 역할이 있다면 원자력을 '녹색' 기술로 간주할 수 있는가? 기후변화에 대처하기 위해 환경운동은 자신의 핵심가치에 대한 재평가를 수행할 필요가 있는가? 반핵 입장은 근본적으로 녹색 이념인가, 아니면 포기할 수 있는 '초과수하물'인가? 환경주의자들의 견해와 원전업계의 견해를 결합할 수 있는가, 그리고 독립적이지만 다른 것으로, 가능하다면 보완적인 것으로 두 견해를 조화시킬 수 있을까?

영국의 정책 환경

1980년대 말 영국의 공공 투자에서 대처주의가 최고조에 달해 전력 산업이 민영화된 이래, 원자력은 전력 산업 투자 '메뉴 리스트의 밖'에 있었다. 영국 정부의 원자력 관련한 마지막 검토 보고서는 1990년대 중반에 발간되었고(DTI, 1995), 2003년 〈에너지 백서〉에서는 '현재 경제적 측면에서 … 원자력은 매력적이지 않다'고 언급하고 있었다(DTI, 2003). 많은 녹색주의자들은 2003년 백서를 과거 원자력 정책의 현명한 중단으로 여기고 있지만, 그렇지 않다는 점을 나중에서야 알게 되었다. 2003년 백서 발간의 목적은 2020년 탄소 감축 목표 설정의 실패로 인한 타협에 그친 것이었으며, 지역적으로나 국가적으로 백서에 따른 효과적인 후속 조치도 없었다. 이러한 2003년 백서는 재생에너지 및 에너지 효율 향상이 탄소 배출 중기 감축에 제한적으로 기여할 것이라는 전망과 더불어, 2020년 이후 저탄소 경제에서 원자력의 역할을 점검하는 추가적인 〈에너지 정책 검토 보고서〉를 요구하면서 결국은 영국 원자력 산업을 위한 문호를 개방한 것이다.

또한 협력의 부재로 악명 높은 환경식품농업부Department for Environment, Food and Rural Affairs, DEFRA와 통상산업부 두 부처는 영국 에너지 및 기후변화 정책에서 주도권을 잡으려고 경쟁해왔다. 두 부처 모두 원자력의 비용, 누적된 위험, 대중 인식 등에 별로 열정적이지 않았지만, 영국 내 재생에너지 및 에너지 효율 향상 정책이 저탄소 에너지 서비스로 빨리 이행하는 데 성공적이지 못했다는 것은 분명히 인정한다.

동시에 일부 환경주의자는 기후변화에 대응하는 국제적 행동 조치가 너무 느린 데 실망해, 원자력을 지구에 더 나쁜 결과를 피하는 임시(심지어 영구)방편으로 감내하자는 생각을 해보기도 했다. 다른 녹색주의자들은 이러한 변절에 충격을 받았다. 1960년대 말 이래, 녹색주의자들은 원자력을 군산복합체, 큰 정부, 큰 산업을 대표하는 가장 나쁜 산업으로 여겨왔다(Herring, 3장 참조). 아직도 많은 사람들은 원자력의 위협에 반대하는 것이 환경운동으로 가는 디딤돌 중 하나로 여기고 있다.

고찰을 위한 휴지기

많은 기대를 받았던 2006년 보고서는 영국 에너지 정책에서 원자력의 역할에 대해 재검토했지만, 오히려 '녹색' 가치 개념에 대한 재평가 논란을 불러 일으켰다. 일부 이데올로기적 부담환경 이데올로기 차원에서 원자력을 반대하는 것-옮긴이을 버리는 것이 가능한가? 일부 환경주의자들이 지구 전체 문제보다는 지역 경관에 관심이 더 있어 보였을 때는즉, 환경 이데올로기보다는 실존적 문제에 더 관심을 보였을 때는-옮긴이, 아마도 환경운동은 원자력이 녹색 기술일 수 있는가 아니면 녹색 기술이 될 수 있는가라는 질문에 대한 내부 검토를 거쳐야 했다원자력을 환경 이데올로기 차원에서 단순히 반대하기보다는, 이산화탄소 배출 감축 등 새롭게 제기되는 원자력의 장점까지 고려해서 검토해야 한다는 주장-옮긴이.

3장에서 설명했듯이 현대 녹색 운동은 대체로 1960년대 말 미국과 서부 유럽의 반문화운동히피문화로도 칭해지며 반전운동, 비틀즈 음악 등으로 대표된다-옮긴이에서 발전해 성장했다. 이러한 운동은 1950년대 제대 군인 및 젊은 지성들이 느꼈던 2차 세계대전 후의 가치에 대한 불만에 뿌리를 두고 있다. 이와 달리, 좀 더 오래된 녹색주의자들은 좀 더 우파적인 1930년대 분배주의자 및 맬서스주의자(1970년대 재등장함)와 같은 지역 보존 운동까지 거슬러 올라간다. 21세기 세계 녹색 정치는 발칸주의적, 인종차별적 관점과는 거리를 두고, 소위 네 가지 원칙인 '생태적 지속 가능성, 세계 사회 정의, 지역 풀뿌리 민주주의, 비폭력'을 적극적으로 받아들인다. 많은 사람들에게 전환점이 된 것은 1972년 6월 스톡홀름에서 열린 유엔 인간환경회의였는데, 여기서 환경문제에 대한 인식을 국제적 차원에서 확인했다.

이러한 역사가 지구에 대한 현재 위협들과 얼마나 많은 관련이 있는가? 급변하는 세계에서 기후변화 문제는 대부분 언론의 1면을 장식하고 있지만, 한편으로 우리는 서구식 삶의 안전을 위협하는 테러리즘의 영향에도 사로잡혀 있다(그리고 간접적으로는 우리가 그동안 당연히 여겨왔던 편안함을 빼앗는 테러 대응 조치의 불편함에 사로잡혀 있다). 그동안 오늘날 녹색 운동의 한 축인 세계의 사회정의 단체들은 테러리즘의 근본적 뿌리와 어떻게 싸울 것인지에 대해 좀 더 인도적 관점을 갖도록 제안해왔다. 그리고 1970년대 세대의 자원 고갈 및 지속 가능성에 대한 우려 또한 지속되고 있다.

30년 전에 지적했듯이(Meadows et al., 1972), 앞으로 몇 세대 이상 전 세계적인 경제성장을 유지하는 일은 지구의 '수용 능력'을 초과하지 않고는 거의 불가능할 것이다. 비록 우리가 자원 사용의 효율성을 높일 기술적 방법을 고안할 수 있을지라도, 궁극적으로는 지구의 '안전한 작업하중safe working load'이 한정되었다는 점은 확실하다. 우리가 물질적 욕구를 누그러뜨리는 방법과 자원 제약의 한계 안에서 잘 지내는 방법 둘 다를 배우지 않으면 지구상에서 인류의 미래는 더는 없다. 에너지 기술 및 지구 탄소 주기에 대한 최근의 집착과는 별개로 지구 질소 주기의 변화 및 지역 담수의 과다 사용은 이미 우려를 낳고 있다. 조만간 인류는 경제 중심의 세계화 시대를 뛰어넘어 지구라는 '행성의 총체적 관리'의 시대로 이동해야만 할 것이다.

미래의 파멸을 예고하는 시각이 다시 등장할 정도로 기후변화가 심각해지면서, 아마도 녹색운동의 비주류로서 원자력 찬성론자로 갈라져 나온 '원자력을 위한 환경주의자Environmentalists for Nuclear Energy, EFN'와 같은 무리가 나타나는 게 이상한 것만은 아니다. 이 단체는 프랑스 물리학자 브루노 콤비Bruno Comby가 창설했고 제임스 러브록과 같은 자들이 지지했다. '원자력 시대'의 여명기였던 1950년대와 1960년대 초에는 핵무기 반대론자들 중 일부가 원자력을 지지했으며, '칼을 쟁기로swords into ploughshares'라는 수사를 믿었다. 하지만 1953년 아이젠하워 대통령의 '평화를 위한 원자력' 연설과 21세기 백악관과 그 동맹국들의 요구에는 선명한 차이가 있다. 전자는 원자력의 '전 세계적, 효율적, 경제적 사용'을 요구했지만, 후자는 우라늄 농축 기술의 국제 확산을 막으려 했다. 우리는 OECD 국가 내에서 원자력의 부활을 준비하면서 동시에 중동에서는 원자력 요정 지니를 램프 속으로 재빨리 쑤셔넣으려 하고 있다 일부 중동국가들은 원자력을 사용 못하도록 제한하고 있다 - 옮긴이. 이렇다면 여기서 정의는 어디에 있는가?

기술 평가

기술은 불가피하게 일정 부분 사회를 형성한다. 이는 자동차 중심의 운송체계, 또는 좀 더 최근 인터넷 및 스마트폰의 영향을 보면 알 수 있다. 하지만 사회도 기술 형성에 의도적으로 기여하는 것이 가능하다. 예를 들면 무기 통제 조약, 오존층 손상에 대한 몬트리올의정서, (당연히) 최근의 교토의정서 등이 그 사례다. 이러한 기술 평가, 좀 더 정확히 '적극적 기술 선택'은 순수 전문기술관료주의적 관점에 대한 반대 의견을 제공한다. 즉, 과학기술의 진보는 항상 윤리적 함의를 내포하고 있다는 인식이 깔려 있다 달리 말하면, 특정한 기술 진보는 비윤리적일 수도 있다는 의미다. 예를 들어, 사람 배아세포 복제가 바람직한가의 논쟁이 이에 속한다 - 옮긴이.

에너지 과학기술 영역에서는 인류는 에너지 수요 및 인류 활동의 박자와 지구 자체의 에너지 흐름의 박자를 서로 맞춘다는 어려운 과제를 풀어야 한다고 주장할 수 있다. 두 박자를 맞추어야 지구를 위해 장기적으로 지속 가능한 경제 시스템을 구축할 수 있다. 화석연료 같은 일부 에너지 자원의 사용은 미래 세대 필요의 충족 가능성을 위태롭게 하는 반면에, 다른 에너지의 경우는 상대적으로 이런 문제를 덜 발생시킨다. 비록 우리가 미래 세대의 필요를 정확히 예측할 수는 없어도, 과거에 사용했던 모델을 이용하면 자원 고갈과 오염 같은 특정 윤리적 이슈를 이해할 수는 있다. '지속 가능 에너지'의 전통적 정의를 따르면, 지속적인 사용으로 엄청난 고갈이 일어나지 않고 상당한 오염이나 다른 환경 문제를 일으키지 않으며, 생명에 대한 위해나 사회 부정의를 발생시키지 않는 에너지를 일컫는다(Alexander and Boyle, 2004).

그러나 역사 속에서 변화는 불가피한 과정이라는 것을 고려할 때, 우리는 적극적 기술 선택 과정이 순수한 자연보존주의에 발목을 잡히지 않도록 조심해야 한다. 그러므로 '신성한 경관'인 영국에 등장한 풍력 발전소의 사례처럼, 고갈되지 않는 재생에너지의 부정적 영향을 과대하게 강조하는 것은 최소한 16세기 이래 영국 역사의 특성인 토지 사용에서의 진보적 변화를 가로막는 일이다. 토지 구획(인클로저 운동), 현대 농업, 목조선의 건조는 각자 모두 산업 사회의 경관을 변화시키는 데 자신의 역할을 했다. 각각의 변화에 저항이 있었지만, 변화로 출현한 새로운 경관은 결국에 낭만적으로 묘사되었다. 영국이 군사 및 무역 강국이 되기 위해 우리의 울창한 숲들이 대부분 황폐화된 것은 어찌 보면 역사적 불가피성이라 할 것이다.

만일 우리가 세계에 지속 가능한 발전 경로를 보여주고 싶다면, 우리는 원자력 대신 재생에너지의 확장을 위한 어느 정도의 환경적 희생은 이전에도 그랬듯이 감내해야 할 수밖에 없다.

원자력의 녹색 자격증?

원자력을 친환경으로 간주할 수 있는지 아닌지 완벽히 평가하려면, 단순히 에너지 기술 간 이산화탄소 배출 생애주기를 평가하고 비교하는 것을 넘어서 그 이상을 검토해야 한다. 즉, 탄소 배출량과는 별도로 고려해야 할 지속 가능성의 다른 측면이 있다. 하지만 그렇다고 독립적인 탄소 생애주기 분석의 가치를 평가절하하는 것은 아니다. 이러한 탄소 생애주기 분석은 원전 찬성론자 및 환경주의자 모두 수용하고 있으며, 현존 기술 및 자원과 2050년까지 예측되는 기술 및 자원 모두에 기반을 두고 이루어진다.

대부분의 정부 당국과 전문가는 전통적 우라늄 자원(상대적으로 고등급 광물)이 현재 기술과 발전용량으로는 겨우 75년에서 100년 정도 사용할 부존량밖에 없다는 데 동의한다. 저등급 광물에서 추출한 더 비싼 우라늄은 전체 발전비용에 큰 영향을 미치지는 않지만, 연료 주기 '앞부분'에서 탄소 배출량이 증가한다. 심지어 원자로 연료 효율의 (매우 점진적) 기술적 향상, 열화우라늄과 무기급 고농축우라늄의 혼합, 사용 후 핵연료 재처리의 부활 등이 가능해지더라도 전체 전력 생산 중 원자력의 현재 비중이 유지된다면 원자력의 비용은 점점 더 증가하고 탄소 배출이 심한 연료 생애주기를 가질 수밖에 없다. 물론, 점점 더 많은 원전이 전기를 생산한다면, 그때는 원전이 우라늄 채굴과 핵연료 제조 과정을 통해 전기를 공급할 수 있지만, 그럴수록 에너지 수요와 탄소 배출량은 증가할 것이고, 우라늄 자원은 점점 줄어들 것이다.

7장에서 언급했듯이, 현재 모델링 중 저등급 광물을 사용하는 최악의 경우를 가정한 시나리오에 따르면 미래에 원전에서 발생하는 전체 탄소 배출량이 현재 가스화력 발전소보다 더 커질 수 있으며, 이는 시간이 지날수록 계속 증가할 것이다. 이러한 주장은 OECD 정부들이 탄소 절감을 위해 원자력 산업을 지원한다는 금융 환경 창출의 명분을 상당히 잠식시킬 것이다. 심지어 핵 비확산을 위해 '부적절한' 국가들에게 핵기술 이전을 거부한다 하더라도 그렇다.

반영구적인 방사능 폐기물 보관의 생태적 지속 가능성 문제는 일단 제외하더라도 원자력이든 재생에너지이든 미래 에너지 기술은 '성장의 제한'이라는 어려운 문제(Meadows et al., 1972)에도 대응해야 한다. 이런 점에서 저명한 원자력 과학자와 기술관료들이 환경주의 관점에 꾸준히 당혹감을 표시하는 것은 아직도 이해하기 어렵다. 확신하건대 솔직히 그들은 끊임없이 증가하는 전력 수요에 맞추어 세계 경제에 전력을 제공한다면, 모든 자원 제약, 모든 핵폐기물 관리 문제는 2100년이나 그 이후에는 기술적으로 해결할 수 있다고 믿고 있다(또는 믿었다). 하지만 이런 전망은 우리를 섬뜩한 미래로 끌고 가는 셈이 된다(Kahn et al., 1976).

이론상으로는 고속 증식로를 사용하는 원전은 해수와 같은 초저등급이면서 비전통적인 우라늄 자원으로부터 백만 년 또는 수십억 년 동안 에너지를 생산할 수 있다(Cohen, 1983). 그러나 지금까지 고속 증식로는 복잡하고 비싼 설계 방식으로 판명되었으며, 이의 연료 생애주기는 더 큰 핵확산의 소용돌이로 변할 수 있다. 더군다나, 거대한 양의 해수로부터 우라늄을 추출하는 과정의 연료 생애주기 기술 및 환경적 결과는 현재 우라늄 광산이 지닌 방사능 채굴 찌꺼기 오염 문제와는 비교도 안 될 정도로 심각한 문제를 유발할 수 있다.

그리고 미래 에너지 기술은 녹색 운동의 다른 '축'에도 대응할 필요가 있다. 대부분의 에너지 자원 및 지적재산권은 세계적으로 편중되어 분포되어 있다(석유가 대표적이고 석탄은 좀 덜 편중되었으나, 우라늄의 편중도는 가장 심함). 이러한 편중은 사회정의 진전에도 도움이 안 되고, 지방분권 강화에도 기여하는 바가 없다. 이러한 에너지 기술들이 그들의 자산을 보호하기 위해(혹은 대중을 생명 위협으로부터 보호하기 위해) 매우 가혹한 보안 시스템을 필요로 한다면, 비폭력 원칙과 양립하기도 거의 불가능하다특히 원자력은 핵 비확산 문제와 방사능 문제 때문에 이러한 측면에서 가장 취약한 에너지 자원이다-옮긴이.

재생에너지 자원-원자력이 필요한가?

원자력의 녹색 자격증을 검토하는 또 하나의 방법은 실제로 미래에서 필수적인 부분으로 고집약적 에너지 기술이 필요한지의 여부를 알아보는 것이다. 인류는 원자력에 의존하지 않고 지구 에너지 서비스의 경계를 어느 정도까지 확장할 수 있는가? 이와 관련해서 일부 용감한 연구에 따르면(Goldemberg et al., 1988), 재생에너지 발전과 에너지 효율의 향상만으로도 부유층의 지속적 경제 성장을 손상시키지 않고 세계 빈곤층의 삶의 질을 1970년대 스웨덴 사람의 수준으로 끌어올릴 수 있다. 물론 재생에너지 자원을 활용하는 데는 경제 및 환경적 한계가 있다. 하지만 재생에너지 기술은 다양하고, 많은 재생에너지 기술들은 잠재된 개발 가능성이 상당하다.

가장 가능성이 높은 것은 최종 소비의 효율성 향상을 위한 경제적 유인책을 제공하기 위해, 에너지 자체의 실질 비용(소득 조정된 실질 비용)은 시간이 지남에 따라 증가할 것이라는 점이다. 그러나 에너지로부터 파생된 서비스의 실질 비용은 부자 세계에서는 아마 일정하게 유지될 것이고, 가난한 세계에서는 그들의 소득이 오르고 에너지 효율적 제품이 증가하면서 서비스의 실질 비용은 감소할 것이다(Goldemberg et al., 1988). 값싼 에너지와 방탕한 소비를 가능하게 해주는 원자력 유토피아는 이제 최소한 지구에서 거의 불가능한 시나리오다.

연간 지구에 도달하는 태양 방사선의 에너지 수준은 전 세계 에너지 소비량의 1만 배를 넘는다. 여러 경로들을 통해 흐르는 자연 에너지의 양은 이보다는 작지만, 그래도 상당하다. 예를 들어 전 세계 풍력 에너지 자원(대부분 해상 풍력이며, 대륙붕에서는 얕은 지역에 한정됨)은 현재 세계 전기 수요의 수 배에 이른다. 영국 해양예측단의 최근 추정에 따르면 해양 에너지의 0.1%만 활용해도, 이는 세계 에너지 사용량의 5배를 포괄할 수 있다고 한다. 이와 유사하게 연간 광합성을 통한 에너지의 축적은 세계 에너지 사용량의 열 배에 이른다(비록 사용 가능한 바이오매스 에너지 자원은 이보다 작지만, 식량, 가축사료, 섬유질 등으로의 사용 등 광합성 에너지 자원의 생태적 가치는 상당하다).

바이오매스 에너지는 녹색 에너지 자원의 전통적인 예다. 한정되었지만 재생 가능한 바이오매스의 전체 잠재량은 상대적으로 단순하고 접근 가능함에도 불구하고, 세계 많은 부문에서 시장이 발전되지 않아 아직 실현되지 못했다. 현대적 바이오매스 연료의 공급과 이용은 지속 가능성, 지역 소득 증대, 지방분권화를 통해 실질적 혜택을 가져올 수 있는데, 이를 위해서는 시장의 확대가 일종의 견제와 균형 원리와 동반해 이루어져야 한다. 1960년대 이래로 환금 작물이 확대되면서 소중한 생태계의 파괴가 지속되어왔는데, 이는 적정한 규제 없이 무분별하게 성장한 세계 식량 산업에 주로 기인한다. 명시적인 환경 정책의 집행수단으로, 현 식량과 사료 혼합비율에 연료 작물을 추가하는 것은 이러한 상황을 개선할 기회를 제공한다. 이와 유사하게, 영국과 같은 부유한 나라에서 바이오 에너지 작물에 대한 국내 수요는 식품 집약적 작물재배를 위한 토지에서 일부를 회복시킬 수 있다. 더 나아가, 많은 가난한 나라가 부유한 나라에서 진정 원하는 것(즉, 저탄소 연료)을 생산할 수 있다는 아이디어는 일부 옹호자들에게는 무역 수지와 조건을 개선할 기회로 여겨진다.

다리를 건설할 시기 - 아니면 불태울 시기?

원자력과 재생에너지는 지구 온난화 대응에 독립적이지만 다른 대안으로 화해할 수 있는가, 더 나아가 보완관계까지 될 수 있는가? 결국, 원자력과 풍력 같은 재생에너지(에너지를 포획하는 재생에너지)는 많은 면에서 공통점이 있다. 상대적으로 자본비용이 크며, 비교적 유지 보수비용이 낮고, 게다가 화석연료 화력 발전소와 비교해 탄소 배출이 적다. 역설적으로, 원전업계를 시들게 한 정부 에너지 정책의 많은 부분들이 재생에너지 개발 또한 방해하고 있다.

21세기가 되면서 원자력과 재생에너지는 어떻게 인류의 기대에 부응할 것인가? 이는 흥미로운 관전 포인트가 될 것이다. 만일 원자력의 침체가 계속된다면 현 예측으로는 전 세계 풍력 발전용량이 향후 10년 안에 원자력 발전용량을 따라잡을 것으로 보인다2015년 말 기준으로 전 세계 풍력 발전용량은

432기가와트에 달해, 2015년 말 기준 원자력 발전용량 383기가와트를 사상 최초로 뛰어넘었다-옮긴이.

다만 원자력이 풍력보다 부하율이 높아서 2020년경까지 전력 생산량은 원자력이 풍력보다 많을 것이다. 유럽연합만 두고 볼 때 풍력 발전용량은 현재 원자력의 약 4분의 1 수준이고, 전력 생산량은 약 8분의 1 수준이다. 원자력 수준이 상당한 스페인, 독일, 인도 세 나라에서 수십 년 동안 진전되어온 풍력 발전용량은 이미 원자력과 동등한 수준이다. 원자력과 풍력 간 직간접 고용창출 효과를 비교하는 것은 어렵지만, 전 세계 풍력의 고용창출 규모가 2010년까지 더 커질 것이라는 주장은 타당해 보인다.

우리는 이 두 기술 간 경쟁을 검토했는데, 환경주의자들의 주장('원자력을 위한 환경주의자' 같은 단체는 별개로 하고)이 원전업계의 주장과 하나로 합쳐질 수 있는가? 예를 들면 영국 웨일스에 있는 대안기술연구센터(1970년 이후 영국 녹색운동의 허브)의 피터 하퍼Peter Harper와 폴 앨런Paul Allen은 단호한 반핵주의자인데, 이들은 재생에너지 확산을 위한 시간을 벌기 위해 핵무기 해체 시 나오는 고농축우라늄과 열화우라늄을 섞은 핵연료 사용의 지지를 검토했다. '원자력을 위한 환경주의자' 회원인 제임스 러브록이 개최한 컨퍼런스에서 그들은 "최악의 원자력 재앙은 최악의 기후변화 재앙만 못하다"고 주장했다(Harper and Allen, 2004). 그러나 그들은 중간 임시 전략으로 원자력을 유지하는 견해를 거부했고, 원자력 대안에 계속해서 반대할 것임을 재확인했다. 다른 영국 환경운동가들도 대부분도 흔들리지 않았다.

하지만 원자력 산업이 다음의 네 가지 고집스러운 사안에 대해 양보할 수 있다면 원자력에 대한 녹색 운동의 반대도 완화될 수 있을 것이다. 다만 이 네 가지 모두 높은 비용과 저탄소 잠재력의 감소를 수반한다. 첫째, 엄격한 감독당국이 원자력 시설에 대해 진정으로 독립된 규제를 하는 것이다. 둘째, 사용 후 핵연료 및 폐기물을 보관하는 좀 더 안전하고, 완전히 원상태로 되돌릴 수 있는 시스템을 수립하는 것이다. 셋째, 핵확산 방지를 위해서 핵연료 재처리에 대한 전 세계적인 금지가 이루어져야 한다. 넷째, 우라늄 채굴도 훨씬 강화된 환경 심사를 받아야 한다. 영국 또는 전 세계 원전업계가 '환경 데탕트원전업계와 환경주의자의 관계 개선-옮긴이' 관점의 이러한 조건들을 받아들일지 아닐지는 흥미로운 관전 사항이다.

어떤 환경주의자들은 논리상 원자력에 반대하는 것이 더는 아니라고 한다. 원자력 부활을 반대하는 이유는 이데올로기적인 측면이 아니라, 기술적 및 재정적인 측면 때문이라고 주장한다. 비록 원자력 산업의 운영비용이 감소해왔어도 여전히 높은 자본과 금융비용을 요구하며, 무엇보다도 원자력 발전의 유연성이 낮기 때문이라는 주장이다. 1960년대 및 1970년대 원자력 전성기에는 예측하고 건설하기만 하면 되었으나 이제는 민간 금융과 프로젝트 관리의 세계에서 자리를 찾고자 원자력 산업은 몸부림치고 있다. 그러나 민간 부문은 근본적으로 기술 중립적인 성격을 가지고 있어서 기술의 적극적 선택 같은 활동에는 개입하지 않는다. 시장 조건만 만족한다면 민간 부문은 바로 투자한다. 따라서 원자력 옹호주의자들은 핀란드의 올킬루오토 원전에 자금을 조달했던 방식과 유사한 특수목적 기관이 수립되어야 한다고 주장한다. 만일 영국 정부가 신규 원전 건설에 적절한 위험 부담과 규제 조건을 부여한다면, 영국에서도 주요 에너지 사용 기업들은 핀란드와 유사한 컨소시엄을 지지할 것이다. 역설적으로 핀란드에서 주요 에너지 소비자는 목재 산업 및 제지 산업이다. 이들은 재생에너지인 바이오매스 에너지에 상당한 투자를 하기도 한다.

원자력이라는 임금님은 오늘날 진짜 멋진 새 옷을 입고 있는 것인가, 아니면 저탄소 배출과 결합되어 예측된 저비용은 그저 착각일 뿐인가? 일단 확실한 것은, 영국에서 신규 원전 건설의 비용은 최근 건설 경험이 없는 상황에서 매우 불확실하다는 것이다. 영국 마지막 원전인 사이즈웰 B는 1987년에 최종적으로 수주되었지만 완성은 1990년대 중반에 이루어졌는데 원래 예측한 예산의 2배 이상 비용이 들었다. 왕립엔지니어링학회는 발전비용에 대한 보고서에서 얼마 전 원자력 옹호론자들의 주장을 인용했지만(RAE, 2004), 이 주장은 낙관적 예측에만 근거해 원자력의 비용을 계산했다(브리티시에너지와 브리티시핵연료는 기본적으로 동일한 수치를 영국 정부 성과혁신국의 2001년 〈에너지 정책 검토 보고서〉에도 제출했다). 이 보고서 모두 동일하게, 미국형 또는 유럽형 원자로에 기반을 둔 첨단경수로를 8~10기 신규로 건설하는 방안을 제안하고 있다. 이러한 대규모의 신규 원전 건설 프로그램은 최소한 프로그램의 예측대로 진행될 수도 있으나, 볼품없는 '영국식 타협'이 발생할 가능성이 더 크다. 그러한 타협은 하틀풀, 힝클리 포인트, 셀라필드 같은 현존 원전 부지에 엄청나게 비싼 원전 한두 기와 폐기물처리장 등을 짓는 것으로 귀착될 수 있다2010년 영국 정부는 민간 기업에 여덟 건의 원전 건설을 허가해주었다. 그러나 2012년 E.ON UK와 RWE npower는 미래 전망을 어둡게 보고 신규 원전 사업에서 철수했다. 반면 EDF에너지는 네 기의 원자로를 두 곳의 장소에서 건설하는 계획을 진행 중이고 호라이즌원자력도 네 기에서 최대 여섯 기의 원자로 건설을 계획 중이다. 〈2017 세계원자력성과보고서〉(WNA, 2017)에 따르면 EDF에너지는 힝클리 포인트에 최종 투자결정을 2016년 7월에 했고, 영국 정부는 9월에 모든 승인을 했다. 호라이즌원자력은 윌파뉴이드에 윌파 1을 대체하는 신규 원전을 추진 중이다 - 옮긴이.

게다가 영국의 원자력 발전용량을 현 12기가와트에서 24기가와트로 2배 늘리면 온실가스 배출은 겨우 8% 줄어드는 것으로 예측되는데, 이는 전기가 전체 에너지 사용량의 대략 3분의 1에 그치기 때문이다(FoE, 2004). 재생에너지 산업은 2025년까지 저탄소 에너지를 위한 좀 더 도전적인 목표를 이미 수립했는데, 이러한 목표가 달성된다면 감소된 원자력 발전용량을 보충하기에 충분한 에너지를 재생에너지가 공급할 수 있다(BWEA et al., 2005). 만일 기후변화에 영향을 주기 위한 재생에너지 확산이 민간 자금의 융통 및 기획 과정의 문제로 지연된다면, 신규 원전 건설 프로젝트는 더욱 어려운 문제에 부닥칠 수 있다 신규 원전이 건설되어 완공되려면 많은 시간이 필요하므로, 그 중간 기간에는 재생에너지가 기후변화에 대응해야 하지만 여기에 어려움이 생기면 다른 방안을 채택해야 하기 때문이다-옮긴이.

대부분의 환경주의자들은 소규모 및 중규모 재생에너지 프로젝트들(풍력, 바이오매스, 태양광 등)의 다양성이 저탄소 에너지 경제를 빠르고 유연성 있게 건설하는 최선의 대안이라고 주장한다. 최소한 영국에서는 곧 폐로되는 원전들을 대신할 수 있도록 빠르게 신규 원전들을 건설하고 운영할 가능성은 매우 낮아 보이고(SDC, 2006), 나도 이에 동의한다. 세계원자력협회 및 다른 원자력 옹호주의자들이 현 원자력 발전용량을 2배로 늘리는 요구(영국, 미국, 또는 전 세계적으로)를 했지만, 이는 기껏해야 어림짐작일 뿐이다.

아마 영국에서 '나쁜 것 중 그나마 가장 나은' 원자력 대안은 신규 원전 건설이 아니라 첨단 공랭식 원자로의 수명을 연장하는 것일지도 모르고, 이는 환경운동가로부터도 지지를 받을 만하다. 실제로 브리티시에너지는 2005년 말에 첨단 공랭식 원자로인 던지니스 B를 2008년 이후 수명을 10년 연장하는 방안을 발표했다. 가압 경수로인 사이즈웰 B와 함께 첨단 공랭식 원자로 일부의 수명을 연장하면 2030년을 넘어 수 기가와트의 원자력 발전용량을 유지해주며 결국 에너지 효율 증대와 새로운 재생에너지 확산을 가능케 할 것이다. 하지만 흑연 감속 원자로인 공랭식 원자로의 대부분은 감속 물질의 노후화 및 방사선 손상의 축적으로 인해 아마도 수명 연장이 부적절할 수도 있다.

결론

세계 원전업계와의 타협이 상당히 진전되지 않는다면 대부분의 환경주의자들은 원자력을 '녹색' 기술로 인정하길 거부할 것이다. 지금까지 원자력이 지구 온난화에 효과적으로 대처하기에는 너무 느리고 비싸며, 규모가 너무 한정된다고 여러 번에 걸쳐 입증되었다. 원자력이 이러한 문제들을 감당할 수 있는지, 그리고 여러 문제에도 불구하고 원자력을 추진해나갈 것인지는 두고 볼 일이다.

결국 재생에너지는 상당한 지원의 부재에도 불구하고 어느 정도 진전되고 있다. 재생에너지에 기회가 주어진다면 21세기 성공을 실현할 수 있다고 나는 확신한다. 비록 원자력이 기후변화 대응에 부분적 역할을 할 수 있을지라도, 그것은 그다지 대단한 것은 아니며 그마저 점차 감소하리라 예상한다. 아마도 저탄소 미래에서 원자력의 역할을 둘러싼 오늘날 논쟁에서 얻을 혜택은 원자력에 대한 오래된 논쟁이 다시 지대한 주목을 받는 것이다.

원자력은 아직도 단독으로 특화된 지속 가능한 역할을 찾지 못했다. 오랜 시간이 걸리는 화성 유인 탐험(Zubrin, 1996) 및 궁극적 우주 개발을 찬성하는 이들은 소형 원자로가 전기 및 난방을 해결하는 유일한 방법이라고 오랫동안 주장해왔다. 다른 기술이 적용 불가능한 독립된 소형 원자로(태양 에너지 흐름이 제한되는 우주 탐험이나 오늘날 핵 잠수함 같은 곳에서 이용)는 틀림없이 효율적이고 지속 가능한 자원 사용법이 될 수 있다. 물론 여기에는 수명이 긴 핵폐기물의 양이 적당하고, 이를 종국적으로 변환할 때까지 안전하게 보관할 수 있다는 전제가 필요하다. 수명이 길거나 고준위인 방사성 동위원소(전자 또는 다른 고에너지 입자의 충격에 의한)의 변환을 가능하게 하는 성과는 결국 핵분열 기술에 도움이 될 수도 있다. 다만 총량과 안전한 보관, 운송, 폐기물 처리의 총비용이 최소한에 그쳐야 한다. 원자력과 화석연료 대규모 발전을 찬성하는 자들은 재생에너지는 오직 틈새시장에서 주변적 역할을 하는 데 그칠 것이라고 주장한다. 하지만 이 논리에서 극적 반전은 오히려 미래에는 원자력의 역할이 다양한 틈새시장에 한정될 것으로 보인다는 점이다. 그러한 틈새시장에서는 방사선 차단 및 핵폐기물 관리의 비용과 위험은 원자력의 고집적 에너지 및 고출력 속성으로 인해 상쇄가 가능할 것이다.

지난 한 세기 동안 원자력 과학기술의 밝은 전망으로 인해, 그러한 과학기술이 인류 미래에 축복이 될 수 있다고 믿는 많은 사람들의 열정과 능력을 소진시켰다. 이러한 전문가들 모두가 원자력에만 몰두해, 세상 변화에는 관심이 없고 다 뒤처지는 게 아니다. 그들 중 다수가 새롭게 등장하는 과학기술로 방향을 재설정할 수 있다. 실제로, 재생에너지 및 '지속 가능한' 다른 과학기술이 우리에게 필요한 규모 정도로 확장된다면, 우리가 찾을 수 있는 모든 전문가들이 필요하게 될 날이 올 것이다.

16장

원자력 르네상스와 원자력 계몽주의

윌리엄 너톨William J. Nuttall

들어가며

이 장의 저자는 유럽과 북아메리카에서 원자력의 부흥이 도래할 것이라고 예전부터 전망해왔다(Nuttall, 2005a). 그럼에도 불구하고, 원자력이 아직까지 공식적으로 지속 가능한 에너지로 간주되지 않는다는 이 책의 다른 저자들의 의견에 동의하고 이를 인정하는 것에서부터 이 장을 시작한다. 로스웰과 반더쯔완Rothwell and van der Zwann은 현 경수로 시스템의 지속 가능성을 검토했다. 현 경수로 시스템은 건강 및 안전과 관련한 환경 외부성과 사회 외부성을 고려할 때 보통의 지속 가능성을 보여주지만, 우라늄이 재생 가능하지 않아 자원 고갈이 우려된다는 점, 핵 비확산을 위한 효과적인 제도적 장치가 부재하다는 점, 신규 원전 건설시 초기에 거대 자본이 필요하다는 점에서는 지속 가능하지 않다고 결론을 내린다(Rothwell and van der Zwann, 2003). 시간이 지나면서 새로운 원자로 기술이 진전되고, 새로운 생애주기의 연료(예를 들어 토륨, Th-232 기반의 연료)가 개발되고, 자금 지원 및 규제 체계가 개선된다면, 로스웰과 반더쯔완이 밝혀낸 원자력의 단점들은 극복될 수도 있다. 하지만 로스웰과 반더쯔완은 원자력의 사회적 지속 가능성에 영향을 주는 가장 중요한 과제를 빠뜨렸는데, 바로 사회적 수용성이다.

기존 대규모 공급 방식의 모든 현존 에너지 자원은 어떤 방식에서든 지속 가능성을 달성하는 데 실패했다는 점은 틀림없다. 지속 가능성이 낮다는 점 외에도 원자력은 많은 문제점이 있다. 고든 매케른 교수는 원자력은 특별한 속성이 있다고 인정하면서, 서구 전력 시스템에서 지속적인 역할을 하려면 원자력은 '보통'의 에너지가 되어야 한다고 제안한다(MacKerron, 2004). 원자력이 보통의 에너지가 될 수 없는 중요한 이유 중의 하나는 핵무기 개발 및 냉전과의 역사적 관계 때문이고, 이는 우리가 바꿀 수 있는 속성이 아니다. 핵무기 개발, 항공모함 또는 잠수함 추진 장치, 상업용 원전 상호 간 시너지 효과는 부인할 수 없을 만큼 강력하다. 사실상 원자력 발전 역사 속에서 바로 '잠수함 추진 장치와 경수로 개발 사이에 시너지 효과'가 가장 중요한 것이었다. 이러한 역사는 많은 면에서 전기 생산을 위한 가스 터빈 개발과 군사용 항공우주 연구 및 제트 엔진 개발 사이의 시너지 효과와 아주 유사하다. 핵무기와 원자력 간의 연관처럼, 유엔 안전보장이사회 상임이사국 5개국(미국, 영국, 프랑스, 중국, 러시아)에서 핵무기 개발은 원자력 에너지 시스템 개발 이전에 추진되었다. 인도나 파키스탄 같이 현재 핵무기 보유국으로 인정된 것은 아니나핵확산금지조약에서 인정하는 핵무기 보유국은 위의 5개국에 한정됨 - 옮긴이, 사실상 핵무기 보유국이자 향후 공식 보유국으로 인정될 수 있는 국가들이 핵무기 프로그램을 민간 원전 프로젝트와 협력해 추진했다는 점은, 이러한 연관관계가 문제를 일으킨다는 것을 보여준다. 이 국가들은 원자력 에너지 인프라와 지식을 핵무기에 필요한 플루토늄 추출과 우라늄 농축을 지원하는 데 사용했다. 인도와 파키스탄 두 나라는 국제 비확산 체제 외부에 남아 있다. 핵무기 개발이 원자력 에너지 프로그램의 불가피한 결과라는 주장은 정확하지 않다. 예를 들어 핵심 민감 핵물질인 고농축우라늄이나 추출된 플루토늄 둘 다 상업용 원전 프로그램의 운영에 필수적인 것은 아니다.

인류가 유발한 기후변화를 방지하기 위해 전 세계가 원자력 르네상스 쪽으로 나아가고자 한다면, 좀 더 강화된 국제주의 및 세계주의가 필요해 보인다. 마이클 메이Michael May와 톰 아이작Tom Isaacs은 이러한 방향으로 세계적인 핵 비확산 조치를 강화해야 한다고 주장했다(May and Isaacs, 2004). 상향식 지역 주도 방안의 출현은 지속 가능성으로 가는 길 중 하나로 실제 재생에너지에서는 이러한 방식이 지배적인 패러다임이다. 이에 반해, 핵확산과 테러리즘 위험을 최소화하기 위해 원자력의 확산 위험을 막으면서 저탄소 미래로 가려면 원자력은 대규모 국제주의 접근 방법을 통할 수밖에 없다. 이를 통해 우리는 원자력의 미래는 '중앙집권적 결정구조 대 분권적 의사결정'에 대한 대중의 태도에 달려 있다는 것을 알 수 있다. 맬컴 그림스턴Malcolm Grimston은 이 이슈를 다룬 학자인데, 그는 원자력의 주된 어려움은 지역이 통제하는 방식, 심지어 개인이 통제하는 방식 등 오늘날 선호하는 방식에 잘 어울리지 않는다는 점이라고 지적했다(Nuttall, 2005a, p. 78). 극단적인 경우 대중이 에너지 대안에 대한 태도를 결정하는 데 핵심적인 기준은 비용, 안전 또는 환경적 성과가 아니라 오히려 기술에 대한 개인적 통제가 가능한지 여부라는 입장이다. 가정집 부엌에 놓을 수 있는 초소형 터빈 또는 스털링 엔진이 이웃 주에 있는 원자력 발전소보다 시대정신에 훨씬 잘 맞는다. 이러한 대중 수용 가능성의 측면은 미래의 대중 홍보 과정에서 주의 깊게 다뤄질 필요가 있다.

핵분열은 전문기술관료주의로 귀결되는가?

랭돈 위너Langdon Winner는 원자력과 대중의 태도 사이의 관계에 대해 '사람이 만든 물건도 정치에 영향을 주는가?'라는 일반적인 질문, 그리고 '과학기술이 정치적 행동을 형성하거나 결정하는가?'와 같이 좀 더 도전적이고 강한 질문을 제기한다(Winner, 1986). 무생물과 원재료를 가지고 인간이 만들어낸 과학기술예를 들어 과학기술을 사용해 제작한 원자력 발전소-옮긴이이 정치적 힘을 가진다는 것은 불합리하다는 것이 현재 널리 채택된 정설이다. 그러나 위너는 저서 《고래와 원자로》에서 여기에 도전한다. 정설에 반하는 이러한 의견도 실제로 널리 채택되고 있는데, 이는 사회 그 자체가 과학기술적으로 구성된다기보다는 과학기술이 사회적으로 구성된다는 세계적 견해와도 일맥상통한다. 위너의 주장은 사람이 만든 물건이 정치적 결과를 야기할 뿐만 아니라 특정 과학기술이 실제로 사회적 및 정치적 조직을 형성한다는 것이다. 위너는 제리 맨더Jerry Mander를 인용하면서 핵심 내용을 이렇게 이야기한다.

> 만일 당신이 원자력 발전소를 받아들인다면, 과학기술-산업-군사 엘리트 연합체를 받아들이는 셈이다. 이러한 연합체가 담당하지 않으면, 당신은 원자력을 사용할 수 없다(Mander, 1978).

과학기술로 인해 새로운 정치, 사회적 결정이 필요해질 수도 있지만, 심사숙고의 결과 불가피하거나 미리 결정된 방식에 대해 과학기술이 이의를 제기할 수 있다. 그러므로 다음과 같은 질문이 가능해진다. 제리 맨더가 제기한 과학기술-산업-군사 엘리트 연합체가 주도하지 않고도 원자력 산업이 창출될 수 있는가? 원자력 시스템이 오직 대중의 뜻에 따라 존재하고 그들의 이해관계에 의해 형성될 수 있는가?

우라늄은 한정된 자원이므로, 민간 원자력 산업은 불가피하게 플루토늄 경제로 이행할 것이라고 위너는 주장한다. 시간이 흐르면 핵확산은 막을 수 없기에 이러한 위험을 방지하기 위해 사회는 조지 오웰식 감시 국가로 이행할 수밖에 없다. 이러한 우려사항과 토머스 세벅Thomas Sebeok이• 고안한 '원자력 사제단Atomic Priesthood'이라는 개념에 따르면, 감시 국가에서는 원자력의 전문기술관료 엘리트와 이러한 지식이 없고 상황에 무지한 일반 대중 사이에 분리가 일어난다.

위너는 원자력에 대한 대중 수용성을 아무리 높이려 노력하더라도 플루토늄 감시 국가로의 이동은 막을 수 없다고 주장한다.

> 우리는 원자력이 수반하는 대중 건강 및 안전 '위험'의 일부를 관리할 수도 있다. 그렇지만, 사회가 더욱 위험해지고 제거 불가능한 원자력의 분명한 속성에 적응해 간다면, 인류 자유라는 관점에서는 어떤 장기적 대가를 치러야 할 것인가? (Winner, 1986)

• 언어학자인 토머스 세벅은 1984년 미국 핵폐기물 분리 사무소에서 근무했는데, 그의 임무는 1만 년 또는 300세대 동안 견뎌야 하는 핵폐기물 보관소의 위험에 관한 경고 메시지의 전달 방법을 찾는 것이었다. 세벅은 그렇게 긴 기간 동안 언어나 언어의 문맥 둘 다 뜻이 사라질 것이라고 결론 내렸다. 그리고 한 세대에서 다음 세대로 진실을 전달하고, 호기심으로 폐기물 보관소에 침입하는 것이 위험함을 경고하는 '원자력 사제단'을 창설하자고 제안함으로써 논란을 일으켰다.

분리된 핵분열 물질의 현존이 위너가 우려한 전체주의 또는 메이 및 아이작이 제안한 더 강력한 국제 감시체제로 나아갈 것인가의 질문은, 어떤 측면에서는 개인들의 정치 의식에 관한 문제다. 분명한 점은 원자력 위험이 민주주의, 개인 사생활, 개인 자유를 저해한다는 견해가 잘 정립되어 있다는 것이다. 특히 로버트 융크Robert Jungk는 저서 《원자력 국가》에서 기본적으로 이에 대한 비관적 전망을 보여주었다(Jungk, 1979). 그는 원자력이 인류 사회 진화의 근본적 임계점을 나타낸다고 주장한다. 1979년 그는 다음과 같이 경고했다.

> 전체주의적 전문기술관료주의 미래는 이미 시작되었다. 이를 막을 기회는 아직 있으나, 남은 시간이 너무 짧다. 원자력이 전개되는 과정의 특수성은, 되돌릴 수 없는 지점에 도달하기 전 까지만 막을 수 있다는 사실에 기인한다. 일단 이러한 지점에 도달하면, 멈추기가 불가능해진다. 이러한 '비가역성'은 온전히 인류 역사에 새로운 현상이다. … 원전 및 폐기물 처분소의 개수가 일정 수준을 넘어서면, 엄격한 감시와 통제의 요구가 정치 환경에 영구적으로 좋지 않은 영향을 줄 것이다(Jungkt, 1979, p. xiii).

로버트 융크트는 권위주의에 반대하는 저명한 미래학자다. 그의 연구에서 원자력 문제에 특별히 주목한 것은 이채로운 일이다. 그는 1993년에 작고했고, 그래서 실제 돌아올 수 없는 지점에 사회가 도달했는지 여부를 물어보는 것은 이제 불가능하다.

위너, 융크트는 우리 자유 사회의 미래를 언급함으로써 매우 중요한 경고를 했다. 이 장의 목적은 그들이 옳았는가 여부를 검토하는 것이 아니라, 이러한 이슈들이 원자력과 관련해 대중이 우려하는 중요한 사항이기 때문에 검토하는 것이다. 원자력이 자유를 저해한다고 주장한 저명한 사상가들뿐만 아니라, 이와 다르게 원자력이 자유 사회를 보전하는 데 긍정적 역할을 할 수도 있다고 제기된 주장도 고려할 가치가 있다. 만일 대중이 에너지 및 환경 정책이 사회를 변화시킬 잠재력이 있다고 주의 깊게 인식하고 있다면 자유주의에 대한 가장 큰 위협이 어디에 있는가에 대한 질문은 대중의 판단에 도움이 될 것이다. 플루토늄 사회가 가져 올 위협은 수십 년간 잘 정리되어왔다. 최근 들어 대중은 인류가 초래한 기후변화가 가져올 영향에 대해 이해하면서, 심각하게 그에 대해 우려하고 있다. 이는 원자력에 대한 대중 수용성을 결정하는 데 매우 중요할 수도 있다.

원자력은 전 세계 전력의 중 약 16%를 공급하며, 온실가스를 거의 배출하지 않는 발전원이다(Hore-Lacey, 2003). 영국 왕실 환경오염위원회는 2000년 이산화탄소 배출 감축의 중요성을 다음과 같이 강조했다.

> 이산화탄소 대기 축적이 550ppmv를 넘지 않도록 예방하고 2050년까지 이를 달성해야 한다는 국제 협약을 준수하려면 영국은 2050년까지 현 연간 이산화탄소 배출량을 60% 감축해야 하며, 2100년까지 80%를 감축해야 할 것이다. 이를 위해서는 엄청난 변화가 요구된다. 따라서 정부는 이러한 감축을 달성하는 데 충분히 일관되고 효과적인 단기·중기·장기 전략을 수립하고 시행해야 한다(RCEP, 2000).

60% 탄소 배출 감축을 달성하려는 어떠한 조치(원자력에 의존하는 것 또는 탄소 포획 및 저장 기술을 포함)든 불가피하게 사회 전반에 상당한 영향을

미칠 것이다. 예를 들어 이같이 상당한 이산화탄소 배출 감축 목표를 달성하려면, 운송과 이동 방식의 급진적 변화가 필요하다. 이런 변화를 실행하기 위해 우리 사회는 자동차 운전자와 운송 산업 모두를 어떻게 규제할 것인가? 원자력이나 탄소 포획 및 저장 기술 등의 확산이 없으면, 필요한 만큼의 이산화탄소 배출 감축을 위한 비용은 매우 많이 들 수도 있다(Marsh et al., 2003; DTI, 2003). 이 장의 목적은 원자력과 탄소 포획 및 저장에 드는 산출 불가능한 비용에 대해 문제를 제기하려는 것은 아니다. 오히려 원자력과 탄소 포획 및 저장 기술 없이 60% 이산화탄소 감축을 달성하는 것이 안락하고 유쾌한 현대 삶의 방식에 불편한 변화를 초래하지 않는지의 여부를 검토하는 게 목적이다. 만일 기후 안정을 달성하기 위한 조치들이 너무 엄격해진다면, 차를 급가속하기 위해 등허리를 쭉 펴는 일이 미래에는 거의 사라질 수도 있다. 왜냐하면 효율성 향상을 위해 차량 설계가 변화되어 낭비적인 급가속은 불가능하게 될 수도 있기 때문이다. 게다가 영국에서 에어컨은 아주 보기 힘든 사치품이 될 수도 있다. 또한 수많은 사람들이 기후 완화를 위해, 탄소 포획 및 저장 같은 새로운 비용에 지출하는 것을 반대할 가능성이 있다. 이들은 그런 서비스를 바라지 않고, 그런 서비스의 필요성을 직접 느끼지도 않기 때문이다. 이러한 종류의 이슈들은 기후변화 정책에 대중적 반감이 일어날 가능성뿐만 아니라, 원자력에 대한 대중의 태도가 바뀔 가능성이 있다는 점도 내포한다. 최근 영국에서 쓰레기 불법 투기가 증가하고 있는 현상(쓰레기 배출에 대한 요금을 받자 나타난 현상)은 환경정책의 강압성에 기인한 사회적 긴장의 한 예가 될 수 있다. 이 경우, 다수가 이러한 정책을 지지할 것이라고 예상했음에도 불구하고 문제가 발생했다고 주장할 수 있다. 다수의 의지가 소수의 권리나 특권을 공격한다고 여겨질 때가 바로 정확히 가장 강력한 정치적 긴장이 발생할 수 있는 경우다. 쓰레기를 불법 투기할 권리가 인정되지 않는 것은 분명하고, 이러한 소수의 불법 행위에 대한 다수의 공감도 거의 없지만, 이 문제를 둘러싸고 쓰레기 불법 투기자와 농촌이 망가져 슬퍼하는 사람들에게는 분명히 불만은 팽배해 있다. 이와 관련된 또 하나의 예로, 영국에서 개인은 사냥개 하운드를 데리고 여우사냥을 할 권리가 있다는 소수의 주장이 있다. 중요한 삶의 방식을 박탈당한(2004년 사냥법의 결과) 소수자들의 분노는 최근 특히 강력하게 드러나고 있다. 만일 이산화탄소 60% 감축을 위한 조치들이 원자력 및 탄소 포획 및 저장 기술 없이 진전된다면, 기후 안정을 위해 엄격하고도 정치적으로 불편한 정책들이 사용될 가능성이 더 커질 것이다. 21세기 스포츠카 애호가들이 하나로 단결해 전통적 석탄 난로나 에어컨에 대한 애정을 표시하며 녹색 권위주의에 반대할 공통 명분을 찾는 일이 미래에 등장하리라는 상상도 해 볼 수 있다. 에너지 정책의 후폭풍으로 여우 사냥을 찬성하는 향촌 동맹의 출현 같은 일도 분명 발생 가능하다. 사실 이러한 후폭풍은 2000년 말 유럽 대륙과 영국에서 연료 가격 상승에 대한 항의로 이미 일어났었다고 볼 수도 있다. 이 장의 앞부분에서 지적했듯이 원자력에 대한 대중의 신경과민은 원자력이 자유 사회에 위협이 된다는 공포를 느끼는 사실과 관련이 있다. 기후변화의 위협이 그 어느 때보다도 크게 느껴짐에 따라, 더 권위주의적인 정책개인의 자유를 제한하는 강력한 탄소 감축 정책-옮긴이을 피하려는 시도에서 대중의 태도가 원자력을 찬성하는 쪽으로 바뀔 가능성도 있다. 만일 원자력의 미래가 이러한 공포들의 균형에 의존한다면, 원자력 산업의 관점에서는 전통적 전문관료기술주의 접근 방법에서 멀어지는 것이 이득이다. 원자력은 에너지 정책과 자유 민주주의를 화해시키는 시나리오를 써나갈 수 있으며, 동시에 탄소 배출량을 대폭 줄여서 세계를 도울 수도 있을 것이다.

원자력을 위한 새로운 패러다임?

여기서는 원자력 산업이 여러 이해관계자가 참여하는 민주적 절차 및 의사결정 과정으로 이동 가능한가를 검토한다. 원전업계는 지난 60년 동안 전문기술관료주의 패러다임 아래서 발전되어왔지만, 다가오는 미래에는 구체적인 요소 각각을 지속 가능성이 요구하는 기준에 맞춰야만 한다. 이러한 전환 과정의 기저에 있는 이슈들을 자세히 검토하기 위해, 원자력 위험 그 자체와 그 위험에 대한 대중의 인식에 대해 구체적으로 세세하게 살펴볼 필요가 있다.

마이클 메타Michael Mehta는 기술과 위험에 대해 검토를 진행하려면, 가장 먼저 위험이라는 것은 사회적으로 구성된 개념임을 고려해야 한다고 주장했다(Mehta, 2005). 즉, 아직 진전된 개념은 아니지만 분명한 두가지 개념을 고려해야 한다고 주장했는데, 여기에는 우선 '실제 위험'이 있다. 실제 위험은 객관적이고 양적 수치이며, 종종 수학적 모델 및 그림을 통해 해석된다. 논문에서는 '위험'에 대한 다양한 정의가 사용되지만, 각각 확률 및 양적 평가에 의존한다. 여기에서 우리의 목적은 또 다른 관심사인 '위험에 대한 사람들의 반응'을 고려하는 것이다. 이러한 반응 또는 태도는 실제로 사회적으로 만들어진다. 실제 위험과 위험에 대한 인식 중, 원자력에 대한 전문기술관료적 의사결정에서 '실제 위험'이 주로 논해지지만 원자력의 부흥을 결정하는 데 더 강하게 작용하는 것은 '위험에 대한 대중의 인식'이며, 또 그래야 한다.

위험 자체에 대한 고려보다 위험에 대한 대중의 인식이 더 강한 영향을 주는 기술 및 정책 이슈들은 여러 개가 있고, 원자력 에너지도 여기에 포함된다. 유럽의 유전자 변형 작물 사례 또한 여기에 해당한다. 유전자 변형 기술을 확산시키거나 나노 기술을 위해서는 원자력 에너지 경험에서 많이 배워야 할 것이다.

저자는 50년 동안 사람들이 원자력과 관련된 위험을 두려워했고, 여기에 대한 대응으로 원자력 산업은 위험을 최소화하려고 노력해왔다고 주장했다(Nuttall, 2005a, p. 113). 만일 원자력 산업이 위험을 줄이려고 노력한 만큼 처음부터 사람들의 공포를 최소화하려고 노력했다면, 전문기술관료적 리더십에서 좀 더 민주적 절차로의 근본적 이행이 지금과 같이 시급한 문제가 되지 않았을 수도 있다. 만일 원자력 산업이 미래에 대중적 공포의 수준을 낮추고자 한다면, 먼저 이러한 우려의 근원이 무엇인지 살펴보아야 한다. 이러한 사고방식을 도입할 때 비로소, 원자력 산업은 양적 '실제 위험'의 세계에서 벗어나 대중적 인식이 사회적으로 구성되는 영역으로 나아갈 수 있다.

피터 M. 샌드맨Peter M. Sandman은 이와 관련해 여러 가지 논란을 일으킬 수 있는 제안을 했다. 그는 좀 더 구체적으로, "위험은 위험요소에 분노를 더한 것과 동등하다"며 위험을 표현했다. 위험요소는 앞에서 서술한 '실제 위험'에 상응하고, '분노'는 공포, 화나는 감정 등의 사회적 반응에 해당한다(Sandman, 1993). 그러므로 샌드맨의 표현을 빌리면, 원자력 산업이 단순히 위험요소를 최소화하는 데 초점을 두기보다는 분노를 인식하고 이해하며 대응하는 데 더 많은 일을 했어야 했다고 주장한다.

위험에 대해 대중과 의사 소통하는 계획을 검토하는 자료에서 질 미라Jill Meara는 위험에 대한 두려움을 갖게 하는 요소와 관련된 연구 결과를 영국 보건부에 보고했다(Meara, 2002).

미라는 샌드맨의 자료와 유사한 리스트를 보여주면서 위험이 다음과 같이 인식되면 더 수용하기 어렵고 더 많은 공포를 유발한다고 지적했다.

- 비자발적으로 받아들여야 하는 것.
- 사회 안에서 불공평하게 배분되는 것.
- 피할 수 없는 것.
- 친숙하지 않은 새로운 것으로부터 나오는 것.
- 보이지 않고 되돌릴 수 없는 피해를 유발하는, 특히 어린이와 미래 세대에 위험한 것.
- 암 같은 무서운 병을 유발하는 것.
- 과학으로도 잘 이해되지 않는 것.
- 권위 있는 과학자들이 상반된 주장을 하는 것.

원자력은 여기에 열거된 모든 공포 요소를 다 갖추고 있다는 점에서, 혹은 다 갖추고 있다고 인식된다는 점에서 주목해야 한다. 그러나 공포 요소 일부의 영향이 감소하도록 원자력 시스템을 설계하는 방안도 생각해볼 수 있다. 영국에서는 전통적으로 이러한 공포 요소들이 원자력 에너지 정책에 거의 아무런 영향을 주지 못했다.

원자력 에너지에 대한 국가별 정치적 차이

원자력 에너지에 대해 가장 선동적인 정치를 경험한 나라는 독일이다. 흥미롭게도 전체주의와 냉전기간 최전선 역할을 했던 독일의 과거 역사가 이러한 찬반 갈등에 직접 영향을 준 점도 있다. 베르너 폰 렌자Werner von Lensa는 독일 원자력 에너지 정책의 경험을 양극화 및 이중적 접근 방식으로 지나친 고통을 겪은 '준 종교전쟁'으로 묘사했다(von Lensa, 1998).

이들 독일 상황을 고려하면서, 핵연료 생애주기에 대한 스칸디나비아에서의 진행 상황을 검토하는 것도 이해에 도움이 될 것이다. 유럽 원전업계의 나이 많은 전문가들 사이에서 스웨덴은 아직도 1970년대 환경주의에 의해 원자력 정책이 제대로 진척되지 못한 국가로 간주되고 있다. 하지만 스웨덴의 원자력 부문은 오늘날까지 잘 작동하고 있다. 스웨덴은 가장 오래된 원전인 바스백-2의 운영을 중단했지만, 다른 원전들은 현대화 및 증설 프로그램을 통해 최소한 단기적으로는 스웨덴 내 원자력 전력 생산을 증가시킬 것이다. 1970년대 스웨덴에 팽배했던 진보적 사고는 원자력에 대한 매우 적극적인 입장으로 귀결되었다. 우선 스웨덴은 민간이 플루토늄을 보관하는 것을 바라지 않았으므로, 핵연료 재처리에 대해서는 반대한다는 분명한 입장을 보였다. 우라늄 가격이 상대적으로 낮았고 원자력 안전과 안보에 관한 우려가 증대했기에, 플루토늄에 대한 스웨덴의 결정은 올바른 것으로 보인다. 이에 따라 스웨덴 내의 핵폐기물은 사용 후 핵연료가 주를 이루게 되었다. 눈에 띄는 또 다른 현명한 결정은 사용 후 핵연료를 지하 수백 미터를 파서 만든 소위 클랩 화강암 동굴처럼 특수 제작된 곳에 보관토록 한 것이다(Wikstrom, 1998). 이 저장 방식은 지표면에 저장시설을 건설한 유럽의 다른 여러 나라와 차이를 보였다. 2001년 9월 11일 미국에서의 테러 이후, 지하에 사용 후 핵연료를 보관하도록 한 스웨덴의 결정은 현명했던 것으로 판명되었다. 마지막으로 스웨덴과 핀란드는 사용 후 핵연료의 장기 관리에 있어서도 상당한 진전을 보였다. 스웨덴은 오스카샴 근처 아스포에 지하 암반 연구소를 건설했다. 이 연구소의 성공적 완공은 1997년 영국에서 암반 특성화 시설Rock Characterisation Facility, RCF로 알려진 유사한 시설의 계획 허가를 얻는 데 실패한 니렉스의 사례와 완전히 대비된다. 하지만 문맥상 아스포 시설의 가장 중요한 특징은 건축물

[그림 16-1] 스웨덴 오스카샴 근처 방사성 폐기물 관리 연구를 위한 SKB 아스포 지하 암반 연구소의 건물 외형(* 출처: SKB)

의 외형이다. 프랑스 셸부르 근처 아레바의 라 헤이그 재처리 시설은 상자 형태의 빌딩과 뾰쪽한 안테나와 탑으로 이루어진 험악한 원자력 시설인데 반해, 스웨덴 아스포 시설은 해양 전통의 고풍스러운 스칸디나비아식 건물을 연상시키고, 시골 분위기를 풍긴다(그림 16-1).

이러한 건축 외형은 어업 및 농업이 둘 다 자랑스러운 유산인 이 지역에서, 긍정적 연계와 친숙함을 통해 공포를 최소화하려는 의도적 시도에 의해 결정된 것이다. 어떤 사람들은 이러한 접근 방법에 대해 사람들을 속이려는 비윤리적 시도가 내포되어 있다고 비난하기도 한다. 그러나 저자가 느끼기에 그런 주장은 건축의 역사에 대한 무지를 드러내는 것과 다름없다. 수 세기 동안 새로운 구조물들은 건축적 영감을 위해 선조들의 작품을 반추해 지어졌다. 18세기 말 영국 산업혁명 시기에 지어진 초기의 공장 대부분은 팔라디오풍바로크 양식의 과도한 장식을 비판하며, 고전 건축의 단순미를 강조한 18세기 영국에서 부흥했던 건축양식-옮긴이의 전통 건축물을 연상시키는 형태로 건설되었다. 아스포 시설의 외관 구조에는 속임수나 부정직한 의도는 없어 보이며, 오히려 지역 풍광의 다른 건축물들과 잘 어울린다.

투명성과 포괄성을 향해

발틱해 너머에서는 원자력 민주화를 위한 다른 움직임이 일어나고 있었다. 핀란드는 유럽 최초로 새로운 원전 건설을 발표한 국가로서, 원자력 르네상스의 선봉에 서게 되었다. 핀란드는 방사성 폐기물 관리 정책에서도 선도적 지위에 올랐다. 1983년부터 지금까지 핀란드는 올킬루오토에 저장소 건설을 위해 꾸준히 노력해왔다(Nuttall, 2005a). 그 속에서 공동체 자발성, 투명성, 지역 공동체와 정책결정자 간 상호 협력에 기반을 두고 핀란드식 진전이 이루어졌다. 신뢰는 핀란드식 모델의 핵심이며, 핵폐기물 정책 결정자들은 지역 공동체에 장기간의 절차에 걸친 거부권을 부여하고, 자신들의 약속대로 시설을 실제로 최대한 안전하게 운영하면서 신뢰를 구축했다. 공동체와 전문가 간 공동 의사결정은 스칸디나비아 문화와 사회적 상황에서 가장 잘 작동한다는 주장도 타당하다. 1997년 영국 컴브리아 셀라필드에서 암반 특성화 시설을 위한 니렉스의 계획이 실패한 것을 고려할 때, 영국에서 스칸디나비아 접근 방식을 시도할 가치는 있어 보인다. 맬컴 그림스턴과 피터 벡Peter Beck은 니렉스의 원래 전략은 이해관계자와의 의사소통이 최종적으로 놓인 방식으로, "결정하고, 발표하고, 방어하고, 포기하는" 식이었다고 서술한다(Grimston and Beck, 2002). 영국에서는

1997년 노동당 정부의 집권 이후 방사성 폐기물 관리 정책을 수립하면서 좀 더 민주적인 절차를 거치려는 상당한 변화가 있었다. 예를 들면 새로운 준전문가 정책개발 조직이 2006년 정책 수립을 목표로 2003년에 수립되었다. 이것이 방사성폐기물관리위원회다. 방사성폐기물관리위원회는 투명한 운영을 시도했고 새로운 사고방식을 받아들이려 했다. 그럼에도 불구하고 심도 있는 협의가 이루어지는 동안 방사성폐기물관리위원회는 사회적 우려와 전통적 기술 사안 간 균형을 이루는 과정에 발생한 긴장 관계로 어려움이 많았다. 투명성은 방사성폐기물관리위원회의 업무를 뒷받침하는 기본 원칙이었고, 니렉스의 암반 특성화 시설의 실패로부터 얻은 교훈이기도 했다.

2002년 8월 니렉스는 암반 특성화 시설의 경험을 교훈 삼아 〈투명한 정책Transparency Policy〉이라는 보고서를 출간했다(Nirex, 2002). 그러나 과거부터 비밀 정보로 남아 있던 일부 내용은 투명한 정책을 표방한 이후에도 여전히 비밀 사항으로 남아 있었다. 특히 니렉스가 최초의 연구 프로그램(지금은 완전 종결됨)에서 중준위 폐기물 처분장으로 검토했던 후보 부지 열 곳의 목록은 엄청난 관심을 끌었지만, 여전히 기밀 목록으로 분류되었다. 그 이유는 이러한 부지 목록이 알려질 경우 인근 부동산에 악영향을 미칠 수 있기 때문이었다. 그러나 부지 목록 수립 절차는 이제 완전히 종료되었고, 종전의 목록은 처음부터 다시 시작할 방사성 폐기물 정책과도 관련이 없을 것으로 보인다. 이러한 이유로 니렉스는 2005년 영국 정보자유법에 따라 종전의 부지 목록을 공개하는 데 동의했다. 애초부터 원자력 산업에 종속되어 구성된 니렉스는 2005년 다음과 같이 보고했다.

니렉스는 2005년 4월 1일 방사성 폐기물의 장기 관리의 투명성과

> 책임성을 높이는 움직임 속에서 원자력 산업으로부터 독립했다. 니렉스의 독립성은 1982년 중저준위 방사성 폐기물 안전 처리 전략의 집행을 위해 설립된 회사가 방사성 폐기물 관리 장기 전략의 실행이라는 정부 목표에 실질적이고 합법적인 기여를 하는 방향으로 최초로 한 단계 나아가는 것을 의미한다.

지역 공동체의 지원에 대한 관심이 증가하면서 좀 더 민주적인 원자력 에너지 시스템으로 나아갈 가능성도 있어 보인다. 최근 미국에서 수립된 방사성 폐기물 정책의 경험은 우리에게 또 다른 '민주적' 의사결정 모델, 즉 대중적으로 승인된 강력한 중앙리더십 모델(Grimston, 2005)을 상기시킨다. 2001년 9월 11일 테러 사건 이래로 미국 연방정부는 네바다주 유카산에 영구 국가 방사성 폐기물 처분장을 세우는 정책을 추진했다. 그러나 이 조치에 대해 주정부는 법정을 통해 이의를 강하게 제기를 했는데, 민주적 권한으로 인정받는 연방정부의 강력한 권위가 승리할지 여부는 여전히 불확실하다. 합의를 이끌어가는 정치문화인 핀란드의 경험이, 지역 주민의 의사를 무시할 수 있는 국가 민주주의 체제의 미국식 모델보다 정책적 진보를 위해서는 좀 더 성공적인 모델로 보인다. 미국, 핀란드, 영국 사이에는 수많은 차이점이 있고, 그들 중 한계가 있는 모델이 있을 수 있고, 각자의 접근 방식을 다른 나라에 적용하는 데 한계가 있을 수 있다. 즉, 헌법에서 정한 중앙 집권의 정도가 서로 다르고, 국토의 크기 및 인구 수가 다르며, 사회적 동질성 및 응집력의 수준이 다르고, 당연히 역사적 배경도 다르다. 그럼에도 불구하고 지금까지 국내적 접근 방식이 실패한 영국의 경우, 다른 국가의 경험에서 학습하는 것이 더 현명해 보인다.

대중적 수용성과 충분한 안전성

이 장에서 저자는 원자력은 평범해질 수 있고 평범해져야 한다고 주장했다. 미래 원자력 산업의 방향을 정하는 결정들은 가능한 광범위한 지역 이해관계자들의 의견에 따라 형성되어야 한다고도 주장했다. 정책 결정자들은 실제로 이러한 민주적 절차들이 좀 더 지속 가능한 민간 원자력 산업을 만들 수 있는지 여부에 대해 자세히 살펴볼 가치가 있다. 좀 더 권위적인 방식에 따르면서 좀 더 안전한 벤토나이트 점토 또는 콘크리트로 봉해 마감하는 지하 심층 처분장 방식으로 정하는 것보다는, 지하 심층 처분장 안의 핵폐기물 복구 가능성을 모니터링하는 방식이 대중적 분노를 낮추고 합의를 이끌어내는 과정에 더 잘 부합한다. 이러한 접근 방식은 안전성 문제가 다소 있다 하더라도, 충분히 감내할 만한 수준이며, 오히려 대중적 수용성을 높일 수 있다. 만일 대중이 선호하는 방식이 충분히 안전하기만 하다면, 그것이 채택되어야 한다. 그렇지만 모든 과학기술이 충분히 안전한 것은 아니다. 방사성 폐기물을 우주 공간으로 날려버리는 것 같은 일부 기술은, 대중이 상대적으로 더 선호하는 반면 대부분의 전문가들은 수용한도를 넘는 위험한 방식으로 간주하고 있다. 즉, 방사성 폐기물을 우주로 날려버리는 대안은 충분히 안전하지 않다는 하나의 이유만으로도 거부되어야 한다. 본인은 다른 저자와 함께 방사성 폐기물의 분할과 핵종의 변환에 대해 심도 깊은 조사가 필요하다고 주장했다(Nuttall et al., 2005b). 이러한 조사에 대해 대중은 많은 지지를 표명하며 전문가들도 안전과 관련해 높은 관심을 보이고 있다. 좀 더 민주적인 핵연료 생애주기 관점에서 대중보다는 전문가들이 더욱 강력하게 환경 및 안전에 대해 우려를 보여왔다는 점을 강조하는 것도 의미가 있다. 원자력의 안전성이 더 아는 만큼 더 걱정하게 되는 기술 정책의 영역 중 하나가 된다면, 이는 원자력에는 아주 특이한 상황이 될 것이다. 좀 더 민주적인 핵연료 생애주기로 이행하는 과정에서 이러한 상황이 전개될 위험성이 있으므로, 전문가들은 원자력 산업이 실제 충분히 안전한지에 대해 항상 주의를 기울여야 한다.

저자는 불특정 다수의 대중에 대한 보호보다 원전 노동자의 생명보호를 최우선으로 하는 원자력 산업의 극단적 안전문화가 실제로 대중적 공감을 잠식할 수 있다고 이전부터 주장했다(Nuttall, 2005a). 원전 노동자들은 자신의 생명에 위험이 있음에도 원자력 현장에서 일하며 이에 대해 잘 알고 합당한 보수를 받고 있다고 대중은 받아들이고 있다. 이와 유사한 사회적 계약관계는 화석연료 채굴이나 토목공사 같은 여러 산업 현장에서도 존재한다. 대중이 특히 분노하는 점은, 상대적으로 잘 알지 못하는 대중에게 과해지는 위험에 대해서다. 위험한 기술의 효율적 사용에 관한 정치 논리가 작동될 때, 모든 죽음이 동등하게 평가받지 못하고 있다는 점도 분명 드러난다. 원자력 산업의 관점에서는 알려지지 않거나 먼 미래의 알 수 없는 사람들의 죽음보다는 '당장 눈에 보이는 사람들'의 죽음을 더 중요하게 여기기 때문에 즉, 대중의 죽음보다는 원전 노동자의 죽음을 더 중요한 문제로 다루기에-옮긴이, 이러한 이슈에 관한 대중의 인식과는 상당히 어긋난다. 전문기술관료들은, 이렇게 분명한 노동자들의 사망은 확실히 예방 가능하고 가능한 한 최소화하도록 조치가 취해져야 한다는 생각을 갖고 있다. 현재와 미래에 엄청난 숫자의 대중이 겪을 작은 위험들을, 원전 노동자에게 취해지는 방식과 동일하게 다룰 수는 없다. 이러한 위험들을 감소시킬 수 있는 모든 조치가 취해져야 하지만 이것이 노동자의 안전을 위한 절차와 동일해야 한다는 점을 의미하지는 않는다. 원전 노동자의 안전조치와 대중의 위험에 대한 조치가 서로 다르다는 것은 대중적 우려의 근원이 될 수 있다. 이러한 이슈에 대한 정책적 진전도 이루어져야 하지만 원전 산업에서도 자신의 노동자만 보호한다는 인식에서 벗어나도록 충분히 노력해야 한다. 전문기술관료주의에서 민주주의로의 전환만이 이러한 점을 해결할 수 있다.

핵연료 생애주기 전문기술관료들은 다른 이해관계자들에게 관심을 기울일 때, 교육이 대중의 수용성을 높이는 핵심적 방법이라는 견해를 여전히 갖고 있는 경우가 많다. 그들이 이러한 추론의 이유는 오직 지식을 갖춘 대중만이 원자력을 이해할 수 있으며 그런 대중이 전문가의 관점을 공유하고 전문가의 결론에 동의할 수 있다고 믿고 있기 때문이다. 이러한 관점은 '결핍 모델'로 알려졌는데, '공동체 분노에 대한 대응'의 3장에서 샌드맨Sandman이 이를 비판하듯, 이는 흠결이 있는 모델이라고 알려져 있다. 그는 위험을 최소화하려 노력해야 하고, 위험을 우려하는 대중에게 제대로 설명하는 것도 중요하지만 대중의 분노를 최소화하려는 별도의 노력이 없었기 때문에, 대중에 대한 설명은 통상 불충분하다며, 효과적인 의사소통과 실제 위험을 최소화하는 노력은 둘 다 함께 이루어져야 한다고 주장한다. 그는 '위험 감소의 대체제로 선택된 위험 소통은 이미 실패할 운명을 타고난 것이며, 또 실패하게 된다즉, 실제로 위험 감소를 이뤄내면서 이에 대한 의사소통을 해야 한다 - 옮긴이'고 직설적으로 이야기한다.

권력과 권력의 통제에 대한 사람들의 태도는 사람들의 정치적 사고와 감성의 근본에 해당하기에, 이러한 개인들의 사회적 태도가 교육에 의해 쉽게 바뀔 수 있다고 가정하는 것은 어리석은 것이다. 대중과 원자력 산업 전문가들 둘 다 이러한 현실에서 예외일 수 없다. 그러므로 원전업계 최선의 전략은 대중을 교육시켜 기술전문가로 만드는 것이 아니라, 전문기술관료들이 대중의 목소리를 더 많이 듣고 대중에게 더 많은 권력을 맡기는 하는 것이다. 이렇게 함으로써 대중은 정치체제의 진정한 구성원이 될 것이다. 이 사고는 과학기술에 대한 대중의 태도에 대한 브라이언 와인Brian Wynne과 맥락주의적 관점을 지닌 영역으로 이어진다. 와인은 과학 그 자체는 사회적으로 협상된 것이라 주장한다(Irwin and Wynne, 2004). 이 장은 원자력 에너지가 이러한 사회적 맥락화가 낮은 수준에 그쳐왔다고 주장하고 있다즉, 원자력 에너지는 사회적 협의 수준이 낮은 것이다-옮긴이. 좀 더 맥락주의적 접근 방법에서는 원자력 르네상스는 더욱 확대된 민주주의에 기반을 둘 경우에만 달성될 수 있다고 주장한다. 저자는 진정한 확률론적 위험은 사회적 구성물이 아니라고 지적해왔다. 더군다나, 핵분열을 전기 생산에 활용하는 것은 명백히 단순한 사회적 구성물이 아님을 지적하는 것도 중요하다. 저자는 고故 키스 파빗Keith Pavitt의 감동 깊은 경구인 "아무도 사회적 구성물에 의지해 대서양 위를 날아간 적은 없다(Pavitt, 1998)"를 회상한다사회적 구성만으로 과학기술이 진보할 수는 없다는 입장-옮긴이. 그러나 이 장은 원자력에 대한 대중의 태도는 사회적으로 구성되며, 이러한 태도가 안전한 결과를 가져오는 한, 원자력 정책을 형성하는 데 적절한 역할을 해야 한다는 것을 인정한다.

원자력에 대한 의사결정 과정에서는 더 많은 민주적 리더십이 요구되는데, 대중 여론과 이익집단 및 시민단체의 의견을 혼동하지 않는 것은 매우 중요하다. 이 단체들이 의사결정 과정에 중요한 이해관계자이기는 하지만 이 장에서는 이 단체들의 태도와 일반 대중의 의견을 분명히 구분한다. 이 장에서 확산시키려는 것은 대중의 목소리이지 이익집단의 로비 활동이 아니다.

이 장은 대중의 수용 여부가 미래 원자력에 핵심이 될 것이라는 전제를 강조한다. MORI의 여론조사에 따르면(그림 16-2), 영국에서 원자력에 긍정적인 대중의 비중이 최근 부정적인 비중을 앞지르기 시작했다. 그러나 더 중요한 것은 대중의 절반 정도가 자신의 견해가 없다는 점이었다

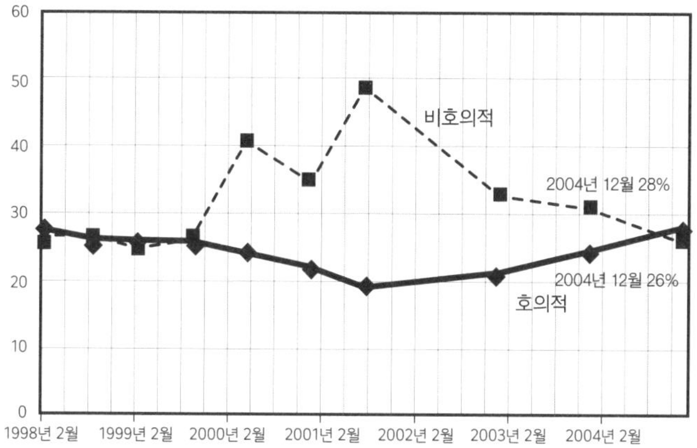

[그림 16-2] MORI: 원자력 산업에 대한 영국 대중 태도의 여론조사(210개 지점에서 15세 이상을 대상으로 약 2,000명 대면 인터뷰)(Knight, 2005)

(Knight, 2005). 이 장에서 원자력의 경제성 및 환경적 혜택이 사실일 경우 의사결정자들은 대중이 원자력을 수용하도록 설득해야 한다고 주장하는 것은 아니다. 오히려 대중의 태도는 정책 과정의 시작부터 하나의 구성요소가 되어야 한다고 생각한다. 개방되고 투명한 접근 방법은 권위주의에 대한 보호조치로서 선호되어야 한다. 모리의 데이터가 이야기하는 것은 우리가 원자력 르네상스라는 잠재성이 있는 시기로 진입했다는 점이지, 이 견해를 그냥 받아들이라는 것은 아니다. 그보다는 현재 많은 영국민들은 이러한 문제에 크게 관심이 없다는 것을 인정해야 한다.

결론

원자력은 미래 지구 에너지 공급에 중요한 기여를 하는 에너지 자원으로 검토할 만한 좋은 속성들을 많이 가지고 있다. 그러나 원자력이 제대로 된 역할을 하려면 원자력 정책과 의사결정이 새롭고 좀 더 포괄적인 방식으로 수행되어야 한다. 원자력은 민주주의와 합의라는 특징을 지닌 새로운 패러다임으로 완전히 다시 태어나야 한다. 서유럽에서 원자력 르네상스는 오직 충분한 동의와 이해관계자에 기초한 의사결정의 원칙에 기반할 때만 가능하다. 사회적 절차들을 충분히 거쳐 구성된 원자력 시스템은 전문기술관료들이 제안한 것보다는 덜 안전할 수도 있고 조금 더 비쌀 수도 있지만, 어느 정도 이에 대한 양보는 적절하고 적당하다고 할 수 있다. 만일 원자력 민주주의의 미래가 충분히 안전하고 경제적으로 수용 가능하며 환경적으로 문제없다면 저자는 정책결정자들이 원자력을 추진하도록 권고할 것이다. 실제로 원자력이 오래 지속되려 한다면 다가오는 원자력의 르네상스는 원자력의 계몽주의를 수반해야 할 것이다.

감사의 말씀

로빈 그림스Robin Grimes, 맬컴 그림스턴, 서맨사 킹Samantha King, 베르너 폰 렌자Werner von Lensa, 데이비드 해밀튼David Hamilton, 바츨라프 구다우스키Waclaw Gudowski에게 감사를 표하며, 케임브리지 대학교 전력정책연구소에서 사려 깊은 조언을 해준 익명의 사람들에게도 고마움을 전한다. 또한 사이먼 스미스Simon Smith의 제언으로 원자력 계몽주의를 고려한 원자력 르네상스에 대한 내 작업을 진행할 수 있도록 해준 데 대해서도 감사를 전한다. 또한 스웨덴의 SKB가 [그림 16-1]을 사용할 수 있게 해준 데 감사를 드린다. 이 장에서의 실수나 출처 없는 의견은 모든 책임이 저자에게 있으며, 저를 도와준 분들에게는 아무런 책임이 없음을 명시한다.

17장

영국의 에너지 선택: 계몽된 미래?

데이비드 엘리엇David Elliott

이전의 장에서 우리는 원자력과 재생에너지의 미래 역할, 이와 관련된 특정 문제들과 이슈를 둘러싼 논쟁의 다양한 관점에 대해 광범위하게 살펴보았다. 나는 타결하기 쉽지 않은 충돌하는 다양한 견해들의 기본적 내용을 [표 17-1]에서 요약, 정리했다. 이러한 비교 및 평가는 불가피하게 일반적 용어로 이루질 수밖에 없지만, 장단점을 비교할 수 있도록 합리적이고 수용 가능한 틀이 될 수 있다.

이 평가 중 동의하지 못하는 부분도 존재할 수 있고, 선택 기준의 중요성에 대해 견해 차이가 있을 수 있다. 그리고 우리의 선택이 원자력과 재생에너지 중 어떤 것을 선택하느냐 등의 단순한 문제가 아니다. [표 17-1]에 요약된 특정 이슈들에 관한 논쟁보다 더 중요한 것은 기후변화 대응 정책을 둘러싼, 더 광범위한 논쟁의 구조와 변화 과정이다. 특히, 무엇이 미래 지속 가능한 최적의 기술 혼합이며, 어떻게 하면 통합되어 진전을 이루는가가 중요하다.

[표 17-1] 원자력 및 재생에너지 비교

	원자력	재생에너지
자원의 수명	우라늄 자원보유고는 현재 사용 속도로는 100년 정도. 고속 증식로는 1,000년 정도?	실제적으로 자원의 수명은 무한함.
자원의 규모	현재 세계 에너지의 6%, 전력 생산 중 17%. 전기 생산량이 2배 또는 3배가 증가하면 세계 전기생산량의 50%까지 차지할 수 있음. 그러나 이 경우 자원의 수명은 더 짧아짐.	수력을 포함하면 세계 에너지의 6%, 전기 생산량 중 17%. 2050년까지 세계 에너지의 50%에 달할 것으로 전망 (본 컨퍼런스의 RE 2004)
환경 영향	인프라에 대한 영향. 냉각수의 영향. 장기 폐기물의 위험은 1만 년 정도에 이름.	지역 경관 침해 및 대지 사용 갈등. 특히 바이오매스와 대수력은 지역적 환경 영향 큼.
안전	주요 사고 시 1만 명 정도의 사망. 통상적 방사능 누출로 100명 정도의 사망.	일반적으로 위험이 낮음. 다만 대수력 사고의 경우 1만 명 정도의 사망.
비용	높음. 우라늄 자원이 감소하면서 상승할 수 있음. 새로운 기술이 출현할 수도 있음.	일부는 높으나, 대부분 무난한 수준. 기술이 진전되면서 모든 비용이 감소 중.
산출	오직 전기 생산만. 다만 난방으로 사용할 수도 있고, 수소 생산에 이용될 수도 있음.	전기, 열, 연료 등 다양한 자원으로 사용 가능.
신뢰도	종종 생산 중단.	일부는 다양한 자원에 의존하므로, 출력의 균형을 위해 전력망에 통합하는 것이 필요.
공급 안정성	우라늄 자원은 일부 지역에 국한됨.	에너지 자원이 광범위하게 산재되어 있음.
안보 위험	테러 위험이 상당함. 플루토늄 확산 위협 상존.	대수력을 제외하면 심각한 문제는 없음.

예를 들면 전체 에너지 시스템의 진전 방향에 대해 논쟁이 계속되고 있다. 최근 들어 기가와트 규모의 거대한 석탄 발전소나 원자력 발전소 대신 복합주기 가스 발전소나 20~100메가와트 규모의 풍력단지 등 소규모 발전소에 대한 관심이 증가하고 있다. 긴 전력망을 거쳐 사용자에게 전기를 보내는 거대 발전소 시스템에서, 좀 더 지역화된 전력망 네트워크에 내재된

소규모 발전 시스템으로 나아가고 있는 것이다. 대규모 발전소는 규모의 경제를 누리지만 먼 거리를 가는 과정에서 전력 손실도 입게 된다. 현재 대세는 분산화이고, 소비자들 자신에 의한 전기 생산과 가정 단위의 초소형 전력 시스템도 이에 포함된다. 이렇게 거대한 원자력 발전소를 위한 자리는 점차 사라질지도 모른다.

이 외에도 에너지 효율 향상의 역할에 대해서도 논쟁이 진행 중이다. 만일 에너지 낭비를 피할 수 있다면, 어떠한 수단이 채택되든 그 수단을 통해 감소된 에너지 수요를 맞추기가 더욱 쉬워질 것이다. 실제 이에 대한 약속 수준은 다양하지만 대부분은 에너지 효율 향상과 수요 측 전략이 가장 중요하다고 인정한다. 과거 원전 이익집단들은 에너지 보존에 의해 달성될 수 있는 효율성을 무시하는 경향이 있었다. 특히 환경단체들이 이를 해결책으로 홍보할 때 더 심한 경향을 보였다. '녹색' 운동의 일환으로 등장한 재생에너지 관련 이익집단은 에너지 보존을 더욱 지지했는데, 특히 수요를 제약할 수 있는 경우 이를 재생에너지로 충족시키는 것이 더욱 신뢰성 있는 방안이기 때문이다. 또한 에너지 절약과 효율화가 아무리 잘 달성되더라도 여전히 핵심 문제는 공급 측면에 있다는 강한 믿음이 여전히 팽배하다. 에너지 낭비를 아무리 줄인다 하더라도 새로운 에너지 공급 방식이 필요한데, 탄소 배출 없이 이루어지는 방법은 탄소 포획 및 저장 기술은 논외로 할 경우 현재로서는 원자력 또는 재생에너지만이 해결책이다.

원자력 찬성론자들은 공급 측면에서 원자력이 중요한 역할을 한다고 확신하지만 원자력 열성 지지자들에게도 여전히 원자력이 가야 할 길은 멀어 보인다. 오히려 탄소 격리와 에너지 효율 향상 가능성이 높은 재생에너지가 좀 더 매력적인 대안으로 빠르게 다가오고 있다. 다른 한편으로 새로운 기술에 기반을 둔 더 좋은 시대가 오길 희망하면서 재생에너지와는 경쟁자가 아닌 협조적 동맹으로 나아가기를 바라는 원자력 찬성론자들도 있다. 그러나 재생에너지 지지자들은 여전히 그들의 기술이 중요 해결책이 될 수 있길 바라면서, 원자력을 그 기술의 진전에 대한 위협으로 여기고 있다.

원자력과 재생에너지 둘 다 보유하고자 하는 이들은 양측 모두에 이해관계가 있는 것으로 보이지만, 현재 이들 타협론자 대부분은 원자력 찬성 측인 것으로 보인다. 재생에너지 지지자들 중 원자력 및 재생에너지 프로그램이 평화롭게 상호 공존할 수 있다고 믿는 사람은 거의 없다. 내가 7장에서 언급하고 미셸과 우드먼 또한 11장에서 주장했듯이, 원자력에 대한 지원이 되살아나면 재생에너지에 대한 지원이 잠식될 위험이 분명히 커진다. 이러한 경쟁관계가 사소하고, 심각한 이해의 상충은 아니라고 치부할 수도 있지만, 그렇다 하더라도 전략적 관점에서 서로 일치하지 못할 가능성이 충분히 있다. 이러한 문제는 재생에너지 공동체에만 국한되지 않는다. 예를 들면, 핵분열을 옹호하는 이익단체는 '기껏해야 장기적 대안인 핵융합 프로그램에 대한 지원 때문에 단기적 핵분열 프로그램의 자금 지원이 막힌다'는 불평을 늘어놓고 있다. 재생에너지 이익단체도 이와 유사하다. 지원이 빈약한 처지에 있는 재생에너지 개발자들은 핵분열에 대규모 자금이 지원되는 것을 두고 분개한다. 이렇듯 원자력 및 재생에너지 이익단체 모두, 재원이 청정 석탄과 탄소 포획 및 저장으로 편향될 가능성에는 관심이 별로 없어 보인다.

이 갈등은 근본적으로 한정된 자원에 의해 이해가 상충되기 때문이다. 이 외에도 기후변화를 대응하는 데 가장 적합한 기술 혼합을 둘러싼 이해상충도 존재한다. 만일 기후변화에 대한 공포가 증가하면 이 논쟁을 해결해야 한다는 압력 또한 커질 것이다. 하지만 '모든 것을 다 증가'시키는 단순한 정책은 실제로는 통제실의 모든 비상 버튼을 다 누르는 것만큼 최선의 방책은 아닐 것이다.

이러한 전략 논쟁이 전문가, 정책결정자, 기획자들 사이에서 분명 계속되어야 하지만 더욱 광범위한 대중 토론도 필요하다. 재생에너지 이익단체는 산업이나 정치계에서는 상대적으로 지지층이 약하지만 환경단체와 대중으로부터 광범위한 지지를 받고 있다. 이와 대조적으로 원자력 이익단체는 정치적으로 영향력도 있고 상대적으로 동원할 역량도 많은 편이며, CBI로부터 다양한 전문 기관까지 탄탄한 조직으로부터 막강한 지지를 받고 있다. 최소한 지금까지 드러난 원자력의 약점은 대중적 지지가 약하고, 대부분 '녹색' 단체들이 적대감을 가지고 있다는 점이다. 물론 기후변화에 대한 공포가 커지면서, '녹색' 경향의 사람들이 재생에너지뿐 아니라 원자력도 받아들이게 될 수도 있다. 에너지 안정성에 대한 두려움도 이와 유사한 결과를 낼 수 있다. 어쨌든 어떠한 변화라도 대부분 원전 프로그램의 규모에 큰 영향을 받을 것이다. 원전 프로그램의 확장보다는 기존 원전의 교체 프로그램이 더 쉬워 보이는데, 기존의 부지를 이용하는 편이 지역적 반대가 적을 것이기 때문이다. 이러한 점들을 고려할 때, 원자력 찬성론자들이 영국 전기의 30~40%를 공급하는 20기 신규 원전을 짓는 프로그램을 제안하는 것은 현명하지 못한 일이다.

다른 한편에서 재생에너지 이익단체들은 재생에너지가 거대한 공급 잠재력을 실행할 수 있다고 과장하곤 한다. 하지만 최소 지금까지 영국에서 재생에너지의 현실은 그리 인상적이지 않다. 다만 독일 및 덴마크 등 다른 국가의 긍정적 상황을 고려하면 더 크고 좋은 재생에너지 자원을 보유하고 있는 영국에서도 이러한 진전이 이루어질 가능성도 있다. 따라서 영국 재생에너지의 열성 지지자들 중 일부가 영국 정부의 재생에너지 확산 노력의 부진에 좌절감을 느끼는 것은 놀랄 만한 일이 아니다. 이들 견해로는, 영국에서 재생에너지는 '시도되었다가 실패한' 것이 결코 아니다. 오히려 재생에너지가 발휘할 수 있는 것을 보여줄 기회도 정부는 주지 않았다. 그래서 우리는 원칙적으로 원자력으로 돌아가려는 것이다.

아마도 중요한 이슈는 대중이 보는 두 기술의 이미지일지도 모른다. 두 기술 모두 스스로 더욱 현대적이고 미래 지향적으로 보이려고 노력하지만 실제로는 모두 오래된 기술이다. 원자력은 40년 이상, 일부 재생에너지의 경우 산업 혁명 이전부터 존재해왔다. 원자력이 2차 세계대전 이전 및 전쟁 중 과학적 혁신을 통해 등장했다는 점에서는 시기적으로 우세하다. 다만 공학적 관점에서 볼 때, 우라늄 핵분열에서 생성된 열로 증기를 만들어 터빈을 돌리는 과정에서 기껏해야 투입 에너지 중 35%만이 전기로 변환된다는 점은 미래에 걸맞지 않는 서투른 방식이라는 주장도 나온다. 똑같은 방식으로, 과거에는 비효율적이라는 이유로 버려졌던 풍차와 물방아가 현대적으로 변형되었다 하더라도 과거와 크게 다르지 않은 기술이라고 주장할 수 있다. 하지만 현대의 풍력 발전기, 파력 발전기, 조력 발전기들은 그 역할과 작동 방법이 명확하고 투명하다는 점에서 과거와 다른 호소력이 있다. 여기에는 숨겨진 결점은 없다. 즉, 보이는 것(풍력의 경우는 경관 침해)이 모두다. 이와 비교해 원자력이 어느 정도 사악하고 위협적이라는 점을 대부분의 사람들이 알기란 힘들다.

16장에서 너톨은 원자력 르네상스를 유지하기 위해서는 새로운 계몽주의가 필요하다고 했다. 그러나 광범위한 대중적 협의와 이해관계자와의 논의가 부족한 것을 고려하면, 영국에서 원자력은 어쩔 수 없이 수용될 것처럼 보인다. 이는 부분적으로 과거 원자력의 역사가 잘 알려지지 않았고, 긍정적인 면이 과장되었으며, 심지어 안전과 비용에 관해 오만한 확신을 가졌던 점 때문이기도 하다. 다른 한편으로는 원자력 기술 자체의 속성이 복잡하고, 이해하기 힘들기 때문이기도 하다. 아마도 신기술에 열광하는 사람들에게는 환상적 기술이겠지만, 단순하고 우아한 것을 바라는 사람들에게는 혼란스러운 기술이 될 수 있다. 오히려 이러한 단순함과 우아함은 최신 태양광 기기에서 찾을 수 있다. 어쨌든 최종적으로는 태양빛의 광자에 의존하는 게 핵 중성자에 의존하는 것보다 더 현명해 보인다.

원자력이든 다른 것이든 특정 프로젝트에 대한 사람들의 반응을 결정짓는 가장 중요한 요인이 위와 같은 추상적 사고방식은 아니다. 풍력 에너지 개발자들이 깨달은 것은, 경관 침해와 관련된 단순한 '님비' 이슈 또는 주택 가격에 미치는 영향이 더 파급력 있다는 것이다. 재생에너지를 주장하는 이익단체도 원자력 이익단체처럼 새로운 계몽주의가 필요하다는 데에 공감한다. 따라서 이들의 님비식 반대가, 지역에 대한 영향과 세계가 얻는 이익 간 균형을 추구해야 한다는 인식으로 대체되길 희망한다. 그렇지만, 재생에너지 공동체가 희망하는 생태적 계몽이 원전 이익집단이 추구하는 것과 동일한 것인지에 대한 의문은 여전히 남는다. 기술적 불일치와는 별도로, 결국은 무엇이 바람직한 미래를 만들 것인가, 그리고 그것을 어떻게 달성할 것인가에 대해 관점이 다르기 때문이다.

지배적인 기술관료적 관점은 수년 동안 여러 다양한 급진적 관점의 도전을 받아왔다. 비판가들은 현재와 같은 경제성장의 지속과 중앙의 통제에 기초한 미래와 원자력은 거의 분리될 수 없다고 생각한다. 새롭게 등장하고 있는 '녹색' 세계관은 넓은 수용성과 효과적 실행을 특징으로 하면서 사회적 및 정치적 관점의 변화를 요구하고 있는데, 이 경우 중앙집중적 기술과 경제는 더는 적절하지 않을 수 있다.

원자력과 관련한 논쟁은 그 구체적 영향 및 비용에 관한 단순한 논쟁보다 광범위하다. 따라서 원전 이익집단은 원전 비판가들을 이념적이라 치부한다. 원전 이익집단 입장에서 원자력 기술은 중립적이지만, 이 책에서 지적했듯이 일부 녹색주의자들은 원자력이 태생적으로 이념적 결함을 가지고 있다고 믿고 있다. 그러나 이러한 믿음에 대해 의문을 제기하기 시작한 이들도 있다. 이 질문에 대해 사회 및 정치적 맥락에 달려 있다고 말하는 것 외에 절대적 답은 없을 듯하다. 이러한 종류의 상대주의는 사람들을 불안하게 만들기도 한다. 한때 원자력이 사회주의에서는 수용 가능하지만 자본주의에서는 불가할 것이라 말하던 좌파들의 신념이 연상된다. 우리는 표면상으로는 이데올로기가 약해진 시대에 살고 있지만, 이 책에서 나타내려고 시도한 것처럼 그래도 지속 가능한 미래를 보장하는데 가장 적합한 기술이 무엇인지, 그리고 어떤 형태의 사회를 만들어갈지에 대해 여러 견해가 다투어왔다는 점은 인정한다. 사회와 기술 간에는 어느 정도 상호 작용하면서 서로를 형성해가므로, 이러한 논쟁을 광범위한 사회 참여 과정의 일부로 개방해 여러 다양한 영향을 받는 것이 매우 중요하다. 하지만 이러한 논쟁의 최종 결과가 무엇일지는 불확실하고, 원자력을 녹색 기술로 수용할지 여부는 두고 볼 일이다.

우리는 이 이슈를 얼마나 빨리 해결해야 하는가? 우리는 에너지 빈부 차가 심상치 않으며, 기후변화에 대응하기 위해 탄소 배출 없는 새로운 자원을 신속히 찾아야 한다고 들어왔다. 탄소 배출 없는 자원이 필요한 것은 사실이고, 다행스럽게도 우리에게는 개발 수준이 다양한 여러 기술들이 있다. 확실히 긴급한 조치가 필요하지만 허둥거리며 돌이킬 수 없는 결정을 서둘러 해서도 안 된다. 2006년 영국 정부의 〈에너지 정책 검토 보고서〉에서 원자력 논쟁을 지엽적인 일로 치부하고, 전통적인 '거대 중앙집중형 공급' 방식으로 후퇴할 수 있다는 암시를 준 것은 안타까운 일이라는 주장도 있다. 우리는 미래에 어떠한 종류의 에너지 시스템을 원하는 가에 대해 신중히 고민할 필요가 있다. 그리고 좀 더 포괄적인 접근 방법을 택해 어떤 기술이 그러한 에너지 시스템에 최선일지 고민해야 한다. 이 책은 원자력 논쟁을 광범위한 맥락 속에서 다루려고 시도했지만, 불가피하게 원자력 이슈만 중심으로 전개되었다. 이 총서 시리즈의 다른 책들은 이보다 더 넓은 접근 방법을 취하려 노력했고, 그 대표적 저서가 《지속 가능 에너지》다.

영국의 다음 행보는? (2009년 추가 내용)

이 책에서는 원전에 대해 다양한 관점을 다루었지만, 신규 원전은 최선의 대안이 아니라는 주장이 많았다. 하지만 영국 정부는 원자력이 핵심 역할을 할 수 있고, 해야 한다고 생각하는 것이 분명하다. 2006년 7월 이 책의 1쇄 편집을 마감했을 때, 2006년 영국의 〈에너지 정책 검토 보고서〉의 결론이 발표되었다. 그 보고서에 따르면 "여러 가지 가능한 시나리오를 토대로 볼 때, 원자력의 경제성은 2003년 〈에너지 백서〉에서 검토했던 것보다 더 나아 보인다"라고 주장하며, "원자력은 다른 저탄소 대안과 함께 미래 영국의 발전을 위한 에너지 믹스에서 하나의 역할을 해야 할 것"이라는 결론을 냈다.

운영 중에도 충돌이 일어날 수 있다. 현재 브리티시에너지의 모회사인 프랑스 전력회사 EDF는 영국에서 여러 개 유럽형 가압경수로 건설을 추진했지만, 영국 정부의 '영국 재생에너지 전략'에 제출한 EDF의 2008년 자문자료는 "정부의 재생에너지 32% 목표에 재생에너지가 접근하면서, 이러한 목표 달성을 위해 풍력 발전이 확산된다면, 결과적으로 원자력을 제한하는 시도의 실현 가능성이 높아질 것이다"라고 경고했다.

자문 자료는 "유럽형 가압경수로는 다른 대규모 열 발전소와 유사한 탄력성을 가지고 있다. 그러나 다른 열 발전소와 마찬가지로 이러한 탄력성에는 한계가 있다. 예를 들어 유럽형 가압경수로는 분당 최대 출력량을 5%씩 증가시킬 수 있는데, 이는 발전용량의 25~100%까지만 가능하며 하루당 두 번, 1년당 100번만 가능하다. 더 높은 수준의 진폭도 가능하지만 이는 발전용량의 60~100%에서만 가능하다"고 설명했다.

여기서 말하려는 요점은 상대적으로 비탄력적인 원전을 많이 보유하고 풍력처럼 가변적인 재생에너지를 전력망에 대규모로 연결하는 것은 상황을 매우 어렵게 만들 수 있다는 것이다. 상당한 규모의 에너지 저장 시설이 없다면 또는 전력 수출 시설이 없다면 때때로, 예를 들면 전력 수요가 낮은 여름밤에는 원전 또는 풍력에서 나온 전기의 일부는 버릴 수밖에 없다.

최소한 전기 부문에서 어디에 우선을 두어야 하는지에 대한 EDF의 선택은 명확하다. "2020년까지 낮은 수준의 재생에너지 전기 생산과 높은 수준의 재생에너지 열생산은 원자력과 탄소 포획 및 저장을 포함한 모든 저탄소 기술들의 투자자에게 더 나은 상황을 창출할 것"이라고 언급했다.

전기와 열 공급과 관련해 분명 여러 가지 에너지 믹스 대안들이 있지만 대규모 비탄력적인 발전소를 보유하는 것은 에너지 시스템의 균형을 유지하는 데 어려움이 있다. 왜냐하면 가변적인 재생에너지가 생산한 전력이 점차 증가할 가능성이 크기 때문이다. 물론 원자력을 에너지 믹스에 포함하는 것도 가능한 대안이기는 하다. 원자력 전기와 이러한 전기로 난방과 전기 자동차에 충전하는 것도 생각해볼 수는 있다.

다음 세계의 행보는?

영국의 논쟁은 계속되겠지만 이는 영국만의 문제가 아니다. 우리가 보아왔듯이 EDF 같은 원전 공급자 및 운영자는 점점 국경을 넘어 사업을 하고 있다.

마지막으로 이 책에서 포괄적인 국제적 맥락에서 분석을 수행하려 시도했지만, 주로 영국에서의 원자력 부활의 전망을 중심으로 논의가 이루어졌다. 세계적으로 장기 전망이 어떨지 예측하기는 쉽지 않다. 중국, 인도, 일본은 자신들의 원전 확장 프로그램을 추진 중이고다만 일본은 후쿠시마 사고 이후 모든 원전을 중지시켰다가, 최근 일부 원전을 재가동 중이다 - 옮긴이, 부시 대통령 시대 미국은 세계 원자력 파트너십GNEP을 지원했다(15장 참조). 이러한 계획하에서, 미국은 개발도상국들이 자국에서 임대한 봉인 연료 캡슐을 이용한 페블베드 원자로 같은 소규모 원전 건설을 도우려 했다. 연료가 소진되면 캡슐은 재처리를 위해 미국에 반환되는데 여기서 플루토늄을 추출해 미국의 새로운 원전에 사용될 예정이었다. 미국 에너지부 장관이었던 새뮤얼 보드먼Samuel Bodman은 "세계 원자력 파트너십은 전 세계 신흥 경제 국가들에 제한 없는 에너지라는 밝은 전망을 보여준다"고 주장했다. 이러한 주장은 위험하고 과장된 발언일 수 있으나 이론상으로는 핵확산 위험을 방지할 수는 있다. 그러나 이는 거대한 양의 핵물질이 지구를 돌아다니는 상황을 의미하며, 미국에는 재처리 과정에 배출되는 폐기물을 처리해야 하는 부담이 생긴다. 일반적으로 본다면, 핵연료 재처리 문제는 전 세계적으로 관심을 잃었다. 재처리는 복잡하고 비싸다는 것이 증명되었으며, 다른 원자력 방식보다도 더 많은 방사선에 노동자나 대중이 노출되는 것으로 밝혀졌다.

그러므로 세계 원자력 파트너십 같은 원대한 계획이 이루어질지는 불확실한 일이다. 이와는 독립적으로, 원자력은 지역 국가별 전략 차원에서 세계 원자력 파트너십 밖에서 증가하는 역할을 찾을 수도 있다. 하지만 이것도 또한 매우 비싸고 위험해 보인다.

회사는 높은 비용 때문에 원전 추진 중지를 결정했다. 그리고 2009년 에스콤은 재정적 문제 때문에 페블베드 원자로 프로젝트를 중단한다고 발표했다. 새로운 유럽형 가압경수로에 기반을 둔 핀란드의 원자력 확장 프로그램은 지연으로 어려움을 겪고 있으며 건설 예상비용은 30억 유로에서 45억 유로로 증가했다. 프랑스 플라망빌에 건설 중인 두 번째 유럽형 가압경수로도 상당한 비용 증가가 있었다. 결국 전기 생산비용은 2006년 프로젝트 발족 당시 발표한 메가와트시당 46유로에서 55유로로 계획보다 약 20% 증가할 것으로 보인다.

미국의 오바마 대통령은 2009년 '경제 촉진책'에서 다양한 재생에너지와 효율 증진 프로젝트에 1,600억 달러를 배정했으나, 신규 원전 건설에 대한 채무 보증으로 예상되었던 500억 달러는 제공하지 않았다. 또한 그는 유카산에 계획되었던 폐기물 처분장을 지원하지 말 것을 지시했다. 게다가 그는 재처리를 대안으로 다시 검토하는 제안에서 손을 뗄 것으로 보인다. 오바마는 원자력이 더 안전할 수 있다면 원자력에 반대하지 않는다고 말했지만, 지금까지 그의 관심사는 다른 에너지 대안에 놓인 것으로 보인다.

원자력이 조금 더 지원을 받고 있다는 신호가 확실히 있기는 하지만 아직도 원자력은 전 세계적으로 논쟁이 많은 이슈라는 게 명확하다. 원자력 이익단체는 종종 프랑스와 최근에는 핀란드를 전 세계가 바라보아야 할 사례로 들곤 한다. 영국도 아마 곧 그 리스트에 추가될 수도 있다. 그러나 아직도 대안은 어느 정도 열려 있고 지속적인 논쟁은 필요해 보인다. 이 책이 이러한 논쟁에 보탬이 되길 바란다.

참고문헌 및 더 읽을거리

서문

- Cabinet Office (2002) *The Energy Review*, A Performance and Innovation Unit Report, February.
- Committee on Radioactive Waste Management (2006) *Managing our Radioactive Waste Safely: CoRWM's Recommendations to Government*, July.
- Department of Trade and Industry (2003) *Energy White Paper, Our Energy Future? Creating a Low Carbon Economy*, Cm 5761, February.
- Department of Trade and Industry (2006) *The Energy Challenge*, Energy Review Report, HMSO, Cm 6887, July.
- Fells, A., I. Fells, and J. Horlock (2005) 'Cutting greenhouse gas emissions-a pragmatic view', *The Chemical Engineer*, July, pp. 28-32.
- House of Commons Environmental Audit Committee (2006) *Keeping the lights on: Nuclear, Renewables and Climate Change*, Sixth Report of Session 2005-06, Volume 1, April.
- Sustainable Development Commission (2006) *The Role of Nuclear Power in a Low Carbon Economy*, London, March.
- 'The Energy Challenge', Energy Review Report, Department of Trade and Industry, London, July 2006.
- World Nuclear Association (undated), *The New Economics of Nuclear Power*, WNA, London

1장

- Beck, P. (1994) *Prospects and Strategies for Nuclear Power: global boon or dangerous diversion?* Royal Institute for International Affairs, London/Earthscan Publ., London. 118 pp.
- Flood, M. (1988) *The End of the Nuclear Dream: the UKAEA and its role in nuclear research and development*. Friends of the Earth Trust, London. 84 pp.
- McKay, H.A.C. (1984) *The Making of the Atomic Age*. Oxford University Press/ Oxford Paperbacks, Oxford. 153 pp.
- Miller, G.T. (1992) *Living in the Environment*. 7th edition. Wadsworth, Belmont, California. 705 pp.

- Patterson, W.C. (1984) *The Plutonium Business*. Paladin, London. 272 pp.
- Pollock, C. (1986) *Decommissioning: nuclear power's missing link*. Worldwatch Paper 69, Worldwatch Institute, Washington, DC. 54 pp.
- RCEP (1976) *Nuclear Power and the Environment*. Royal Commission on Environmental Pollution, 6th Report, Sept. 1976. HMSO, London. 237 pp.
- Berkhout, F. and H. Feiveson (1993) Securing nuclear materials in a changing world. *Ann. Rev. Energy Environ*. 18, 631-665.
- Bugl, J. (1992) Role of nuclear energy in reducing CO2 emissions and requisite measures involved. In: *Technologies for a Greenhouse-Constrained Society*(M.A.Kuliasha et al., eds.). Lewis Publ., Boca Raton, Florida. pp. 669-689.
- Forsberg, C.W. and A.M. Weinberg (1990) Advanced reactors, passive safety and acceptance of nuclear energy. *Ann. Rev. Energy Environ*. 15, 133-52.
- Gowing, M. and L. Arnold (1974) *Independence and Deterrence: Britain and atomic energy* 1945-1952. Vol I –*Policy Making*, 464pp. Vol. II –*Policy Execution*, 559 pp. Macmillan, London.
- Grimston, M.C. and P. Beck (2002) *Double or Quits: the future of civil nuclear energy*. Royal Institute for International Affairs, London/Earthscan Publ., London. 224 pp.
- Kaijser, A. (1992) Redirecting power: Swedish nuclear power policies in historical perspective. *Ann. Rev. Energy Environ*. 17, 437-62.
- Keepin, B. and G. Kats (1988a) Global warming (Letter). *Science* 241, 1027.
- Keepin, B. and G. Kats (1988b) Greenhouse warming: comparative analysis of nuclear and efficiency abatement strategies. *Energy Policy* 16, 538-61.
- Nuttall, W.J. (2005) *Nuclear Renaissance: technologies and policies for the future of nuclear power*. Institute of Physics Publishing, Bristol. 322 pp.
- Patterson, W.C. (1976) *Nuclear Power*. 2nd edition (1983). Penguin Books, London. 304 pp.

2장

- Bupp, I.C. and J.C. Derian (1978) *Light Water: how the nuclear dream dissolved*. Basic Books, New York. 241 pp.
- DTI (1995) *The Prospects for Nuclear Power: conclusions of the government's nuclear review*, Cm 2860. Department of Trade and Industry, London/HMSO, Norwich.
- Flood, M. (1988) *The End of the Nuclear Dream: the UKAEA and its role in nuclear

research and development. Friends of the Earth Trust, London. 84 pp.

- Miller, G.T. (1992) *Living in the Environment*, 7th edition. Wadsworth, Belmont, California. 705 pp.
- Morone, J.G. and E.J. Woodhouse (1989) *The Demise of Nuclear Energy?:lessons for democratic control of technology*. Yale University Press, New Haven.172 pp.
- Parker, M. and J. Surrey (1995) Contrasting British policies for coal and nuclear power, 1979-92. *Energy Policy* 23, 821-850.
- Patterson, W.C. (1976) *Nuclear Power*. 2nd edition (1983). Penguin Books, London. 304 pp.
- Patterson, W.C. (1984) *The Plutonium Business*. Paladin, London. 272 pp.
- Patterson, W.C. (1985) *Going Critical: an unofficial history of British nuclear power*. Paladin, London. 184 pp. also available at: www.waltpatterson.org(accessed 5th April 2006).
- RCEP (1976) *Nuclear Power and the Environment*. Royal Commission on Environmental Pollution, 6th Report, Sept. 1976. HMSO, London. 237 pp.
- WNA (2006) World Nuclear Association web site http://www.world-nuclear.org, accessed 29th March 2006.

3장

- Cohn, S. (1997) *Too Cheap to Meter: an economic and philosophical analysis of the nuclear dream*. State University of New York Press, Albany, NY.
- Elliott, D. (1978) *The Politics of Nuclear Power*. Pluto Press, London.
- Herring, H. (2005) *From Energy Dreams to Nuclear Nightmares: lessons for the 21st century from a previous nuclear era*. Jon Carpenter, Charlbury, Oxon.
- Hilgartner, S., R. Bell and R. O'Connor (1982) *Nukespeak: nuclear language, visions and mindset*. Sierra Club Books, San Francisco.
- Pearce, D., L. Edwards and G. Beuret (1979) *Decision Making for Energy Futures: a case study of the Windscale Inquiry*. Macmillan, London.
- Weart, S. (1988) *Nuclear Fear: a history of images*. Harvard University Press, Cambridge, MA.
- Weightman, G. (1979) 'The anti-nuke explosion', *New Society*, 8 November, pp. 310-311.
- Aubrey, Crispin. *Meltdown: the collapse of the nuclear dream* (London: Collins &

Brown, 1991).
- Bolter, Harold. *Inside Sellafield* (London: Quartet Books, 1996).
- Boyer, Paul. *By the Bomb's Early Light: American thought and culture at the dawn of the atomic age* (New York: Pantheon Press, 1985).
- Breach, Ian. *Windscale Fallout: a primer for the age of nuclear controversy* (Harmondsworth: Penguin, 1978).
- Bunyard, Peter. *Nuclear Britain* (London: New English Library, 1981).
- Ford, Daniel. *The Cult of the Atom* (New York: Simon & Schuster, 1982).
- Hall, Tony. *Nuclear Politics: the history of nuclear power in Britain* (Harmondsworth: Penguin, 1986).
- Patterson, Walt. *Going Critical: an unofficial history of British nuclear power* (London: Paladin, 1985).
- Roberts, Fred. *60 Years of Nuclear History* (Charlbury, Oxon: Jon Carpenter, 1999).
- Walker, William. *Nuclear Entrapment: THORP and the politics of commitment* (London: IPPR, 1999).
- Welsh, Ian. *Mobilizing Modernity: the nuclear moment* (London: Routledge, 2000).
- Williams, Roger. *The Nuclear Power Decisions: British policies 1953-1978* (London: Croom Helm, 1980).
- Wynne, Brian. *Rationality and Ritual: the Windscale Inquiry and nuclear decisions in Britain* (London: British Society for History of Science, 1982).

4장

- BNFL (2006) *National Stakeholder Dialogue*, British Nuclear Fuels Ltd: www.the-environment-council.org.uk.
- SDC (2006) *The role of nuclear power in a low carbon economy*, Sustainable Development Commission, London: www.sd-commission.org.uk.
- Tyndall (2005) *Decarbonising the UK*, Tyndall Centre for Climate Change:www.tyndall.ac.uk.

5장

- ASPO (2006) The Association for the Study of Peak Oil & Gas, Box 25182, SE-750 25 Uppsala, Sweden, www.peakoil.net.
- Heinberg, R. (2004) *Powerdown*. Clearview Publications, USA, DVD format:

published by www.globalpublicmedia.org.
- Hopkins, R. (2005) *Kinsale Energy Descent Action Plan.* Kinsale Further Education College, Kinsale, Ireland. See also www.transitionculture.org.
- Meyer, A. (2000) *Contraction and Convergence.* Schumacher Briefings 5, Green Books, Dartington. See also Global Commons Institute http://www.gci.org.uk/.
- NEF (2006) *The UK Interdependence Report: How the world sustains the nation's lifestyles and the price it pays.* New Economics Foundation/Open University. See also 'Well-being and the environment - achieving "One Planet Living" and maintaining quality of life'. New Economics Foundation/WWF.
- SDC (2006) *The Role of Nuclear Power in a Low Carbon Economy.* Sustainable Development Commission position paper, London.

6장

- WNA (2005) *The New Economics of Nuclear Power*, World Nuclear Association, London: WNA website http://www.world-nuclear.org.

7장

- Donaldson, D., H. Tolland and M. Grimston (1990) *Nuclear Power and the Greenhouse Effect.* UK Atomic Energy Authority, Jan.
- DTI (2003) *Our Energy Future: Creating a Low Carbon economy.* White Paper on Energy, Department of Trade and Industry.
- EAC (2006) *Keeping the Lights on: Nuclear, Renewables and Climate Change*, Sixth Report of Session 2005-06, House of Commons Environmental Audit Committee, March.
- Elliott, D. (2003a) The future of nuclear power. In: *Energy Systems and Sustainability* (G. Boyle et al., eds). Oxford University Press, Oxford.
- Elliott, D. (2003b) *Energy, Society and Environment.* Routledge, London.
- Elliott, D. (2004) Energy efficiency and renewables. *Energy and Environment* 15(6),1099-1105.
- Environment Agency (2006) *Response to the DTI Consultation on the Energy Review.* Environment Agency, London.
- Everett, B. (2005) *The UK Electricity Industry: Transforming the Elephant*, NATTA report, Milton Keynes.

- FT (2005) '"Green" subsidy considered for nuclear power'. Jean Eaglesham and Christopher, *Financial Times*, London, 26 Oct 2005.
- Greenpeace (2005) *Decentralising Power: an energy revolution for the 21st century.* Greenpeace UK, London.
- IEA (2004) *Renewable Energy-Market and Policy Trends in IEA Countries*, International Energy Agency report, Paris.
- IIED/NEF (2004) *Up in Smoke*. International Institute for Environment and Development/New Economics Foundation, London, Oct.
- Lovelock, J. (2004) Nuclear power is the only green solution. *The Independent*, 24 May 2004.
- Mobbs, P. (2005) *Uranium Supply and the Nuclear Option. Oxford Energy Forum*, Issue 16, Oxford Institute for Energy Studies, May. See www.fraw.org.uk/mobbsey/papers/oies_article.html.
- MORI (2004) *What Do The Polls Tell Us? - Public And MP's Attitudes To Nuclear Energy*. Speech by Robert Knight from MORI Energy Research, at the Nuclear Industry Associations' Annual Conference (which was entitled 'Could the lights go out?'). Dec. See www.mori.com/pubinfo/rk/what-do-the-polls-tellus.shtml
- Nuclear Monitor (2004) NIRS/WISE *Nuclear Monitor*. Issue 615, WISE Finland report, p. 7.
- Pearce, F. (2006) 'The return of nuclear fusion', *Prospect* 124 pp. 38~40.
- Price, R. and J.R. Blaise (2002) *Nuclear fuel resources: Enough to last?*, NEA updates, NEA News, No. 20.2, Nuclear Energy Agency, Paris. See: www.nea.fr/html/pub/newsletter/2002/20-2-Nuclear_fuel_resources.pdf.
- REEP (2000) *Federal Energy Subsidies*. Renewable Energy Policy Project, REEPCREST, Washington, DC.
- Renewable Energy (2004) Federal German government Conference. Issues paper for the International Conference for Renewable Energies, Bonn, June.
- Royal Society (1999) *Nuclear Energy: the future climate*. Royal Society/Royal Academy of Engineering, London.
- SDC (2006) *The Role of Nuclear Power in a Low Carbon Economy*. Sustainable Development Commission, London, March www.sd-commission.org.uk.
- van Leeuwen J.S. and P. Smith (2005) *Nuclear Power: the Energy Balance* http://www.stormsmith.nl/.

• WADE (2004) *The WADE Economic Model: China*, a WADE Analysis, World Alliance for Decentralized Energy, Edinburgh, Dec.
• WEC (2004) *Comparison of Energy Systems Using Life Cycle Analysis.* World Energy Council, London.
• Wind Power Monthly (2006) On-line Focus article and linked Editorial and Feature article 'Nuclear and wind: Serioustechnical and economic conflicts rule out plans for nuclear and wind mix', *Wind Power Monthly*, June.
• WNA (2005) *Critique of 2001 paper by Storm van Leeuwen and Smith: 'Is Nuclear Power Sustainable? and its May 2002 successor: Can Nuclear Power Provide Energy for the Future; would it solve the CO2-emission problem?' with reference to a 2005 version entitled 'Nuclear Power, the Energy balance'*, WNA Supplement, (Aug 2002, LCA comparisons updated 2005), World Nuclear Association web site: http:www.world-nuclear.org/.

8장

• Baverstock, K. (2002) Letter, *J. Radiol. Prot.* 22 (December), 423-424.
• Baverstock, K. (2003) 'Childhood leukemias are caused by background radiation', *New Scientist*, 9 January 2003, p. 4.
• Baverstock, K. (2005) Science politics and ethics in the low dose debate. *Medicine Conflict and Survival* 21 (2), 88-100.
• Caufield, C. (1990) *Multiple Exposures: chronicles of the radiation age.* Penguin Books, London.
• CERRIE (2004) *Report of the Committee Examining Radiation Risks of Internal Emitters.* www.cerrie.org.
• Dunster, H. (1969) Progress Report from the ICRP. *Health Physics* 17, 389-396.
• Edwards, R. (2006) 'How many more lives will Chernobyl claim?' *New Scientist*, 6 April 2006, p.11. http://www.newscientist.com/article/mg19025464.400-how-many-more-lives-will-chernobyl-claim.html.
• Fairlie, I. and D. Sumner (2006) *The Other Report on Chernobyl* (TORCH), Published by Greens/EFA Group of the European Parliament. http://www.greensefa.org/cms/topics/dokbin/118/118499.the_other_report_on_chernobyl_torch@en.pdf.
• Greenberg, M. (1991) The evolution of attitudes to the human hazards of ionisingradiation and to its investigators. *Am J. Ind. Med.* 20, 717-721.

- Greene, G. (1999) *The Woman Who Knew Too Much.* University of Michigan Press, Ann Arbor, MI, USA.
- Hey, E. (1995) *The Precautionary Principle. Where Does It Come From And Where Might It Lead In The Case Of Radioactive Releases To The Environment.* In:Proceedings of an International Atomic Energy Agency Symposium on The Environmental Impact of Radioactive Releases. Vienna, May 1995. IAEA-SM-339/195.
- IAEA/WHO (2005a) *Health Effects of the Chernobyl Accident and Special Health Care Programmes.* Report of the UN Chernobyl Forum Expert Group "Health" (EGH) Working draft. 26 July 2005.
- IAEA/WHO (2005b) *Environmental Consequences of the Chernobyl Accident and their Remediation.* Report of the UN Chernobyl Forum Expert Group "Environment" (EGE) Working draft. August 2005.
- IARC (2006) *The Cancer Burden from Chernobyl in Europe,* International Agency for Research on Cancer, World Heath Organisation, Paris. http://www.iarc.fr/ENG/Press_Releases/pr168a.html (http://www3.interscience.wiley.com/cgi-bin/abstract/112595693/ABSTRACT).
- Jaworowski, Z. (2004) Chernobyl, nuclear wastes and nature. *Energy and Environment* 15/5 (October), 807-824.
- Leake, J. (2005) 'The nuclear charm offensive', *New Statesman,* 19 May 2005.
- MacLachlan, A. (2005) *Nucleonics Week.* Volume 46, Issue 28, 14 July 2005.
- Meara, J. (2002) Getting the message across: Is communicating the risk worth it? *J. Radiation Protection* 22, 79-85.
- Proctor, R.N. (1995) *Cancer Wars: how politics shapes what we know and don't know about radiation.* Basic Books. New York, NY, USA.
- Robb, J.D. (1994) *Estimates of Radiation Detriment in a UK Population.* NRPB Report R-260, National Radiological Protection Board, Chilton Oxon.
- Rose, G.A. (1991) Environmental health: Problems and prospects. *J. Royal College of Physicians of London* 25 (1), 48-52.
- Schrader-Frechette, K. and Persson, L. (2001) Ethical, logical and scientific problems with the new ICRP proposals. *J. Radiol. Prot.* 22, 149-161.
- Slovik, P. (1987) Perception of risk. *Science* 236, 280-285.
- Stather, J.W. (1993) *Radiation Carcinogenesis – Past, Present and Future.* In: Proceedings of an NEA Workshop. Radiation Protection on the Threshold of the 21st

Century, Paris, January 1993. NEA/OECD, Paris, pp. 21-37.
- Stewart, A.M. (1991) Evaluation of delayed effects of ionising radiation: An historical perspective. *Am. J. Ind. Med.* 20, 805-810.
- UNSCEAR (1994) *Sources and Effects of Ionising Radiation*. United Nations Scientific Committee on the Effects of Atomic Radiation, Vienna.
- Williams, D. (2001) The world needs to improve its handling of international disasters (editorial). *BMJ* 323, 643-644. 28 March 2001.

9장

- Blowers, A., D. Lowry and B.D. Solomon (1991) *The International Politics of Nuclear Waste*, Macmillan press, Basingstoke and London.
- Managing Radioactive Waste Safely (MRWS), Defra, 91 pages, September 2001 http://www.defra.gov.uk/environment/consult/radwaste/pdf/radwaste.pdf.
- http://www.defra.gov.uk/environment/radioactivity/waste/index.htm
- http://www.corwm.org.uk/content-248
- Hansard, 8 November 2005: Column 298W.
- Hansard, 22 March 2006: Column 392W.
- 'Waste body has no say on new reactors', *Independent letters*, 30 January 2006; 'Debate urged on tackling future nuclear waste', *Financial Times*, 20 June 2006.
- 'Paris "tipped off" over fears about London 2012 site', *The Times*, 15 July 2005.
- 'Blair backs new reactors on existing sites', *Financial Times*, 18 May 2006.
- www.defra.gov.uk/environ/fcd/futurecoast.htm
- Hansard, 8 November 2005: Column 324W.
- 'Nuclear sites identified', *Financial Times*, 11 June 2005.
- 'Secret nuclear waste dumps back in debate', Tiscali news channel, 10 June 2005.
- 'Nuclear waste agency selected dumps on the basis of political expediency', *Sunday Herald*, 12 June 2005; 'The nuclear option', *The Sunday Sun* (Newcastle), June 2005; 'Nuclear dump site fear', *This is Scunthorpe*, 14 June 2005.
- Hansard, 25 October 2005: Columns 295-6W.
- Hansard, 15 November 2005: Column 1068W.
- www.nda.gov.uk/documents/nda_final_strategy,_published_7_april_2006.pdf.
- Hansard, 8 May 2006: Column 37W.
- 'MoD ignores call to clean up radioactive coastal waste', *Sunday Herald*, 6 November

2005.
- 'Plans for work to seal nuclear waste shaft', *Dundee Courrier*, 13 October 2005.
- 'Dounreay nuclear store is leaking', *Sunday Herald*, 19 March 2006.
- 'We don't want a nuclear dump at our back door', *The Northern Times*, 6 January 2006.
- 'McConnell: nuclear waste issue must come first', *The Herald*, 20 April 2006.
- *The Guardian*, 9 January 2006.
- 'Fear over future UK nuclear leaks,' *New Scientist*, 7 January 2006.
- 'Cost of cleaning up after nuclear power stations are closed down rises to ... £70bn', *Independent*, 3 January 2006.
- The Long-Term Management of Radioactive Waste: The Work of the Committee on Radioactive Waste Management, Royal Society, January 2006.
- 'Call for UK nuclear clean-up plan', BBC on line, 19 January 2006.
- 'Danger: Nuclear Waste ? Deal with disposal first, warn advisers,' *Independent*, 24 January 2006.
- Lords Hansard, 16 February 2006: Column WA193.
- Hansard, 16 February 2006: Column 1550.
- 'US to clean up on UK nuclear mess', *Observer*, 5 March 2006.
- 'Australia "should take nuclear waste"', News.com.au, 31 March 2006.
- 'The man trying to lift the UK's nuclear cloud', *Sunday Times*, 2 April 2006.
- CoRWM e-Bulletin, No. 5, April 2006, p. 1 www.corwm.org.uk/PDF/1697%20-%20e-bulletin%20-%2005%20-%20April%20-%202006.pdf.
- CORWM e-bulletin No.7, May 2006 www.corwm.org.uk/pdf/1717%20-%20ebulletin%207%20-%20May%2006.pdf. Explanation at: www.corwm.org.uk/pdf/1725%20-%20draft%20recommendations%20and%20rationales.pdf.
- Conservative Party press release, 27 April 2006 www.conservatives.com/tile.do-defnews.press.release.page&obj_id129461; Hansard, 4 May 2006: Column 1091.
- Bury your nuclear waste, UK advised', *New Scientist*, 26 April 2000.
- This is Leicestershire, letters, 30 May 2006.
- For example, 'Finland buries its past', BBC on Line, 27 April 2006; 'How Finland fell back in love with nuclear power', *Sunday Telegraph*, 21 May 2006; 'Finns have waste problem wrapped up', *The Times*, 12 June 2006.
- The Finnish nuclear waste management is guided by the Nuclear Energy Act

and Decree (http://www.stuk.fi/ydinturvallisuus/ydinvoimalaitokset/ saannosto/en_GB/saannosto/); Nuclear Energy in Finland, OCRWM, Washington DC, September 2005 www.ocrwm.doe.gov/factsheets/doeymp 0410.shtml; World Nuclear Association briefing paper, 2005 www.worldnuclear. org/info/inf76.htm; Strength and Strain Anisotropy of Olkiluoto Mica greiss, Matti Hakala, Harri Kuula and John Hudson, October 2005.www.posiva.fi/tyoraportit/WR2005-61www.pdf. Further technical reports at: www.posiva.fi/englanti/tietopankki_tyoraportit.html?sstring&avuosi1990&lvuosi2010&tyorapon&sortfile&langeng.
- Finland's Radioactive Waste Management Programme, STUK www.stuk.fi/ydinturvallisuus/ydinjatteet/loppusijoitus_suomessa/en_GB/loppusijoitus/.

10장

- Our Energy Challenge ?. Securing clean, affordable energy for the long-term ? Energy Review consultation document: www.dti.gov.uk/files/file25079.pdf.
- Statement to the 58th Regular Session of the United Nations General Assembly by IAEA Director General Dr Mohamed ElBaradei, 3 November 2003.
- 'Trio charged with terror crimes', BBC on line, 1 October 2004.
- www.iaea.org/NewsCenter/News/PDF/conffindings0305.pdf.
- 'New York takes another hit ?It has been readying itself for a dirty bomb since 9/11, but ...' Business Week, 19 September 2005 www.businessweek.com/magazine/content/05_38/b3951012.htm.
- 'Nuclear nightmare in Manhattan', New Scientist, 18 March 2006.
- www.un.org/webcast/ga/60/statements/sg050917eng.pdf
- 'Social institutions and nuclear energy', Science, 7 January 1972, pp. 27-4.
- Part of the Milestone Document Series published by the National Archives & Records Administration, www.eisenhower.utexas.edu/atoms.htm.
- 'The merchant of menace', Time Magazine, 14 February 2005, www.time.com/time/covers/1101050214/.
- 'Curbing the nuclear threat', Financial Times, 2 February 2005, www.iaea.org/NewsCenter/News/2005/npt_2005.html.
- www.strategy.gov.uk/downloads/work_areas/countries_at_risk/report/index.htm.
- www.nuclearpolicy.info/docs/scotland/Briefing_NFLA(S)_Jan06.pdf
- Plutonium Working Group (196 pages, 31 March 2003) www.envcouncil.org.

uk/docs/SWG%20Final%20Report.pdf; Security Working Group (145 pages, 10 December 2004) www.envcouncil.org.uk/docs/SWG%20Final%20Report.pdf.
- OCNS third annual report at www.dti.gov.uk/energy/nuclear/safety/dcns_report3.pdf.
- Hansard, 21 July 2004: Column 333W.
- www.dti.gov.uk/about/foi/documents/ocns.pdf
- www.sera.org.uk/publications/energyreview_members.htm
- www.corwm.org.uk/PDF/1502%20-%20Overall%20Specialist%20scoring%20report%20V1.1.pdf
- 'Britain's nuclear waste vulnerable to terrorist attack', Daily Telegraph, 27 April 2006.
- ibid. 22. CoRWM Specialist Workshops ?Scoring, 6th,7th,8th,13th & 14th December 2005, Report: COR004.
- www.corwm.org.uk/pdf/None%20-%20CoRWMs%20Draft%20Recommendations%2027%20April.pdf
- www.greenpeace.org.uk/climate/climate.cfm?CFID4510607&CFTOKEN79410701&UCIDParam=20060404140317.

11장

- PB Power (2004) *The Costs of Generating Electricity*, a Study for the Royal Academy of Engineering, http://www.raeng.org.uk/news/publications/list/reports/Cost_of_Generating_Electricity.pdf; Oxera (2005), Plugging the Carbon Productivity Gap, Agenda, http://www.oxera.com/cmsDocuments/Agenda_April%2005/Plugging%20the%20carbon%20productivity%20gap. pdf; The Geological Society (2005), How to Plug the Energy Gap, http://www.geolsoc.org.uk/template.cfm?namePR60.
- World Bank (1991) *Environmental Assessment Sourcebook: Volume III*. Guidelines for Environmental Assessment of Energy and Industry Projects, Technical Paper Number 154. 1991; Table 11.1 from Thomas, S. (2005) The Economics of Nuclear Power: Analysis of Recent Studies, Public Services International Research Unit, University of Greenwich, http://www.psiru.org/ reports/2005-09-E-Nuclear.pdf; Table 11.2 and Figure 11.1 available from BNFL (2005) submission to House of Commons Environmental Audit Committee Inquiry, Keeping the Lights on: Nuclear, Renewables and Climate Change, http://www.publications.parliament. uk/pa/cm200506/cmselect/ cmenvaud/584/584ii.pdf.

- Thomas, S. (2005) *The Economics of Nuclear Power: Analysis of Recent Studies*, Public Services International Research Unit, University of Greenwich, http://www.psiru.org/reports/2005-09-E-Nuclear.pdf.
- 'A nuclear future fuelled by direct subsidy ruled out', *Financial Times*, 29 September 2005.
- Mackerron, G. (2004) Nuclear power and the characteristics of 'ordinariness' ? the case of UK Energy Policy, *Energy Policy* 32, 1957-1965.
- Standard & Poors (2005) *U.K. Security Of Supply Fears Spark Renewed Interest In Nuclear Energy*, http://www2.standardandpoors.com/servlet/Satellite?pagenamesp/Page/FixedIncomeBrowsePg&r4&b2&f2&s20&ig&i&lEN&fr4&fs20&fig&ft4; UBS Investment Research (2005), Q Series:The Future of Nuclear, March, www.ubs.com/investmentresearch.
- Smale, R. (2005) *UK Energy Policy*, prepared for Westminster Energy Forum, Oxford, Oxera, http://www.westminsterenergy.org/events_archive/downloads/june24/OXERA_Smale_.pdf.
- Thomas, S. (2005) *The Economics of Nuclear Power: Analysis of Recent Studies*, Public Services International Research Unit, University of Greenwich, http://www.psiru.org/reports/2005-09-E-Nuclear.pdf.
- Oxera (2005) Financing the Nuclear Option: Modelling the Costs of New Build, *Agenda*, June, http://www.oxera.com/main.aspx?id3566.
- British Energy (2006) Submission by British Energy Group plc to the Energy Review, April, http://www.british-energy.com/opendocument.php?did394;BNFL (2006) BNFL Submission to Energy Consultation, March, http://www.bnfl.com/UserFiles/File/BNFL%20submission%20to%20DTI%20Energy%20Review%202006.pdf; EDF (2006) Energy Review Submission, April, http://www.edfenergy.com/core/energyreview/edfenergy-energy_review_response_main_document_v4-3.pdf.
- European Commission (2003) Restructuring aid in favour of British Energy plc, *Official Journal of the European Union*, 31 July 2003, 2003/C 180/03, http://europa.eu.int/eur-lex/lex/LexUriServ/LexUriServ.do?uriOJ:C:2003:180:0005:0028:EN:PDF.
- Mackerron, G. (1996) Nuclear power under review. In: *The British Electricity Experiment; Privatization; the Record, the Issues, the Lessons* (J. Surrey, ed.). Earthscan, London.
- DTI and Scottish Office (1995) *The Prospects for Nuclear Power in the UK,* Cm 2860.

- Performance and Innovation Unit (2002) *The Energy Review*, Annex 6, http://www.strategy.gov.uk/downloads/su/energy/TheEnergyReview.pdf.
- CBI (2005) *Powering the Future; Enabling the UK Energy Market to Deliver*, Energy Brief, November 2005, http://www.cbi.org.uk/ndbs/press.nsf/0363c1f07c6ca12a8025671c00381cc7/e48a351cdba21f82802570b900335af9/$FILE/Energy%20brief%20Nov%2005.pdf.
- http://politics.guardian.co.uk/publicservices/story/0,11032,1680930,00.html
- Poortinga, W., N.F. Pidgeon and I. Lorenzoni (2006) *Public perceptions of nuclear power, climate change and energy options in Britain*. Understanding Risk Working Paper 06-02, Norwich: Centre for Environmental Risk, http://www.tyndall.ac.uk/publications/EnergyFuturesFullReport.pdf. This finding is supported by other polls, such as Disney, H. and D. Lewis (2005), Putting the Environment in Perspective, The Stockholm Network, http://www.stockholmnetwork.org/pubs/Environment%20poll.pdf.
- Thomas, S. (2005) *The Economics of Nuclear Power: Analysis of Recent Studies*, Public Services International Research Unit, University of Greenwich, http://www.psiru.org/reports/2005-09-E-Nuclear.pdf; The re-emergence of nuclear energy: an option for climate change and emerging countries? UNAM, Mexico City, April 19-20 2006 available from stephen.thomas@gre.ac.uk.
- TVO is 57% owned by majority owned private enterprises and 43% owned by companies which are in turn majority-owned by the Government or municipalities. International Energy Agency (2004) *Energy Policies of IEA Countries;Finland 2003 Review*, http://www.iea.org/textbase/nppdf/free/2000/finland2003.pdf.
- European Renewable Energies Foundation (2004), *EU Investigation Requested into Illegal Aid to Finnish Nuclear Plant*, Press Declaration 13 December, http://www.eref-europe.org/downloads/pdf/2004/EPR_Finland.pdf.
- TVO (2006), Olkiluoto 3 into Commercial Operation in 2010, http://www.tvo.fi/926.htm.
- ICF Consulting (2005), *2005 Energy Bill; the Impacts on Nuclear Power*, www.icfconsulting.com/Markets/Energy/Energy-Act/nuclear-power.pdf.
- Nuclear Energy Institute (2005) *Congress Passes First Comprehensive Energy Bill in 13 Years*, http://www.nei.org/documents/Energy_Bill_2005.pdf; Public Citizen (2005) Nuclear Giveaways in the Energy Bill Conference Report, http://www.

citizen.org/documents/energybillnukeconfreport.pdf; Congressional Budget Office (2003) Cost Estimate S14, Energy Policy Act of 2003, http://www.cbo.gov/showdoc.cfm?index4206&sequence0.

12장

- Eurobarometer (2005) Special Eurobarometer, *Radioactive Waste*, European Commission, June.
- Eurobarometer (2006) Special Eurobarometer, *Attitudes Towards Energy*, European Commission, January.
- European Commission (2001) Directive 2001/77/EC *on the promotion of electricity produced from renewable energy sources* (OJ L283/33, 27.10.2001).
- European Commission (2003) *European Energy and Transport Trends to 2030.* European Commission ISBN 92-894-4444-4.
- European Commission (2004a) Communication from the Commission to the Council and the European Parliament: The share of renewable energy in the EU Commission Report in accordance with Article 3 of Directive 2001/77/EC, evaluation of the effect of legislative instruments and other Community policies on the development of the contribution of renewable energy sources in the EU and proposals for concrete actions. COM (2004) 366 final, 26th May.
- European Commission (2005) Communication from the Commission. The support of electricity from renewable energy sources. COM (2005) 627, 7th December.
- European Commission (2006) Green Paper, a European strategy for sustainable, competitive and secure energy. COM (2006) 105 final, 8th March.
- European Council (2004) *Spring European Council 2004, 25-26 March 2004.* Doc7631/04.
- European Parliament (2005) *Motion for a European Parliament Resolution on the share of renewable energy in the EU and proposals for concrete actions.* 2004/2153(INI).
- FOE (2005) Energy Bill: Billions More in Taxpayers Handouts to the Failed Nuclear Industry. Friends of the Earth, *Public Citizen*, Earth Track, US PRIGG.
- Helm, D. (2005) European Energy Policy, Securing Supplies and Meeting the Challenge of Climate Change, October 2005 http://www.fco.gov.uk/Files/kfile/PN%20papers_%20energy.pdf.
- HSBC (2005) Nuclear Clean Up Cost: 2020 Fission. A financial Analysis of Nuclear

Decommissioning Costs. HSBC Global, September.
- Lovins, A. (2005) *Nuclear Power Economics and Climate-Protection Potential.* The Rocky Mountain Institute. September 2005.
- SDC (2006) *The Role of Nuclear Power in a Low Carbon Economy.* Sustainable Development Commission, March.
- UBS (2005) *More a Question of Politics than Economics.* Q Series: The Future of Nuclear, UBS Investment Research, March 2005.
- World Bank (1992) *Environmental Assessment Sourcebook, Volume III Guidelines for Environmental Assessment of Energy and Industry Projects.* World Bank Technical Paper Number 154, 1992.
- WNA (2005) *The New Economics of Nuclear Power.* World Nuclear Association, December.

13장

- Blair, A. (2005) Speech to Labour Party Conference, 27 September 2005, From Labour Party web site http://www.labour.org.uk/conference2005.
- Department of Trade and Industry (DTI) (2003) *Our Energy Future: creating a lowcarbon economy.* The Stationery Office, London. 142 pp.
- Department of Trade and Industry (DTI) (2003) *Options for a Low Carbon Future (DTI Economics Paper No* 4) Department of Trade and Industry, London. 178 pp.
- Federal Ministry for the Environment, Nature Conservation and Nuclear Safety (BMU) (2004) *Ecologically Optimised Extension of Renewable Energy Utilisation in Germany–Summary.* BMU, Berlin. 48 pp.
- Marsh, G. (2005) Presentation on behalf of Future Energy Solutions to Parliamentary Renewable and Sustainable Energy Group, Westminster, 26 January 2005.
- Royal Commission on Environmental Pollution (RCEP) (2000) *Energy –The Changing Climate.* The Stationery Office, London. 292 pp.
- Trittin, J. (2005) Interview on BBC web site, 21 October 2005 http://news.bbc.co.uk/1/hi/sci/tech/4357238.stm.

14장

- DoE (2006) Global Nuclear Energy Partnership website, US Department of Energy:http://www.gnep.energy.gov. World Nuclear Association website http://www.

world-nuclear.org.

15장

- Alexander, G. and G. Boyle (2004) Introducing renewable energy. In: *Renewable Energy: power for a sustainable future*, 2nd edn. (G. Boyle, ed.). Oxford University Press, Oxford.
- BWEA, REA and others (2005) The Renewable Energy Manifesto: an action plan to deliver 25% of the UK's energy from renewables by 2025. Press release by eleven UK renewable energy trade associations, 21 February 2005. British Wind Energy Association/Renewable Energy Association, London.
- Cohen, B.L. (1983) Breeder reactors: a renewable energy source. *Am. J. Phys.* 51, 75-6.
- DTI (2003) Our Energy Future ?Towards a Low Carbon Economy, Energy White Paper, Cm 5761. Department of Trade and Industry, London/HMSO, Norwich.
- DTI (1995) The Prospects for Nuclear Power: Conclusions of the Government's Nuclear Review, Cm 2860. Department of Trade and Industry, London/HMSO, Norwich.
- FoE (2004) Why nuclear power is not an achievable and safe answer to climate change. Briefing pamphlet, Friends of the Earth, London, www.foe.org.uk.
- Goldemberg, J., T. Johansson, A.K.N. Reddy and R. Williams (1988) *Energy for a Sustainable World.* Wiley Eastern, New York/Delhi.
- Harper, P. and P. Allen (2004) New Ethical Perspectives in Energy Policy. Commentary on the Conference on Gaia and Global Change, Dartington Hall, Devon, UK, June 2004, extract quoted in *Renew* 152 Nov-Dec 2004, p. 33.
- Kahn, H., W. Brown and L. Martel (1976) *The Next Two Hundred Years: a scenario for America and the world.* William Morrow and Co., New York. 241 pp.
- Meadows, D.H., D.L. Meadows, J. Randers, and W.W. Behrens III (1972) *The Limits to Growth.* Universe Books, New York.
- RAE (2004) *The Costs of Generating Electricity.* Royal Academy of Engineering, London. 56 pp.
- SDC (2006) The Role of Nuclear Power in a Low Carbon Economy. Sustainable Development Commission, London. 24 pp.
- Zubrin, R. (1996) *The Case for Mars.* Simon & Schuster, London, 328 pp.

- Department of Trade and Industry (DTI), UK (2003) *Energy White Paper –Our Energy Future –creating a low carbon economy,* London.
- Driessen, P.K. (2003) *Eco-Imperialism Green Power Black Death.* Merril Press, Bellevue, WA, USA.
- Grimston, M.C. (2005), private communication.
- Grimston, M.C. and P. Beck, (2002) *Double or Quits -the global future of civil nuclear energy.* Royal Institute of International Affairs, Earthscan, London.
- Hore-Lacey, I. (2003) *Nuclear Electricity,* 7th Edition. Uranium Information Centre Ltd and World Nuclear Association, www.uic.com.au/ne.htm, accessed 03 October 2006.
- Irwin, A. and B. Wynne (2004) *Introduction in Misunderstanding Science? The Public Reconstruction of Science and Technology* (A. Irwin and B. Wynne, eds). Cambridge University Press, Cambridge, UK, June 2004.
- Jungk, R. (1979) *The Nuclear State*, Translated by Eric Mosbacher from Der Atomstaat, John Calder (publishers) Ltd, London.
- Knight, R. (2005) 'What do the polls tell us?' *Nuclear Engineering International,* April, pp. 24-5.
- MacKerron, G. (2004) Nuclear power and the characteristics of ordinariness ?the case of UK energy policy. *Energy Policy* 32, 1957-965.
- Mander, J. (1978) *Four Arguments for the Elimination of Television.* William Morrow, New York, p. 44.
- Marsh, G., P. Taylor, D. Anderson, M. Leach and R. Gross (2003) *Options for a Low Carbon Future phase 2,* Future Energy Solutions, AEA Technology, http://www.dti.gov.uk/energy/whitepaper/phase2.pdf as of June 2005, February 2003.
- May, M. and T. Isaacs (2004) Stronger measures needed to prevent proliferation. *Issues in Science and Technology,* 20(3), 61-9, Spring 2004.
- Meara, J. (2002) Getting the message across: is communicating risk to the public worth it? *Journal of Radiological Protection* 22, 79-5.
- Mehta, M.D. (2005) *Risky Business.* Lexington Books, Oxford, p. 14.
- Nirex (2002) *Transparency Policy.* UK Nirex Ltd, Harwell, Oxfordshire, England.
- Nuttall, W.J. (2005a) *Nuclear Renaissance ?technologies and policies for the future of nuclear power,* IOP Publishing, Bristol.

- Nuttall, W.J. (2005b) Potential for British research into the transmutation of radioactive wastes and problematic nuclear materials, D.G. Ireland, J.S. Al-Khalili, W. Gelletly, *Int. J. of Critical Infrastructures* 1(4), 380-93.
- Pavitt, K. (1998), private communication.
- Rothwell, G. and B. van der Zwaan (2003) Are light water reactor energy systems sustainable? *J. Energy and Development 29* (1), 65-9.
- Royal Commission on Environmental Pollution (RCEP) (2000) 'Energy The Changing Climate', 22nd Report, London.
- Sandman, P.M. (1993) *Strategies for Effective Risk Communication*. American Industrial Hygiene Association, Fairfax, VA, USA.
- von Lensa, W. (1998) *Sustainability and Acceptence -New Challenges for Nuclear Energy*, In: Proceedings of a Technical Committee Meeting Held in Beijing, People's Republic of China, 2-4 November 1998; International Atomic Energy Agency, International Working Group on Gas-Cooled Reactors, Vienna, Austria. IAEATECDOC-1210, pp. 237-246.
- Wikstrom, M. (1998) *Radioactive Waste Management in Sweden: experience and plans.* Presented at Int. Symp. Storage Spent Fuel Power Reactors, Vienna, Austria (Available at: http://www.skb.se/upload/publications/pdf/wikstrom-cambridge-98.pdf January 2006).
- Winner, L. (1986) *The Whale and the Reactor*. University of Chicago Press, Chicago. pp.19-39.

원자력, 우리의 미래인가?

초판 1쇄 발행 2018년 8월 28일
초판 2쇄 발행 2019년 1월 10일

엮은이 데이비드 엘리엇
옮긴이 이지민
감수 에너지경제연구원
발행인 박영규
총괄 한상훈
편집장 김기운
기획편집 김혜영 정혜림 조화연 **디자인** 이선미 **마케팅** 신대섭

발행처 주식회사 교보문고
등록 제406-2008-000090호(2008년 12월 5일)
주소 경기도 파주시 문발로 249
전화 대표전화 1544-1900 **주문** 02) 3156-3681 **팩스** 0502) 987-5725

ISBN 979-11-5909-941-0 03300
책값은 표지에 있습니다.

• 이 도서의 국립중앙도서관 출판예정도서목록(CIP)은 서지정보유통지원시스템 홈페이지(http://seoji.nl.go.kr)와 국가자료공동목록시스템(http://www.nl.go.kr/kolisnet)에서 이용하실 수 있습니다.
(CIP제어번호: CIP2018027187)
• 잘못된 책은 구입하신 곳에서 바꾸어 드립니다.